大家 财经学术文库

中国特色现代资本市场研究

陈信元 ◎ 主编

The Research on
Chinese-style Modern Capital Market

上海财经大学出版社

图书在版编目(CIP)数据

中国特色现代资本市场研究/陈信元主编. —上海：上海财经大学出版社,2023.7
(大家·财经学术文库)
ISBN 978-7-5642-4152-0/F·4152

Ⅰ.①中… Ⅱ.①陈… Ⅲ.①资本市场-研究-中国 Ⅳ.①F832.51

中国国家版本馆 CIP 数据核字(2023)第 068104 号

□ 责任编辑　王　芳
□ 封面设计　张克瑶

中国特色现代资本市场研究

陈信元　主编

上海财经大学出版社出版发行
(上海市中山北一路 369 号　邮编 200083)
网　　址:http://www.sufep.com
电子邮箱:webmaster@sufep.com
全国新华书店经销
江苏苏中印刷有限公司印刷装订
2023 年 7 月第 1 版　2023 年 7 月第 1 次印刷

710mm×1000mm　1/16　21 印张(插页:2)　322 千字
定价:88.00 元

序　言

2021年7月在拜访中国证监会中证金融研究院寻求支持我校举办首席经济学家研究生学位项目时,中证金融研究院委托我牵头组织上海财经大学专家开展中国特色现代资本市场课题的研究,我立即着手组建了由我校金融学、会计学和法学教授参加的研究团队,组织研究人员召开多次会议,经讨论逐渐形成了研究思路,决定从以下四个角度开展课题研究:

第一,总结中国资本市场发展的经验与面临的挑战,从制度观、功能观、历史观等视角构建中国特色现代资本市场的学理框架,解释中国特色现代资本市场发展的成功经验,形成自己的话语体系。

第二,梳理国际成熟市场的成功经验和最佳实践,并从规模、质量和制度三个层面进行国际比较,提出通过集成式改革和高质量开放快速推进中国资本市场从新兴市场迈入成熟市场的行列,以实现中国资本市场新的历史性跨越。

第三,从投资者保护的法治建设、审计功能等基础制度入手回顾中国资本市场运行的底层支撑,并展望未来发展。

第四,专题研究中国资本市场中风险防范、金融服务实体经济、绿色金融等一些重要问题,从科技创新和绿色经济发展两个层面探讨中国特色现代资本市场如何推动经济建设。

中国资本市场自诞生第一天起就担负着为国有企业改革保驾护航的重任,中国资本市场的起点与国际上其他资本市场就有差别。事实上,因为基本制度、经济结构、法律体系、功能定位、发展历史和社会文化的差异,中国资本市场在学习国际相关成功经验的同时，也有许多特色要坚持，并进一步加以发展。上海财经大学的各专业团队在相当长的时间里一直从不同角度在思考这些问题，并做了一些扎实的研究，但并未展开系统而全面的研究，更没有进行学科间的协同研究。中国证监会中证金融研究院委托我们的课题，正好给了我们一个系统思考和协同研究中国特色现代资本市场的机会。在课题研究的基础上，团队成员又继续讨论扩充，形成了本书。

中国资本市场在过去的三十多年，筚路蓝缕，从无到有，快速跃升成为全球第二大市场和最大的新兴市场，创造了"中国奇迹"。我国资本市场建设在取得巨大成就的同时，展望未来，中国特色现代资本市场跨入成熟市场行列的过程依然任重道远。这既是我国构建新发展格局和经济高质量发展的必然要求，也是我国多层次资本市场建设的内在要求。

未来我国资本市场的建设，既要从中国特色的资本市场理论体系出发，总结和传承中国资本市场三十多年发展的成功经验；也要坚持高水平对外开放，继续学习国际成功经验。有鉴于此，本书系统总结了中国资本市场的发展历程，初步提出了中国特色的资本市场建设理论体系，分析了成熟资本市场的发展趋势。在此基础上，提出了以集成式改革推动中国特色现代资本市场建设的路径，并分别从法治建设、审计功能、高水平对外开放、风险防范、衍生品市场、资本市场服务国家重大战略六个方面对中国特色现代资本市场建设进行了探讨。

在课题研究和书稿写作过程中，我们得到了中证金融研究院领导和专家的诸多指导和帮助，团队成员牺牲了很多周末时间，放弃了许多陪伴家人的乐趣，认真地投入课题研究和书稿编写工作，团队的每次讨论都激情四射，碰撞出思想火花。团队成员讨论热烈而愉快，收获颇丰，对中国特色现代资本市场也有了新的认知，我很高兴能带领这个优秀的团队展开研究，编写书稿，并为研究团队感到自豪。

我统筹协调、组织了课题和书稿的多次讨论，确定了本书的编写大纲，并对全书进行了文字修改和定稿，朱小能和曾庆生协助我做了大量的联络和组织工作。本书各章的编写人如下：第一章，曹啸；第二章，金德环；第三章，曾庆生；第四章，曹啸；第五章，金德环；第六章，朱晓喆；第七章，赵子夜；第八章，冯玉林；第九章，朱小能；第十章，徐浩宇；第十一章和第十二章，黄俊。感谢参与课题研究的上海财经大学本科生和研究生程少彤、方执向、季彦哲、金宇扬、吕品田、吴沁雯、吴清源、杨继琛、殷海锋、殷媛、应诚炜、张年华、张与澂，以及上海对外经贸大学陈良银、浙江工商大学陈坚波。

衷心感谢中证金融研究院原院长张望军先生，中证金融研究院党委书记、院长毛寒松先生，中证金融研究院副院长李东平博士，中证金融研究院副院长谈从炎博士，中证金融研究院首席经济学家潘宏胜博士，中证金融研究院宏观经济研究部总监郑桂环博士。

由于编写时间仓促，更由于我们水平有限，本书写作可能存在疏漏，甚至观点谬误之处，敬请读者批评指正。

陈信元
2023年6月

摘　要

中国资本市场在过去的三十多年，筚路蓝缕，从无到有，快速跃升成为全球第二大市场和最大的新兴市场，创造了"中国奇迹"。我国资本市场建设在取得巨大成就的同时，展望未来，中国特色现代资本市场的建设依然任重道远。这既是我国构建新发展格局和经济高质量发展的必然要求，也是我国多层次资本市场建设的内在要求。

未来我国资本市场的建设，既要从中国特色的资本市场理论体系出发，总结和传承中国资本市场三十多年发展的成功经验；也要坚持高水平对外开放，继续学习国际成功经验。有鉴于此，本书系统总结了中国资本市场的发展历程，初步提出了中国特色现代资本市场建设理论体系，分析了成熟资本市场的发展趋势。在此基础上，提出了以集成式改革推动中国特色现代资本市场建设的路径，并分别从法治建设、审计功能、高水平对外开放、风险防范、衍生品市场、资本市场服务国家重大战略六个方面对中国特色现代资本市场建设进行了探讨。

本书第一章首先对中国特色现代资本市场的理论分析框架做了初步探讨。分析认为，中国资本市场的发展在历史演进路径、制度环境以及政治与社会背景方面与西方国家存在巨大差异，简单套用西方主流金融学理论无法解释中国资本市场改革与发展的成功经验，因此，需要借鉴阿罗-德布鲁一般均衡框架和经济学最新的理论进展，从历史观、制度观、功能观、方法论等视角来构建中国特色现代资本市场的学理框架，才能解释中国特色现代资本市场发展的成功经验，同时形成能够被西方世界理解的话语体系，从而彰显中国道路的理论自信和制度自信。

基于中国特色的理论分析框架,第二章对我国资本市场发展的经验和挑战进行总结。在妥善处理各类"股灾"、违法违规事件后,我国多层次资本市场和全国集中统一证券登记结算体系基本确立,资本市场实现了跨越式发展,并在党和政府领导下不断走向成熟。我们认为,三十多年发展的经验可以归纳为党的坚强领导、政府的有效控制、在改革中提炼出的中国特色现代资本市场发展理论、在实践中探索的科学方法论、有效的监管体制和法治体系等,但上述诸方面和其他方面仍然存在诸多缺陷和不足,中国资本市场加快发展面临挑战。

第三章首先从股权融资和债券融资规模、市场融资结构、投资者结构等角度概括了成熟资本市场的发展现状,然后从上市制度、交易机制和监管制度的角度归纳了成熟资本市场的发展趋势,最后总结了成熟资本市场仍然存在的不足。具体而言,成熟资本市场是一个机构投资者占主导的市场层次日益多元化、资本双向开放程度逐渐提高的市场;不断创新上市制度、市场稳定机制,推出新型交易所以促进市场交易效率提升;同时,成熟资本市场的监管法律框架稳定、趋严,以日益完善的监管模式、先进的监管理念和技术奠定市场健康发展。但是,在控制股市泡沫、风险控制、利益相关者保护等方面仍然存在不足。

基于从规模、质量和制度三个维度的国际比较,第四章分析认为,我国资本市场还具有明显的新兴市场的特征,但中国股票市场已经具备了迈入成熟市场阶段的现实基础。为了更好地发挥中国特色现代资本市场的功能,中国应该以集成式改革和高质量开放快速推进中国股票市场从新兴市场迈入成熟市场的行列,这对实现中国资本市场新的历史性跨越具有极其重要的意义。

在构建理论分析框架、总结发展经验与挑战,以及归纳成熟市场发展趋势的基础上,本书第五章对我国资本市场创新发展目标在中国特色、多层次、制度体系、科技赋能、法制化、内外开放、公司治理等方面提出远景规划。面对现状与目标之间的差距,本书从坚持中国特色、整体设计与分步实施、服务实体经济、完善市场制度、健全法治体系、实现内外开放等方面提出了相关的路径选择。为建成有鲜明中国特色的资本市场,中国资本市场必须遵从党和国家集中统一领导的建设社会主义市场经济的大政方针,而不是西方完全自由化的资本市场;一定比例的国有上市公司在资本市场中起到了定海神针般的主导作用;为保持中国制造业产业链在全球中的核心地位,中国上市公司应具有以制造业为主体的特征;加大直接融资在社会融资总量中的比重,扩大资本市场规模,显著缩小与拥有全球最大资本市场的美国的差距。

为更好实现新时代中国特色现代资本市场的发展目标,本书从法治建设、审计功能、市场开放、金融风险防范、衍生品市场发展和服务实体经济发展等角度对目标的实现路径和具体措施进行深入探讨。

自我国新证券法施行以来,投资者保护制度体系和组织框架逐步完善,行权维权机制日趋健全,但是,随着互联网技术和金融科技手段日益成熟和丰富,投资者保护工作面临新局面、新形势。第六章指出,要适应科技发展趋势,充分利用互联网技术以及新媒体等传播工具,打造投资者保护新模式,加大科技智能手段在投资者保护过程中的应用,更专业、更有效地提升投资者保护水平。同时,中国特色的证券监管法律体系的完善可从以下几个方面入手:在全面推行注册制要求下,应当推进证监会监管角色的转变;完善跨境监管制度,强化证监会执法权,以便于其开展跨境监管合作,健全我国资本市场法律域外适用制度;推动具有中国特色的《程序化交易法》的制定与实施,以完善监管;在个人金融信息的价值在资本市场中日益凸显的背景下,兼顾个人金融信息的利用和有效保护;伴随金融科技的快速发展,积极探索监管法律规则的代码化,助力监管和科技深度融合。

独立审计是资本市场健康发展不可或缺的力量。第七章总结了独立审计在中国资本市场发展中的核心支撑作用,主要表现在:通过鉴证服务支持了资本市场的规模扩大;通过审计报告甄别了投资前景;通过审计调整挤出了虚假信息,保障了市场信心;通过对内部控制的审计完善了公司内部治理,进而保障投资者的利益;通过和其他治理方的协同完善了公司的外部治理。同时,本章从审计调整数据的管理、审计意见说明段(事项段)的特质信息披露、独立审计和其他治理相关方的协同监督机制、对国有控股客户提供有针对性的鉴证服务等角度对改进审计鉴证对资本市场的支撑作用,以及如何通过构建本土事务所的"干中学"机制、审计方对绩效考核导致的审计流程缺失的有效应答机制促进本土审计市场良性发展,提出了政策建议。

针对我国资本市场与境外成熟市场在再融资政策和功能上的差距,第八章指出,应该在充分考虑上市公司的业绩运营情况、科研投入产出,以及之前股票市场募集资金使用情况的基础上,建立一个更适合高科技企业特点的上市企业股权融资信用动态评价体系,以提高股票市场再融资效率;同时,大力吸引境外高科技企业汇聚我国资本市场,充分发掘全球优秀创业公司在华上市发展,以及充分发挥我国软硬件设施上的优势,改善我国营商环境。

防范风险是金融行业永恒的主题。第九章分析认为,在我国经济发展提质增效的新阶段建设中国特色现代资本市场,既要从全面实行股票发行注册制、建立常态化退市机制、提高直接融资比重、推进金融双向开放等方面着手,也必须注重完善现代金融监管体系,提高金融监管透明度和法治化水平,健全金融风险预防、预警、处置、问责制度体系,从而更好地护航我国资本市场行稳致远。第九章围绕中国特色现代资本市场建设中潜在的风险展开论述,就全面注册制实施中可能发生的资源错配、退市机制差异化不足等问题,北京证券交易所建设中可能遇到的"优汰劣胜"、定位偏离等问题,债券市场发展中存在的违约处置机制不完善、缺乏有效的风险对冲工具等问题,中小资管可能面临的挤兑风险,以及证券市场双向开放中可能出现的机构合规、市场波动等问题,针对性地提出了风险防范的对策建议。

我国资本市场发展已经进入"深水区",既面临国际环境的不确定性和国内经济的复杂性,又存在巨大的潜力和机遇,如何建设成熟的资本市场、提高市场的抗风险能力是未来中国经济发展的关键。从成熟市场的经验来看,衍生品市场对于风险管理起着关键作用,是转移和再分配风险的主要工具,并且可以优化市场风险结构,满足多层次市场的需求。因此,构建完备的衍生品市场对于未来我国经济和资本市场发展的关键时期具有重要的意义。第十章在梳理我国衍生品市场发展的历程和成就的基础上,深入探讨了风险管理、资本市场运行效率、提高国际竞争力、吸引国际资本等内容,并提出了相应的政策建议。

促进实体经济发展,服务于国家战略目标,是中国特色现代资本市场的内在要求。本书从科技创新和绿色经济发展两个层面探讨了中国特色现代资本市场如何推动经济建设。第十一章在梳理我国资本市场推动企业创新的政策举措的基础上,从提供直接融资机会、鼓励企业创新竞争、完善公司治理机制和提升创新活动效率等方面剖析了资本市场发展推动企业创新的机理和路径;基于相关数据,从新股上市、再融资、研发投入与产出、公司估值等方面对我国资本市场发展如何推动企业创新进行了分析;并从明确资本市场各板块定位、提高上市公司信息披露质量、完善激励机制、鼓励风险资本入股创新型企业等角度对我国资本市场进一步助力企业创新提出了政策建议。对于中国特色现代资本市场如何促进我国绿色经济发展,助力"碳达峰、碳中和"目标的实现,第十二章从完善碳信息披露、培育资本市场 ESG 投资理念和促进绿色金融发展三个方面提出了具体的路径和方法。

目 录

第一章　中国特色现代资本市场：初步的理论分析框架 /001
　第一节　构建中国特色现代资本市场理论框架的逻辑起点/002
　第二节　中国特色现代资本市场：初步的学理框架/003
　第三节　中国特色现代资本市场理论的研究主题/008

第二章　中国资本市场发展的经验总结与挑战 /012
　第一节　改革开放以来中国资本市场实现跨越式发展/013
　第二节　中国资本市场发展的主要经验/023
　第三节　中国资本市场进一步发展面临的挑战/026

第三章　成熟资本市场的发展趋势 /033
　第一节　全球主要资本市场发展概况/033
　第二节　成熟资本市场上市与交易机制发展趋势/043
　第三节　成熟资本市场监管制度发展趋势/052
　第四节　成熟资本市场的不足/057
　第五节　成熟资本市场的典型特征总结/060

第四章　以集成式改革与高质量开放推动中国资本市场走向成熟 /061
　第一节　中国特色现代资本市场需要跨越式发展/062

第二节　中国资本市场迈入成熟市场的现实基础：国际比较/063
第三节　中国特色现代资本市场迈入成熟市场的意义/070

第五章　中国特色现代资本市场创新发展目标和路径选择/073
第一节　中国资本市场创新发展目标/074
第二节　实现中国资本市场发展目标路径选择的转换/090
第三节　实现中国资本市场发展目标的策略与手段/093

第六章　中国特色现代资本市场的法治建设/100
第一节　中国资本市场"投资者保护"的创举与前瞻/100
第二节　新时代中国特色现代资本市场监管法治建设与变革/112

第七章　中国资本市场发展中的审计功能/123
第一节　审计对资本市场发展的保障功能：分析框架/124
第二节　独立审计保障市场发展的具体路径/131
第三节　审计市场格局的发展与演进/156
第四节　强化中国资本市场审计功能的政策性建议/172

第八章　提升中国特色现代资本市场的国际影响力/179
第一节　我国A股市场发展的国际比较分析/180
第二节　大力吸引境外高科技企业和优秀初创企业来华上市/184
第三节　建立股权融资信用评价体系，提升再融资效率/191
第四节　以科创板为抓手，进一步深化现代化资本市场改革/196

第九章　中国资本市场的金融风险防范与金融稳定/201
第一节　完善证券双向开放制度，防范市场剧烈波动/201
第二节　健全风险防范体系，夯实全面注册制基础/206
第三节　完善平级转板制度，防止北交所"优汰劣胜"/211

第四节 健全高收益债券市场及其风险防范体系,提升金融服务实体经济能效/217

第五节 聚焦挤兑风险,建立中小资管纾困机制/222

第十章 中国特色衍生品市场的发展与建设/228
第一节 中国特色衍生品市场发展路径梳理/228

第二节 中国特色衍生品市场为资本市场的防风险和增效率服务/240

第三节 中国特色衍生品市场为提高资本市场定价能力和增强投资吸引力服务/246

第十一章 中国特色现代资本市场促进科技创新/254
第一节 中国资本市场促进企业创新的政策梳理/254

第二节 中国资本市场促进企业创新的路径分析/260

第三节 中国资本市场发展促进企业创新的数据分析/264

第四节 中国资本市场促进企业创新的经验证据/272

第五节 中国资本市场促进企业创新的政策建议/276

第十二章 中国特色现代资本市场促进绿色经济发展/280
第一节 国外资本市场促进碳减排的政策梳理/281

第二节 加强上市公司碳信息披露/286

第三节 培育资本市场ESG投资理念/292

第四节 促进绿色金融的发展/301

参考文献/310

第一章　中国特色现代资本市场：
初步的理论分析框架

摘　要：中国资本市场的快速发展创造了独特的"中国奇迹"，西方主流金融理论并不能很好地解释中国特色现代资本市场发展的典型事实，因此，在主流经济学的分析框架中，纳入更多的制度因素、历史因素和文化因素，构建能够解释中国特色现代资本市场发展的成功经验的话语体系，从而彰显中国道路的理论自信和制度自信，具有极为重要的意义。

资本具有两面性，其逐利动机既有助于效率增进和技术进步，也有可能导致资本通过影响政治权力反对效率增进和技术进步，[①]因此，资本并不等于市场。资本的两面性也决定了市场经济与资本市场并不是在真空中运行的理想架构，阿西莫格鲁（2009）在反思2008年金融危机时就指出，"我们不加思索地接受的观念是，资本主义经济是在无制度的真空中运行的，在这个真空中，市场会万无一失地监督机会主义行为。我们忘掉了市场的制度基础，错误地将自由市场等同于无监管的市场"。在现实世界中，并不存在教科书中描述的标准化的资本市场，每个国家的资本市场都根植于这个国家的历史与现实，包含了特定的制度、法律与文化等因素，包含了这些特定因素的资本市场不会是一个静态的市场结构，相反，每个国家的资本市场都是随着这个国家的经济和社会发展而不断演化的动态过程。

[①] 拉詹和津加莱斯（2004，中文版）对于资本与政治结合而反对市场竞争的内在逻辑进行了深刻的分析。

尤其重要的是，如果资本市场是一个内生于一国经济和社会发展的动态过程，那么资本市场并不是一定会促进经济增长，资本市场也并不简单地等同于效率，相反，资本市场当中包含的历史、制度、文化等因素从根本上决定了一个国家资本市场所发挥的功能。

因此，我们在观察中国现代资本市场产生与演进的历史过程时，也不能够简单地照搬实际上并不存在的西方资本市场理论，而需要从中国特色社会主义经济与社会制度的本质特征出发，构建分析中国特色现代资本市场的理论框架。中国股票市场[①]产生伊始，便承担了为国有企业脱困融资的独特功能，与此同时，在当时的历史条件下，证券交易所的建立也宣示了我国坚持市场化改革和开放的决心与方向，而这样的发展起点，也决定了我国现代资本市场随后的发展路径以及未来的发展方向。

第一节 构建中国特色现代资本市场理论框架的逻辑起点

我国四十多年金融改革、开放与发展取得了显著的成就，在金融机构与市场等多个领域创造了独特的"中国奇迹"，但是，由于中国的金融发展在历史路径上与西方成熟市场经济国家存在差异，因此，西方主流金融学并不能很好地解释中国金融发展的典型事实（张杰，1998），甚至于在主流金融学的话语体系中，中国金融市场化改革的成功之处却被解读为"低效率"或者"非市场"。

构建中国特色现代资本市场的理论分析框架，需要看到中国资本市场的历史发展起点与成熟资本市场不同，需要看到中国资本市场发展的成就，不能把中国资本市场发展过程存在的问题简单归结于不同于成熟资本市场的制度特征，需要厘清中国资本市场存在的问题究竟是由制度特征导致的，还是由新兴市场的特定发展阶段导致的。

首先，中国特色现代资本市场理论在学理上依然基于阿罗-德布鲁一般均衡框架。阿罗-德布鲁一般均衡框架因为其完美的假设条件和简洁的分析框架而具有普适性，为分析不同国家的资本市场发展路径提供了一个共同的稳

---

① 资本市场的主体是股票市场，因此，下文中"资本市场"和"股票市场"两个概念会交叉使用。

定基准,中国特色现代资本市场的理论分析框架依然会基于这样的基础框架。

与此同时,中国特色现代资本市场理论在方法论、历史观与制度观等方面又会显著不同于既有的西方主流金融学。正是由于阿罗-德布鲁一般均衡框架的简洁与完美,也导致了既有的西方主流金融学会忽视不同国家资本市场发展路径的差异性和独特性,在讨论成熟市场经济国家的资本市场时,这个问题没有那么重要,但是由于我国资本市场的发展在历史演进路径、制度环境以及政治与社会背景方面与西方国家存在巨大差异,简单套用西方主流金融学无法解释中国资本市场改革与发展的成功经验(张杰,1998)。因此,基于阿罗-德布鲁一般均衡框架,借鉴经济学最新的理论进展,纳入更多的制度因素、历史因素和文化因素,构建能够解释中国特色现代资本市场发展的成功经验,同时又能够被西方世界理解的话语体系,从而彰显中国道路的理论自信和制度自信,具有极为重要的意义。

第二节　中国特色现代资本市场:初步的学理框架

一、中国特色现代资本市场理论的历史观

构建中国特色现代资本市场理论,需要从中国金融体系内生演进的历史路径开始,明确中国特色现代资本市场理论的历史观,需要一个长期、动态的分析框架来解释中华民族伟大复兴历史进程中资本市场发展所起的作用。

需要强调的是,中国资本市场内生演进的历史路径与西方国家存在巨大的差异。首先,跨学科的研究表明,东西方文明各有其演进路径与逻辑,各国的资本市场发展路径必然扎根于其文化与传统(拉詹和津加莱斯,2004),其文化与传统背景决定了当下资本市场的制度与结构特征,因此,中国资本市场内生演进的历史起点不同于西方国家;其次,中国资本市场的发展既是一个渐进的改革过程,也是一个超常规、快速发展的过程,也不同于西方资本市场的发展方式;最后,中国资本市场的发展是中华民族伟大复兴的一个有机组成部分,其发展目标也不同于西方国家。

西方主流金融学主要是对西方国家金融发展逻辑的解释,更加重视对历

史发展片段和截面的静态分析,而中国特色现代资本市场理论则需要一个长期、动态的分析框架来解释中华民族伟大复兴历史进程中资本市场发展所起的作用,凸显中国的文化自信和道路自信。

可以发现,中国资本市场的长期历史发展路径表现出显著的超前发展、跨越发展和前沿发展的特征。

第一,中国资本市场发展与经济发展水平之间表现出明显的金融推动经济的关系。中国资本市场产生于经济改革的初期,是在人均收入水平相对较低的条件下产生和发展的,而中国资本市场的超前发展使得中国经济提前得到了资本市场发展带来的好处,推动了中国经济的快速发展和人均收入水平的提高(曹啸,2006)。

第二,超前性还体现在中国资本市场领先于整体金融发展的水平。中国资本市场是在我国银行体系刚刚开始商业化改革、金融体系的门类还不齐全、金融交易的规模相对较小的条件下产生和发展的,资本市场的超前发展对我国整体的金融发展起到了显著的推动和促进作用。

第三,我国资本市场用短短三十年时间成为全球最大的资本市场之一,创造了全球资本市场发展的奇迹,从资本市场的融资效率、上市公司数量、交易规模以及制度建设等各个方面都表现出显著的超常规、跨越式发展的特征,成为中国经济快速增长奇迹的一个重要组成部分(计小青、曹啸,2009)。

第四,作为市场体系的核心,中国资本市场一直处于中国经济改革和开放的前沿。一方面,我国资本市场发展本身是中国经济改革和开放的结果;另一方面,资本市场的改革开放又对我国改革开放的整体进程起到了积极而重要的推动作用。

因此,中国资本市场的超前发展、跨越式发展以及前沿发展显然不同于成熟资本市场的发展路径(皮斯托、许成钢,2002),但是不同于成熟市场的发展路径,并不代表中国资本市场的独特的历史路径就不能够实现资本市场的功能和发展的目标。相反,中国现代资本市场特色的历史发展路径恰恰丰富了世界资本市场发展的理论与实践。从中国特色现代资本市场发展的历史观出发,我们才能发现,中国资本市场未来的成功依然需要我们坚持超前发展,敢于跨越,用集成式改革和高质量开放推动中国资本市场早日迈入世界成熟市场的行列。

二、中国特色现代资本市场理论的制度观

构建中国特色现代资本市场理论,需要纳入中国独特的制度背景,确立中国特色现代资本市场理论的制度观,在中国资本市场发展中刻画政府与市场的关系。

中国经济发展的成功和西方当下面临的各种困境,说明了历史并不会终结于西方的主流价值观,每一种制度安排都有其优劣利弊。客观的比较制度分析(青木昌彦,2001)表明,中国的社会主义制度与西方成熟市场经济国家存在巨大的差异,尤其是在政府与市场的关系问题上。不管是从中国的历史还是当下的社会现实来看,政府一直在经济发展中起着极为重要的作用,中国经济和金融发展取得的巨大成就,恰恰就来自中国的制度优势,因此,中国特色现代资本市场理论应该在阿罗-德布鲁一般均衡框架中重新刻画政府与市场之间的关系,用中国特色现代资本市场的成功经验论证中国的制度自信。

从制度观的角度观察中国特色现代资本市场的发展演变进程,可以发现,中国资本市场一直表现出中国共产党的领导、政府的有力控制、服务国家重大战略、自上而下和自下而上相互结合的制度特征,是中国特色社会主义市场经济发展制度优势的集中体现。

首先,中国资本市场从产生起,就是中国共产党发展社会主义市场经济宏大战略的重要成果,并且服务于中国共产党对我国社会经济、金融发展目标的总体要求,党领导资本市场既决定了中国资本市场不同于西方国家的根本制度特征,也是中国资本市场能够超常规、跨越式发展的根本保证。

其次,中国资本市场自诞生开始,政府就介入资本市场的发展,承担着服务国有企业改革和为经济发展融资的历史使命,国家对资本市场的控制贯穿了中国资本市场发展的整个历史进程(计小青、曹啸,2009),成为我国资本市场鲜明的制度特色,既是保证资本市场服务国家战略的制度基础,也是中国资本市场取得超常规发展的制度优势和制度保证。

最后,资本市场的发展既需要有效的市场,也需要有为的政府,在中国资本市场改革开放的制度变迁过程中,党的领导和政府的干预体现了自上而下

的推动力量,而市场主体对于效率的追求则体现了自下而上的推动力量,中国资本市场的发展是一个政府干预和市场机制之间相互配合、相互协调、动态调整的过程,也是我国社会主义制度优越性的集中体现。

因此,政府和市场的有效结合是中国资本市场发展的制度特征,坚持党的领导、坚持政府干预和市场机制的有效配合、坚持服务国家战略也是中国资本市场未来成功的制度保证。

三、中国特色现代资本市场理论的功能观

构建中国特色现代资本市场理论,需要基于中国社会与经济的长期发展目标,丰富中国特色现代资本市场理论的功能观,拓宽中国资本市场的发展对于中华民族伟大复兴的意义和价值的认识。

西方主流金融学主要是从成本节约、信息生产、风险控制、监督治理等微观层面讨论金融体系在支付结算、储蓄向投资转化方面的功能(艾伦、盖尔,2002)。而中国独特的制度优势决定了中国资本市场的发展除了在微观层面上发挥其内在功能以外,还能够在宏观层面上追求人民群众的幸福感、中华民族伟大复兴以及人类命运共同体的实现,因此,在中国特色现代资本市场理论的分析框架中,需要进一步拓展金融体系的功能,在更为宏大的叙事中阐述中国资本市场改革与发展既有的成就与未来的目标。

考察中国资本市场的超前、跨越式发展的历史经验,剖析中国资本市场在政府和市场之间有效配合的制度优势,可以发现,中国资本市场独特的功能特征并不仅仅在于储蓄向投资转化等微观层面,更加重要的是,中国资本市场在宏观层面上发挥了协调社会分散化决策和国家集中决策之间的一致和冲突的重要功能(曹啸,2006)。

政府与市场之间独特的制度特征,使得中国特色现代资本市场成为协调社会分散化决策与政府集中决策之间一致和冲突的重要装置。社会经济主体的投资决策是分散化的,与政府的集中投资决策既有一致,更有冲突,也就是说,其他社会经济主体有着自身的效用函数,与政府的效用函数存在偏差,其资产选择的行为不会完全符合政府的偏好,而中国资本市场恰恰成为协调社会分散化投资决策与政府集中投资决策达成一致的转换器,就是在这样的动

态博弈过程中，中国特色现代资本市场发展的轨迹被刻画出来。

而社会分散化投资决策与政府集中投资决策之间的有效协调，恰恰保证了金融服务实体经济功能的有效发挥，使得金融发展和实体经济发展之间的冲突得到有效协调；与此同时，社会分散化投资决策与政府集中投资决策之间的有效协调，也充分保证了经济发展服务人民群众幸福感和获得感的社会目标的实现。

因此，从中国特色现代资本市场功能观的视角出发，我们能够发现，中国资本市场的功能不同于其他成熟市场之处就在于更好地协调了政府和市场之间的关系，除了在微观层面上实现资本市场发挥资源配置的市场功能以外，在宏观层面上实现了资本市场服务国家战略、服务社会主义经济发展目标的功能。当然，为了实现中国特色现代资本市场的独特功能，在特定的发展阶段上微观层面的市场功能需要服务于资本市场支持国家战略、支持社会主义经济发展目标的功能。相反，如果我们看不到中国特色现代资本市场的独特功能，而简单地以其他成熟资本市场为标准评价中国资本市场的功能，就会做出错误和片面的评价。

四、中国特色现代资本市场理论的方法论

构建中国特色现代资本市场理论，需要借鉴经济学的最新发展成果，为阿罗-德布鲁一般均衡框架增添新的内容，探索中国特色现代资本市场理论的方法论，用中国资本市场的故事丰富主流金融学理论。

作为西方主流金融学基础的阿罗-德布鲁一般均衡框架仅仅是分析金融现象的一个理论基准（罗斯，2009），其生命力就在于完美假设与简洁的分析框架便于分析者在其中加入丰富的现实因素。因此，中国特色现代资本市场理论不必拘泥于既有西方金融学的叙事方式，完全可以在阿罗-德布鲁一般均衡框架中加入丰富的中国因素，并基于中国资本市场理论的历史观、制度观和功能观，借鉴经济学发展的最新成果，以彰显中国资本市场发展的独特成就为目标，构建中国特色现代资本市场理论分析的方法论体系。比如，借鉴新兴古典经济学（杨小凯，1998）的进展，用总成本-总收益分析的方法讨论中国资本市场发展中政府的作用，用比较制度分析的方法对中国资本市场发展的历史路

径、制度结构与功能进行深入分析。

第三节　中国特色现代资本市场理论的研究主题

在明确中国特色现代资本市场理论的历史观、制度观、功能观以及方法论的基础上，从中国金融改革与发展的现实需求、未来的趋势与方向出发，中国特色现代资本市场理论未来可能的研究主题包括以下几个方面：

一、中国资本市场发展的目标体系与绩效评价

2008年"次贷"危机以后，金融是否有益成为西方主流经济学中一个令人困惑的问题（津加莱斯，2015）。习近平总书记把人民群众的获得感、幸福感作为新时代中国特色社会主义经济发展的目标，实际上为明确我国金融发展以及中国特色现代资本市场的发展目标提供了答案。因此，在中国特色现代资本市场的理论框架中，资本市场发展的目标应该突破资源配置效率的限制，把提高人民群众的幸福感作为金融发展的目标。而要实现提高人民群众的获得感、幸福感的终极发展目标，中国特色现代资本市场需要发挥服务实体经济、服务中小民营企业、服务经济增长方式转型的功能。

因此，从这个角度出发，在中国特色现代资本市场理论的研究当中，需要从人民群众的获得感、幸福感出发构建中国特色资本市场的目标体系，并在这样的目标体系中纳入中小民营企业发展、就业率、居民收入和财富水平、贫富差距等考核指标，并构建能够体现中国资本市场发展特色的绩效评价体系。

二、中国资本市场动态演进路径的描述与刻画

从中国特色现代资本市场理论的历史观出发，中国资本市场演进的历史背景、路径以及发展方向具有内在的独特性，以西方社会的历史作为研究基准的主流金融学并不能很好地解释中国资本市场独特的发展路径，简单套用主流金融学的研究基准，甚至会让我们误读中国资本市场所取得的成就，因此，中国特色现代资本市场研究的当务之急是对我国的资本市场发展进行长时段的研究，在理论上构建新的动态分析框架，在实证上发掘历史数据，提供解释中国资本市场内生演进的新的证据。

在深刻理解中国特色现代资本市场独特历史演讲路径的基础上,我们才能够明确中国股票市场的制度安排当中哪一些是中国股票市场独特的制度优势,哪一些是新兴市场特定阶段的过渡性安排,我们才能坚持中国股票市场独特的制度优势,加快推进过渡性安排的改革和完善(计小青、曹啸,2009)。

与此同时,只有深刻理解中国特色现代资本市场发展演进的动态过程,我们才能厘清中国股票市场发展过程中存在的问题究竟是什么原因导致的,在坚持中国独特制度优势的同时,采取不同于成熟市场已有经验的制度创新举措,用有针对性的改革措施解决特定发展阶段存在的暂时性问题。

三、中国资本市场制度、监管与宏观调控中政府与市场的关系

政府与市场的关系问题,是经济学讨论的核心命题之一,也是长期争议的话题(阿西莫格鲁,2009)。在中国经济与金融发展的历史路径中,政府一直发挥着重要的作用,而国家对于资本市场的控制及国有股权、国有机构在资本市场中占有较高比重等现象一直是我国金融体系的重要特征,但是在主流金融学的研究当中也一直存在着一种错误的倾向,把我国资本市场发展中存在的问题都归因于我国资本市场的独特制度特征。

实际上,历史经验与制度分析表明,我国资本市场一直发挥着协调社会分散化决策与政府集中决策之间一致与冲突的功能,党的领导、政府的干预以及政府和市场之间关系的有效协调一直是我国资本市场的制度保证,我国资本市场的跨越式发展实际上说明了我国在金融监管、宏观调控等方面具有的独特优势。因此,在中国特色现代资本市场的研究中,需要从国有股权等制度特征、金融监管制度的动态优化、资本市场支持政策与宏观经济调控政策之间的有效配合等方面深入研究,明确党的领导、政府控制、服务国家战略等独特的制度安排在保护投资者、保护金融消费者权益、守住系统性风险不发生的底线等方面的功能和作用。

四、中国资本市场发展中公平与效率的关系

公平与效率问题是经济学永恒的主题(奥肯,1975,中文版2010),目前西

方国家出现的反全球化、反市场化等极端思潮以及社会冲突不断加剧的现象，在很大程度上是由于经济增长扩大了贫富差距而导致的。不可否认，在我国经济增长过程中，收入差距和收入分配问题一直存在，这恰恰是习近平总书记强调扶贫攻坚、共同富裕的重要原因。

资本市场的发展对于收入差距的相对变化、权衡公平和效率之间的冲突具有重要的影响，因此，在中国特色现代资本市场的研究当中，如何发挥资本市场的功能，更好地权衡经济增长和贫富差距、公平和效率之间的冲突，实现中国特色现代资本市场的发展目标，是一个重要的研究主题。从这个研究主题看，资本市场普惠政策、资本市场扶贫政策、提高居民资本性收入的政策举措都对有效平衡中国资本市场发展中的公平和效率问题具有极为重要的意义和价值。

五、中国资本市场创新发展中的制度与技术问题

中国经济需要走上创新驱动的新的增长道路，解决"卡脖子"技术难题，促进技术创新和增长方式转型为中国资本市场的发展提出了新的命题，这也是习近平总书记要求上海证券交易所开设科创板并实施注册制的根本原因，与此同时，金融科技的快速发展也是中国资本市场发展面临的新的挑战。那么，在科技创新和金融科技的创新发展当中，是制度重要还是技术重要，如何通过金融制度与技术的创新更好地发挥资本市场的功能，如何构建有效的科技金融服务体系促进技术创新，如何通过碳金融产品和服务的创新支持我国的碳排放和碳中和目标的实现，这些都是中国特色现代资本市场需要研究的重要主题。

制度重于技术，制度创新是技术创新的前提和基础。中国特色现代资本市场的发展除了为技术创新提供融资以外，更重要的是为技术创新提供有效的风险分担机制。因此，为适应技术创新和经济增长方式转型的需要，中国特色现代资本市场本身需要坚持集成式改革和高质量开放，用资本市场的制度创新应对技术创新和经济增长方式转型中的不确定性和复杂性，有效发挥市场机制的作用，服务国家战略目标实现。

六、中国资本市场的创新效率与风险控制之间的权衡

金融创新一直是推动资本市场发展最重要的因素之一,也是资本市场功能发挥的内在要求,我国的增长方式转型、技术进步、普惠金融、环境保护等各项社会经济发展目标的实现也都需要资本市场在产品、服务与制度上的创新。但是,与创新如影随形的是风险,在金融创新效率和风险控制之间存在一个权衡的问题,如何发挥我国资本市场的制度优势,如何利用监管沙盒等创新性监管方式,有效实现金融创新效率和风险控制之间的权衡,是中国特色现代资本市场研究的重要问题。

七、中国资本市场的开放与国际金融秩序的重构

在两个百年之未有大变局中,习近平总书记把双循环新发展格局作为中国经济未来发展的方向,而双循环新发展战略的有效实施需要我国资本市场的高质量开放。因此,在中国资本市场的研究主题中,需要进一步明确我国资本市场双向开放、人民币国际化、资本项目可自由兑换当中的机遇与风险,进一步研究我国资本市场开放的优先顺序,为我国金融体系的高质量开放提供理论与政策支持。

与此同时,我国资本市场的开放还关系到国际金融秩序的重构,以及我国在新的国际金融秩序中所处的地位问题,从这个角度讲,中国资本市场理论还需要密切关注美国等发达市场在制度与技术上的创新举措,尤其是在加密支付、数字货币等领域的创新,为中国资本市场在国际金融秩序的竞争中占据有利地位提供理论与政策支持。

第二章 中国资本市场发展的经验总结与挑战

摘 要: 改革开放以来,我国资本市场实现了跨越式发展。经过十一届三中全会后的理论准备和实践准备,中国资本市场经历了"327"国债期货事件、全国集中统一证券登记结算体制的形成、股权分置改革和2007—2008年股灾事件、股票发行价从人为设定到市场议价发行的市场化发行改革、创业板的设立和注册制改革、2015年股灾事件及处置、科创板和北京证券交易所的成功设立、多层次资本市场体系基本形成等一系列重大事件和成功。三十多年的经验可以归纳为党的领导、中国特色现代资本市场发展理论、在实践中探索的科学方法论、强化审计对资本市场的支撑作用、以中国特色衍生品市场支持资本市场发展、有效的监管体制和法治体系、艰苦探索先立后破、确保资本市场合规稳健运行等方面。但同时,上述诸方面及其他方面仍然存在诸多缺陷和不足,比如在实现资本市场发展目标的具体操作和路径依赖、补充市场监管体系的短板问题、如何实现多层次资本市场体系的畅通和有机链接问题、市场运行管理体系和制度性缺失的弥补、资本市场法治化体系和上市公司治理体系的进一步完善与提高、防范和化解资本市场风险与应对和处置能力、资本市场国际化步伐的提速,等等。中国资本市场加快发展面临新的挑战。

以1978年党的十一届三中全会为标志,中国的改革开放开启了社会主义经济建设新征程。从计划经济到市场经济的转变经历了一场艰巨的体制变革。资本市场应运而生,成为我国资源配置的必要载体。

以1990年12月19日上海证券交易所和稍后的深圳证券交易所设立为

标志,经过三十多年历程,我国资本市场实现了跨越式发展:到2021年底,沪深证券交易所合计上市公司近4 600家,市值近90万亿元。加上约130万亿元的债券存量规模[①],我国资本市场现货总规模约为220万亿元。在市场细分方面,我国已经形成主板、创业板、科创板、新三板、地方性股权交易中心、金融期货交易所、北京证券交易所等多层次资本市场体系;在交易品种上,形成了股票、债券、期货、期权、基金等多品种交易系列。资本市场的发展对我国快速成长为世界第二大经济体和第一大对外贸易国起到了无可替代的作用。

回顾我国资本市场所取得的巨大成就,梳理一路走来的艰辛历程,总结经验,分析问题,对我们展望未来,探索一条适合中国特色现代资本市场发展道路,推进新时代全面建设社会主义现代化国家,实现我国经济、科技迈入世界前列,具有重大战略意义。

第一节　改革开放以来中国资本市场实现跨越式发展

从1978年改革开放到1990年前后沪深证券交易所成立,党和国家开启了资本市场建设的理论准备和实践准备阶段。

一、改革开放开启了中国资本市场的理论准备和实践准备

(一)理论准备

1978年12月召开的党的十一届三中全会,成为我国改革开放、经济转型的起点。全会在全面总结"文化大革命"经验教训的基础上,在理论上拨乱反正,进行了"实践是检验真理的唯一标准"问题的讨论。特别是在这次全会召开以前的中共中央工作会议上,邓小平发表了"解放思想,实事求是,团结一致向前看"的讲话。这次讲话为中国资本市场的建立与发展做出了两方面的理论贡献。一是提出了党在社会主义阶段的主要任务就是在"两个坚持"的前提下以社会主义现代化建设为中心的论断。这一论断明确规定,我国从此把社会主义经济建设当作最大的政治任务,而四项基本原则是坚持社会主义方向

---

① 上海证券报,2022-1-17.

的政治保证,坚持改革开放是进一步解放和发展生产力的政策保证。这就从总体上保证了我国的经济建设从此走上健康发展的快车道。以经济建设为中心,把集中力量发展社会生产力放在首要地位,在改革中进一步加快经济建设,这条基本路线为日后资本市场的建立打开了通道。二是重新确立了"解放思想,实事求是"的马克思主义思想路线。解放思想就是要开动脑筋想问题,要冲破旧的条条框框,要改革,要坚持实事求是,一切从实际出发,让实践来检验哪些是对的,哪些是错的。要贯彻这条思想路线就必须充分发扬民主,在经济工作中就要发扬经济民主,尊重基层和群众的创新精神。有了这样一条思想路线,就可以充分调动群众中蕴藏的无限创造力。也只有确立了这条马克思主义思想路线,中国的经济改革才能保持正确的方向,中国的资本市场才能冲破种种阻力而迅速发展起来。

这两方面的理论突破,开启了对十年动乱期间的极"左"理论思潮进行一系列拨乱反正,由此提出了许多新的理论观点。一是在所有制方面,提出公有制的形式不能超越生产力发展水平的具体阶段。在社会主义初级阶段,除了全民所有制和集体所有制两种主要形式以外,还存在作为公有制经济补充形式的个体所有制。二是提出在社会主义条件下劳动力部分归劳动者个人所有,他们的产品应以商品交换的方式来实现。三是恢复了社会主义生产的目的是满足人民不断增长的物质和文化生活的需要。四是提出了在计划工作中实行指令性计划和指导性计划相结合的原则。五是提出了社会主义商品生产的特点和社会主义条件下的价值规律。商品生产的特点是要按等价交换原则来实现其商品价值,该价值由生产这个商品的社会必要劳动时间所决定,社会主义的生产应当考虑价值规律的客观要求。六是提出了社会主义社会市场调节的辅助作用。价值规律自发作用的市场调节方式在我国当时阶段的存在是必要的。这些新的理论观点既有党中央对十年动乱进行反思而根据我国当时较低的生产力水平和社会经济现状而提出的理论创新,也有对被十年动乱极"左"理论所否定的原有马克思主义理论进行拨乱反正的恢复。

理论的最新发展,对于我国突破传统的计划经济体制框架,充分解放思想,调动社会一切积极因素投入经济建设中,快速推进经济的发展,为我国资本市场的设立和发展提供了充分的理论准备。特别是在1992年初,邓小平在南方谈话中明确提出了"计划经济不等于社会主义,资本主义也有计划;市场经济不等于资本主义,社会主义也有市场""证券、股市,这些东西究竟好不好,有没有危险,是不是资本主义独有的东西,社会主义能不能用?允许看,但要坚决地试"等重要论述。南方谈话彻底扫除了在发展股份制企业和股票市场方面长期困扰人们的理论和意识形态障碍。这些最新理论发展了马克思主义学说,为我国资本市场的初步形成起到了巨大的推进作用。

(二)实践准备

在充分尊重群众首创精神的前提下,不断总结和提炼改革经验。党的十一届三中全会之后,最先恢复和发展的是债券市场。1981年,国务院决定恢复国库券发行。次年,企业债、金融债相继开始发行。同时,中央对集资入股发展经济的形式给予肯定并引导其规范化发展,股票市场在企业股份制试点的背景下萌生。仅仅两三年时间,并不规范的股份制企业在全国各地四处开花,1984年仅温州就有1万家,上海郊区达2700家……这一切似乎都在不经意中自发地发生着。

当时中国大地上非正规流通的有价证券五花八门:建设债券、企业债券、企业股票、集资债券,加上"金边债券"国库券,无所不有。股份制改革也出现了多种形式:带资入厂、投资分红、以劳代股、集资保息分红……仅当时上海周边郊区的乡镇企业中,股份制企业集资数额就达2亿多元。尽管学术界、理论界还在争论中国该不该有资本市场,但是市场本身却顽强地按自身规律向前发展着。虽然这种"股份制企业"很不规范,有的甚至规定进入企业的成员都要为企业垫付一定数量的资金(从数百元到数千元不等),数年之后连本带利归还股金,这充其量只能算作企业的债券融资,但不管怎样,在当时人们对股份制方式一无所知的情况下提出股份制的企业模式,是对原有企业制度改革的一种创新,是当时落后的农村经济创新融资发展的自发倾向,人们自发地朝着资本市场直接融资模式奔跑着。

在城市经济方面,中央根据改革理论创新,着手松动高度集中的计划管理体制,对企业放权让利,给企业一定的资金支配权,使企业拥有自我更新、自我发展的能力,调动企业的积极性。中央首先对"文化大革命"中升格的城市原集体企业回归集体所有制性质,同时对这类中小企业放权,让它们有更多的经营自主权。这些措施极大地提高了城市集体企业的经营积极性，拓宽了它们的发展空间。这类企业的主动性发展要求也促进了它们对扩大经营规模的资金需求，于是也出现了类似农村集体经济同样的资金和各类融资模式需求。这种自发的创新融资模式，正是直接融资的一种尝试，这种尝试由最初的不规范到发展中逐步地规范，并不断地向规范的资本市场靠拢。

在城乡股份经济迅猛发展并逐步规范的基础上，党和政府开始引导股份经济向正规化发展。改革从基层做起，取得经验，逐步推广，"摸着石头过河"是当时我们党指引经济体制改革的基本方针。1984年7月20日发起设立的北京市天桥百货股份有限公司是我国改革开放后正式注册成立的股份有限公司。而当时的上海也开始了股份有限公司的试点。1984年11月18日，由上海飞乐电声总厂发起，经中国人民银行上海分行批准，向社会和本企业职工发行股票50万元（每股50元）自筹资金开办上海飞乐音响股份有限公司。1986年邓小平接见纽约证券交易所总裁范尔霖时送了一张"飞乐音响"股票给他，而又由于该股票比较正规，在上海证券交易所成立后作为第一批上市股票挂牌转让，因此，一般把"飞乐音响"作为我国第一只公开发行的股票。

邓小平以送外宾股票的行为方式表达他对股份制改革的热情支持，进一步激发了广大群众对股份经济改革的热情，使股份有限公司数量猛增数倍。在时任上海市委书记江泽民同志的过问和支持下，新中国第一个股票交易柜台于1986年9月26日在上海正式开张，中国工商银行上海市信托投资公司静安证券营业部率先对其代理发行的"飞乐音响"和"延中实业"股票开展柜台挂牌交易。这标志着股票二级市场雏形的出现，中国资本市场之门终于开启。两年后，"深发展"股票也开始在特区证券公司开展柜台挂牌交易。证券交易市场催生了作为中介的证券公司的发展。于是，上海申银证券公司、上海万国证券公司等一批证券公司相继成立。国务院于1987年3月首次发布了《关于股票、债券管理的通知》，为规范当时的证券市场起到了重要作用。

上海股票交易柜台开张以后，沪深两地加快建设证券交易所步伐，于1990年11月26日成立上海证券交易所，同年12月19日开业。同样，深圳证券交易所也于1991年4月11日正式成立，同年7月3日开业。自此，中国资本市场正式启动。

从沪深证券交易所成立到1997年,是中国资本市场以属地管理为主的初期发展阶段。当时沪深证券交易所分别归沪深两市计委管理。1992年成立的中国证监会只有业务监管职能,监管难以完全到位。由此导致沪深证券交易所成立初期的发展呈两种状态:一方面,在当地政府积极支持下,资本市场快速扩张,特别是在邓小平南方谈话后股票市场发展突飞猛进。上海发行的第一批股票认购证中签率从原来预计约5%左右,直接猛增到90%以上。另一方面,两个市场呈现出无序竞争状态。为了争夺上市资源,两个交易所分赴各省市建立与自身交易所联通的区域性股票市场,抢占市场资源,影响了公司上市的质量和市场秩序。

二、资本市场在党和政府领导下不断走向成熟

1998年,国务院决定将沪深证券交易所收归中央政府管理,正式开启证监会统一对全国证券、期货业的监管,同时关闭清理各地的区域性证券交易市场。至此,中国资本市场结束了区域分块管理状态,在发展中不断走向成熟。党中央、国务院领导证监会在资本市场改革发展中主要经历和处置了如下重要事件:

(一)"327"国债期货事件

1995年2月,国债期货交易的多空双方对赌"327"国债的到期保值贴补率,以万国证券公司、辽国投为首的空方设置大量空头仓位。以中经开为首的多头则建仓做多。结果该国债于23日获得政府贴息的明确信息。于是空方违规砸盘,导致多头严重亏损,市场混乱。为此,国务院决定关闭国债期货市场并对违规事件主要成员追究刑事责任。这是中国资本市场首次动用法律手段处置重大违法违规案件。

(二)全国集中统一证券登记结算体制的形成

为了加快证券市场规范化建设,进一步防范和化解市场风险,2001年1月20日,中国证监会下发《关于成立中国证券登记结算有限责任公司的通知》。3月30日,该公司成立。2001年10月1日起,上海证券中央登记结算公司、深圳证券登记有限公司从事的证券登记结算业务均由中国证券登记结算公司承接,两地证券登记公司依法定程序注销。这标志着我国集中统一的

证券登记结算系统基本形成,提高了市场效率,更好地适应了中国证券市场未来发展的需要。

(三)股权分置改革和2007—2008年股灾事件

中国改革开放初期在体制扭曲情况下遗留的股权分置问题严重阻碍了资本市场的顺利发展。个人股、法人股和国有股功能不一,权力不一,利益也不一,严重影响了我国资本市场的规范发展。股权分置问题是我国资本市场发展之初在当时经济体制扭曲和人们观念陈旧的情况下遗留下的客观存在。如果这个问题不解决,就会严重影响我国资本市场的后续发展。因此,解决股权分置问题成为我国资本市场发展中的一件大事。解决这个问题牵涉面广、难度大,没有坚强的领导和决策,很难顺利解决这个问题。党中央以"开弓没有回头箭"的勇气,用两年多时间指导这场改革。最终解决了困扰十多年的难题,为资本市场规范发展扫清了道路。但由于该事件处理过程中受美国"次贷"危机的冲击,使中国股票市场自2007年10月开启了为期一年的暴跌,国家经济受挫。党中央、国务院力挽狂澜,以四万亿元增量投资阻止了经济下滑,稳定了资本市场,也积累了处理重大危机的经验。

(四)股票发行价从人为设定到市场议价发行,为发行市场化运行创造了条件

从20世纪90年代初设立沪深证券交易所到2004年底,我国用25年的时间以渐进改革的方式探索出股票发行定价从人为设定到市场化定价的模式。从最初的市盈率定价法,到竞价确定法、净资产倍率法、现金流量折现法、市价折扣法、协商定价法和IPO询价确定法,大致经历了七种股票发行定价方法。每一步改革遵循"摸着石头过河"的方式,既是向市场化定价机制迈进的一小步,又保持了股票市场运行的稳定,最终形成了IPO询价的市场化定价方法。这一方法标志着中国股票市场从过去的溢价发行时代进入到议价发行时代,对提高市场资源配置效率、推动资本市场稳定发展起到了重要作用。IPO询价方法在推出后的十多年里,也因市场情况变化而在询价对象、询价的阶段性、价格区间、限售条件的确定等多个方面进行了细化和完善。股票发行定价的市场化水平不断提升。

(五)创业板设立和注册制改革

创业板的设立在我国经历了很长一段时间。早在20世纪90年代末期,

就有舆论提出要设立中国的创业板。它对中国资本市场的重要性主要在于能为大量中小型企业提供融资渠道,许多原创型高新技术又往往源自中小企业,而中小企业的增加又能推动风险投资基金的发展及为其提供退出渠道。因此,要发展我国的高新技术产业,创业板市场设立的必要性成为众多领导和业内人士的共识。于是在2000年10月,深圳证券交易所公布了《中国创业板规则》等九个咨询文件,给创业板市场提出了一个比较清晰的轮廓。但是当时的主板市场投机气氛较浓,一遇到新股扩容就会引起市场暴跌。当时负责金融工作的中央领导曾设想将深圳主板市场改造为专业的创业板市场,并一度暂停了在深圳市场上市主板项目,也因为各种原因而无法启动创业板项目,导致深圳证券市场一时处于"无米下锅"的境地,于是就在2004年6月推出了中小板市场,作为设立创业板市场的一个过渡板块。2006年下半年,时任证监会主席表示要适时推出创业板。此时一方面创业板在紧锣密鼓地筹备,另一方面2007年10月下旬开始的股市暴跌使中国资本市场进入萧条。经过一年的下跌,上证指数跌入1 664点。而创业板筹备虽基本就绪,但在股市震荡时期仍没有合适的机会推出。直到市场稳定一段时间以后,2009年9月,中国证监会宣布首次召开创业板发审会,并于2009年10月23日,创业板正式举行开板启动仪式。

2020年,创业板又迎来了重大改革试点。4月27日,中央全面深化改革委员会审议并通过了《创业板改革并试点注册制总体实施方案》,决定将创业板进一步改革并试点推行注册制。这是党中央深化资本市场改革、完善资本市场基础制度、提升资本市场功能的重要安排。这次创业板的改革,进一步放宽了上市财务标准,使更多"两高五新"的中小企业有机会进入资本市场,也放宽了涨跌幅限制。实践证明,创业板的改革加快了中小企业上市步伐,提高了市场活跃度,大幅增加了板块市值,吸引了更多的投资者入市,为促进中国科技进步和技术革命做出了重要贡献。

(六)2015年股灾事件

2015年6—7月的股市暴跌是资本市场建立以来的第二大股灾。从某种程度上说比2007年的股灾更加严重,因为它的单日跌幅要大于2007年的股灾。当时上证指数最高点是2015年6月15日的5 178点,到7月9日就跌至3 373点,仅仅18个交易日跌幅达到35%,而2007年10月的最高6 124点到2008年10月23日的最低1 664点,一年跌幅为73%,故从日跌幅来看,2015年的股灾比2007年的股灾要严重,市场呈现"股指断崖式下跌"的闪崩现象,如不及时处理,金融危机不可避免。股市暴跌会带来严重的后果,从表面上看,不仅投资者损失惨重,上市公司也面临市值的严重亏损,如不及时处理,后果不堪设想。在这样的紧要关头,学术界和实务界对股灾的处理方式有两种截然不同的意见。一种是按照完全市场化的原则,让股市自我消化,各自的亏损由自己承担。另一种是由国家出面"救市",使股市尽快恢复到相应的水平,以避免金融危机乃至经济危机的发生。为此,党中央、国务院牵头证监会、财政部、中国人民银行等部门果断采取多种手段"救市":(1)对代表"国家队"的证金公司增资扩股到1 000亿元,会同汇金公司大规模入市维护股价稳定;(2)鼓励中信、海通等21家大中型证券公司发布联合公告,宣布以不低于1 200亿元的资金,用于投资蓝筹股ETF,同时表态在上证综指4 500点之下、2015年7月3日余额基础上,自营股票盘不减持,并择机增持;(3)25家公募基金公司承诺打开前期限购基金的申购,基金公司董事长和总经理承诺申购本公司偏股型基金,并至少持有一年以上;(4)中国人民银行承诺通过多种形式给予资本市场无限额的流动性支持。几天之后的7月8日,中国证监会表示将由证金公司提供充裕资金用于申购公募基金。至此,"国家队"救市资金超过1万亿元。资本市场股价逐步回升,最终恢复稳定,整个国家避免了一场可怕的金融危机。这次"救市"表现出党和政府对资本市场的风险控制能力越来越强,自信心不断提升。

(七)科创板的设立

为了提升资本市场对高新技术企业的支持程度,引导资本流向科技创新型公司,在2018年11月5日首届中国国际进口博览会上,习近平主席代表中央政府宣布推出科创板并进行注册制试点改革,支持上海国际金融中心和科技创新中心的建设,进一步完善资本市场基础制度。就在同一天,中国证监会表态,将抓紧完善科创板的相关制度规则安排,把握好试点的力度和节奏。上海证券交易所也表态,将在证监会统一部署下,积极稳妥推进科创板和注册制试点落地。

2019年1月30日,党中央和国务院批准了中国证监会出台的《关于在上海证券交易所设立科创板并试点注册制的实施意见》。随之有关部门也很快设计并发布了与实行科创板试点注册制相关的主要规章制度,逐步构建了由法规、规范性文件、业务规则以及指引等组成的制度体系。3月18日,科创板上市审核系统正式上线,证监会开始受理科创板材料申报。4天以后,上海证券交易所开始受理第一批9家企业。在6月13日十一届陆家嘴论坛开幕日,中国证监会和上海市人民政府联合举行了科创板的开板仪式。7月22日,科创板正式开市,中国资本市场迎来了一个全新的板块。

截至2021年6月30日,科创板三百多家公司共计实现营业收入3 040.50亿元,同比增长55.14%。其中,有超过九成的公司实现了营业收入正增长,56家公司实现了营业收入翻番,有两成以上的公司营业收入超过10亿元;三成以上公司的净利润增幅达到100%以上,最高达743倍。研发投入方面,科创板上市公司不断加大研发投入,累计研发投入资金达到254.03亿元;扣除按第五套标准上市的公司后,其余公司的研发投入占营业收入的比例平均为14%。这种高强度研发投入和高水平科研队伍,为这类高科技公司推进核心技术攻关以及科研成果的转化奠定了坚实的基础。在科技成果方面,2021年上半年,科创板上市公司累计新增知识产权11 571项,其中新增发明专利3 217项。截至2021年上半年末,科创板公司共持有发明专利35 106项,平均每家公司拥有106项,极大增强了我国科技的自立自强能力。另外,科创板公司的股东数量与持股比例上升十分明显,投资者结构不断优化,持股基金的数量达到50 085只,比一季度末增长了20倍以上。

设立科创板并试点注册制,较好地处理了"放管服"关系,在"营商环境"层面带来了三方面的直接效果:一是科创企业上市更容易,二是发行上市更可预期,三是发行上市定价更自主。可见,注册制是本土实际和最佳国际实践的结合。这也是由注册制的本质决定的,对应的是处理政府和市场关系的基点所在。注册制改革是从中国资本市场的实际出发,考虑资本市场的发展阶段、市场结构、诚信基础、法治环境、历史负担,高度重视国情、社情和资本市场发展阶段的特点。但同时,要按照成熟资本市场的最佳国际实践,不断适应资本市场竞争激烈的国际环境,努力提高中国资本市场的国际竞争能力。

(八)北京证券交易所的设立

2021年9月2日,习近平总书记在中国国际服务交易会全球服务峰会上致辞,宣布了为支持中小企业的创新发展,打造服务于创新型中小企业的主阵地,深化新三板的改革,设立北京证券交易所的决定。仅仅一天以后,北京证券交易所有限责任公司就完成注册。北京证券交易所实行试点注册制。它的准入门槛是把新三板中的精选层平移到北京证券交易所进行上市。其各类指标和数值与精选层的进入条件保持延续。凡是在"新三板"连续挂牌满12个月的创新层挂牌公司,只要符合相关市值和财务标准等具体条件,在向中国证监会完成注册,并向不特定合格投资者公开发行股票后,满足公众股东持股比例等相应要求,就可以在北京证券交易所上市。北京证券交易所的竞价交易涨跌幅限制比例是前日收盘价的±30%,上市当天不设置涨跌幅限制。如果股票盘中成交价格比较开盘价首次上涨或者下跌达到30%、60%,就要实施临时停牌制度。

北京证券交易所的成立,弥补了在多层次资本市场中如何发展普惠金融的短板。它在多层次资本市场中发挥了相互促进、相互补充的纽带作用,构筑了中小企业直接融资的成长路径,培育了大量"专精特新"中小企业,形成了合格投资者踊跃参与、创新创业热情高涨、中介机构归位尽责的良性市场生态。

(九)多层次资本市场建设

沪深证券交易所开业以后的十多年里,中国资本市场只有主板市场(中小板市场等同于主板市场)。党中央在2003年十六届三中全会做出《中共中央关于完善社会主义市场经济体制若干问题的决定》,提出建立多层次资本市场体系,以后又多次提出这一要求。又经过十多年努力,中国多层次资本市场体系已经基本构建完成。创业板、科创板、新三板、北京证券交易所、金融资产交易所、商品期货交易所,以及各地区域性股权交易中心、银行间债券市场等细分资本要素市场均已建立。多层次资本市场应对着全国不同企业和投资者对融资和交易的需求,正在和继续为中国经济与科技的高质量发展发挥巨大作用。

第二节　中国资本市场发展的主要经验

梳理中国资本市场发展所取得的重要成果和艰苦探索之路,可以归纳出八条主要经验。

一、资本市场发展离不开党的集中统一领导

这是中国资本市场发展一路走来所体现的最大特色。改革开放不同阶段的实践证明,在党中央集中统一领导下,我国以前无古人的改革精神创建并发展资本市场,用不到四十年时间走完了西方资本市场四百多年的发展历程,成为全球第二大市场,充分体现了中国特色社会主义资本市场是全球效率最高、效果最好的资本市场。每一次资本市场面临重大事件和急需抉择的重要关头,都是党中央和国务院做出重要决策和部署,使中国资本市场转危为安,并始终沿着自己的道路快速发展,道路自信不断增强。

二、改革中提炼出中国特色现代资本市场发展理论

这些理论主要体现在以下方面:邓小平的资本市场发展理论,包括"两个坚持"的社会主义理论;"解放思想,实事求是",一切改革从实际出发的理论;关于证券、股票的社会制度属性理论。江泽民关于"积极推行股份制,发展混合所有制经济""推进资本市场的改革开放和稳定发展"理论。胡锦涛关于"建立多层次资本市场体系"的理论。习近平关于"促进资本市场健康发展""天使投资""私募股权市场""风险控制"的理论。这些理论极大丰富了建设中国特色现代资本市场的理论体系。

三、紧扣国家战略和改革实践,以科学方法推动资本市场跨越式发展

所谓"科学方法",就是实事求是,一切从实际出发,发现问题,分析问题,解决问题。用通俗的改革语言,就是"摸着石头过河"。这是从邓小平开始到现在党和国家最高领导始终遵循的改革法宝。中国资本市场的改革发展也是如此。资本市场从无到有的突破,股票发行从计划指标分配到市场化发行,从

股权分置到全流通改革,股票发行从审核制、核准制再到注册制试点改革,不但完善了资本要素的市场化配置,而且迎来了资本市场制度规范的新时代。从推出 QFII、QDII,到沪港通、深港通、沪伦通等,高水平双向开放不断顺利推进。我们也遇到过经验不足的失误,如 2015 年因高杠杆配资失控引发的股市泡沫的教训和 2016 年初熔断机制实施带来断闸停摆的教训。我们在干中学,在实践中摸索,遵循资本市场的本质要求和客观规律,生动地体现了党和人民群众在改革开放中敢闯敢干的勇气,也体现了贯穿改革开放四十多年来以"摸着石头过河"方法论指导资本市场发展的重要科学精神品质。

四、强化审计在中国资本市场发展中的支撑作用

中国资本市场在三十多年的发展中形成了本土为主的独立审计支撑作用,形成了对公司内部控制、公司治理改进、关键审计事项的信息披露等一整套机制。中国资本市场与美国资本市场存在显著差异,导致我国在发展进程中逐渐形成了中国特色的审计市场。比如,在非标准审计意见的设定方面,美国的设定依据为持续经营假设的不确定性,而中国的设定依据为客户是否接受审计方的调整要求。又比如,中国的审计市场没有出现国际四大审计所占据独立审计市场主体的格局,国内大所的人力资本相较于国际四大审计所有相对发展优势。这一特征契合了本土产业链和巨大内部市场的基本环境,也体现了中国资本市场内部存在迭代升级的生态环境。正是这一特色审计市场支持了中国资本市场快速并规范地发展。

五、以完备的中国特色衍生品市场支持资本市场发展

完备高效的衍生品市场对于构建完善的资本市场至关重要,也是多层次资本市场体系的重要组成部分。20 世纪 90 年代在资本现货市场快速发展的同时,我国的衍生品市场也获得了相应的发展。1990 年 10 月,中国郑州粮食批发市场成立,到 20 世纪 90 年代末我国初步形成了 3 家商品期货交易所、12 种期货的市场结构。进入 21 世纪以来,随着对衍生品风险管理功能的认知不断深入,我国开始了大规模的品种上新,螺纹钢成为金融危机后第一个上市的期货品种。衍生品市场规模逐年稳步扩大。中国期货与衍生品市场现有上市

品种94个,其中商品类84个(期货64个,期权20个),金融类10个(期货6个、期权4个),涵盖农产品、金属、能源化工、金融等国民经济主要领域。2018年3月,我国上市原油期货,并开始向国际投资者开放,逐步形成了大宗商品、期货与期权等金融衍生品、场内与场外、境内与境外协同发展的良好局面。目前中国的商品期货市场,成交量连续多年位于世界第一。截至2021年12月底,我国共有期货公司150家,公司总资产为13 812.31亿元,净资产为1 614.46亿元,较2020年底分别增长了40.25%和19.59%。根据2021年参评的149家期货公司分类评级结果,评级为AA级的期货公司有17家,A级有22家。

期货和衍生品交易本身也包含诸多风险,如果风险控制机制不当,就很容易造成风险的传染和扩散,甚至酿成系统性风险。2008年的金融危机,严重伤害了全球经济,特别是对美国的经济与金融产生了巨大影响。中国的衍生品市场应该深刻吸取经验教训,根据中国的实际情况,寻找到适合自己的发展道路。目前,中国特色大宗商品衍生品市场作为横跨金融市场和现货市场的组织形式,对金融和经济稳定起到了重要作用。在市场主体培育方面,中国衍生品市场深度和成熟度正在不断提高,为资本市场的全面发展起到了不可或缺的重要作用。

六、构建中国特色资本市场监管体制

中国资本市场监管体系建设将改革实践中行之有效的监管经验融合国际成熟监管做法,产生了如下具有鲜明中国特色的资本市场监管体系:(1)把分散的资本市场监管体系改造成中央集中统一的监管体系;(2)采用有别于西方国家体系、中国特有的中央登记结算公司制度;(3)在期货市场建立了最具中国特色的强制减仓制度和对客户保证金的封闭式管理;(4)在重大债务违约处置方面有一套有序进行债务重组的安排机制;(5)形成国有资产在资本市场发挥作用的独特监管机制;等等。这足以说明中国资本市场监管体制在不断进化中日益体现出鲜明的中国特点和制度自信。

七、基本形成中国特色的资本市场法治体系

在实践中,我国采取先制定地方性规章,再制定部门规章,最后形成以《公司法》《证券法》和《证券投资基金法》为主导,包含部门规章和条例的资本市场法律法规体系,形成了包含执法体系、司法保障和诚信机制的法治体系。[①]

八、先立后破,保证资本市场合规稳健运行

改革开放之初,僵化的体制机制要求我们"打破条条框框的束缚""杀出一条血路",需要有"破"的勇气和魄力。而进入新的历史时期,构建新发展格局、推动高质量发展更需要科学化、精细化的治理能力和治理体系,因此,很多问题需要先想好怎么"立",再思考怎么"破",将各种负面影响降至最低。即在"摸着石头过河"的改革过程中,按照顶层设计→实践检验→改革完善的逻辑顺序,先制定顶层设计架构,然后将顶层架构推行实践检验,再根据情况不断改进,最终完善新机制,取代旧规则。这就是先立后破。例如,在注册制改革过程中,先不推翻过去的发行制度,而是先确立注册制发行的制度体系,按照从科创板到创业板,再到全市场的"小步快走"布局,逐步缩小原有发行制度的适用范围,稳步推进与深化改革。证监会在推进注册制改革的同时,统筹推进交易、并购重组、退市等一系列制度性创新,从而改进在各领域、各环节的监管,着力提升上市公司的高质量发展,夯实资本市场平稳健康发展的基础。

上述经验为进一步推动中国资本市场的现代化、国际化发展提供了厚实基础和强大动力。

第三节 中国资本市场进一步发展面临的挑战

中国资本市场三十多年发展跨越西方国家四百年历程,并对未来发展更加自信。而自信不等于盲目,必须看到发展并不完美,依然存在不足。梳理和揭示这些不足,对于我国新时代创新增长阶段少走弯路,选择最优路径,加快资本市场发展,同样具有深远意义。

一、中国资本市场发展目标的实现需要建立具体操作的路径依赖

中国发展资本市场的总体目标可以表述为:"坚持党的领导","坚持市场

[①] 具体内容见第六章。

化、法治化、国际化","实现规范、透明、开放、有活力、有韧性"的国际一流的资本市场。其总体目标的每个方面都应当有它具体的内涵。我国目前资本市场发展虽已取得突破性进展,但与要实现的目标还有较大差距。比如,在为实体经济服务,支持西部经济和国家急待发展的产业,调节好政府与市场的关系,市场化配置资源,实现高效"三公"的运作机制等方面,我们已经取得了很大成绩,但要实现中国发展资本市场的总体目标还要走很长的路。这就需要规划具体步骤去抵达总体目标,根据要达到的总体目标制定出阶段性目标和实施方案,以确保当前工作与长远目标之间的路径依赖,避免两者之间的脱节。

二、市场监管体系尚存短板需要弥补

资本市场确立了集中统一的监管体制,形成了一系列具有中国特色、世界认可的监管制度,如登记结算的穿透式监管、"一户一码"制度、保证金封闭圈制度、"违约瀑布"式的风险防控措施等,充分发挥科技在监管工作中的作用,促进监管模式创新。通过推行现代企业制度,实现董事会、股东大会、监事会、外部董事、独立董事等层面的严格治理,从而实现中国上市公司的高质量发展。

然而,从近几年资本市场暴露出的不少问题来看,中国资本市场监管体系和执法体系存在一些短板。目前中国资本市场监管采用的大多是机构型监管模式,这与金融混业经营模式存在不匹配状态,容易导致监管缺失。

在透明度监管方面,从近年市场发生的案例来看(永煤债券违约案例、康美药业财务造假案例、恒大集团的财务危机案例等),上市公司信息和市场交易信息披露不完善、不真实,监管创新工具不足和监管真空地带的存在也导致监管缺失,引起相关风险发生。

在维护市场秩序方面,对行业内机构及大资金操纵市场与正常操作缺乏认定标准,存在一定程度的监管失衡、监管制度供给不足和供给过度,市场习惯短线交易(结构性行情)表明监管取向存在不足的缺陷,惩处追责的处罚力度较轻,对证券类违法犯罪行为的威慑力不足,导致中小投资者利益受损。长远来看,这会极大影响中国资本市场的发展。

三、多层次资本市场体系需要畅通和有机链接

当前,中国的资本市场已基本形成并涵盖了主板市场、创业板市场、科创板市场、北交所市场、新三板市场、区域性股权市场以及私募股权基金在内的多层次股权市场,还有债券市场、期货和期权等衍生品市场。资本市场层次已经不少,但在体系的完整性、特征性、互联互通性方面尚不够完善,由此导致公司上市路径和中小微企业成长壮大的上升通道不够通畅,资本市场服务实体经济能力的发挥受到阻碍。

构建更具包容性、适应性的多层次资本市场体系,关键是促进各层次市场经济主体都能在资本市场中找到合适的融资来源并努力提升资本市场对实体经济的服务能力。同时,各类资本要素市场形成有机联系,错位发展。与发达国家资本市场层次多样、板块有效联通互动的情况相比,中国资本市场存在层级间联通不畅,各板块之间的转板机制还不够科学灵活,具有重场内、轻场外的特点和不足,各市场的定位与板块之间的分工有待进一步明确。

同时,我国多层次资本市场还存在责、权、利界定不太清晰的问题。中央政府和地方政府对市场管理权限的划分如何实现各方积极性最大化,仍然存在一定的困难。各类市场准入条件、板块划分、信息披露标准、交易规则与相关标准等缺乏有机链接。这势必会降低整体市场的运行效率,从而影响市场整体发展。

四、资本市场运行管理体系和制度性缺失需要弥补

三十多年来,中国资本市场在发行、交易、结算和投资者保护等市场运行方面构建了日益成熟的管理体系,但与现代化、国际化战略目标比较还有很大改进空间,需要不断完善资本市场运行管理体系。

证券发行与上市方面,主板市场定价机制有待改进;双创板块注册制下新股询价机制所定价格能否体现应有的风险承受水平,需要在实践中进一步完善;相关市场主体的责任与定位有待进一步明晰;公司上市审查严于退市审查,退市标准的设置偏重财务指标、轻交易指标,退市程序烦琐、通道不畅。这不利于提高市场效率。

在交易和管理方面,利用先进科技和大数据手段加强市场运行管理具有较大的提升空间;"T+1"结算机制可以降低交易风险,但也不利于市场整体稳定;由于长期投资者发育不足(包括机构),市场习惯短线交易(结构性行情),不利于保护中小投资者和股票市场长远发展。

五、资本市场法治化体系有待进一步完善和提高

按照当今资本市场运行的创新发展理念,中国资本市场要落实好"建制度、不干预、零容忍"方针,就必须建立健全高效的资本市场法治化体系。目前我国基本形成了一套以公司法、证券法、基金法等法律为核心,以相关行政法规、司法解释、部门规章、规范性文件为主干,以证券期货交易所、登记结算机构、行业协会等业务规则为配套的有中国特色的资本市场法律法规体系,初步形成了行政执法、民事追偿和刑事惩戒相互衔接、相互支持的稽查执法体系,投资者保护力度在不断提升。新颁布的证券法设立了投资者保护的专章,建立了证券集体诉讼制度,完善了证券期货纠纷的多元解决机制、"示范诉讼+委托调解"的示范判决机制,先行赔付的探索实践也取得了良好成绩。

但是,应该看到,我们的法治体系还比较薄弱。资本市场违法犯罪法律责任制度体系有待进一步完善,从严打击证券违法活动的执法体制机制有待进一步构建,重大证券违法犯罪案件惩治和重点领域执法的力度有待进一步强化,资本市场信用体系建设有待进一步加强,在促进双向开放方面,还要继续深入开展跨境监管与执法合作。

资本市场还存在不少虚假信息披露、欺诈发行、操纵市场和内幕交易等违法行为;在执法方面对违法违规者过度宽容,国有企业严重违法违规事件处理成为难点,对主要责任人的处罚缺乏威慑,对市场操纵行为、境内外资金的穿透式监管执法缺乏一致性标准等(主要指北向资金[①])。随着注册制改革的全面推行,客观上也对后端的法治约束提出了更高要求。

在投资者权益保护方面,相关法治建设存在改进空间。从近年来频繁发生的违规案件来看,一方面,我们对违法违规行为的处罚力度不足;另一方面,

---

① 北向资金又称北上资金,通常指进入A股市场的中国香港资金及国际资本。这种资金名称是在我国开通沪港通及深港通开始互联互通之后形成的。

对投资者权益保护的事后救济机制有待进一步改进,投资者保护机构存在性质不清、权限范围不够明确等问题。

六、上市公司治理体系和能力需要进一步完善与提高

中国对上市公司治理制度要求的提出是在2002年1月证监会发布的《上市公司治理准则》中,而中国的公司治理真正进入实践阶段可以2005年修订的《公司法》出台为标志。经过近二十年的探索,中国在公司治理领域取得了巨大的进步,特别是在中国特色的国有企业公司治理方面积累了独特的经验。但必须承认,目前中国在上市公司治理领域还面临着巨大挑战和问题,这些挑战和问题影响着中国资本市场进一步向高质量发展。中国上市公司主要由国有企业改制、民营企业和家族企业发展而来,它们的公司内部治理机制存在各自的不同缺陷,要实现内部有效治理还需要苦练内功,逐步实现中国特色的内部治理机制。而对于公司外部治理机制方面,中国在吸取国外先进管理经验的基础上,结合中国自身特点,已经初步建成第三方财务审计、市场信息治理和外部监管三级治理体系,这为我国完善公司外部治理机制构建了比较完整的体系和框架。

但从康美药业2021年被判决的财务造假案例所反映出来的问题看,资本市场对上市公司三级治理体系的有效性判断仍然难以令人信服。每一治理层级都存在不同程度的监管隐患:一是第三方财务审计执业道德缺位,破坏了公司外部治理体系的完整性;二是市场信息治理机制不畅,抑制了公司外部治理体系免疫功能的有效发挥;三是政府外部监管的缺失,不利于公司外部治理体系免疫功能的恢复。

七、防范和化解资本市场风险需要提高应对和处置能力

改革开放四十余年来,中国资本市场对外开放阔步向前,取得了巨大进展。一方面,开放速度不断加快,诸多资本市场开放措施的推出速度不断加快,措施的落实效果不断提高;另一方面,开放的力度越来越大,开放的范围越来越广。中国资本市场作为全球资本市场的积极参与者和奋力推动者,改革开放以来始终坚持在改革中谋发展、在开放中促进步、在合作中获共赢。坚持

"引进来"与"走出去"相结合,加快拓展境内市场与境外市场的互联互通机制,不断拓宽外资参与中国资本市场的投资渠道,使中国资本市场成为世界的市场、共享的市场,展示出既发展自身也造福世界的大国胸怀。

同时,随着中国资本市场的进一步开放,市场的基本制度和跨境监管与协调能力也亟待完善和提升。一方面,随着中国资本市场快速扩大开放,资本市场的基础制度体系日益暴露出它的不足和缺陷,急待完善和补充。这就要求中国在坚持"建制度、不干预、零容忍"方针的前提下,大力推动上市、发行、交易、信息披露和退市等基础制度的创新和完善。只有市场监管制度健全完善,才能真正做到对市场运行的不干预,也能够对市场中的违规违法行为实行严格的零容忍态度,从而加大引入长期投资者,改善市场和投资者结构。另一方面,跨境金融业务的频繁发生可能会加大宏观经济的不确定性风险。同时,跨境资金频繁的流动也会产生大进大出的风险,大量的数据信息共享也会扩大隐私的泄露范围,等等。这些问题的存在也会对跨境监管合作和协调提出深度挑战。这些问题的解决都需要充分考虑到在开放条件下加强与境外监管机构和国际金融组织的信息交流,深化跨境监管合作。

八、资本市场国际化步伐带来的挑战

虽然中国股票市场在相对短的时间里取得了跨越式的发展,但应当看到其配置全球资源的能力还非常有限,这与中国作为全球第二大资本市场的地位匹配度相差甚远。一些其他发展中国家,如印度等,有外国公司在其境内(如孟买等城市)上市。其他的新兴市场国家,如巴西、马来西亚、埃及等,也都有外国公司在其境内上市。而中国迄今为止是零。这是下一步资本市场国际化需要努力的方向。

但是,资本市场国际化的风险不容忽视。未来跨境资金不断投资境内股市,使中国股票市场与以美股为代表的全球股市的联动性不断提升,输入性风险抬高。另一方面,外资在境内资本市场大进大出容易引发市场动荡,这也是我国资本市场对外开放中面临的风险挑战。

此外,制度供给相对不足。内地资本市场制度规则与国际最佳实践还不够接轨,制度的完备性、透明度和可预期性也有待进一步增强。例如,境外主体境内发行上市制度有待建立健全，企业境外上市监管制度安排有待进一步完善。同时，还要进一步加强国际合作，加快推动解决企业境外上市审计监管相关问题。

　　总之，中国资本市场在取得跨越式发展的同时，还面临着未来发展的严峻挑战。资本市场的总体发展目标还不够清晰，实现总体目标的路径依赖和阶段性目标尚有待完善；资本市场监管体系从监管模式到监管制度供给等方面还存在不足；多层次资本市场体系的完整性、特征性、互联互通性不够完善，市场间缺乏有机联系；市场运行管理体系尚有发展和完善空间；资本市场法治体系有待完善和提高；上市公司治理体系和能力尚存进一步提升的空间；应对和处置资本市场风险的能力需要提高；市场的国际化尚需加快发展。以上这些都是需要在未来的发展目标中加以规划和部署，并需要重点解决的问题。

第三章　成熟资本市场的发展趋势

摘　要：以史为镜,可以知兴替;以人为镜,可以知得失。本章首先从股权融资和债券融资规模、市场融资结构、投资者结构等角度概括了成熟资本市场的发展现状,然后从上市制度、交易机制和监管制度的角度归纳了成熟资本市场的发展趋势,最后总结了成熟资本市场仍然存在的不足。概言之,成熟资本市场是一个机构投资者占主导的市场层次日益多元化、资本双向开放程度逐渐提高的市场,它们不断创新上市制度、市场稳定机制,推出新理念交易所促进市场交易效率提升。同时,成熟资本市场的监管法律框架稳定、趋严,以日益完善的监管模式、先进的监管理念和技术奠定市场健康发展的基础。但是,成熟资本市场在控制股市泡沫、风险控制、利益相关者保护等方面还存在一些不足。

第一节　全球主要资本市场发展概况

结合美国证券业和金融市场协会(SIFMA)发布的《2022年资本市场概况手册》(2022 *Capital Markets Fact Book*),本节将以图表方式从证券发行、融资结构和交易者结构的角度综述全球主要资本市场发展进程,以期从整体上把握成熟资本市场近年来的发展趋势。

一、权益类证券融资规模及股票指数走势

(一)权益类证券发行规模趋势

图3-1展示了2006—2021年世界主要经济体权益类证券发行情况。从

体量上来看,美国占据绝对优势,年平均发行量达到 2 250 亿美元。欧盟 27 国位居第二,年平均发行量为 739 亿美元,与美国相比存在较大的差距。这说明美国资本市场是成熟资本市场中的最发达市场。

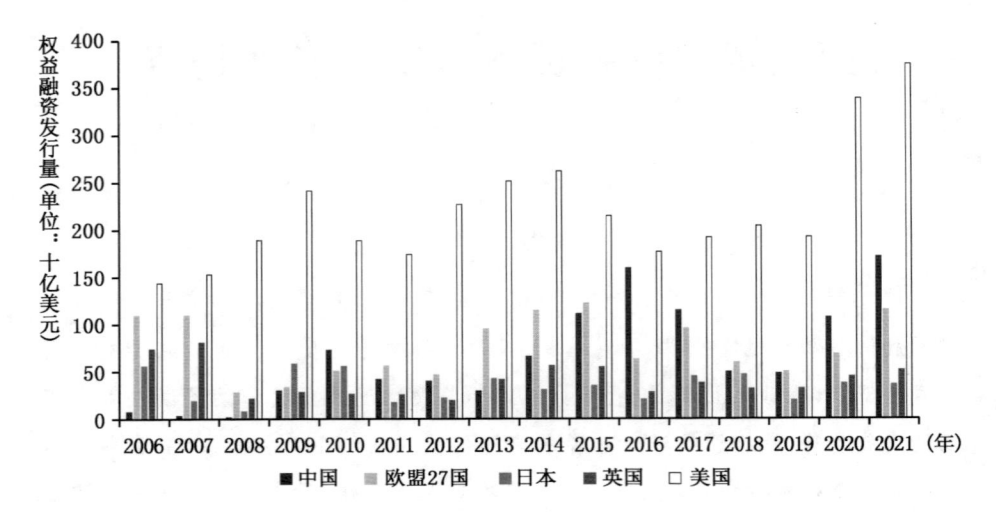

资料来源:SIFMA,2022 *Capital Markets Fact Book*.

图 3—1　世界主要经济体权益类证券发行情况

从发行趋势来看,各主要经济体的权益类证券发行呈现出波浪形趋势。大部分时间发行量稳中有升,但在经济危机的年份有所回落。中国作为新兴经济体,权益类证券发行量呈现增长趋势,2006 年仅为 80 亿美元,2021 年达到 1 710 亿美元,实现了跨越式的增长。

从成熟市场与新兴市场来看,成熟市场的权益类证券发行总量远高于新兴市场,约为新兴市场的 4 倍到 5 倍,在部分年度甚至达到 6 倍以上。成熟市场的权益类证券发行量呈现一定的波动性,而新兴市场始终在低位徘徊。这体现出全球资本市场发展的不平衡性。见图 3—2。

(二)权益融资中,再融资占主导地位

图 3—3 展示了美国近年来权益融资发行情况:再融资占据绝对优势,年均发行规模达到 1 771 亿美元,高于 IPO 与优先股之和。这说明成熟资本市场对企业持续发展具有支持作用,为上市公司后续筹资提供助力。

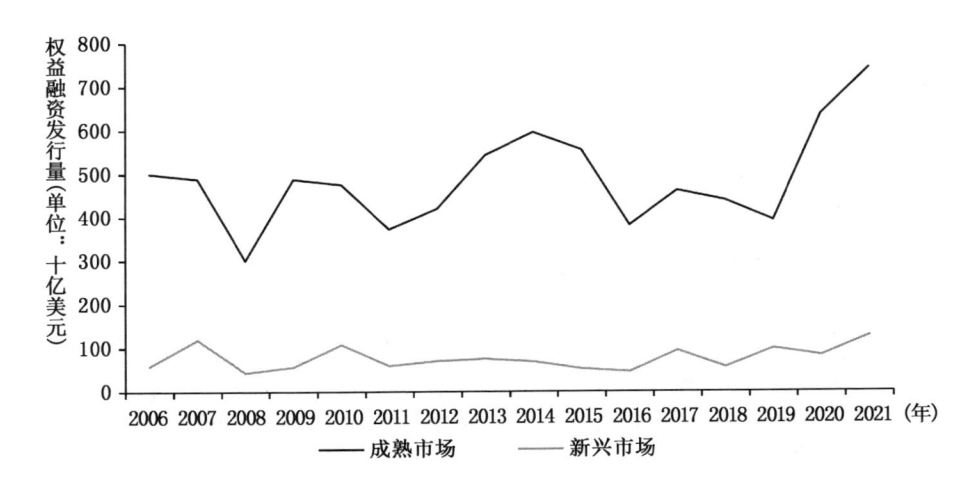

资料来源：SIFMA，2022 Capital Markets Fact Book.

图3－2　成熟市场与新兴市场权益类证券发行量对比

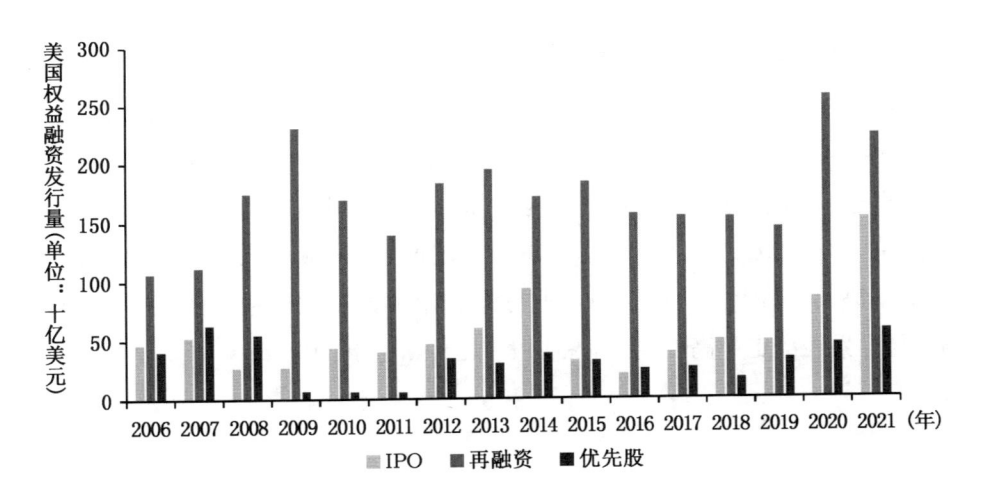

资料来源：SIFMA，2022 Capital Markets Fact Book.

图3－3　美国权益融资发行情况

(三)世界主要股票指数走势呈增长态势

图3－4展示了世界主要股指2006—2021年的走势。美国、英国、德国、法国、加拿大等国家的股票指数基本稳定，出现小幅上扬。中国香港和日本等亚洲经济体的股票指数波动较大，但整体也呈上涨趋势。

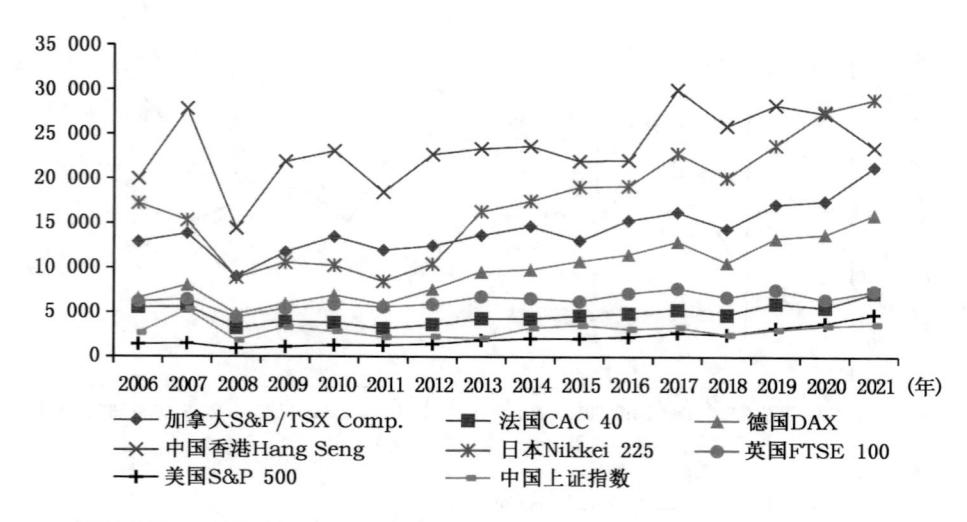

资料来源：SIFMA，2022 *Capital Markets Fact Book*.

图3—4　世界主要股票指数走势

(四)股市是经济发展的缩影

图3—5展示了1970年、2000年和2021年美国前十大上市公司市值。1970年，美国前十大上市公司为传统制造业公司，且市值不超过2 500亿美元。但进入21世纪后，互联网、制药业等高科技公司迅速成长，成为高市值公司的主力军。2021年，有5家公司的市值超过了10 000亿美元，相比于2000年增速惊人。前十大上市公司行业分布和市值的变化顺应了经济发展的趋势，与世界经济走势高度相关，说明股市是经济发展的缩影。

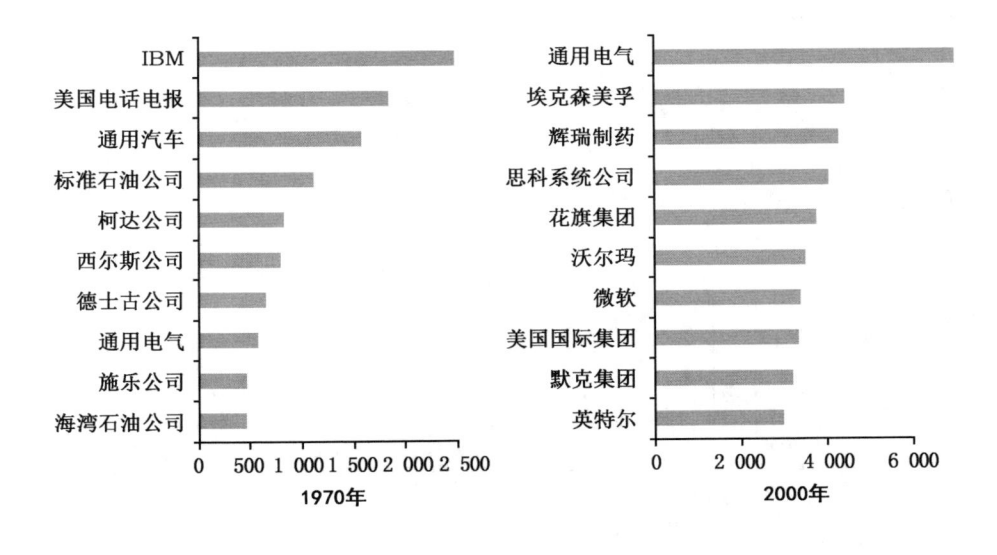

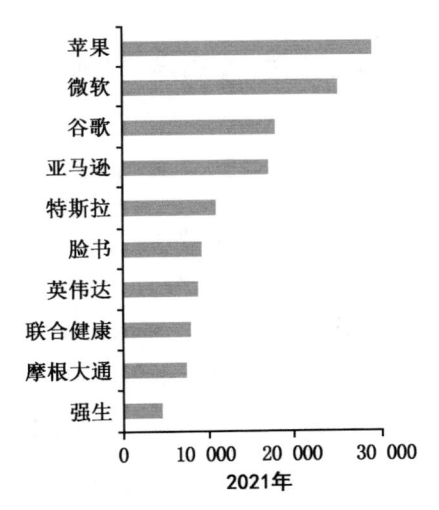

图 3-5 美国前十大上市公司市值(亿美元)

二、债券市场规模及变化趋势

从债券流通情况看,美国依然占据领先地位,年均债券流通量达到 34.9 万亿美元。欧盟、日本、中国、英国年均债券流通量分别为 22.4 万亿、12.6 万亿、8.3 万亿、5.8 万亿美元。整体来说,各主要经济体债券流通量稳中有升,

037

美国和中国的增长尤为明显。见图3—6。

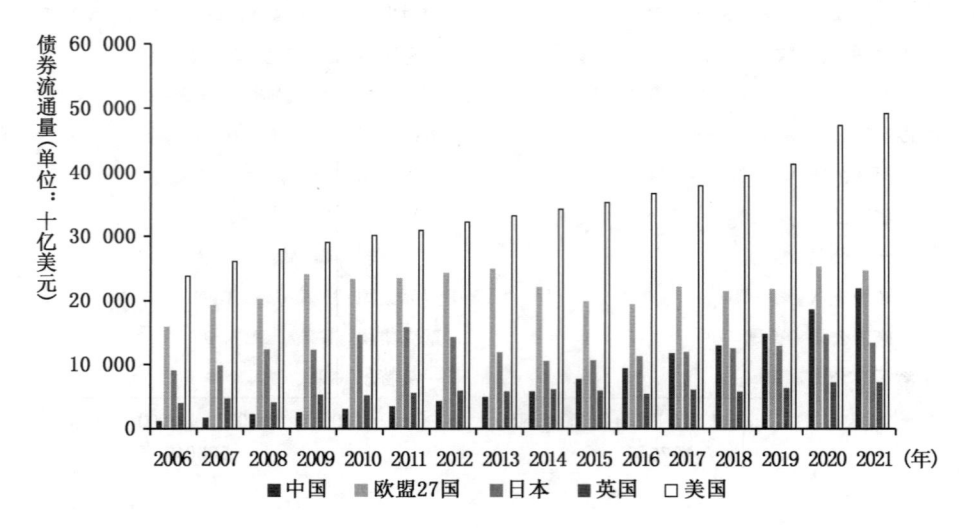

资料来源：SIFMA，2022 *Capital Markets Fact Book*.

图3—6 世界主要经济体债券流通量

三、成熟市场融资结构：权益为主，债务为辅

图3—7、图3—8分别展示了2020年世界主要经济体非金融企业的融资结构和债务融资结构。美国、欧元区、英国、日本的权益融资比重均超过50%，而中国仅为7.7%。但中国贷款融资比重高达87.8%，其他经济体均不足30%。仅从债务融资结构来看，美国是以债券市场融资（debt capital markets）为主（占79.8%）、银行贷款为辅（占20.2%）的结构，而其他经济体则以银行贷款为主（占72.5%～79.2%）、债券市场融资为辅，中国的债务融资几乎全部是银行贷款。这说明成熟资本市场的权益融资和债券市场融资相当发达，而中国企业目前仍以银行贷款为主要融资方式，融资结构与发达市场差异显著。图3—9、图3—10展示了2021年的数据。其他国家融资结构变化不大，但中国的债券融资占比明显上升。

第三章　成熟资本市场的发展趋势

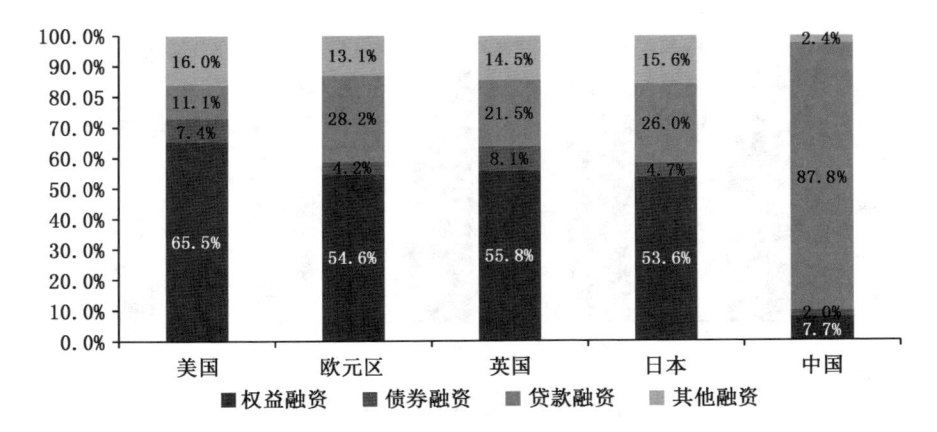

注：其他融资（除中国）包括保险准备金、商业信贷及预付款等。其他融资（中国）包括银行承兑票据、外国直接投资等。

资料来源：SIFMA，2021 *Capital Markets Fact Book*.

图3—7　世界主要经济体非金融企业的融资结构（2020年）

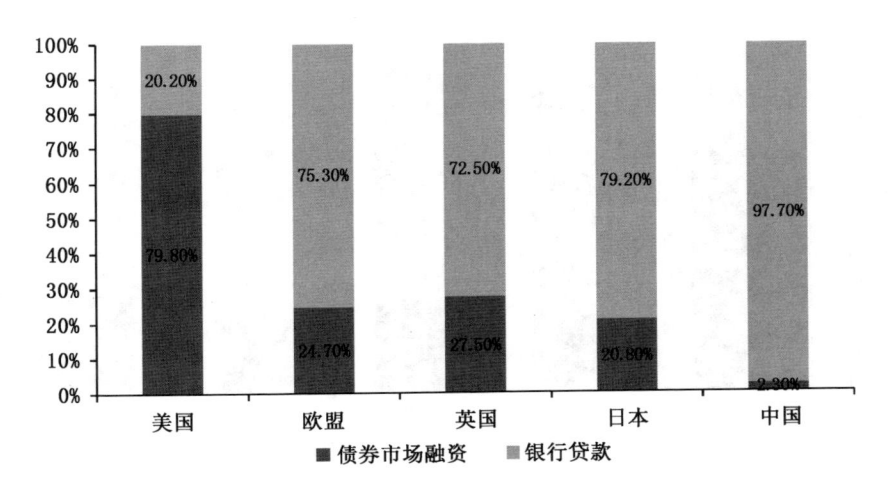

注：债券市场融资包括债券和短期融资工具比如票据。

资料来源：SIFMA，2021 *Capital Markets Fact Book*.

图3—8　世界主要经济体非金融企业的债务融资结构（2020年）

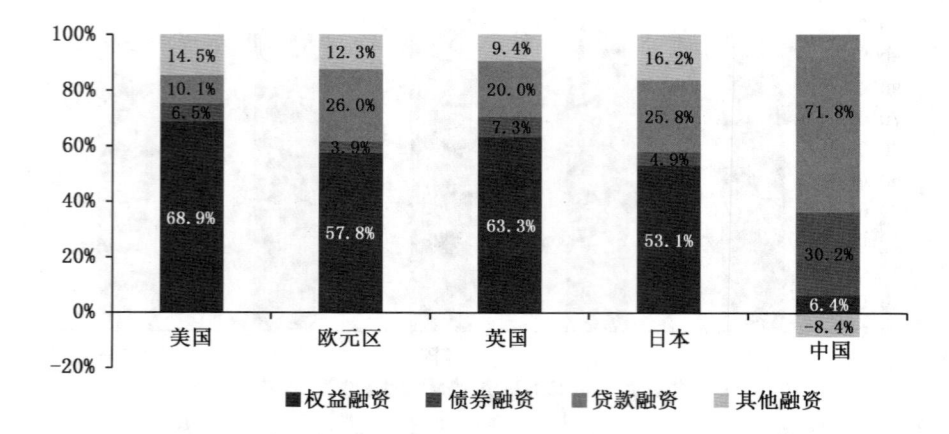

注：其他融资（除中国）包括保险准备金、商业信贷及预付款等。其他融资（中国）包括银行承兑票据、外国直接投资等。

资料来源：SIFMA，2022 *Capital Markets Fact Book*.

图 3—9　世界主要经济体非金融企业的融资结构（2021 年）

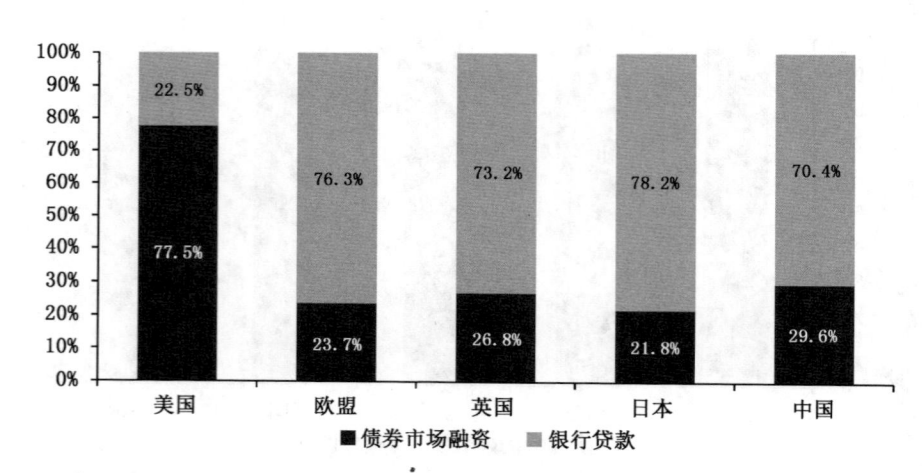

注：债券市场融资包括债券和短期融资工具比如票据。

资料来源：SIFMA，2022 *Capital Markets Fact Book*.

图 3—10　世界主要经济体非金融企业的债务融资结构（2021 年）

四、成熟市场交易者结构:机构投资者占主导

(一)机构投资者持股占六成,是成熟市场的主力军和稳定器

在发达市场中,机构投资者是资本市场的主力军,其持股市值和交易占比均占据主流地位。如图3—11所示,美国资本市场中机构投资者持股占比超过60%,是家庭投资者的2倍,说明机构投资者是主要的市场参与者。这与中国以散户为主的投资者结构存在明显差异。

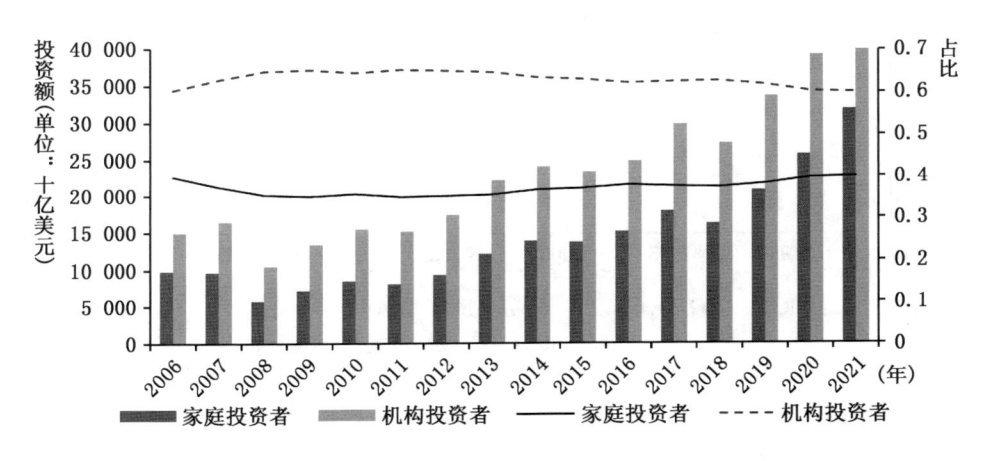

资料来源:SIFMA,2022 *Capital Markets Fact Book*.

图3—11 美国资本市场投资者结构

美国资本市场经历了一个从1966年至2011年长达46年的机构化进程(蒋健蓉等,2020)。养老金体系和境外资金是美国资本市场投资者机构化的两大力量。在账户体系和税收安排的推动下,养老金持股市值超过20%,已经成为美国资本市场最大的中长期投资者。境外资金是美国资本市场的第二大中长期投资者。美国大体上对外资给予国民待遇,较完善的投资生态吸引外资赴美投资。日本股票市场机构投资者占比接近60%。其中,占比最高的是以银行为主的境内机构,主要是由日本国内法人互相持股以及主银行制度所推动;其次是境外资金,由"美日贸易战"下的金融对外开放所推动;另外,保险资金也在日本股票市场中占据一席之地。

在成熟资本市场中,"机构投资者"是中长期投资者的代名词,是股票市场

的稳定器。如图 3—12 所示,1985—2020 年美国权益类机构投资者换手率呈显著下降趋势,目前居于 30%～25%,显著低于中国 A 股市场的机构投资者换手率(见图 3—13)。

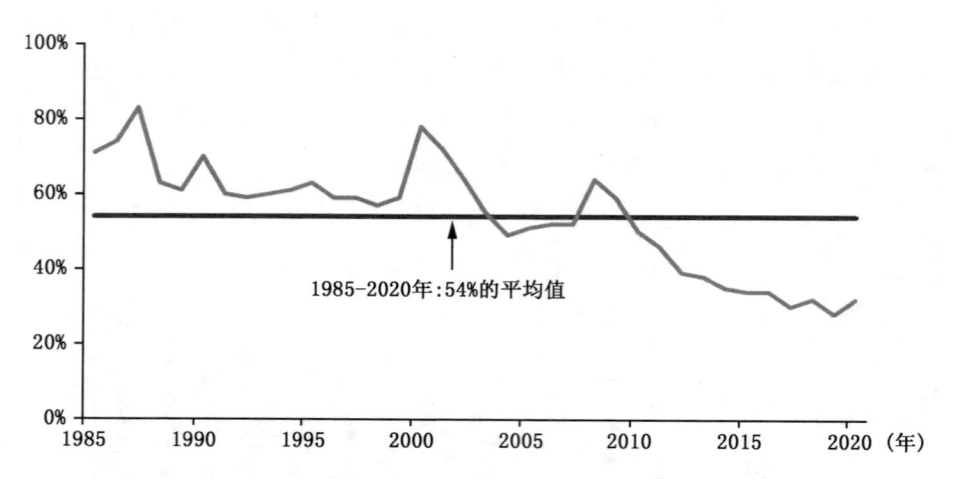

资料来源:ICI,2021 *Investment Company Fact Book*.

图 3—12　1985—2020 年美股权益类基金换手率

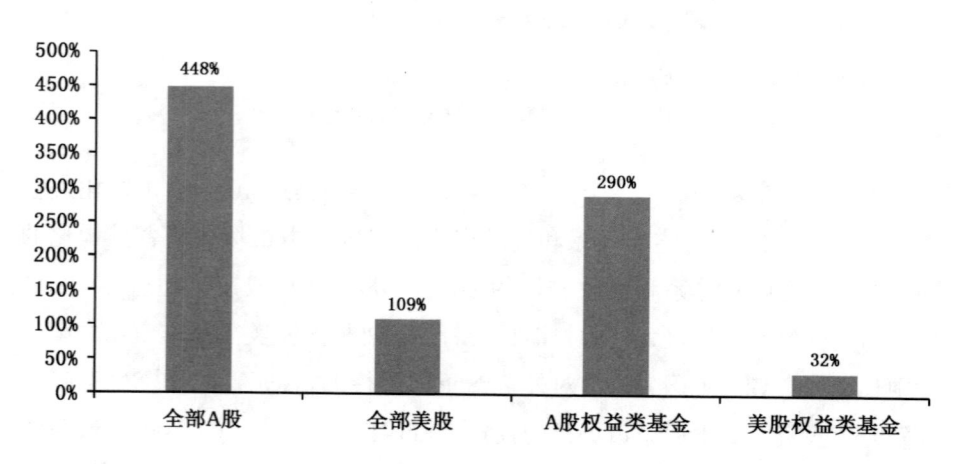

资料来源:海通证券,《A 股与美股对比:投资者结构及交易特征》。

图 3—13　2018 年 A 股、美股、权益类基金换手率

(二)散户力量逐渐壮大

近年来成熟资本市场中散户的力量也不容小觑。信息技术、网络券商的

发展打破了证券交易在时空上的限制,较低的佣金成本和便捷的信息获取渠道大幅降低了交易门槛,使散户投资者有机会参与到证券交易之中。① 这意味着在交易门槛越来越低的时代,散户也可能成为足以对抗机构的重要力量。

第二节 成熟资本市场上市与交易机制发展趋势

一、多层次资本市场日趋完善

多层次是成熟资本市场的重要特征。美国证券市场分层在金融工具风险特征、交易组织形式、地理空间三个维度上同时展开,形成了由四个层次构成的"金字塔"形多层次证券市场体系(王丽、李向科,2006)。各层次间并非简单的上下递进关系,而是反映了不同企业和投资者的风险-收益特征。近十年来,美国多层次资本市场进一步发展,反映出以下三点趋势(王晓津、康永博,2021):

(一)分层重点从交易市场转向发行市场

从20世纪70年代到"次贷"危机发生前,美国资本市场的分层主要体现在交易市场。各层次市场和交易所利用差异化上市要求、信息披露制度、监管制度、转板制度等手段,使各类公司都能找到合适的融资平台。"次贷"危机爆发后,美国资本市场分层的重点逐步转向发行市场。从发行规模看,私募发行、众筹发行、小额公开发行等市场发展较快,目前形成了以私募发行为主体的多层次发行注册豁免市场,且股权融资在私募发行中的金额占比远远超过了公开发行。

(二)不同交易所的边界日益模糊,对场内场外的传统区分逐渐失去意义

从企业特征和行业分布看,纳斯达克和纽约证券交易所的差异不再明显。纳斯达克全球精选板块与纽约证券交易所主板上市公司的规模日趋接近,行

---

① 据统计,2020年一季度美国知名互联网券商Robinhood新增开户数量为300万户,接近中国同期全部券商新开户数量。2021年初,美国爆发了"散户革命"。大量散户购买游戏驿站(Gamestop)公司的股票,一度将其股价推高至483美元。这一疯狂举动将持有该公司大量空头头寸的美国明星对冲基金Melvin Capital逼到濒临破产境地。

业重叠度也有所提高。此外，2007 年 NMS 修正案出台后，电子竞价、做市商制度推广到所有的交易平台，通过交易制度来区分证券交易所与场外市场的传统方法逐渐失去重要性。

（三）私募平台成为交易所的新层次，改变了交易所的传统角色

过去 10 年间，各类互联网私募平台在美国高速发展，与交易所竞争优质上市资源。这类平台的特点是根据大数据和算法技术，线上配对与线下服务相结合，定位精准专一，撮合投融资双方需求。以纳斯达克的私募平台 NPM（NASDAQ Private Market）为例，它充分利用技术优势和服务体系，推动了投融资领域的"去中心化"和"去中介化"，丰富了资本市场支持创新型企业发展的服务手段，对于交易所在创新资本形成过程中的传统角色造成了冲击。

不仅是美国，其他成熟资本市场也同样呈现出多层次的特征。日本资本市场从第二次世界大战后开始重构，经过六十余年的发展，逐步形成了现有的多层次格局。1949—1950 年，日本先后成立了东京、京都、札幌等 9 家全国和地方性证券交易所。20 世纪 60 年代，交易所出现内部分层，东京、大阪和名古屋三个交易所分别增设了门槛略低的二部，形成了一部和二部两个市场层次。企业进入一部之前先要在二部交易一年以上，而如果一部上市的公司不再符合该板块对企业的要求，就被转到二部（李正全等，2018）。1999 年，为满足新兴企业的融资需求，东京证券交易所增设"高增长新兴股票市场"（MOTHERS）。MOTHERS 的上市要求远低于主板市场，但对信息透明度的要求较高。进入 21 世纪以来，交易所经过竞争、合并、国际合作，地方交易所减少到 3 家，并设立了与伦敦证券交易所合资的 TOKYO AIM 市场（后更名为 TOKYO PRO）。

日本的场外市场并不发达。20 世纪 60 年代，日本出现了 OTC 市场，并于 1991 年建立了日本券商自动报价系统（JASDAQ）。2004 年，JASDAQ 获准注册为证券交易所，不再是典型意义上的场外市场。为了助力非上市公司和新兴企业进行直接融资，日本证券业协会于 1997 年 7 月创设了绿单市场，成为日本真正意义上的场外市场。然而，随着交易所规模扩大，独立运营的绿单市场的发展空间被不断压缩，最近几年绿单市场几乎没有新增挂牌企业，发展处于停滞状态（李正全等，2018）。

德国传统上实行以银行为主导的金融体系,证券市场发展相对较弱。20世纪90年代,德国证券市场体系形成了由一个全国性交易所、七个地方性交易所和一个电子交易系统 Xetra 构成的交易所网络。地方性交易所具有上市要求宽松,上市费用低的优势。它们的业务重点为境外证券、金融衍生产品以及地方性中小企业证券交易。不同细分市场的定位使德国地方性资本市场在服务地方性中小企业、促使国内金融资源均匀化分布方面起到了重要作用(宋凌峰、郭亚琳,2015)。

二、市场双向开放趋势明显

放眼世界,双向对外开放也是成熟资本市场的重要特点。20世纪70年代布雷顿森林体系崩溃后,美国开启资本市场国际化,成为最早实施资本市场国际化的国家之一。但美国资本市场的国际化也经历了一个从保守到开放的渐进过程,先对内市场化,解除市场发展的障碍,扩大本国证券服务业的范围,然后向国外公司开放 IPO 和上市交易,最后才开放本国投资者投资海外证券(李蒲贤,2007)。

以美国存托凭证(ADR)为代表的上市制度创新吸引了大量海外公司赴美上市。如表3—1所示,赴美上市的海外公司呈现增长趋势。20世纪80年代初,海外 IPO 占比仅为2.18%。2020—2021年该比例上升到24.31%,说明美国资本市场对海外公司的吸引力不断增强。

表3—1　　　　1980—2021年美国海外上市公司统计表

年份	IPO 总量	本土 IPO	海外 IPO	其中:ADR 数量	海外 IPO 占比
1980—1989	2 063	2 018	45	17	2.18%
1990—1999	4 248	3 868	377	170	8.87%
2000—2009	1 431	1 167	263	135	18.38%
2010—2019	1 346	1 036	310	175	23.03%
2020—2021	543	410	132	68	24.31%

资料来源:https://site.warrington.ufl.edu/ritter/ipo—data/.

另外,海外投资者对美国的投资与美国投资者投资海外证券均逐年递增。

如图 3—14 所示,2006 年,美国股票、公司债、国债的海外持有量约为 2 万亿美元,政府机构债券的海外持有量更少。到 2021 年,美国股票的海外持有量超过 13 万亿美元,国债的海外持有量接近 8 万亿美元,相较于 2006 年增长了三四倍。

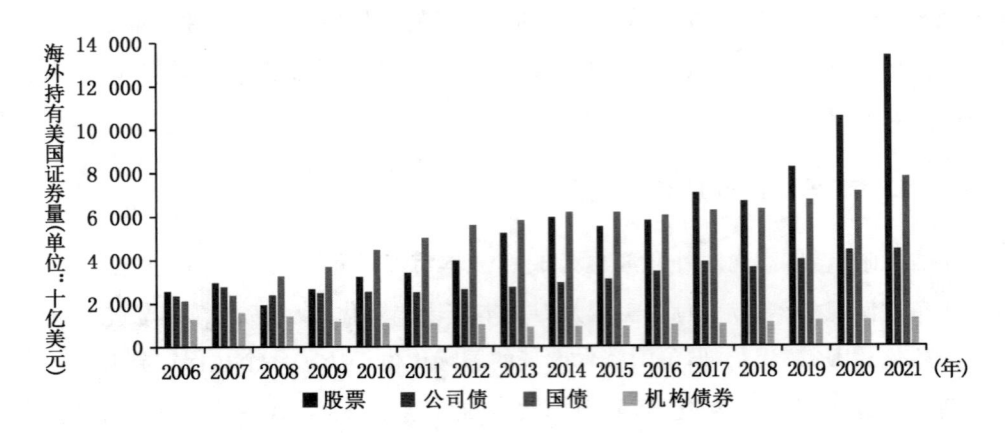

资料来源:SIFMA,2022 *Capital Markets Fact Book*.

图 3—14　海外投资者持有美国证券情况

与此同时,美国居民持有海外证券的规模也非常巨大,且呈逐年扩大趋势。图 3—15 显示美国居民持有海外证券的金额呈上升趋势。虽然在个别年

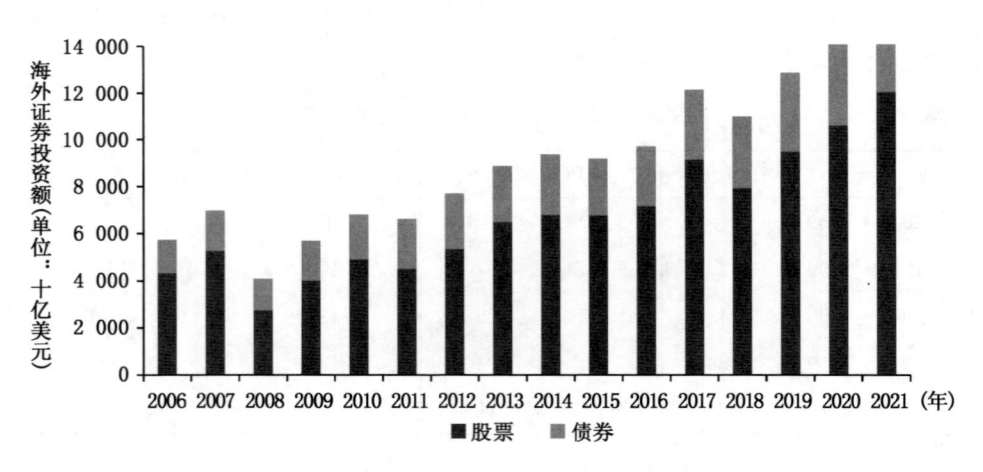

资料来源:SIFMA,2022 *Capital Markets Fact Book*.

图 3—15　美国居民持有海外证券情况

份出现小幅下降,但从整体上看,美国居民对于海外证券的投资额由2006年的不足6万亿美元上升到2021年的14万亿美元,增长超过两倍。

日本证券市场也是高度开放的市场,国际投资者贡献了交易量的近60%(李正全等,2018)。然而,日本证券市场对外开放的最大推动因素是来自国外政府的压力。20世纪80年代,日本迫于美国等发达经济体的压力,加快了资本市场开放进程。1980年,日本依据自由贸易原则对1949年制定的《外汇及对外贸易管理法》进行了彻底修改,扩大了资本市场的开放力度。1984年,日本、美国政府成立"美国-日本日元-美元委员会"(US-Japan Yen-Dollar Committee),允许外国金融机构进入日本,进一步推动了日本资本市场的开放。20世纪90年代,日本对金融体系进行全面变革,监管方式也发生了实质性的改变,注重保护市场(韩鑫韬、杨鳗,2019)。

从日本的"被动型"资本市场开放历程中可以得到两点启示:第一,资本市场开放应循序渐进,开放进度应与本国经济发展水平相适应,否则可能危害金融稳定;第二,开放过程应保持独立性,按照自身发展路径安排开放进度,迫于外部压力的开放可能会导致监管失灵的问题。

吉尔特·贝卡尔特等(2021)研究发现,在1995—2018年的样本中,中美之间的估值差异约75%能被中国资本市场开放程度所解释;在2003—2018年的样本区间内,金融开放的组别依旧占据约43%的解释力度。可见,资本市场的开放性是影响其定价效率的重要因素。

三、信息化技术不断提升市场交易效率

当今社会已经步入信息化时代,人们的生产、生活方式发生了巨大的变化,时空距离大大缩短,信息作为一种资源实现了跨时空的流动。成熟资本市场凭借信息化的推力加速发展,具体表现在以下三个方面:

(一)信息技术发展降低了交易佣金,改变了交易模式

信息技术的发展促使券商将业务流程转移到线上进行,这为传统业务注入了新的活力。由于网络经纪的网络开发、运营成本远低于传统经纪的人力和固定资产成本,尤其是后期的边际成本远低于公司的边际收入,使得低佣金战略成为网络经纪的普遍策略(童娇畅,2017)。伴随着信息技术的革新,高频

交易、量化交易等高度依赖计算机技术的交易模式纷纷涌现。证券交易过程的简化有助于节约交易成本，提高交易效率，促进交易模式创新，克服人工在证券交易过程中的非理性行为。

(二)信息不对称程度大幅下降，提升了投资效率

信息化对资本市场最深远的影响在于它显著削弱了信息不对称程度，从而使得投资者能够以较低的成本获得海量信息，并应用于投资决策之中。比较具有代表性的模式包括跟随交易和众包模式。互联网技术的引入导致证券投资的社交结构更加扁平化、低成本。跟随交易，是指对社区中交易领袖的交易行为的复制和跟随，完善的交易记录使得中小投资者能够复制和跟随交易领袖的行为，这在一定程度上动摇了传统证券投资的经典模式。众包模式，即利用大众的力量来代替专业化生产。任何投资者的信息、知识和技能都存在不足，但不特定人群通过开放性的投资交流平台共享信息和价值判断，可以最大限度地弥补个体、社区、族群的不足。这可能部分解释美国个体投资者数量呈上升趋势的现象。

(三)区块链技术为现有金融格局注入了活力

区块链技术被认为是金融信用发展史上继实物信用、贵金属信用、央行纸币信用后的第四个里程碑(冯文芳、申风平，2017)。区块链技术所具有的去中心化、去信任化、可追溯和不可篡改等特点，使得互联网的用途可能从传统信息传递向价值传递转变。成熟资本市场利用区块链进行了一系列创新，其中包括基于区块链技术的股权交易平台和证券化通证发行(STO)。

信息化对于成熟资本市场的发展产生了深远的影响。一方面，信息化技术应用于证券交易中，有助于简化交易流程，降低交易成本，从而提高成熟资本市场的运行效率；另一方面，信息化显著降低了信息不对称程度，有助于打破信息垄断，实现市场公平。

四、上市制度不断革新

成熟资本市场的活力体现在能满足不同公司的上市需求。以美国市场为例，传统的上市制度主要包括首次公开募股、介绍上市、借壳上市等。上市标准较为灵活，在各个层次的市场板块均有3～4种财务标准可以选择。从上市周期来看,根据纽约证券交易所官网公布的上市指导手册,在美国理论上需要16~20周完成全部IPO流程,最长6~9个月。

当今世界正发生剧烈而深刻的变革,各种新技术、新业态、新商业模式不断涌现。为了适应"独角兽"企业的融资需求,降低上市成本,成熟资本市场中发展出了以直接上市、特殊目的收购公司(SPAC)为代表的新兴上市制度。

直接上市于2020年8月正式被美国证券交易委员会(SEC)批准,可以分为"卖出股东上市"和"初次直接上市",其中前者指传统上为私募股权投资者提供变现渠道的直接上市,后者指改革后的允许非公众公司上市融资的直接上市,适用于公司自身或公司自身及原始股东在首日公开竞价中卖出股票的情况(陈华等,2020)。直接上市使得拟上市企业对发行过程享有更大的控制权。该方式无须委托投行进行IPO,可以节约委托代理费用,并且IPO股东不存在持有锁定期,利好原有股东的价值变现(孙即和卢边静子,2021)。

SPAC又称"空白支票公司",是一种为公司上市服务的金融工具。SPAC可以理解为新型的"借壳上市"。"壳资源"就是发行人自己搭建的SPAC。SPAC没有实质经营活动,其上市的唯一目的就是募集资金,通过投资并购欲上市的目标公司,帮助目标公司实现迅速上市(郭宏杰,2021)。2021年上半年美国SPAC市场一度出现前所未有的狂热,美国上市SPAC新股共358只,首次公开发售所得款项达1 110亿美元,轻松超过2020年全年数据(吴斌,2021)。

直接上市、SPAC等新兴上市制度的出现体现了成熟资本市场的开放性、包容性和创新性。多元化的上市制度有助于推动新经济的发展。较为宽松的上市标准使得成长性高的公司有机会从资本市场中汲取营养。灵活的上市模式帮助"独角兽"类公司绕开传统上市过程中的障碍,迎合新兴商业模式的要求。但与此同时,也可能导致流动性不足、市场非理性、财富分配不公平等问题。

成熟资本市场不仅致力于创新上市机制,而且建立了有序的退市制度。表3—2统计了2001—2020年中美两国退市情况。[①] 数据显示,美国资本市

---

① 数据来源于WIND、WFE、WRDS。中国统计样本是沪深两市上市公司,美国统计样本是纽约证券交易所、纳斯达克上市公司。样本中剔除了因证券置换、吸收合并、私有化等原因主动退市的公司。

场实现了退市常态化,每年均有一定数量的公司退市,年均退市比例约为2.82%。而中国退市制度尚不健全,退市公司寥寥可数,平均占比仅为0.21%。合理有序的退市制度有助于实现有进有出、优胜劣汰,避免"僵尸企业"占用上市资源。

表3—2　　　　　　　　　　中美两国退市情况对比

年　度	美　国		中　国	
	退市数量	退市比例	退市数量	退市比例
2001	459	7.03%	3	0.27%
2002	367	6.10%	7	0.58%
2003	270	4.82%	4	0.32%
2004	127	2.30%	8	0.59%
2005	138	2.54%	10	0.74%
2006	90	1.66%	5	0.36%
2007	147	2.75%	6	0.40%
2008	166	3.33%	0	0.00%
2009	216	4.17%	0	0.00%
2010	133	2.66%	0	0.00%
2011	105	2.11%	0	0.00%
2012	106	2.16%	0	0.00%
2013	65	1.30%	2	0.08%
2014	67	1.28%	1	0.04%
2015	94	1.78%	2	0.07%
2016	124	2.38%	1	0.03%
2017	89	1.70%	2	0.06%
2018	84	1.57%	4	0.11%
2019	117	2.21%	9	0.24%
2020	137	2.65%	14	0.34%

五、新理念交易所打破传统交易所格局

证券交易所是公司上市的场所,交易所的新理念和新运作方式可以在一定程度上影响上市公司的运作模式和交易成本。近年来,美国交易所市场出现了一群试图打破美国现有格局、颠覆整个市场且极富竞争力的新进入者。长期股票交易所(Long-Term Stock Exchange,简称 LTSE)和会员交易所(Members Exchange,简称 MEMX)是其中的典型代表(叶子,2021)。

LTSE 试图通过制度设计帮助公司重视长远发展。该交易所从上市制度、信息支持、交易制度等方面筛选出重视长期价值创造的公司,并激励股东和管理层重视长远利益。另一个新兴交易所 MEMX 则着力于打破传统金融中介对交易的垄断。现有的交易所形成了垄断局面,收取极高的市场服务费用,压缩了证券交易商的利润空间。MEMX 更倾向于洞察并迎合客户需求,从而获得更多订单和交易量。另外,它简化了二级市场交易订单的种类,仅提供必要的几种交易订单类型,从而使得交易更加简洁、透明(叶子,2021)。

六、创新市场稳定机制防范新型交易风险

伴随着技术进步,颠覆性的变革重塑了资本市场的生态系统,也对资本市场的传统结构和稳定性带来了冲击。程序化交易、高杠杆交易、跨境互联互通等因素加剧了资本市场风险的产生和传导。为了防范交易风险,成熟资本市场出台了一系列市场稳定机制。

广义的"断路器机制"包括交易暂停机制、涨跌幅限制机制、交易税费机制、保证金限额与持仓限制、交易箍机制(Trading Collars)等(谢贵春,2018)。根据 2016 年世界交易所联合会(WFE)的统计,86%的受访会员交易所建立了类型不一的"断路器机制"。近年来,"减速带"机制、"价格笼子"机制等新型市场稳定机制也在实践中得到了应用。市场稳定机制有助于控制风险,防止股市崩盘,使交易平稳可控。

第三节　成熟资本市场监管制度发展趋势

一、监管基本框架严谨稳定

作为成熟市场的代表,美国的证券监管体系被作为世界范围内的标杆。美国在20世纪初就通过立法的方式确立了证券监管的基本框架并沿用至今。

《1933年证券法》奠定了美国证券法的基石。它最大的贡献在于确立了"以信息披露制度为基础的注册制"。具体而言,《1933年证券法》确立了三项基本原则:信息披露原则、反欺诈原则、严厉的法律责任原则。它明确了投资者保护的理念,确立了证券发行注册登记制度,法律责任设置健全。这些基本法条时至今日仍然被沿用,并且被其他国家所借鉴(黄毅,2009)。

《1934年证券交易法》进一步规范了证券交易行为。其主要内容有以下六点:第一,设立专门的证券监管机构;第二,规范上市公司持续信息披露制度;第三,禁止内幕交易;第四,建立规范的行业自律组织;第五,推行保证金交易管理;第六,明确民事行为责任。《1934年证券交易法》开启了政府监管证券市场的大门,形成了美国政府主导型证券监管法律架构(胡飞飞,2013)。

总体来说,《1933年证券法》和《1934年证券交易法》一同为美国证券法律体系的建立奠定了基础。它们确立了美国证券发行及交易过程中的基本监管体系,此后的其他法案也都在该基础上进行补充和完善。由此可见,成熟市场监管体系历史悠久,理念先进,具有较强的前瞻性和延续性。严谨稳定的监管框架为资本市场的持续健康发展保驾护航。

二、现实挑战推动立法完善

20世纪30年代确立了资本市场监管的基本框架后,美国的监管体系较为稳定,但也面临了一些挑战。2001年曝出的安然公司财务造假丑闻和2008年的金融危机使人们对原有的监管方式失去信心,迫切需要加强立法来应对时代发展所带来的新问题。现实挑战推动了美国的立法进步,《萨班斯法案》和《多德-弗兰克法案》是其中的典型代表。

《萨班斯法案》是在安然公司舞弊案后为了弥补监管漏洞而颁布的。该法案的内容主要包括组建公众公司会计监督委员会(PCAOB)、强化审计师的独立性、强化公司的财务报告责任、加重违法行为的惩罚力度等。《萨班斯法案》被誉为美国商业世界影响最深远的改革法案,代表了证券监管新时代的到来。该法案所强调的审计独立、内部控制等举措有效净化了市场环境,从长远来看增强了美国资本市场的生命力(许一凡,2009)。

2008年金融危机后,美国吸取教训,颁布了《多德-弗兰克法案》。该法案的主要内容包括成立金融稳定监督委员会以及消费者金融保护局,建立有序处置制度,加强对银行、存款机构、金融衍生品、信用评级机构的监管,管制高管薪酬,等等(赵诚,2012)。

《萨班斯法案》和《多德-弗兰克法案》都是美国监管机构在危机中反思所形成的产物。安然事件暴露出的财务欺诈和审计缺陷催生了财务报告责任、PCAOB等监管条文。金融危机的教训促使美国成立新的金融监管机构,加强对系统性风险的控制。成熟资本市场不是没有危机的市场,而是能在危机中吸取教训、化危为机的市场。亡羊补牢,为时未晚。成熟资本市场的长足发展离不开对历史经验的总结和反思。

三、以先进的执法技术和理念精准打击证券犯罪

相较于其他类型的犯罪,证券犯罪往往具有形式隐蔽、取证困难、定罪模糊的特点。成熟资本市场在打击证券犯罪方面毫不手软,以先进的侦查技术和与时俱进的执法理念对证券犯罪实施精准打击。我们从内幕交易入手,希望能够以小见大地反映成熟资本市场执法的先进性。

目前,对于内幕交易的监管理论有信息平等理论、信托义务理论、盗用信息理论三种。这三种理论是层层递进、不断发展的。由于美国推行判例法体系,因此真实案件在法律完善中起到了重要作用。

20世纪70年代以前,SEC长期坚持信息平等理论,认为任何具有实质、非公开信息的人必须披露该信息或者回避交易(周怡,2013)。1975年发生的Chiarella案推动了信息平等理论向信托义务理论转变。1975—1976年,印刷公司排版工Chiarella在对收购公司委托印刷的5份收购投标声明排版时,根

据声明中的其他信息推测出了标的公司的名称（排版时声明中未含收购方和标的公司真实名称信息），然后购买其股票，并在收购声明发布后立即卖出，获利 30 000 美元。后来 SEC 对此事进行调查，并于 1978 年提起诉讼，指控 Chiarella 在未披露其所掌握的收购信息的情况下买卖股票的行为违反了《证券交易法》第 10 条 b 款及 SEC10（b）- 5 号规则。一审、二审法院判决 Chiarella 败诉，但联邦最高法院经过复审，推翻了上述判决。最高法院认为，对于不负信托义务的人，在交易的时候没有义务披露该信息（周怡，2013）。拥有内幕信息并不必然构成内幕交易，负有内幕交易责任的主体必须对其他方（如股东）具有信托关系。然而，信托义务理论可能会引发市场不公平，破坏市场诚信，因为没有信托义务的人利用非公开信息交易，在事实上损害了其他市场参与者的利益。

1988 年 O'Hagan 案的发生推动了内幕交易监管理论的进一步发展。O'Hagan 是位于明尼苏达州的 Dorsey&Whitney 律师事务所的合伙人。1988 年 7 月，英国伦敦的 GrandMet 公司委托该律师事务所担任其本地法律顾问，参与其针对当地 Pillsbury 公司普通股的要约收购计划，双方签署了保密协议。1988 年 9 月，Dorsey&Whitney 律师事务所辞去上述法律顾问委托，随后，10 月 4 日 GrandMet 公布了收购要约。被告 O'Hagan 本人未参与要约收购事项，但在 Dorsey&Whitney 律师事务所提供顾问服务期间即 1998 年 8 月至 9 月，先后购买了 Pillsbury 公司的 5 000 股普通股和 2 500 份认股权证，并从要约收购公告后 Pillsbury 的股价飙升中获利超过 430 万美元。SEC 经过调查，对 O'Hagan 提起了诉讼，对其主要的指控是，将内幕信息用于个人交易，违反了其对作为信息来源的律师事务所和客户负有的信托义务，构成 Rule10（b）- 5 所禁止的欺诈行为。O'Hagan 案之后，盗用信息理论替代信托义务理论成为内幕交易监管的主流理论（周怡，2013）。盗用信息理论认为，公司内幕人和交易对方是否对公司股东负有信托义务不是判断内幕交易的前提，内幕信息掌握人对内幕信息的利用是一种欺骗。盗用信息理论的重要意义，在于将内幕交易规制范围扩大到所有利用内幕信息进行交易的人，而不论其是否对公司股东负有信托义务和其他义务，从而弥补了信托义务理论的不足，更好地维护了市场公平。

2021年,盗用信息理论还被应用于"影子内幕交易"这一新场景之中,进一步体现了美国资本市场执法的精准度。2016年8月,中型肿瘤公司Medivation正面临被收购的机会。公司高管Panuwat与其他高管、投行顾问等人参与了讨论,讨论中还提到了大型制药公司收购其他中型肿瘤公司的市场。因此,Panuwat得到了大量非公开信息,他预期与Medivation情况类似的Incyte公司股价可能会在Medivation并购公告后上涨。8月18日,Panuwat确认Medivation将被收购后,立刻购入了Incyte的578份看涨期权。8月22日,Medivation发布了并购公告,Incyte的股价果然上涨了8%,Panuwat获利107 066美元。2021年8月17日,SEC指控Panuwat进行了影子内幕交易。指控的依据是Panuwat挪用了他作为Medivation的高管获得的信息进行了交易。这是盗用信息理论第一次被应用于影子内幕交易。在这一案件中,高管买入的是其他公司的期权,十分隐蔽。但SEC依然通过技术手段捕捉到了这笔交易,并创新性地将盗用信息理论应用于影子内幕交易中。该案件的处理情况说明成熟资本市场执法在技术上和理念上都达到了相当先进的水平。

四、从机构性监管到功能性监管,再迈向目标性监管

金融业运营模式一般可分为分业经营和混业经营两类。目前成熟资本市场大多已从分业经营转向混业经营,因此推动监管模式由机构性监管走向功能性监管。代表性的模式包括美国的伞式监管和英国的"一元化"监管。

1933年《格拉斯-斯蒂格尔法》为美国确立了分业经营的体系。这一时期美国实施机构性监管,金融监管体系非常复杂。从横向看,不同金融业务有不同监管主体;从纵向看,不同级政府又是不同监管主体,形成了"双层多头金融监管体系"(杨玉凤,2009)。20世纪70年代后期,金融业综合经营已成为大势所趋。随后美国颁布了《1999年金融服务法案》,允许银行、证券公司、保险公司以金融控股公司的方式相互渗透,实现混业经营。该法案还对监管机构设置进行了新的规定,建立了混业监管与分业监管相结合的伞式监管模式(见图3—16),这标志着美国监管思想由机构性监管向功能性监管的转变。

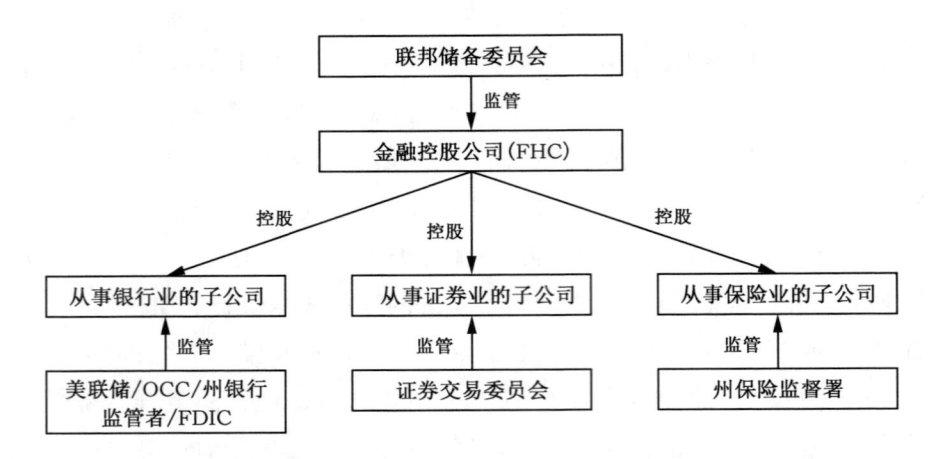

```
              ┌─────────────────┐
              │  联邦储备委员会  │
              └────────┬────────┘
                       │ 监管
              ┌────────▼────────┐
              │ 金融控股公司(FHC) │
              └────────┬────────┘
         控股 ┌────────┼────────┐ 控股
              │     控股│        │
    ┌─────────▼──┐ ┌───▼─────┐ ┌▼──────────┐
    │从事银行业的│ │从事证券业│ │从事保险业的│
    │   子公司   │ │ 的子公司 │ │   子公司   │
    └─────▲──────┘ └────▲────┘ └─────▲─────┘
          │监管          │监管         │监管
    ┌─────┴──────┐ ┌─────┴────┐ ┌─────┴─────┐
    │美联储/OCC/ │ │证券交易  │ │州保险监督署│
    │州银行监管者│ │委员会    │ │           │
    │   /FDIC    │ │          │ │           │
    └────────────┘ └──────────┘ └───────────┘
```

资料来源:薛增家. 金融监管模式的国际比较与借鉴[J]. 环渤海经济瞭望,2010(8):57—61.

图3—16 美国伞式监管结构图

1997年,英国也同样实现了从机构性监管向功能性监管的转变,但模式与美国有所不同。在机构性监管模式下,英国实施的是以英格兰银行为主导的"多元化"体制,通过不同的法律设置了不同的监管机构,分别监管不同的金融业务。为了适应混业经营,提高监管效率,英国于1997年设立金融服务管理局(FSA),将原有的九个金融机构整合到FSA,由其对整个金融体系实施统一监管,由此形成了不按机构而按功能监管的格局(肖扬清,2007)。

然而,功能性监管也存在一定的缺陷,主要体现在缺乏对跨行业系统性风险的监管。因此,成熟资本市场试图转向目标性监管。2008年3月31日美国财政部公布《现代化金融监管架构蓝皮书》,其中提到把目标性监管模式作为未来美国金融监管体制的最优选择,并将市场稳定性、审慎性和商业行为作为三大监管目标,每一目标都对应着各自的监管机构(杨玉凤,2009)。除美国之外,其他成熟资本市场也对目标性监管进行了初步实践。比如,澳大利亚的金融监管体制改革在很大程度上借鉴了目标性监管中的"双峰式"思路;荷兰于2002年对金融监管体制的改革也体现了目标性监管的思想(陈岗,2009)。

第四节　成熟资本市场的不足

一、股市泡沫不可避免

繁荣是过去几十年间成熟资本市场发展的主旋律,但是,繁荣也与泡沫相伴而生。股票是泡沫经济的重要载体之一,如果不能有效遏制泡沫,轻则出现"股灾",重则诱发经济危机。20世纪的世界前两大经济体美国和日本均出现过股市泡沫破裂的现象,极大地挫伤了国民经济。

日本的经济泡沫开始于1983年,1989年达到顶峰。伴随着"金融缓和"与超低利率,日本固定资产投资和个人消费均快速增长,而失业率和物价却维持在相当低的水平,经济高速增长,呈现出一片繁荣景象。然而,1991年股价与地价的下跌拉开了日本泡沫经济崩溃的序幕。泡沫破裂后,日本金融系统失序,企业纷纷倒闭,经济增长陷入停滞,国民财富缩水。日本经济由此进入了"失落的十年"。

日本股市泡沫的重要原因是20世纪80年代在美国的推动下实行的金融自由化与国际化。由此导致自由化的市场和管制市场并存,套利活动盛行。银行大幅降低利率,企业把低成本资金投入金融市场中,积极开展金融套利交易。这导致实体经济得不到发展,而股市和房地产却出现了大量的泡沫。

自20世纪90年代初以来,伴随着信息技术的快速发展,美国经济持续增长,出现了低通胀、低失业与经济高增长的喜人局面,美国被认为进入了"新经济时代"。投资者对科技股的预期过于乐观,但科技产业事实上并没有实现这样高的预期,因此泡沫必然破灭。2000年,美国开始出现泡沫破裂的迹象。2001年底,纳斯达克指数缩水70%。微软、思科、雅虎等IT巨头发出盈利预警,IT行业大幅裁员。美国经济于2001年3月陷入衰退。

美国科技股泡沫的主要原因是"新经济时代"带给人们的错觉。当时的美国实现了连续120个月的经济增长。人们对于这一现象过于乐观,认为经济周期消失了,边际收益递减规律不适用于"新经济"了,由此导致投资和消费过热。过度乐观和"羊群效应"叠加,导致美国股市的估值严重偏离了真实价值

(黄成业,2006)。

由此可见,即使在成熟资本市场,股市泡沫仍不可避免。信用制度的发展、金融自由化以及金融全球化等宏观因素和微观的资产定价以及市场特性与交易者行为等因素,均会对泡沫形成起到一定的促进作用。

二、风险传导性

成熟资本市场往往是高度开放、自由化的市场。这一特征虽然给成熟资本市场带来了发展机遇,但也容易导致风险传染的问题。金融风险传导一方面发生在一国国内金融系统的各个市场之间,另一方面也发生在不同国家的金融系统之间,并且国家之间金融风险的传播最终是通过一国国内金融系统不同市场之间的传播发挥作用的(叶建木、张丽娟,2009)。

金融风险的国际传导主要有两种效应:季风效应和溢出效应。季风效应,源于国内金融市场与国际金融市场的高度相关性,属于非接触性风险传导,即当一国发生危机时,国际金融市场在市场心理因素主导下,系统性风险提高,无风险利率会上升,国际金融市场出现紧缩,是一种由共同冲击引起的危机传导。溢出效应,源于国际金融市场体系中各个子市场之间的高度相关性,实体经济因素往往起主要作用,属于接触性传导,即当一国发生金融危机时,国际金融市场会提高对其他相似国家的风险溢价,索取更高的回报率,这类国家的融资成本上升,出口、外国直接投资和国际资本流入都会大幅减少(杜莉芬,2009)。

在经济全球化、资本市场开放、国际分工细化的背景下,国际贸易往来、产业联动、资本流动使世界经济成为一个整体。上述特征使得金融危机成为全球化的现象,包括成熟资本市场在内的所有市场都无法独善其身。

三、股东至上主义

"股东至上"是美式资本主义的核心特征之一,也是成熟资本市场中普遍流行的公司治理理论。20 世纪 70 年代,新自由主义经济学盛行。著名经济学家米尔顿·弗里德曼认为,在私有产权和自由市场体系中,企业只有一种社会责任,那就是利用其资源,尽可能多地为股东赚取利润。此后,该观点得到了广泛支持,依托于委托-代理框架成为商业世界的"宗教信条"。

然而,在"股东至上主义"指导下的资本市场出现了一些弊端,主要包括以下三点:

第一,贫富差距不断扩大。在股东利益至上的驱使下,员工收入相对保持稳定,而企业经营中的剩余收入均由股东获得。随着经济发展和资本积累,股东和高管的财富雪球越滚越大,而普通劳动者的收入占比却不断下降。调查显示,2017年美国最富1%家庭掌控着全国38.6%的财富,创下历史新高;而美国底层90%家庭仅掌握了全国22.8%的财富,约为最富1%家庭的一半,且较1989年美联储开始跟踪这一指标时下降约三分之一(王君卫,2018)。

贫富差距的扩大不利于释放消费潜力。富人收入增加对于消费的刺激作用边际递减,穷人则因为实际收入下降而节衣缩食。收入分配差距过大是危机的前兆。收入提升、就业创造、经济增长之间的相关关系逐渐被削弱,最终使得实体经济缺乏有力的增长点。

第二,重视短期利益而牺牲长远利益。为了保持盈利增长和股价上涨,管理层可能会做出不利于公司长远发展的决策。股份回购就是其中之一。在量化宽松政策的助推下,企业资金成本低,流动性充裕,股份回购似乎是一个极具吸引力的选择。首先,股份回购可以减少总股本,从而变相推高每股收益(EPS)、净资产收益率(ROE)等财务指标。其次,股份回购可以向市场传递出股价被低估的信号,从而起到推高股价的作用。另外,较高的股价和财务指标也给参与股权激励计划的高管带来了激励。2018年,美股总回购金额高达8 420亿美元,创历史纪录,相比2010年增长了约2.5倍。

然而,股份回购可能不利于公司的长远发展。一方面,美国公司大举借债回购股份,杠杆率不断攀升。较高的杠杆率使得公司缺乏抵御风险的能力,面临着较高的破产成本。另一方面,股份回购挤压了原本可以用于研发、创新、扩大生产的资金,可能导致实体经济因投资不足而错失长期增长机遇。

第三,不利于可持续发展。"股东至上主义"过分关注企业所有者的利益,忽略了公司在环境保护、社会福利、人文主义方面应发挥的作用。"股东至上"已经导致成熟市场国家财富分配不均、资源枯竭、环境恶化、气候危机等负面后果。与"股东至上主义"相对应的"利益相关者理论"认为,公司的目的不仅是为股东创造价值,而且应该承担起保障公司员工合法权益、保护环境、维护社区公众合法权益等社会责任。因此,学者呼吁利益相关者导向的治理模式回归商业世界,以实现经济社会的可持续发展。

第五节　成熟资本市场的典型特征总结

综合上述分析,我们可以总结出成熟资本市场发展历程中的五大典型特征。

第一,注重顶层设计。成熟资本市场自创立之初就建立了较为完善的理念框架和制度基石,相关基础性制度沿用至今,这使得成熟资本市场的发展具有较强的延续性,在时间趋势上呈现出一脉相承的特征。同时,原则导向的顶层设计也为日后对制度的修订和完善预留了一定的空间。

第二,与时俱进,锐意进取,具有较强的创新性。事物的发展是波浪式前进、螺旋式上升的过程,在此期间不免会遇到新问题、新挑战。成熟资本市场在面对经济全球化、信息化、新商业模式的冲击时,创造性地对原有的制度进行完善,推出了 SPAC、STO、新理念交易所等模式。因此,成熟资本市场随着经济社会的发展始终保持着高度的活力和创造性。

第三,兼容并蓄,海纳百川,具有较强的包容性。成熟资本市场致力于满足市场主体的多元化需求。多层次的市场结构和灵活的监管模式帮助各种不同类型的企业找到符合自身需求的融资方式。

第四,综合运用多种技术手段和监管手段降低交易成本,提高市场效率。成熟资本市场利用信息化技术、市场稳定机制、全国最优报价等方式,降低交易佣金,防范金融风险,打破交易壁垒,使得资本市场在较大程度上起到优化资源配置的作用。

第五,高度的开放性。成熟资本市场秉持双向开放的理念,基本上对外资采取国民待遇,吸引了一大批境外上市企业和投资,也鼓励本土资金走出去寻找投资机会。因此,成熟资本市场打破了国界的限制,有助于实现资本在全球范围内的流动。

第四章　以集成式改革与高质量开放推动中国资本市场走向成熟

摘　要：国际比较的结果表明，从规模、质量和制度三个维度的指标来看，一方面，中国股票市场还具有明显的新兴市场的特征；另一方面，中国股票市场已经具备了迈入成熟市场阶段的坚实基础。为了更好地发挥中国特色现代资本市场的功能，以集成式改革和高质量开放推进中国股票市场从新兴市场迈入成熟市场的行列，实现中国资本市场新的历史性跨越，具有极其重要的意义。

中国股票市场一直作为新兴市场的典型代表，2018年纳入世界主要的新兴市场指数，也表现出比较显著的新兴市场的特征。但是，从中国特色现代资本市场的理论分析框架来看，要更好地发挥资本市场在中国经济增长中的作用，必须适时推动中国股票市场稳步迈入成熟市场。

我们不能简单地把中国股票市场定位为一个新兴市场，然后以教科书上的成熟市场或者以发达国家的股票市场作为参照系来评价中国股票市场的发展。相反，我们需要从中国股票市场产生和发展的历史逻辑出发，对中国股票市场的发展阶段有一个更加准确的定位，深入地分析中国股票市场与成熟市场之间的差异，厘清中国股票市场独特的制度优势，分析每一个特定发展阶段存在的问题以及问题产生的原因，从而避免我们以新兴市场为理由而容忍股票市场制度设计当中的不合理之处，避免我们以新兴市场为理由而容忍股票市场当中的不合理现象和问题，也能够帮助我们明确当下中国股票市场在改革和开放上需要采取的举措和政策目标。

第一节　中国特色现代资本市场需要跨越式发展

毋庸置疑,作为证券市场的主体,中国股票市场的发展是一个公认的"奇迹"(李庆峰等,2003;计小青,2007),用短短 30 年的时间走过了发达国家上百年的历史进程。然而,中国股票市场也一直作为新兴市场的典型代表,2018年纳入世界主要的新兴市场指数,表现出比较显著的新兴市场的特征。

作为一个新兴市场,似乎有理由把中国股票市场存在的一些问题归因于"新兴市场",因为我们是新兴市场,所以可以忍受上市公司丑闻、投资者非理性、市场投机氛围等诸多问题的存在,并且由此可以接受中国股票市场在市场化水平、开放程度以及市场交易制度安排上与成熟市场之间的差异。

一方面,承认中国股票市场仍然是一个新兴市场是有价值的,这样有利于我们坚持渐进改革的逻辑,坚持采取最优的开放次序,按照中国股票市场自身的发展需要推进改革和开放的进程,而不是盲目地借鉴与照搬成熟股票市场的发展经验和制度安排。但是,另一方面,我们也不能把中国股票市场存在的问题以及和成熟市场之间的差异简单地归结为新兴市场的特殊性。问题的关键在于,这种简单化的分析方法会在以下两个方面导致认识上的混乱:

首先,我们不能明确中国股票市场的制度安排当中,哪些是与成熟市场之间存在的差异,哪些是中国股票市场独特的制度优势,哪些是新兴市场特定阶段的过渡性安排。对于中国股票市场独特的制度优势,需要我们坚持,并且在未来依然发挥作用;对于新兴市场特定阶段的过渡性安排,在中国股票市场走向成熟的过程中会逐渐接近成熟市场的标准化制度安排(计小青、曹啸,2008)。

其次,我们不能厘清中国股票市场在发展过程中存在的问题究竟是什么原因导致的,容易把不同国家股票市场发展特定阶段都会存在的共同问题,归因于中国股票市场与成熟市场在制度安排上的差异,造成我们既不能明确中国股票市场独特的制度优势,也不能采取有针对性的改革措施解决这些特定发展阶段存在的问题,而且约束了中国股票市场能够采取的不同于成熟市场已有经验的制度创新举措。

因此,我们不能简单地把中国股票市场定位为一个新兴市场,然后以教科书上的成熟市场或者以发达国家的股票市场作为参照系来评价中国股票市场的发展。相反,我们需要从中国股票市场产生和发展的历史逻辑出发,对中国股票市场的发展阶段有一个更加准确的定位,深入分析中国股票市场与成熟市场之间的差异,厘清中国股票市场独特的制度优势,分析每一个特定发展阶段存在的问题以及问题产生的原因,从而明确中国股票市场未来改革和发展的方向以及当下的工作重点。

第二节　中国资本市场迈入成熟市场的现实基础:国际比较

通过与世界范围内主要经济体尤其是发达经济体的资本市场进行横向对比,能够帮助我们更好地认识中国资本市场的发展状况,更好地定位中国股票市场的历史发展阶段。

在世界银行的世界发展指数中,股票指数所包含的主要定量指标包括上市公司数量、上市公司市值、上市公司股票流动性、上市公司股票换手率等,可以把这些量化指标分为规模型指标和质量型指标,帮助我们从股票市场的规模和质量两个维度分析中国和世界主要经济体股票市场之间的差异性特征,从而为我们准确地定位中国股票市场的发展阶段提供依据。

一、规模型指标的国际比较

(一)上市公司数量

图4-1显示了2010—2020年世界主要经济体上市公司数量的变化曲线。中国境内上市公司数量稳步增长,由2000年的1 086家增长到2020年的4 154家。中国以外的经济体表现存在差异,其中美国、欧盟以及印度的上市公司数量呈下降趋势,美国的上市公司数量由2000年的6 917家下降到4 266家(截至2019年末),欧盟的上市公司数量则由6 751家下降到5 863家(截至2017年末)。韩国、日本以及中国香港的上市公司数量则保持了较好的增长势头,截至2020年末,三者的上市公司数量分别为2 318、3 754、2 353

家。新加坡的上市公司数量则保持了相对的稳定,截至2020年末,新加坡的上市公司数量为459家。

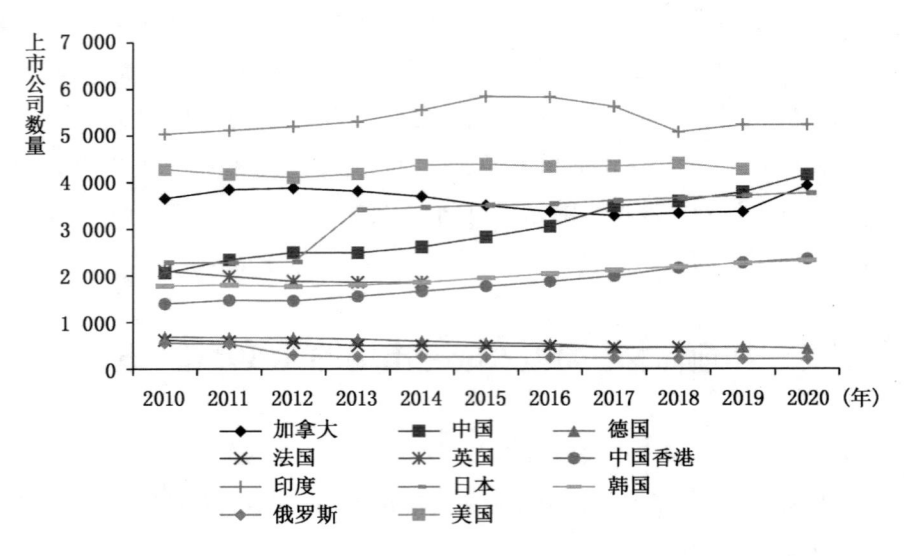

资料来源:世界银行。

图4—1　2010—2020年世界主要经济体上市公司数量

和发达经济体相比,中国的上市公司总数已经扩张到相当可观的规模,这充分说明了改革开放以来中国资本市场取得的伟大成就。但值得注意的是,中国是一个有14亿人口的大国,每百万人所拥有的上市公司数量仍然处在极端落后的位置。此外,中国上市公司的整体质量偏低,由于退市、转板制度不完善,大量经营业绩不佳、治理结构严重缺陷的公司不能得到有效清退。因此,中国资本市场的发展在未来应该着眼于上市公司质量,而非数量。

(二)上市公司市值

图4—2给出了2010—2020年世界主要经济体上市公司市值的变化曲线。可以看出,中国境内的上市公司市值有了飞跃式的增长,由2003年的513亿美元增长到2020年的122 145亿美元,已经超过中国香港、日本、韩国、新加坡等发达经济体(欧盟由于2019—2020年的数据缺失,不予讨论),截至2020年末,这些经济体的上市公司市值分别为61 304亿、67 182亿、21 761亿、6 525亿美元。印度的上市公司总市值为25 945亿美元,与中国有

较大差距。但是,中国的上市公司市值与美国相比仍有显著的差距,截至2020年末,美国的上市公司市值达到407 196亿美元,是同年中国上市完成公司市值的3.3倍。由此可见,中国的上市公司市值仍然有很大的增长空间。

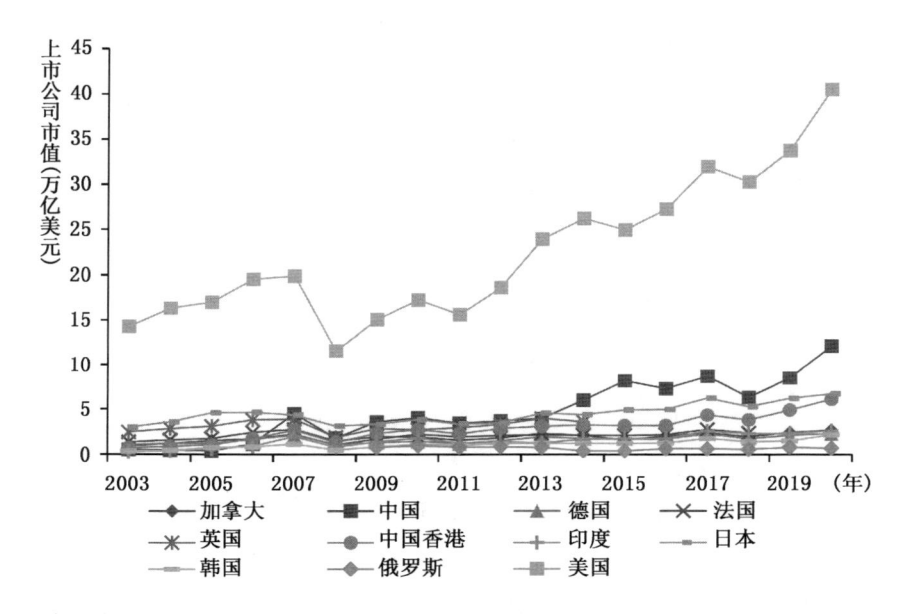

资料来源:世界银行。

图4—2　2010—2020年世界主要经济体上市公司市值

(三)上市公司市值与GDP的比值

图4—3显示了2010—2020年世界主要经济体上市公司市值与GDP的比值。中国香港的该指标达到1 768.80%(以右坐标轴标示),远超世界其他国家和地区(均以左坐标轴标示)。① 主要发达经济体的上市公司市值与GDP的比值维持在100~200(欧盟例外),发展中国家的上市公司市值与GDP的比值则大多低于100。中国内地的上市公司市值与GDP之比呈现波动上升的态势,从2003年的30.89上升到2020年的82.96(该指标在2007年达到峰值126.15,考虑到此时中国刚完成股权分置改革,该年又是世界金融危机爆发的前一年,该年指标并不能准确反映中国资本市场发展的真实情况)。这表明中国资本市场在国民经济中的重要性有所提升,但与发达经济体相比,仍然

---

① 中国香港的上市公司中,大多数并不在香港本土开展经营活动,因此这一指标意义不大。

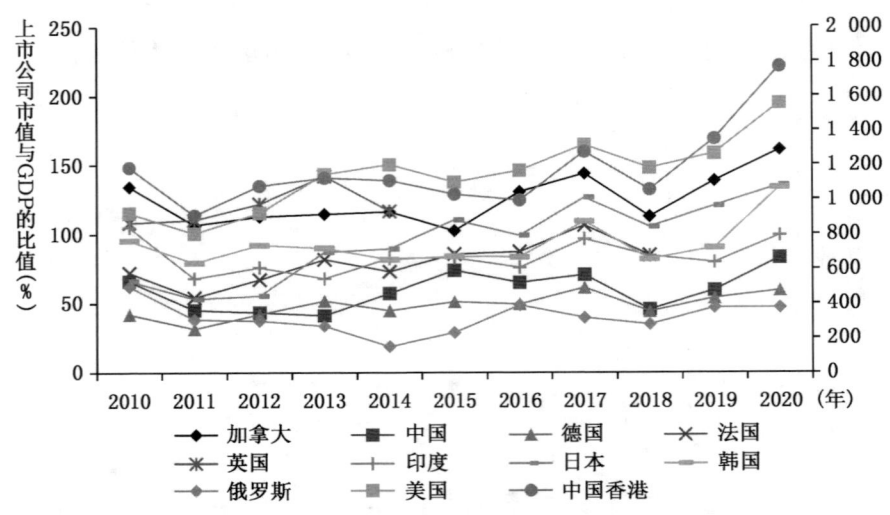

有一定的差距,在未来仍然有一定的成长空间。

资料来源:世界银行。

图4-3 2010—2020年世界主要经济体上市公司市值与GDP的比值(右坐标轴:中国香港)

二、质量型指标的国际比较

(一)股票市场交易总额

图4-4显示了2010—2020年世界主要经济体股票市场交易总额情况。可以看出,中国的股票市场交易总额总体上已经接近美国,但是波动幅度较大,中国和美国股票市场的交易总额均远超其他股票市场。

(二)股票市场交易总额与GDP的比值

如图4-5所示,中国境内的上市公司交易总额与GDP之比波动上升,在2000年,该指标的数值为62.12,而在2020年,该指标达到214.50。中国境内上市公司交易总额与GDP之比在2015年达到巅峰(355.52),这可能与"股灾"导致的恐慌有关。与主要的发达经济体相比(中国香港除外,2006—2020年,中国香港的上市公司交易总额与GDP之比整体维持在400~600,远超世界其他经济体),中国境内上市公司的流动性一直保持在较高水平,股票市场交易活跃。2016—2019年,中国境内的上市公司交易总额与GDP之比分别

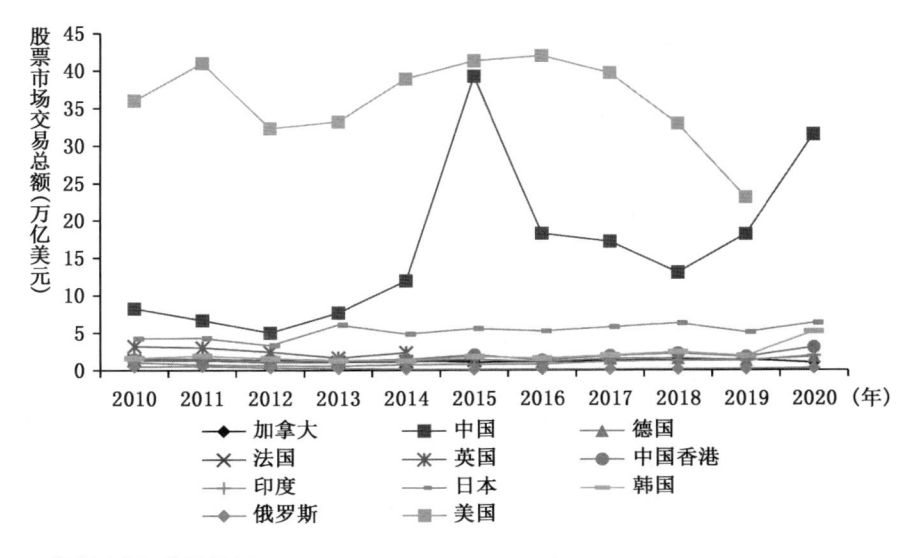

资料来源：世界银行。

图 4-4　2010—2020 年世界主要经济体股票市场交易总额

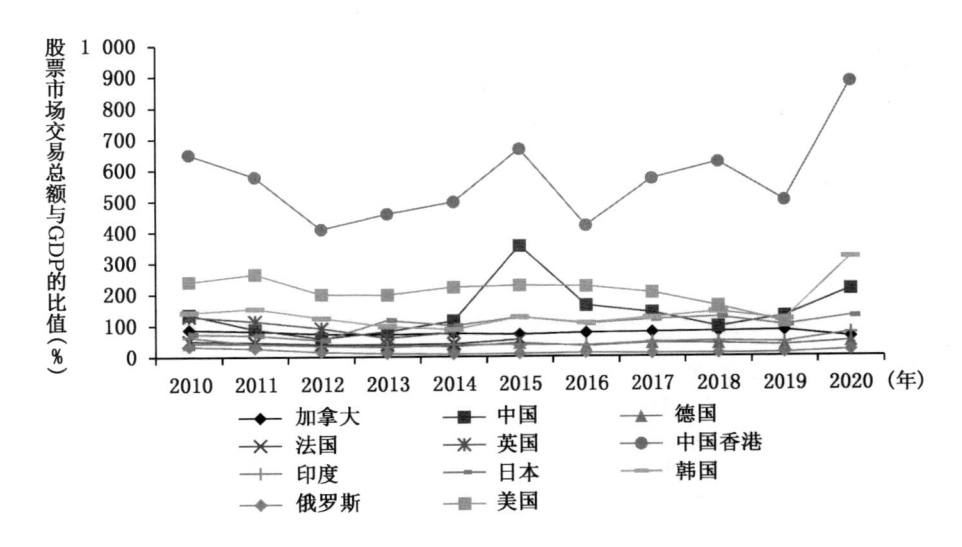

资料来源：世界银行。

图 4-5　2010—2020 年世界主要经济体上市公司交易总额与 GDP 的比值(%)

为 162.86、139.90、127.79 和 214.50,同期美国上市公司交易总额与 GDP 之比为 224.44、203.58、160.23、108.21,差异并不显著。可以认为,中国资本市场的流动性已经接近发达经济体的整体水平。

(三)上市公司股票换手率

如图 4—6 所示,中国境内上市公司的股票换手率一直保持在很高的水平,2016—2020 年的股票换手率分别为 249.91%、197.71%、206.65%、214.29% 和 258.55%。同时期,美国资本市场的股票换手率分别为 94.72%(2016 年)、116.08%(2017 年)和 108.51%(2018 年),欧盟资本市场的股票换手率仅为 57.85%(2019 年)、68.78%(2020)。即使是与文化背景类似的东亚国家日本与韩国相比,中国资本市场的股票换手率依然很高(日本的股票换手率在 2016—2020 年维持在 90%~120%,韩国则大体维持在 110%~200%)。中国资本市场的换手率居高不下,可能与中国资本市场的投资者结构有关。中国的机构投资者占比很低,大量的散户依然是资本市场的参与主体。随着中国资本市场日益完善,理性的机构投资者占比上升,股票价值回归其内在价值,该比率在未来有望回归至正常水平。

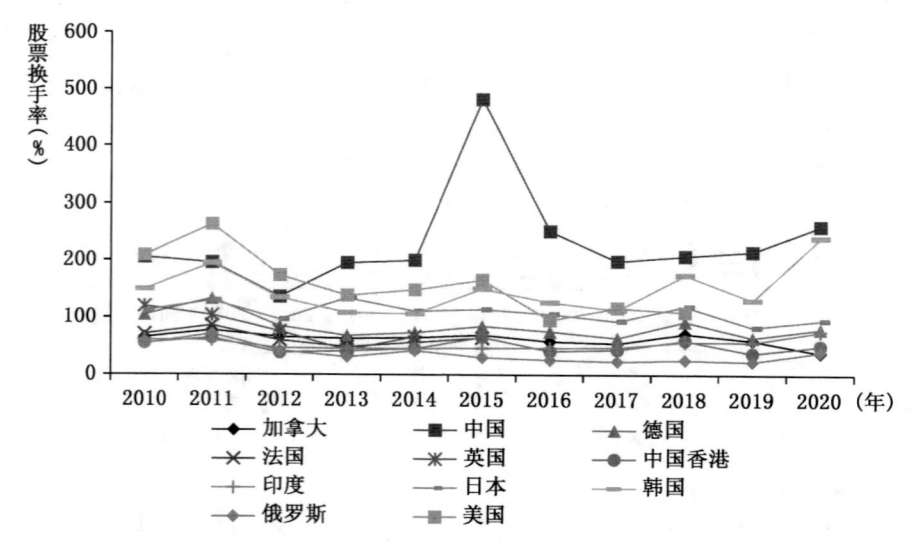

资料来源:世界银行。

图 4—6　2010—2020 年世界主要经济体上市公司股票换手率(%)

三、小结

从中国股票市场与世界主要经济体的比较结果来看,可以得出以下几个方面的结论:

首先,中国股票市场在规模型指标上已经是全球最大的市场。

中国上市公司的数量一直稳步上升,已经接近美国的上市公司总数,成为世界上市公司最多的股票市场。

中国上市公司的总市值同样稳步上升,超越其他股票市场,近几年已经成为仅次于美国的股票市场;而上市公司市值与 GDP 的比值和其他国家股票市场的差距在不断缩小,说明股票市场对经济增长的贡献度在不断上升。

中国股票市场交易总额仅次于美国,远远超过其他主要的股票市场。最近几年中国股票市场的交易总额甚至大幅度超过美国,说明在"新冠"疫情冲击下,中国股票市场对于投资者依然具有较强的吸引力。中国股票市场交易总额与 GDP 的比值在世界主要市场当中处于前列,近几年超越了美国股票市场。

尤其重要的是,中国股票市场的融资总额居于世界前列,表现出了极高的融资效率,中国股票市场对于经济增长发挥着至关重要的作用。

其次,中国股票市场在质量型指标上与成熟市场存在一定的差距。

从股票市场交易总额以及交易总额与 GDP 的比值来看,中国股票市场的流动性波动幅度较大,中国股票市场的换手率也是全球最高,与此同时,换手率指标表现出较大的波动性。

最后,中国股票市场在制度型指标上与成熟市场的差异在不断缩小。

中国股票市场科创板实施注册制、创业板的注册制改革,包括北京证券交易所的制度设计,都说明中国股票市场的市场化水平在不断提高,与成熟市场的差异在不断缩小。与此同时,通过港股通、沪股通、深股通以及 QFII 规模的扩大和准入条件的放松等,稳步推进中国股票市场的开放水平。MSCI、富时指数等纳入中国股票市场是中国股票市场不断成熟的结果,也是中国股票市场的市场化水平和开放程度不断提高的结果。

尤其重要的是,随着监管部门加强信息披露违规处罚等监管措施,强化投资者教育,大力发展机构投资者,中国股票市场的投资者保护水平和投资者的成熟度在不断提高(计小青、曹啸,2018)。

第三节　中国特色现代资本市场迈入成熟市场的意义

一、中国特色现代资本市场已具备迈入成熟市场的坚实基础

从国际比较的结果来看,中国股票市场在规模上已经接近并有望超越世界主要经济体,或者与世界主要股票市场之间已经不存在显著的差异;在质量指标上,虽然与成熟市场还存在一定的差异,表现出较高的新兴市场的特征,但至关重要的是,随着改革和开放进程的不断推进,我国股票市场在制度型指标上与发达国家之间的差异在显著缩小,已经成为全球投资者不容忽视的主要投资标的市场。

国际比较的结果表明,一方面,我国股票市场还具有明显的新兴市场的特征,与成熟市场相比,在质量上存在不足,在制度安排上存在差异,但是,另一方面,中国股票市场已经具备了迈入成熟市场阶段的坚实基础。与此同时,如果我们认识到推动中国股票市场稳步迈入成熟市场对于更好地发挥股票市场的功能、更好地服务中国经济的增长具有极其重要的意义,那么,中国股票市场未来五到十年的发展目标导向就是极为明确的,即加快推动中国股票市场从新兴市场迈入成熟市场的行列。

二、及时、稳步推动中国特色现代资本市场从新兴市场进入成熟市场的意义

从中国特色现代资本市场的理论分析框架来看,要更好地发挥资本市场在中国经济增长中的作用,必须适时推动中国股票市场稳步迈入成熟市场,不能够长期停留在新兴市场的阶段。尤为重要的是,明确现阶段中国股票市场要加快进入成熟市场的行列,既能够避免我们以新兴市场为理由而容忍股票市场制度设计当中的不合理之处,避免我们以新兴市场为理由而容忍股票市场当中不合理的现象和问题,也能够帮助我们明确当下中国股票市场在改革

和开放上需要采取的举措和政策目标。

第一,推动中国资本市场进入成熟市场,从而更好地发挥党对资本市场的领导作用。

坚持党的领导,是中国资本市场的根本制度特征,也是中国资本市场需要坚持的根本方向。

中国资本市场的发展成就是在党的领导下取得的,以党在中国经济和社会发展方面的目标为导向,是中国资本市场改革和开放的出发点。坚持党的领导,是中国特色现代资本市场的根本制度特征,既是过去中国资本市场发展奇迹的原因,也是未来中国资本市场继续保持成功的保证。因此,推动中国资本市场进入成熟市场,推动中国资本市场的制度不断完善,推动中国资本市场的效率不断提高,恰恰能够更好地发挥党对中国资本市场的领导作用。与此同时,是否能够有利于党的领导作用的发挥,也是推动中国资本市场稳步进入成熟阶段所要采取的改革举措的出发点。

第二,推动中国资本市场进入成熟市场,更好地发挥资本市场在提高人民群众获得感、幸福感中的作用。

中国特色社会主义市场经济的发展目标是提高人民群众的获得感和幸福感,在中国改革开放的历史进程中,资本市场的发展一方面支持了中国经济的增长,另一方面也满足了家庭在收入增长过程中对于多样化投资渠道和风险控制方式的需求。因此,中国资本市场的发展从收入、财富、风险控制、人力资本等不同的机制有效提高了人民群众的幸福感,而推动中国股票市场进入成熟市场,才能更好地降低股票市场的波动性,更好地实现经济资源的配置效率,从而进一步促进共同富裕目标的实现,发挥资本市场对于人民群众获得感和幸福感的作用。

第三,推动中国资本市场进入成熟市场,更好地发挥资本市场服务国家战略的功能。

从中国股票市场的历史发展过程来看,中国股票市场从一产生开始就肩负了国有企业改革、民营企业发展、为经济增长融资等服务国家战略的历史使命,服务国家战略一直是中国资本市场的本质功能。尤为重要的是,在中国经济发展的不同阶段,随着国家战略目标阶段性的变化,中国资本市场服务国家战略的具体目标相应地在发生变化,深入的分析表明,在经济增长方式走向创新驱动、"一带一路"倡议、混合所有制改革、长三角一体化等不同层面和维度的国家战略的实施过程中,中国资本市场一直发挥着极为重要的作用,服务国家战略是中国特色现代资本市场的根本功能。

因此,随着全球经济复杂性和不确定性的上升,在中国经济和社会发展中,不同维度的国家战略目标会更加多元化,为了更好地发挥资本市场服务国家战略的功能,就需要我们加快推进中国资本市场稳步迈入成熟市场。

第四,推动中国资本市场进入成熟市场,更好地发挥国有股权的作用,促进国有企业与民营企业融合发展的格局,实现中性竞争。

国有股权的制度安排是中国资本市场的标志性制度安排。由于在形式上不同于成熟市场,国有股权也成为学术界争论的焦点,并且容易因为不同于成熟市场而受到质疑。但是,从中国特色现代资本市场发展的历史路径来看,国有股权的制度安排对于中国股票市场的发展起到了极为重要的作用,也对于保持党对资本市场的领导、发挥资本市场服务国家战略的功能起到了极为重要的作用,因此,国有股权的制度安排是中国资本市场的制度特色,国有股权和民营资本都成为中国股票市场的重要组成部分,中国股票市场也成为国有企业和民营企业融合发展的制度基础。因此,推动中国资本市场进入成熟市场,对于我国优化国有企业和民营企业融合发展的经济格局,具有极为重要的作用。

第五章　中国特色现代资本市场创新发展目标和路径选择

摘　要：中国资本市场创新发展目标要求在中国特色现代资本市场建设中接受党和政府集中统一领导,遵循社会主义市场经济大政方针,保持国有上市公司在资本市场中起主导作用,坚持上市公司群体以制造业为主体,加大直接融资在社会融资总量中的比重,扩大资本市场规模。对于建设现代化多层次资本市场体系要求覆盖市场经济所有部门,为中小投资者提供投资便利和收益保障,形成既有集中统一的全国性交易市场,也有分散的区域性交易市场。在建设成熟稳定的资本市场基础制度方面,要构建一套联系紧密,内在协调,互为支撑,保证体系正常运行、发挥作用的生态系统。它包含从发行、交易、信息披露、再融资、持续监管到退市等环节的制度安排。要构建科技赋能、信息完备的智能化监管系统;全面构建完善的资本市场法治体系和上市公司治理体系;守住不发生系统性风险的底线;实现资本市场的内外开放,建成国际一流交易市场。在实现中国资本市场发展目标和路径选择的转换方面,要实现经济增长规模由粗放式增长到新经济集约式增长所产生的路径转换;人口红利消失使资本市场选择产品的方式由传统的产品甄别向互联网、云计算、人工智能、数字经济、虚拟现实、高端装备等新兴行业的高科技产品的甄别方式转换;经济高增长下的政府兜底风险到资源价格和劳动力成本上升、政府财力缩水而无力兜底风险导致的路径转换;中国资本市场吸引国际资本由全球化进程转为单边机制所产生的路径转换。对于不同转换路径下的改革,可以考虑进行精细化服务的提升和资本市场更多吸纳高端加工业和高科技企业的方式。在实现中国资本市场发展目标的策略与手段方面，本章在坚持中国特色、整体设计与分步实施、服务实体经济、完善市场制度、健全法治体系、实现内外开放等方面提出了相关的路径选择。

第一节　中国资本市场创新发展目标

根据党的十九大报告，从2020年起，中国将开启第二个一百年的全面建设社会主义现代化国家的新征程。根据国内外政治、经济形势和中国的现实条件，党中央把到21世纪中叶的前30年划分为两个阶段进行规划。第一阶段从2020年到2035年，目标为基本实现社会主义现代化。后15年到2050年，把中国建设成富强、民主、文明、和谐、美丽的社会主义现代化强国。对于资本市场来说，我们可以按照党的十九届五中全会通过的《中共中央关于制定国民经济和社会发展第十四个五年规划和二〇三五年远景目标的建议》和《习近平在中国共产党第十九次全国代表大会上的报告》中对资本市场的发展目标的总体设想来进行规划。

在这两个文件中，中央要求到2035年，基本实现社会主义现代化，经济实力、科技实力、综合国力大幅跃升，经济总量和城乡居民人均收入再迈上新的大台阶，关键核心技术实现重大突破，进入创新型国家前列；法治国家、法治政府、法治社会基本建成，广泛形成绿色生产生活方式，对外开放新格局已经形成；等等。按照这样的总体目标，资本市场发展也应当与之相匹配。为此，本章依据我国资本市场现状，从八个方面提出到2035年我国资本市场应该实现的远景目标。

一、建成具有鲜明中国特色的资本市场

不同于西方国家的资本市场，中国的资本市场必须是具有中国特色社会主义自身国情特征的资本市场。主要包括四个方面：

（一）中国资本市场必须接受党和国家集中统一领导、遵循社会主义市场经济大政方针，而不是西方崇尚个体自由价值观的资本市场

要培养一批既能坚定执行党和国家方针政策的爱党报国、敬业奉献人才，

又能熟练洞察资本市场长远发展战略、掌握最新金融理论和操作技能的专家型核心人才,以发挥党和政府对资本市场的绝对领导作用。要设计一套完整的人才培养方案和发展规划,确定国内业务部门选拔、海外专业人才引进、政治业务培训、关键岗位履职考察等一整套人才培养机制。到2035年,资本市场中国有金融和投资机构、监管机构的高管岗位,都应该经历上述相关政治、理论、业务等完整阶段的培训和考核。

(二)有一定比率的国有上市公司在资本市场中起到定海神针的主导作用

中国的国有企业数量在上市公司中大约占25%,但公司规模一般较大,其市值要占到资本市场总市值的50%左右。这部分国有上市公司可以成为中国资本市场稳定的"压舱石"。这块"压舱石"至少可以带来两方面的好处:一是可以在市场出现大幅波动时让国有上市公司起到市场稳定器的作用;二是有利于充分利用资本市场的优胜劣汰竞争机制培育和发展国有企业,让国有企业在资本市场中淘汰和扬弃已经落后的资产,引入和吸收高质量资产,使国有产业资本始终保持先进性——这一特征是西方资本市场所没有的。

(三)中国上市公司具有以制造业为主体的特征

中国经济特征就是具有完整的制造业产业链,这与西方资本市场服务业占比很高而制造业产业链不完整有很大的区别。以前我们把西方国家的产业结构中服务业占比最高看成是一大优点,认为这是所有国家的发展方向,这从一般发展逻辑上看并没有错,但就中国而言,制造业产业链的完整是中国经济强盛与安全的一个必要条件。截至2021年12月15日,中国沪深证券交易所A股上市公司4 662家,其中制造业3 081家,占67%。A股上市公司总市值99.82万亿元,其中制造业上市公司总市值为58.35万亿元,占58.46%。[①]尽管我国服务业比重在整体经济发展过程中仍然需要不断提升,但保持制造业在中国资本市场比重相对占优的特征在未来15年里不应大幅变动,这对中国保持制造业产业链在全球中的核心地位至关重要。特别是在近几年里,我们看到国际地缘政治经济关系出现了脱钩和单极化趋势,按照这一变化我国提出实行国内大循环、国内国际双循环的战略构想,同时也提出了保持制造业

---

① 徐一鸣. 制造业占A股市值半壁江山[N]. 证券日报之声,2022-3-31.

产业链完整性的重要性。按照这一观点,我们认为,到 2035 年中国制造业上市公司市值在 A 股市值中的比重维持在 50% 以上是必要的。

(四)加大直接融资在社会融资总量中的比重,扩大资本市场规模,显著缩小与全球最大资本市场美国的差距

1. 提高直接融资比重,争取在 2035 年将直接融资占全社会融资比率提升到 60% 左右,市场证券化率达到 100% 以上

《中共中央关于制定国民经济和社会发展第十四个五年规划和二〇三五年远景目标的建议》中提出要提高直接融资比重。截至 2022 年 4 月中旬,中国社会融资存量规模是 325 万亿元左右,其中贷款融资规模为 201 万亿元左右,间接融资比率为 62% 左右,直接融资比率为 38% 左右。而美国这个比率恰恰与中国大致相反,直接融资比率占 65% 左右,间接融资比率占比超过 30%。再从资本市场的证券化率来看,2021 年美国纽约股票交易所(28 万亿美元)与纳斯达克(22 万亿美元)两市的股票市值约为 50 万亿美元,合市值约 320 万亿元人民币;同年美国的国内生产总值(GDP)为 23 万亿美元,合人民币 147 万亿元;资产证券化率超过 200%。而中国沪深两市市值在 2022 年 4 月中旬为 76 万亿元,占 2021 年 GDP 的 66%。[①] 可见中国资本市场的直接融资比率还是很低,远远不能满足国家经济发展对融资的需求。而提高直接融资比重这个问题,党中央、国务院、央行、证监会和不少高层领导已经提了多年,遗憾的是进展太慢。目前看来 2035 年这个比率要赶上美国比较困难,我们认为可以把直接融资比率从目前的 38% 提高到接近 60%,也就是在未来的十几年间每年的直接融资比率相应地提高 1.5%,按同比率计算,证券化率可以提高到 100% 以上。

2. 扩大市场规模,争取在 2035 年沪深两市股价市值达到 400 万亿元以上,接近或超越当时美国纽约证券交易所和纳斯达克两市的股价市值规模

中国当前的资本市场规模与发达国家比较还有较大的距离。从股票市场

[①] 中国的数据根据中国人民银行网站的数据再进行计算得到,美国的数据根据纽约股票交易所和纳斯达克股票交易所网站的数据再基于相关汇率计算得到。

看中国的市值大约在80万亿元左右。① 假如股票市场总规模增长同样按照GDP的增长速度5%来测算,则到2035年,中国股票市场规模应该在150多万亿元,达不到美国目前的股价总值。但从GDP增长值来看,中国2021年的GDP增长值为114万亿元,按照中国GDP年增长率5%推算,到2035年中国GDP增量将达到225万亿元。而美国2021年的GDP增量为147万亿元人民币,按美国的常规增长率2%来推算,到2035年的GDP增量为194万亿元人民币。也就是说中国的GDP总增量超过美国是大概率事件。按这种估算方式,中国的股市总规模达不到美国的水平显然是说不过去的。为了接近或超越美国资本市场的总规模,中国应该加快股市的扩容步伐。如果我们计划每年将股市规模扩容10%,到2035年中国沪深股市总值将达到404万亿元。而美国如果仍按照年增长率2%计算,其2035年的股市总值将达到422万亿元人民币。此时中国的股市规模将接近美国的股市规模。如果再加上北京证券交易所和债券市场的扩容,中国资本市场的总规模超越美国将得以完全实现。当然要付出努力,才能实现股市规模年均增长10%的目标。

3. 增加上市公司数量,提高上市公司质量

股市规模的另一个指标是上市公司数量,截至2022年4月中旬,中国沪深两市主板上市公司家数为3 150家(其中沪市1 666家,深市1 484家)。而美国纽约证券交易所上市公司约为2 500家,可见主板公司数量不如我国。但如果加上创业板公司,则纳斯达克上市公司约为5 400家,加上纽约证券交易所主板2 500家,合计为7 900家。而中国创业板上市公司为1 140家,北京证券交易所90家,与主板合计为5 140家,比美国少2 760家。这个差距并不大,相信经过十几年的追赶,中国上市公司在数量上超越美国并不困难。只要在上海、深圳、北京3个证券交易所每年比美国多200家公司上市,就可以赶上美国。目前的另一个重要问题是中国上市公司质量普遍较低,为提升上市公司质量,其中一个重要措施就是提高上市公司的淘汰率,把更多低效率的不合格公司从股市淘汰出局。这会进一步减少上市公司数量。这部分减少的数量可以通过另外渠道予以弥补,即在未来资本市场的对外开放中吸引外

---

① 前面提到市值为76万亿元,这是股市极其低迷情况下的状态,一般情况下市值80万亿元是没有问题的。

国公司来中国资本市场挂牌上市,[①]以此抵消因淘汰低质量公司所带来的数量减少。

上述3个条件如能实现,中国资本市场市值规模到2035年达到或超越美国应该可以实现。在这里,第一个和第三个条件比较容易满足,但第二个条件股市总值果真能实现10%的年增长率吗? 中国的GDP年增长率按5%计算已经够高了,若干年后随着经济体量的增加、生产要素成本的上升和劳动生产率上限的接近,或许还会下降。对于这个问题,可以从三个方面进行解释:一是目前中国股市与美国股市比较正好处于两个极端,中国几乎处于市场底部,美国处于市场顶部。因此,中国股市的反弹与美国股市的下跌是大概率事件,若干年后可以大幅缩小两市的差异。二是中国属于赶超型经济体,美国属于老态的发达经济体。随着中国经济效率逐年提高,具有较强的货币升值预期。从日本、德国和韩国的经济发展来看,它们在向发达经济体追赶的十多年里,其本币对美元的年增值速度往往超过5%,这样,可以把追赶型的每年10%的GDP增长率下调到每年不足5%就可以实现相当于10%的年增长率。当然,这必须以提高经济增长质量为前提。三是目前中国资本市场尚未完全对外开放,只有港股通、沪股通、深股通及QFII的少量外资入市,要成为国际一流的资本市场,充分对外开放是必要条件。一旦开放,必然有相当数量的外国公司来中国上市,这又会增加中国资本市场的规模。所以,只要把握得好,中国在2035年资本市场规模超越美国还是很有希望的。

总之,在追赶国际一流资本市场的同时,要吸收国际成熟资本市场一切好经验、好方法,结合中国特色资本市场长期积累的好经验和好方法,规划好中国特色资本市场的发展道路。

二、建成完善的现代化多层次资本市场体系

实现多层次资本市场体系基本覆盖市场经济的所有部门,为各类企业在资本市场提供高效融资便利,为各类投资者特别是中小投资者提供投资便利和收益保障。客观而言,资本市场整体可以从横向和纵向两个维度进行分类。

---

① 具体内容参见第八章第二节。

横向是指按照产品性质分类的资本市场,包括股票市场、债券市场、金融期货、金融期权、大宗商品、碳金融现货和期货等细分市场。纵向是指按照同类产品规模大小或质量高低进行分类的市场,包括主板、创业板、科创板、北京证券交易所、新三板、区域型股权交易中心等市场。但由于中国横向分类市场由不同部门进行管理,这里仅探讨由证监会管理的纵向多层次和部分商品期货、金融衍生品等资本市场。

(一)要将多层次资本市场体系覆盖市场经济的所有部门

目前的科创板和北京证券交易所是成立时间较短的证券市场,代表的不同证券板块是中国当前和未来一段时间与中国经济增长关系最紧密的板块。科创板代表的是引领我国经济最具成长性的高科技企业群体,北京证券交易所代表着中国创造50%国民财富和吸纳70%劳动就业的小微企业群体。抓紧培育和促进这两个板块相关企业的发展并推动上市,对我国经济增长和赶超国际一流资本市场的影响巨大。为此,需要管理部门加大对这两个板块在政策扶持、规范运行、培育企业、鼓励创新和降低成本等方面的力度,推动更多相关企业挂牌上市。此外,还要构建更加完善的各板块之间的上下联通机制,实现直接融资市场各板块既具有不同的政策与运行机制安排,又便于上市企业在运行条件发生变动而不符合在某一板块的机制安排时,可以顺利地转入相应的另一个板块。

(二)为中小投资者提供投资便利和收益保障

依据资本市场运行规律,不同类别的投资者在资本市场中应当获得与其所承担风险相应的投资便利和收益。上文提及的科创板和北京证券交易所是风险比较大的板块,而新三板的风险更高,考虑到中小投资者的风险承受能力,管理部门设置了较高的投资者入市条件。但如果设置的入市门槛过高,不利于投资者入市,就会影响市场运行的活跃度,从而也影响投资者获得应有的风险收益。近两年虽然管理部门已经降低了新三板在精选层和其他层次的投资门槛(100万元、150万元、200万元),但相对而言仍然偏高,入市人数必然减少。而这些市场风险比较大,于是较大的风险分摊到较少的投资者身上,单个投资者承受的风险就一定大。但相对而言,单个投资者获得的平均风险收益也比较高。这里存在一个悖论,就是资金量少的投资者风险承受能力一定比资金量大的投资者弱吗?事实上,一个人风险承受能力的大小与其资金量大小没有太大的关系。中小投资者只要有相应的能力,照样可以获取较高的风险收益。因此,我们单纯以资金量大小作为进入风险市场的门槛实际上把大量中小投资者拒之门外,不利于他们获取应得的风险收益,也不利于风险市场资金的注入而提高市场的流动性并降低风险。因此,需要修改相关的入市条件和其他方面的要求,为投资者提供投资便利和相关收益。

(三)形成既有集中统一的全国性交易市场,也有分散的区域性交易市场

目前中国的主板、二板、科创板、上海黄金交易所、相关的期货交易所、北京证券交易所和新三板市场属于全国统一市场。而四板市场(股权交易中心)属于分散的区域性场外市场。各类衍生品等交易品种既有丰富的全国统一市场,也有众多分散的区域性交易市场,各层次市场联系紧密,需要构建金字塔状的多层次市场体系(见图5—1)。

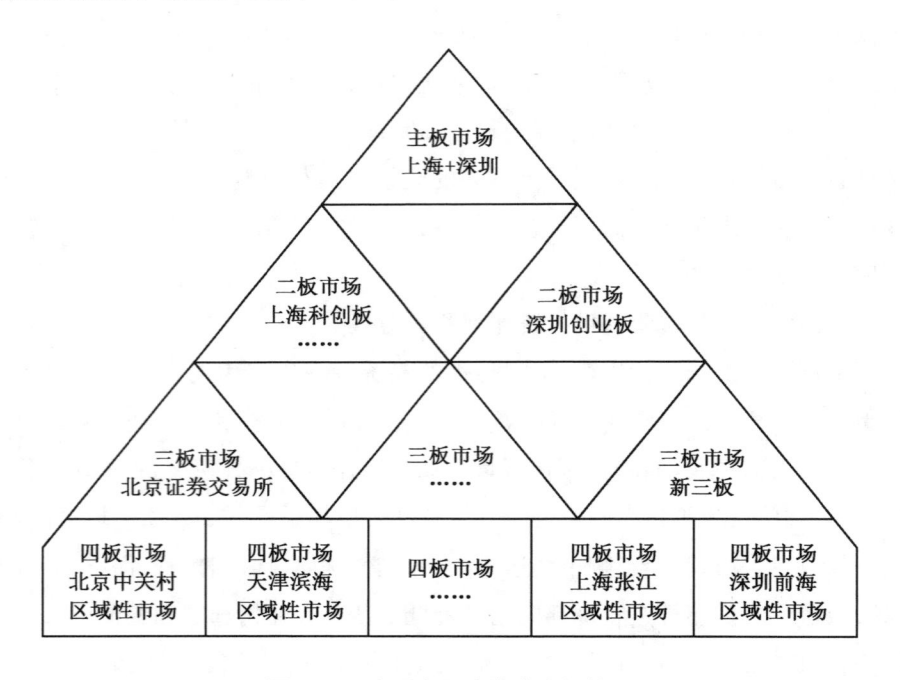

图5—1 中国多层次资本市场体系

图5—1列示了金字塔结构的多层次资本市场体系。理论上看,层次越低的市场规模应该越小,数量应该越多。这样,随着企业的发展,低层次市场可

以源源不断向高层次市场输送越来越多的合格成长企业,以保证高层次市场的优质企业来源。从现状来看,这个目标尚未完成。

三、构建成熟稳定的资本市场基础制度

资本市场基础制度是指一套联系紧密,内在协调,互为支撑,保证体系正常运行、发挥作用的生态系统。它包含从发行、交易、信息披露、再融资、持续监管到退市等环节的制度安排。从内容分类和作用看,涉及证券法、公司法、基金法、期货和衍生品法等国家法律、部门规章、规范性文件和自律规则中相关的制度性安排,是规范资本市场各类参与者在市场中的行为准则和基本制度,即根据市场性质和运行特征制定的长期有效的基础性制度。当前中国资本市场在国家层面的法律体系因 2022 年 4 月期货和衍生品法的出台已经基本具备,未来只会根据市场和形势的变化而进行部分修订与完善。然而,在不少部门规章、制度性规范文件和自律规则方面存在不少的扭曲和空缺,有的以行政手段代替法规制度进行管理。比如在提倡混业经营而实行机构监管的当下,不少资本市场的交叉性业务出现制度监管的空缺。就当前资本市场体现出的比较明显的监管缺失,可以简要地举出三个方面的问题:

1. 某些机构及大资金"抱团取暖"和联手操纵严重损害中小投资者利益

近几年在资本市场可以经常看到大资金的"抱团取暖"现象,这集中体现在每一类上市股票的龙头品种或几个主要股票上。其中最典型的是贵州茅台、宁德时代等一批行业龙头股票。贵州茅台股价从 2016 年初的 120 元左右一直涨到 2021 年初的 2 200 元左右,5 年涨幅高达 17 倍多,市值从 1 500 多亿元涨到 27 700 多亿元。这么大盘子的股票要把它的价格拉起来或压下去,非得有相当数量的机构和大资金合力作为才行。这里的"机构"主要指私募机构,"大资金"主要指一些有大量资金的个人投资者。他们如何合力作为呢?如果机构各自为战,它们对茅台等价格走势的看法必然是各不相同的,有的看多,有的看空。茅台等价格走势必然形成一种上下交替的缓慢上升趋势,一般不会有 5 年 17 倍的涨幅。这种股票的连续拉升一般需要一系列机构和大资金一致对股价进行联合操纵才能做到。这种操纵行为还体现在当股价上升到超越其自身的理论价格时,它还会继续拉抬价格,直到远超其理论价格的一个比率,甚至市场普遍认为茅台等价格已经超越其价值时,这些机构仍然持有而拒绝抛售。这就是机构和大资金的"抱团取暖"现象。机构和大资金的这种"抱团取暖"实际上就是市场操纵行为,严重地损害了中小投资者的利益。

还有一种现象,就是机构和大资金联合对某个股票在短时间内将价格拉升到涨停,或者打压到跌停。对于这种"抱团取暖"和拉抬打压的市场操纵现象,背后必然存在机构(私募机构更多)和大资金之间的串通行为,是典型的对中小投资者的"割韭菜"行为,监管机构应该对此类行为严加处置。我们认为,如果不对机构和大资金的这种联合操纵行为进行打击,必将严重冲击中小投资者心理,打击中小投资者的入市意愿。有人认为这是机构投资者专业能力强的表现,于是提出专业的事交给专业的人来做。我们认为,这是混淆了专业能力与操纵市场之间的界限。对机构之间的联合操纵行为必须制定严格的市场监管制度予以防范和打击。如果不进行严格监管和打击,就必然使中小投资者失去市场信心,他们就会退出市场,无奈只能把资金交给机构投资者管理。但当市场内只剩下机构投资者以后,也必然存在机构相互博弈中被不公正淘汰的一部分投资机构。经过几轮淘汰,市场资金就会被极少数大机构垄断,多数机构会被淘汰。而机构的资金也是来自中小投资者。这就导致大量中小投资者对机构也失去信心,彻底退出证券市场,最后加剧市场扭曲,使资本市场丧失公信力,无法实现扩大直接融资规模、助力国家加快实现经济建设的目标。

2. 大资金主导的结构性行情同样损害中小投资者利益

近几年股票市场出现了一种奇怪的现象,称为结构性行情,即每天的交易仅仅集中在少数几个板块和行业方面。究其原因,可能是因为入市交易的资金数量不足,导致某些机构将交易集中在某几个行业的股票上。这样每两三天或每天对行业或板块进行轮换,以确保有限的资金可以集中于有限的股票进行炒作,以便获得较高的收益。于是,形成了行业轮动的结构性行情交易和转换。这种结构性行情的出现,看似是市场资金不足的表现,其实并非如此。截至2022年6月底,中国社会融资存量规模已经达到344万亿元,广义货币余额为258万亿元。这说明资本市场的流动性是充裕的,并不缺少资金。再从股票市场的日交易量来看,几年前见过股票的日交易量经常出现在2万亿

~3万亿元,而近两三年里却只能看到日交易量只是在1万亿元上下(低到5千多亿元,高到1.2万亿元)波动。这只能说明除了中国经济增长常态从高速转换到中速以外,机构和大资金已经改变了交易的操作模式。它们为了追求更高的收益率,将股票的全市场交易转变为结构性交易。这样就可以把一个80万亿元规模的大市场分割为若干20万亿~30万亿元的小规模市场,如上证50、中证1000、创业板、科创板等。每天只要用1万亿元左右的少量资金去撬动这样的小规模市场,就可以获得比大市场高得多的收益率。

显然,这种结构性交易模式是不正常的。因为要把当天的交易资金集中到某几个板块或行业上,只有一定数量的大资金提前联合串通才可以做到。比如像茅台、宁德时代这样数万亿元盘子的股票,即使个别大机构也无法撬动起来,只能由一群大资金事先预谋联动才能拉抬它们的股价。中小投资者显然没有这个能力把资金集中到预定好的某几个板块上。于是,这个市场就只能由大资金攫取超额收益,大部分散户则只能充当被割的"韭菜"。当然,我们并不能断定所有在结构性行情中被拉抬或打压的股票都是大资金密谋串通的结果,也有在趋势性交易中逐步形成共识的交易方向,但是很可能存在机构预谋联动所形成的结构性交易行情。

我们认为,对于这种扭曲市场的交易行为必须严加监管。应当制定严格的交易制度鼓励在交易趋势中自然形成共识的交易方向,杜绝投资机构之间的预谋联动行为。这与监管的不干预政策没有任何关系。这里的"不干预"应当指不使用行政手段干预市场,而机构之间的预谋联动造成了投资者群体之间的交易不公平待遇,属于违法的市场操纵行为,应当不予容忍并处置。

3. 对北向资金的监管缺失导致内地资本市场走势成为境外资金的跟随者而非引领者

中国股票市场截至2022年6月底的市值规模在80万亿元左右。近两年来每天的交易量大约为1万亿元,上下变动20%左右。而通过香港联合交易所进入的北向资金的交易量在1 000亿元左右,也就是沪深两市约10%的交易量是由境外资金引起的。但是,我们可以看到一种奇怪的交易现象,就是沪深两市的交易走势似乎大多由这10%的境外交易资金所左右。

在动态监测中往往可以看到,当北向资金大量做多的时候,内地资金也会跟着做多,沪深股市指数上行,反之亦然。具体数据如表5-1和图5-2所示。

表5-1　　　　北向资金的净流入方向与沪深股市变动方向比较

日期	沪股通（亿元）	上证指数变动数值	上证指数变动百分比	深股通（亿元）	深证成指变动数值	深证成指变动百分比
2022/3/1	42.3	27.2	0.77%	22.3	32.9	0.29%
2022/3/2	13.3	−4.8	−0.13%	19.3	−141.7	−1.05%
2022/3/3	25.2	−3.2	−0.09%	5.7	−145.1	−1.09%
2022/3/4	18.9	−34.3	−0.96%	23.7	−181.4	−1.37%
2022/3/7	−37.4	−76.6	−2.17%	−11.7	−447.0	−3.43%
2022/3/8	−17.4	−81.3	−2.35%	−38.3	−328.9	−2.62%
2022/3/9	−37.1	−38.1	−1.13%	−35.3	−137.3	−1.12%
2022/3/10	6.2	40.7	1.22%	−1.4	263.8	2.18%
2022/3/11	−12.0	14.0	0.41%	3.7	76.4	0.62%
2022/3/14	−57.3	−88.3	−2.60%	−53.2	−383.7	−3.08%
2022/3/15	−76.4	−163.5	−4.95%	−57.0	−526.4	−4.36%
2022/3/16	19.1	109.4	3.48%	22.1	463.7	4.02%
2022/3/17	21.5	45.4	1.40%	69.6	289.0	2.41%
2022/3/18	138.0	36.9	1.12%	35.5	38.7	0.31%
2022/3/21	−32.5	2.7	0.08%	−13.6	51.0	0.41%
2022/3/22	12.6	6.3	0.19%	14.6	−60.9	−0.49%
2022/3/23	1.2	11.4	0.34%	32.3	89.9	0.73%
2022/3/24	27.0	−21.3	−0.63%	5.4	−103.2	−0.83%
2022/3/25	6.7	−39.0	−1.17%	−5.7	−232.8	−1.89%
2022/3/28	44.1	2.3	0.07%	41.0	−122.8	−1.02%
2022/3/29	14.8	−10.8	−0.33%	13.1	−54.9	−0.46%
2022/3/30	83.0	64.2	1.96%	86.3	368.7	3.10%
2022/3/31	34.3	−14.7	−0.44%	14.4	−145.6	−1.19%
2022/4/1	33.2	31.3	0.94%	48.0	109.7	0.91%
2022/4/6	−8.5	0.7	0.02%	−7.9	−55.0	−0.45%
2022/4/7	19.8	−47.9	−1.42%	3.8	−200.9	−1.65%
2022/4/8	27.2	15.5	0.47%	3.1	−12.8	−0.11%
2022/4/11	−17.3	−86.8	−2.61%	−11.5	−439.1	−3.67%

续表

日期	沪股通（亿元）	上证指数变动数值	上证指数变动百分比	深股通（亿元）	深证成指变动数值	深证成指变动百分比
2022/4/12	**57.6**	**47.3**	**1.46%**	**65.8**	**236.2**	**2.05%**
2022/4/13	14.1	−27.2	−0.82%	4.0	−188.2	−1.60%
2022/4/19	−6.8	7.4	0.23%	**22.7**	**65.2**	**0.56%**
2022/4/20	−20.3	−44.0	−1.35%	**−4.8**	**−241.1**	**−2.07%**
2022/4/21	17.7	−73.0	−2.26%	17.9	−308.0	−2.70%
2022/4/22	**50.6**	**7.3**	**0.23%**	49.7	−32.6	−0.29%
2022/4/25	**−37.6**	**−162.3**	**−5.13%**	16.8	−672.4	−6.08%
2022/4/26	7.0	−43.1	−1.44%	31.3	−172.6	−1.66%
2022/4/27	**14.8**	**73.7**	**2.49%**	**65.4**	**446.3**	**4.37%**
2022/4/28	**19.0**	**17.6**	**0.58%**	4.5	−24.0	−0.23%
2022/4/29	**22.2**	**74.3**	**2.44%**	**62.9**	**392.5**	**3.69%**
2022/5/5	**12.8**	**21.3**	**0.68%**	−10.0	24.9	0.23%
2022/5/10	**−14.5**	**−32.3**	**−1.03%**	**−38.1**	**−133.6**	**−1.21%**
2022/5/11	**19.9**	**23.6**	**0.76%**	**38.6**	**196.7**	**1.80%**
2022/5/12	**−8.1**	**−3.5**	**−0.11%**	15.3	−14.6	−0.13%
2022/5/13	**47.1**	**30.2**	**0.96%**	**8.0**	**64.9**	**0.59%**
2022/5/16	**−15.1**	**−10.8**	**−0.34%**	**−34.5**	**−66.4**	**−0.60%**
2022/5/17	**50.4**	**20.6**	**0.65%**	**46.2**	**136.8**	**1.23%**
2022/5/18	**−7.1**	**−7.8**	**−0.25%**	16.0	−22.1	−0.20%
2022/5/19	**42.2**	**11.8**	**0.37%**	**43.3**	**42.0**	**0.37%**
2022/5/20	**121.3**	**51.2**	**1.61%**	**61.0**	**204.5**	**1.82%**
2022/5/23	−9.8	0.4	0.01%	**−12.8**	**−6.6**	**−0.06%**
2022/5/24	**−35.2**	**−77.8**	**−2.41%**	**−30.9**	**−382.0**	**−3.34%**
2022/5/25	**36.9**	**37.8**	**1.20%**	**33.3**	**77.3**	**0.70%**
2022/5/26	**14.7**	**17.1**	**0.54%**	**5.3**	**63.6**	**0.57%**
2022/5/27	**56.6**	**7.8**	**0.24%**	16.1	−13.2	−0.12%
2022/5/30	**42.0**	**20.2**	**0.63%**	**66.5**	**116.7**	**1.04%**
2022/5/31	**106.0**	**38.8**	**1.20%**	**90.8**	**217.3**	**1.92%**

数据来源与说明：沪股通与深股通数据为当日北向资金的实际净流入额，数据来源于大智慧行情软件；上证指数、深证成指的变动数据分别来源于上海证券交易所和深圳证券交易所。粗体数字表示当日北向资金净流入符号与市场指数变动符号一致。

沪股通净流入资金与上证指数的变动情况如图5－2所示。

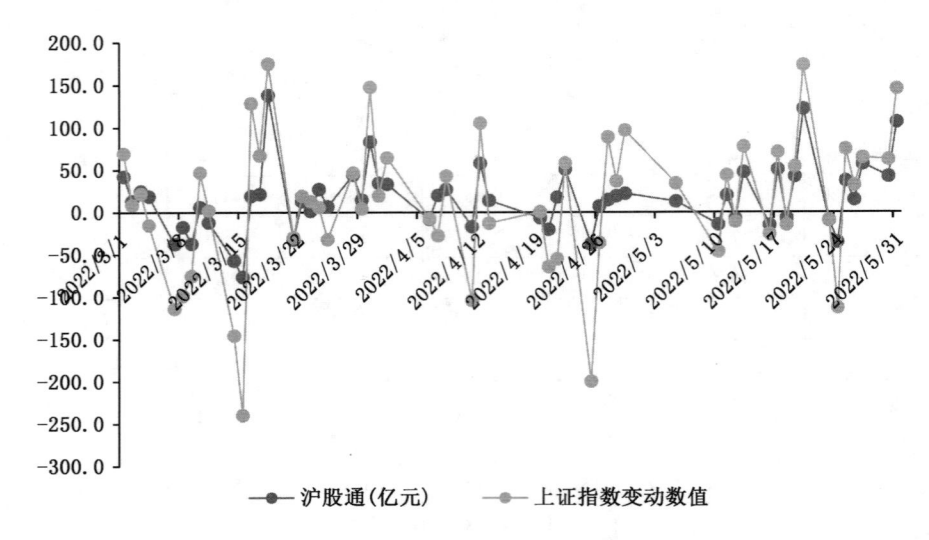

图5－2　沪股通净流入资金与上证指数的变动

我们选取2022年3月1日到5月31日北向资金对沪深股市投资交易的数据，除去节假日、周末停盘和港市与内地市场因休市日不同而没有北向资金交易的日期，共取得56个交易日。其中，可以明显看到，两市走向与北向资金一致的交易日占了绝大多数。其中沪股通与上证指数走向一致的交易日有40天，占71％；深股通与深成指走向一致的交易日有34天，占61％。这说明内地股市的走向与北向资金走向大多数是一致的，而且北向资金处于一种引领的地位。所以，大多数具有市场话语权的人士往往将北向资金称为"聪明资金"，认为它们引领内地市场走向的地位是毋庸置疑的。我们认为这种结论未免过于粗浅。首先，内地交易资金远远大于境外资金，从逻辑上讲应该是内地资金引领北向资金走向才合理；其次，内地投资者应该比境外投资者更了解国内公司的质量，它们引领内地市场无可厚非；最后，内地投资机构受到监管的力度比北向资金更为严格，它们操作的规范性应该强于北向资金才更合理。然而，我们看到的现实往往是相反的。很多专家和监管部门原来以为引入境外资金的重要因素之一是境外投资机构对于投资的操作更为理性和稳健，有利于中国资本市场的稳健运行和长远发展。引入以后才发现，境外机构的投机操作往往更甚于内地投资机构。他们进入中国资本市场后,市场的波动性比以前更为剧烈。因此,监管部门必须高度重视对北向资金的监管。

目前监管部门对境内机构交易的监管规则总体比较严格。其中,重要的有内幕交易、股价操纵等违法违规的交易监管,还有对于投资资金的穿透式监管,等等。但是,在对境外资金监管方面,我们却无法有效运用这些监管手段,使境外资金脱离内地的监管框架。这样就给了境外资金违规交易的机会。这些境外资金,有可能其源头就是境内资金,它们可以通过驻外分支机构的名义规避境内监管,其他的境外资金也有更多机会对内地市场进行联动预谋和股价操纵,从而使北向资金在交易中具有比内地资金更为主动的投资取向,从而起到对内地资金的引领作用。

由此可见,不同监管框架下的资金在同一资本市场中显然能起到不同的作用。我们认为,北向资金对内地资金的这种引领和影响力就是由于这种监管差异所引起的,而不是来自所谓北向资金的特别"聪明"。关键是要将北向资金纳入与内地资金的同一监管框架内,而这迫切需要对北向资金尽早建立起与内地相一致的监管机制。

为此,要建立内外一致、公开透明的资本市场基础性制度规则体系,使市场对监管能够形成明确的一致预期,以便确保资本市场的"晴雨表"功能进一步显现。

在其他基础性制度方面,要全面推行股票发行注册制,建立常态化、多渠道的退市制度,形成上市公司优胜劣汰的良性循环机制;股市、债市、期市的风险监测和应对能力必须得到显著提升,能够及时监测危机和风险的产生;各项规则制度要紧密联动,将风险的影响程度降到最低;要尽可能减少行政干预,建设成有韧性、能包容的强大资本市场。

四、建成科技赋能、信息完备的智能化监管系统

中国经济改革的前 40 年基本属于追赶型经济,经济增长快速但增长质量较低,典型地表现为工业化特征。此类增长在 10 年前开始变得渐趋缓慢,增长率不断下降。而另一类新因素催生的增长开始显现,如信息经济的发展,互联网、智能化和数字技术的发展,生态文明和绿色经济的发展,地缘政治导致

的全球化遭遇重创而对高端科技创新的激发,使中国对未来经济更趋于追求高质量增长。它代表了中国从未有过的创新经济的增长模式。中国监管部门对资本市场前30年的监管基本处于一般追赶型经济增长模式下的监管,其监管对象基本属于传统经济的运作模式。而在创新经济增长模式下,传统的监管必然呈现某种不适应。这就首先要求监管部门对创新经济各行业的新信息、新技能要有再学习的过程。其次要创新监管模式和系统,充分运用现代信息技术实现监管智能化和科技化,形成人力和科技深度融合的监管新模式。要熟练运用大数据、人工智能等技术手段,在业务审查、追踪违法违规行为、核查上市公司运营、针对基金公司和证券公司的实时监管等环节走在全球前列。只有这样,市场风险监测和异常交易行为识别能力才能得到全面强化,才能即时发现、及时处置各类证券期货违法违规行为,实现穿透式监管、全面性监管,形成"公开、公平、公正"的市场秩序和诚实守信的金融生态环境。

五、全面构建完善的资本市场法治体系[①]

建成更加科学完备的资本市场法治体系,更加健全规范的资本市场司法体系,更加公信透明的资本市场执法体系。投资者行权和救济渠道进一步畅通,市场投机炒作行为鲜少出现,实现明显改善资本市场秩序,形成守信崇法、规范透明、开放包容的优质资本市场生态。

六、构建完善的上市公司治理体系

要建立健全上市公司治理机制,不断提升上市公司治理的有效性,确保上市公司真正成为资本市场可持续发展的基石。上市公司的治理主要包括内部监管和外部监管两个方面。内部监管主要靠自律监管,依靠内部控制制度的健全;而外部监管主要依赖政府部门对上市公司的监管。政府要求公司建立"三会四权"的治理结构,即股东大会、董事会、监事会和经理层分别行使最终控制权、经营决策权、监督权和经营管理权,以实现高质量的上市公司治理水平。目前来看,我国上市公司第三方财务审计执业水平已有明显提高,能出具

---

① 具体内容见第六章。

真实有效的审计鉴定报告；市场信息治理机制进一步畅通，监管方的信息不对称程度有所降低；政府监管能力显著提高，相关法律法规进一步完善，监管执行力有所增强。上市公司实现了经营转型，竞争力不断提升，合规内控机制不断完善，价值创造和价值管理能力进一步增强。但同时仍然存在不少问题。例如，在股权结构上存在一定的不合理现象，不少公司存在"一股独大"的现象，以致难以形成股东之间的相互制衡关系，于是会出现侵占上市公司资金、关联交易转移资产、违规担保、利润操纵等问题。还有在董事会职能的发挥上存在不足，这常常表现在董事会成员构成中普遍存在内部董事的比例过大，无法起到监督和约束总经理和董事长的作用。公司治理结构中较大的问题是监事会的监督机制缺位，监事会和监事缺乏独立性，监事会和经营管理层的信息不对称影响监事行使其职权。此外，在信息披露方面还存在一些选择性披露、滞后性披露、误导性陈述等违规性披露行为。这些缺点都应该在未来的限定时间内加以解决。

七、筑牢严密的风险控制体系，守住不发生系统性风险的底线

在资本市场监管部门的持续努力下，当前资本市场运行的各部门、各环节基本上建立了风险控制制度，形成了较完整的风险控制体系。但是，风险与收益是一对孪生兄弟，总有人为从市场上攫取尽可能多的收益而去冒无法承受的风险，这样的案例在资本市场上屡见不鲜。这就要求监管部门及其各机构的内控部门压实风险控制责任和追究制度，坚决堵住各类风险漏洞。因此，筑牢严密的风险控制体系，不断检查堵漏，是各级监管部门的主要工作内容。

但是，风险是可以转移的。设计者可以通过一些技术或操作手段将收益留给自己，把风险转嫁给别人。有些风险是属于全市场的系统性风险，几乎无人能幸免，故监管部门总是强调要守住不发生系统性风险的底线。但系统性风险事实上还在频频发生。因此，坚决防范系统性风险，大幅度降低个别重大风险事件的发生率，是资本市场未来发展的重要目标。

八、实现资本市场的内外开放，建成国际一流交易市场

国际投资者对人民币资产价值的认可度进一步提升，境外机构投资者持

有境内资产规模大幅增加。沪深证券交易所实现国际化,一大批境外优质企业到我国上市交易,国内外机构、企业、个人能够便利地进行跨境投融资。中国资本市场的国际影响力得到显著提升,充分实现国际资本服务中国实体经济建设,资本要素资源得到全球化最优配置,中国资本市场成为全球重要金融中心。

第二节　实现中国资本市场发展目标路径选择的转换

实现发展目标的路径是指达成目标要采取的方式或手段。实现发展目标要投入各种资源要素并采取一定的生产方式,资本市场的发展也是如此。市场参与者根据他们在市场中的不同定位和占有的资本要素从事投资、生产和经营活动,最后获得相应的收益,社会和经济均获得增长。这个增长的来源最终取决于生产和经营的方式,而不同社会发展阶段生产经营的方式也随之在不断改变。这种改变要求生产经营的组织管理者包括资本市场的管理者也同时做出改变,才能维持整个系统的正常运行。

我们提出中国资本市场的远景发展目标同样需要经由相应的发展方式或手段去实现。前文已经提到中国经济增长的模式或路径正在发生转变,那么对未来资本市场发展目标的实现路径显然也需要相应地发生转变。

一、实现资本市场发展目标路径选择的转换的必要性

(一)国内资本市场扩展所依托的经济增长规模由粗放式增长到新经济集约式增长所产生的路径转换

改革开放的前40年,中国主要属于生产率低下的赶超型经济体,劳动力成本低廉,产品大多属于技术含量低的初级加工品。由于生产成本和原材料价格低廉,只要能够生产出来就会有大量需求,利润率和经济增长率必然很高。而随着GDP的增长和市场的开放,各类要素价格快速上升并向国际价格靠拢。市场规模的扩大和资源要素价格上升使收益率逐步下降,同时意味着增长率下降。传统的赶超型经济逐步向新经济转换,并要求资本市场的服务和监管也向高质量和精细化转换。资本市场服务部门包括交易所、投资银行、投资研究分析预测机构、市场监管机构(市场监管机构特别是外部监管机构严格讲并不属于服务部门,但中国的市场监管机构还包括了资本市场的管理职能,因此具有相当的市场服务功能)和审计、律师鉴证等机构。当国家经济快速转向高质量新经济模式时,经济体的组成要素由原来的传统技术、传统产业和传统业态向新技术、新产业和新业态转换。这种转换要求资本市场服务部门成员相应地掌握新技术、新产业和新业态的知识结构、技术要领和运行管理知识,以便提供相应的高质量和精细化服务。

(二)人口红利消失使资本市场选择产品方式的改变产生的路径转换

改革开放初期,中国的低成本人口产生了大量的人口红利,促进了大量企业的开办和上市,他们大多从事的是低端加工业,对资本市场的管理相对简单。随着当前中国进入老龄化时代,人口红利到2012年逐步消失并导致人口负债,一般加工企业经营进入困难期,而互联网、云计算、人工智能、数字经济、虚拟现实、高端装备等新兴行业的快速崛起,必将使资本市场未来选择的上市产品发生巨大的改变。毫无疑问,传统的产品甄别方式和技术手段势必面临巨大的挑战,需要进行转换。

(三)经济高增长下的政府兜底风险到资源价格和劳动力成本上升、政府财力缩水而无力兜底风险导致的路径转换

改革开放前三十年中国经济持续高增长,促使企业利润高增长和政府积累了大量收入。而改革滞后使市场暴露诸多风险,当一些企业碰到风险时,政府就有足够的底气帮助企业从中解脱,此时政府就有足够财力兜底资本市场风险。而近十年来,随着各类资源价格和劳动力成本的上升,经济增长持续下降,政府财力也大幅缩水,无法也无力为企业兜底风险。这种经济增长的下降和改革深化也要求实现目标的路径加以转换。

(四)中国资本市场吸引国际资本由全球化进程转为单边机制所产生的路径转换

在以往的全球化进程中,国际资本流动活跃,虽然中国股市并未对外国投资者开放,但境外资本对中国股市仍具有强大的吸引力。而近期由于地缘政治所引起的全球化进程遭遇重创,导致全球资本流动转弱,原本认为可以通过吸引国际资本来扩展中国资本市场的路径依赖遇到了困难,实行原有路径的转换是必然的。

（五）资本市场的经营活动由分业经营转为混业经营对监管模式所产生的路径转换

20世纪30年代以前，世界各国对资本市场实行的是混业经营模式，没有专业的监管机构。同时代的大危机导致了分业经营和分业监管模式的形成。随着资本市场不断成熟，风险控制机制不断完善，20世纪90年代起英国、美国等成熟资本市场国家逐步将分业经营模式又转换成混业经营模式，相应的监管模式也出现了一定的功能性变化。近三十年来，成熟资本市场的监管模式还在进一步优化发展。中国的资本市场起步较晚，但发展较快。20世纪90年代初期，中国资本市场基本处于初始的放任发展阶段，但这个阶段比较短，90年代中期，国家发布了《商业银行法》，提出资本市场业务与商业银行业务分业经营的规定。自此，中国资本市场进入分业监管模式。而自90年代末开始，中国也开始逐步转向混业经营模式。这种模式至今尚未完全形成，而中国的资本市场监管模式基本仍旧采用分业监管模式。这在一定程度上与现实的经营模式存在不匹配的现象。由此，需要将传统的监管模式转换到符合现实经营模式的路径上来。

二、不同转换路径下的改革思考

（一）中国经济向新经济转换时实现资本市场发展目标需要精细化服务

当经济增长从粗放型转换到新经济的集约型发展时，需要给予精细化服务。新经济的集约化发展主要体现在从单一物质增长转向创新、协调、绿色、开放、共享的协同发展。这种增长模式要求以人的全面发展为基准，通过科技进步并不断改进管理水平，最终以提高生产要素质量、增加效益来实现经济的增长；通过加强对人力资源利用来不断提高劳动生产力，增强科学技术在经济增长中的作用；通过对物质资源的充分利用努力实现物耗水平的降低，从而实现产品成本的降低；通过对财力资源的充分利用，提高收益率和资金使用效果；等等。这就要求管理服务者本身就有很高的知识水准，能够全面地把握资本市场发展动态，具备精细化管理的能力。

(二)人口红利消失和逆全球化趋势要求资本市场更多吸纳高端加工业和高科技企业

人口红利消失导致劳动力成本上升,逆全球化趋势导致全球资本流动性减缓。此时资本市场需要更多创新型高科技企业和高端加工业推动新经济发展。资本市场发展目标的实现也要求制定更多有利于吸纳此类企业和运行的政策、方法和手段。

(三)资本市场经营模式的变化要求对传统监管模式改革为符合并促进现实经营状况的新型监管模式

按照中国目前的资本市场经营模式,我们已经进入了部分混业经营模式,而监管模式还基本执行传统的分业经营下的分业监管模式,具体为机构型监管模式。要推进中国资本市场的进一步顺利发展,迫切需要将分业经营下的机构型监管,逐步改变为混业经营下的功能型监管等相应的监管模式。

第三节 实现中国资本市场发展目标的策略与手段

一、坚持党的集中统一领导,坚持中国特色资本市场发展道路

(一)实现党的集中统一领导与资本市场加快发展的有机联系,培养一大批对党忠诚的资本市场业务专家

党的集中统一领导主要体现在坚定执行党中央国务院对国家发展的大政方针,走中国特色现代资本市场发展道路,确保资本市场发展有力支持国民经济快速发展。要根据国家总体发展规划对资本市场发展做出总体目标规划和分步骤实施方案。要完善和提高证监会系统党的领导体系和相关制度建设,加强政治信念,提高服务意识,织密反腐网络。要培养一大批对党忠诚、精通业务的专家型干部,确保资本市场健康发展。

(二)要完整、准确、全面地贯彻新发展理念(创新、协调、绿色、开放、共享),统筹好总量、结构和效益的关系

资本市场要贯彻具有鲜明中国特色的新发展理念,要敢于对发展中的难题以创新方法加以解决,要做好东西部、先进与落后地区、效率高低等资本市场不平衡方面的协调,要支持绿色发展,进一步实现内外开放,要让广大人民共享资本市场发展的利益。

(三)着力构建归位尽责、良性互动、市场主体充分博弈的生态体系

资本市场的参与主体众多、利益诉求多元,要实现资本市场的高质量发展,必须实现各个市场主体之间权责清晰、相互制衡、高效有序,营造良好的生态系统。充分发挥资本市场中每个主体的主观能动性,实现能力的充分展现。尊重市场规律,增强政策的稳定性、连续性和可预期性,更有效地发挥资本市场的资源配置、财富管理等重要功能,增强投资者信心。

(四)充分体现借鉴国际最佳实践和立足国情相统一

要坚定不移扩大资本市场的稳健开放,充分吸收国际成熟资本市场一切好经验、好方法。结合中国特色现代资本市场积累的好经验和好方法,处理好对外开放和立足自身的关系,把资本市场发展的一般规律同中国实际更好结合起来,才能实现资本市场的"规范、透明、开放、有活力、有韧性",规划并践行中国特色现代资本市场的发展道路。

二、坚持整体设计、分步实施的发展路径

(一)多层次资本市场的整体设计与分步实施

要坚持突出中国社会主义特色,实现分类市场的错位发展,按照不同发展阶段制定不同的发展步骤,实现各市场板块的差异化定位以及有关的制度安排。要不断深化新三板改革,建立精选层公司顺畅转板的上市通道,通过不断丰富挂牌公司的上市路径,促进中小微企业实现自身在上升通道中的成长壮大,同时加强多层次资本市场的有机联系。要分步骤、分阶段地渐进式推进覆盖全市场的转板制度的建立,以全面注册制为抓手打通交易所内部的转板和降级转板制度,通过加强各层次资本市场之间的互联互通,不断提高资本市场的资金配置效率。

(二)由机构型监管到目标型监管的发展路径

资本市场的监管模式一般分为机构型监管、功能型监管和目标型监管,依次呈低级到高级的递进式发展。机构型监管是按金融机构的类别设立相应的监管机构,是我国目前实行的监管模式。这种模式在资本市场发育早期具有

积极作用。在分业经营向混业经营改革多年以后,这种模式呈现出监管真空和利益冲突等缺陷,有必要向功能型监管转变。功能型监管是按照金融业务发挥的功能进行监管,可以针对业务功能实行跨机构、跨行业监管,这类监管要比机构型监管更有效率。但它的缺陷是无法在监管中提前防范金融风险、保持市场稳健和保护投资者。因此,有必要采用更有效的目标型监管模式。该模式是将监管目标设定为保护投资者,保持市场公平有效和防范系统性风险。此类监管不再有部门之间的利益冲突,将系统性风险纳入监管范围,保护了投资者,是监管的最佳模式。我们设计的路径就是先从机构型监管发展到功能型监管,在不同阶段分步推进,实现跨部门监管,然后实现目标型监管,在整个过程中要及时利用契机,将目标型监管的部分功能提前置入监管体系中,筑牢不发生系统性风险的底线。

(三)以资本要素市场化配置为重点,以要素自由流动、价格反应灵敏、竞争公平有序的资本市场为目标,分两阶段取消对资本市场的不当行政干预,实现市场自由化和法治化

目前资本市场尚未达到市场自由化和法治化的高度完善,存在过多行政干预和法治空缺。未来要以资本要素市场化配置为重点,通过强化信息披露、健全制度逐步取消行政干预,有计划地清理和撤销对境内外投资的限制条件,放松资本市场管制,强化要素自由流动,建立高效透明的资本市场运作机制。

(四)坚持"摸着石头过河"和加强顶层设计相结合,走实每一步发展之路

资本市场整体发展安排关系重大,每一步创新改革关系市场全局,应当遵循"摸着石头过河"的改革经验,在顶层设计的基础上,先行试点,大胆探索,取得经验后再推广,确保不发生系统性风险和损失。

三、坚持服务实体经济[①]

中国资本市场发展总体要服务于国家整体发展战略,通过直接融资的特有功能帮助解决实体经济中急需解决的难点和痛点。

(一)加大对经济"卡脖子"难点产业及所涉企业的支持力度

经济"卡脖子"难点产业及所涉企业主要包括高端科技产业,如高端芯片

---

① 部分内容参见第十一、十二章。

和半导体、航空航天、生物医药、人工智能产业,"专精特新"中小企业,农业种业、先进栽培技术企业和高端养殖企业等。我国已经设立了科创板、创业板、北京证券交易所、新三板等特殊板块支持这些产业及所涉企业的融资和发展,可在上市条件、融资规模、科技服务等方面设计更优惠的条件予以支持。

(二)向经济发展不平衡的薄弱地区倾斜

中国幅员辽阔,经济发展极不平衡。资本市场应该支持西部经济薄弱地区的发展。如支持西部资源企业发行上市,利用优惠条件鼓励东部能源及资源消耗型企业转移到西部发展,等等。

(三)资本市场资源向国家急需解决的碳中和发展战略倾斜

碳达峰、碳中和是习近平主席在第七十五届联合国大会上提出的中国减排目标。资本市场可以为实现这一绿色目标提供有力支持。要积极扶持国内和世界新能源产业的发展,对有条件发展绿色能源的相关企业提供直接融资便利和优惠上市条件,如锂电氢电等新能源汽车、新能源电池、光伏、风电、绿电、储能等产业,为中国的绿色发展及应对全球气候变化提供支持。

(四)培育具有全球竞争力的世界一流企业

资本市场是帮助企业利用社会资本实现快速扩张的最佳赛道,而真正能从这个赛道中脱颖而出的企业少之又少。要培育具有全球竞争力的国际一流企业,资本市场除了要为企业扩张寻求安全资本以外,还要为企业发展保驾护航。也就是要为企业设置规范运行的行为指南,使企业在遵纪守法的基础上规避各类风险,不断发展壮大。

四、坚持完善资本市场基础制度

(一)系统推进基础制度改革

稳步推进发行承销、交易、持续监管、退市、投资者保护等环节的制度改革与创新,建立更加成熟、更加定型的基础制度体系。由于市场不断更新发展,有些基础制度逐步陈旧,因此及时更新成为必要。比如因混业经营改革使不少资本市场业务扩散到大金融板块的非证券类行业,而当前实行的又是机构型监管模式,就会产生金融子行业的业务交叉和监管制度供给与管理的缺失。这是一个重要问题,应当予以改进。在交易结算方面,中国资本市场长期采用

"T+1"结算制度,该制度存在某些不足。当日买进不能卖出,容易导致当日市场供需失衡,给了大资金短线操纵市场的机会。要改变当日市场供需失衡的状态,较好的办法是采用"T+0"结算制度。

(二)注册制回归本质,提高审核效率

目前的双创板块推行的是注册制上市制度。上市材料由沪深交易所分别审核,注册环节由证监会负责,证监会的工作似乎成了重复审核。注册制的原本意义是重信息披露,现在证监会的注册审核与交易所的审核相差无几,增加了审核成本。建议回归注册制的本质,加快注册流程。

(三)新股发行定价机制需要进一步改进

目前新股发行询价的定价是剔除最高价而保留最低价,该结果会压低新股价格。这种定价方式与注册制下上市的初衷有所背离。较好的方法是同时去除最高价和最低价,使新股发行价格更加合理。另外,对新兴高科技行业的发行定价机制的改革具有较大的困难。这类股票往往具有很高的成长性,因此,对这类股票发行溢价的测算比较困难。理论上说对这类股票应该给予较高的溢价,但不少股票上市后的实际结果却与定价目标相去甚远。因此,对于高科技含量的新股发行定价还不如更多地让市场来决定,比如采取扩大发行询价等措施。

(四)建立常态化退市机制

首先,要深入探讨、不断完善现存的退市规则,使得财务造假和业绩亏损达到退市标准的公司的退市通道畅通,如降低财务造假的认定门槛等,真正做到"应退尽退"。其次,要进一步简化退市程序,同时拓宽多元退出渠道。最后,严格退市监管,让退市公司承担起赔偿投资者的责任。

科创板、创业板试点注册制以来,各项机制运行良好,资本市场服务实体经济发展的效果不断增强,发行人和中介机构责任进一步压实,市场生态明显改善。规范运作的上市公司能够通过再融资和并购重组等方式做优做强、提质增效;信息披露要求不断强化,有效促进相关主体归位尽责。交易结算制度经历了从主要模仿境外市场到形成符合我国国情的制度体系,在中国资本市场建设中发挥着日益重要的作用。

然而,资本市场基础制度建设尚存在明显不足。在股票发行注册制方面,与之配套的法律法规体系还不够成熟,证券立法难以满足市场发展需要。

五、健全资本市场法治体系[①]

1992年,中国证监会成立并将资本市场纳入统一的监管框架,快速发布和修订了各种相关的法律法规和业务规章,有效地规范了资本市场各方参与者的行为。2011年12月,成立了中国证监会投资者保护局;2013年,设立了中证投资者发展中心有限责任公司;2013年12月,国务院办公厅发布了《关于进一步加强资本市场中小投资者合法权益保护工作的意见》;2020年,新《证券法》正式施行。三十多年来,资本市场出台了一系列法律法规,为健全市场法治体系奠定了较好的法治基础,但严密的法治体系还有待进一步完善。

(一)健全法律法规体系

一个没有健全法治体系的资本市场不可能具备完全的市场化。目前中国已经基本建起了一套以《公司法》《证券法》《证券投资基金法》《期货与衍生品法》为核心的国家法律、行政法规、部门规章和行业自律规则配套的法律体系,但还是存在某些缺憾。比如,在核心法律方面,中国资本市场近期刚出台《期货与衍生品法》,在行政法规和部门规章等配套方面尚存在一些缺失,需要尽快补齐,使市场开放有法可依;又比如,在对机构投资者的监管方面,我们对内地机构投资者实行穿透式监管,但对北向资金却没有相同的监管手段,这种看似细微的差别却对资本市场的波动产生了巨大的影响,使得每天上万亿元交易量往往被上千亿元交易量的北向资金牵着鼻子走。

(二)强化执法体系的高效运行,严厉打击资本市场违法犯罪行为

要遵循金融委"建制度、不干预、零容忍"的方针,加强行政执法、民事追偿和刑事惩戒的衔接协同,形成打击合力,强化对违法违规行为的威慑力,强化发行人和中介机构责任。例如,目前市场盛行的结构性行情看似市场的正常波动,其实是市场上机构和大资金的串通投机行为。这些机构几乎每天都要在一起拉抬或打压某个行业或某类股票,以此疯狂地反复收割中小投资者的"韭菜"。这种"不干预"是建立在无制度的基础上,或者是有制度而不干预,会

---

① 进一步的内容见第六章。

严重损害中小投资者利益,影响资本市场长期健康发展。

(三)完善投资者保护制度

一是进一步完善投资者保护的相关制度,其中包括关于完善投资者适当性管理制度,研究建立投资者保护专项补偿基金等。二是继续提升投资者教育的精准性和有效性,坚持从投资者实际利益出发,主动尽责,注重实效地开展投资者教育。三是健全各类投资者维权机制,不断推进证券纠纷特别代表人诉讼工作的持续开展。在市场上形成对违法违规行为零容忍的强大震慑力,提高上市公司及其主体违法违规的成本,增强市场各方的敬畏之心。

六、在对外开放中稳健发展

(一)坚持"把主动防范化解系统性金融风险放在更加重要的位置"

守住不发生系统性金融风险的底线是党中央多次强调的金融工作重要原则。要站在全国的高度,按照防范为先、损失最小的原则,设定风险预警机制,把风险和损失控制在最小范围。通过建制度、控损失、提效益,实现金融风险的有效防范和控制。

(二)以经济"稳增长"匹配资本市场的稳健发展

改革开放以来的实践经验证明,中国经济发展必须坚持"稳增长"的原则,而资本市场的稳健发展是保证经济"稳增长"的重要环节。影响资本市场稳健发展的相关要素主要有上市规模、货币政策、财政政策、产业政策和监管手段等。要服从于经济"稳增长"的总体目标,必须把握好资本市场这些政策手段的综合运用和灵活运用。

(三)在扩大对外开放中实现资本市场的稳健发展

扩大开放是资本市场国际化的必由之路,中国资本市场初期缺乏对外开放手段,封闭市场容易导致市场较大的波动,不利于市场稳定。本来以为资本市场对外开放有利于市场稳定,于是中国有了QFII、QDII、陆股通等对外开放手段,结果发现资本市场对外开放不一定会带来更多的稳定,也可能带来更大的波动。因此,有必要加强对外资的监管,防范外资的进入和退出影响资本市场的稳健发展。

第六章　中国特色现代资本市场的法治建设

摘　要：我国资本市场监管的核心目标是保护投资者权益。2020年修订后的《证券法》实施以来，投资者保护制度体系和组织框架逐步完善，行权维权机制日趋健全。保护投资者合法权益的目标体现在强化上市公司信息披露、创新诉讼模式、拓展权利救济渠道、提高行为人违法成本等多个方面。随着互联网技术和金融科技手段日益成熟和丰富，投资者保护工作面临新局面、新形势。要适应科技发展趋势，充分利用互联网技术以及新媒体等传播工具，打造投资者保护新模式，加大科技智能手段在投资者保护过程中的应用，更专业、更有效地提升投资者保护水平。中国特色现代资本市场离不开证券监管法治体系的完善，我国证券监管体系可从以下几方面进行变革：在全面推行注册制要求下，推进证监会监管角色的转变；完善跨境监管制度，强化证监会执法权，以便于其开展跨境监管合作，健全我国资本市场法律域外适用制度；推动具有中国特色的《程序化交易法》的制定与实施，以完善监管；个人金融信息的价值在资本市场中日益凸显的，应兼顾个人金融信息的利用和有效保护；伴随金融科技的快速发展，积极探索监管法律规则的代码化，助力监管和科技深度融合。

第一节　中国资本市场"投资者保护"的创举与前瞻

在证券市场生态系统中，投资者支撑着投资端的流动性和活力，是资本市场发展之本,保护投资者权益贯穿于证券市场改革发展稳定的各项工作之中。20世纪90年代起,我国陆续制定的一系列规范性文件为证券市场参与者提供了有效的行为指引,可以说,我国资本市场是在规范中成长起来的。进入21世纪,我国更加注重投资者保护的法治建设,中国证监会投资者保护局和中证投资者发展中心有限责任公司先后成立。2013年12月,国务院办公厅发布了《关于进一步加强资本市场中小投资者合法权益保护工作的意见》,这是促进资本市场持续健康发展和促进资本市场中小投资者权益保护的纲领性文件,标志着保护投资者权益之路迈向新征程。2014年12月,针对中小投资者开展教育工作和公益宣传工作的中证中小投资者服务中心有限责任公司成立,标志着证监会在丰富投资者保护体系、完善监管政策方面有了更加科学、可行的工作举措,也意味着我国资本市场趋向于法治化、成熟化。2016年5月,首批国家级投资者教育基地命名评审工作正式完成,正式向由证券期货等服务机构设立的十三家基地授牌。[①] 2020年修订后的《证券法》(以下简称新《证券法》)在完善证券发行制度、推动注册制改革、提高证券违法成本等方面颇有建树,并且专设一章"投资者保护",规定了强制调解、先行赔付、证券代表人诉讼等颇有亮点的制度,将投资者保护上升到一个前所未有的新高度。总结历史,展望未来,我国资本市场法治建设在投资者保护方面呈现出以下特点和发展趋势:

一、以投资者保护为中心优化上市公司信息披露质量

只有上市公司真实、准确、完整地披露其财务状况等影响投资者决策的信息,投资者才能在充分了解的情况下做出最符合个人利益的决策,资本市场方可更有效地配置资源。从法经济学的角度看,信息披露制度有助于打破信息不对称的困局,通过无数投资者的决策筛选出市场的优胜者与劣后者,进而在市场机制的引导下实现资源的最佳配置。

首先,新《证券法》明确了以"信息披露义务人"为中心的监管原则。信息披露违法行为必然剥夺投资者的知情权。投资者的投资基础一旦失实,就意

---

① 阎庆民. 以新理念引领新发展 投资者保护工作迈上新台阶——阎庆民副主席在首届中小投资者服务论坛上的讲话[J]. 投资者,2018(4).

味着在错误的信息上做出决策,这时候不仅是投资者个人的投资失败,资金也无法在"无形之手"的指引下流向优胜者,资本市场的运行效率随之降低,因此,信息披露义务人应当对其披露的信息及其影响承担直接责任。[①] 同时,新《证券法》还大幅提高了行政处罚金额,显著加强了信息披露违法的处罚力度。[②] 例如,针对虚假记载、误导性陈述和重大遗漏三类违法行为,对信息披露义务人的罚款限额从 60 万元提高至 1 000 万元;对直接责任人员的罚款限额从 30 万元提高至 500 万元。再如,对发行人的控股股东、实际控制人组织、指使从事虚假陈述行为,或者隐瞒相关事项构成虚假陈述的,罚款限额也大幅提高。处罚力度的增强对信息披露义务人而言是一种有力的威慑(见表 6—1)。

表 6—1　　　　　新、旧《证券法》信息披露违法处罚力度对比

修订事项	原《证券法》	新《证券法》
信息披露违法处罚层次	未明确区分"未按照本法规定报送有关报告或者信息披露义务"和"报送的报告或者披露的信息有虚假记载、误导性陈述或者重大遗漏"两种情况	细分为两种不同情形: 情形 1:未按照本法规定报送有关报告或履行信息披露义务 情形 2:报送的报告或者披露的信息有虚假记载、误导性陈述或者重大遗漏 对两种情形予以不同程度的处罚
上市公司违法成本	处以 30 万元以上 60 万元以下罚款	情形 1:处以 50 万元以上 500 万元以下罚款 情形 2:处以 100 万元以上 1 000 万元以下罚款
直接负责的主管人员和其他责任人员的违法成本	处以 3 万元以上 30 万元以下罚款	情形 1:处以 20 万元以上 200 万元以下罚款 情形 2:处以 50 万元以上 500 万元以下罚款
控股股东、实际控制人构成违法的情形	指使从事违法行为	指使或隐瞒违法行为

---

① 郑彧. 我国证券市场信息披露制度的法律分析——以法律规范文义解释为基础的研究[J]. 证券法苑,2014(4).
② 郭峰等. 中华人民共和国证券法制度精义与条文评注[M]. 北京:中国法制出版社,2020:356.

续表

修订事项	原《证券法》	新《证券法》
控股股东、实际控制人的违法成本	处以30万元以上60万元以下罚款	情形1:处以50万元以上500万元以下罚款 情形2:处以100百万元以上1 000万元以下罚款

2021年6月15日,证监会发布了修订后的《证券市场禁入规定》,较之2015年版本,新的《证券市场禁入规定》进一步明确了市场禁入的对象和适用情形,扩大了应对信息披露违法行为负责的人员范围,对信息披露严重违法造成恶劣影响的责任人员,终身禁止其再次进入证券市场。

其次,在我国的刑事司法实践中,对于信息披露犯罪行为的刑事责任也应当相应提升。从《中华人民共和国刑法修正案(十一)》[以下简称《刑法修正案(十一)》]对违规披露、不实披露信息罪的改动中可以看出:第一,处罚力度显著加大。"情节严重"时的自由刑幅度由3年以下有期徒刑改为5年以下有期徒刑,取消了罚金刑的数额限制。同时,增设了"情节特别严重"这一新法定刑幅度,处"五年以上十年以下有期徒刑,并处罚金"。第二,在刑事责任主体上增设了"公司、企业的控股股东、实际控制人"作为组织者、指使者的刑事责任,法定刑幅度与前者相同。第三,新增了对犯罪单位的处罚规定,实行双罚制。从司法实践来看,违规披露、不披露重要信息罪的适用频率较低,以罚代刑现象普遍,但在新《证券法》施行后,违规披露、不披露重要信息罪作为强化信息披露监管的重要手段得到激活,初显成效。而欺诈发行股票、债券罪目前量刑为3年,并未出现顶格刑期判决。相较于证券市场的其他犯罪,欺诈发行股票、债券罪属于较冷僻的罪名,实践中判例较少。但是,在注册制改革全面铺开的情况下,本罪作为保障各部门法得以顺利运行、实现"增加资本市场违法犯罪成本"目标的强制手段,其适用频率以及量刑力度也应当与证券执法司法体制机制改革相适应。

另外,新《证券法》强调信息披露的"及时性",回应了资本市场对信息时效性的需求;还强调了信息披露应当在保持专业性的同时尽量实现信息的可理解性(见表6—2)。由于我国证券市场上的披露信息整体篇幅过长,表述晦涩艰深,投资者很难有仔细阅读的精力,也未必具备解读专业信息的能力,因此,新《证券法》在"真实、准确、完整"的基础上新增了"简明清晰,通俗易懂"的要求。新《证券法》还澄清了"重大事件"的内涵,明确临时公告的条件与程序。由于临时公告涉及最新的投资信息,对投资者的决策有至关重要的影响,此举有助于投资者及时获取最新信息、及时调整投资决策。[1] 此外,新《证券法》强化了董事、监事、高级管理人员和控股股东、实际控制人的信息披露义务,有利于引导上述人员按照法律规定履行信息披露义务,从源头上杜绝违法行为的发生。

表 6—2　　　　　　　　新、旧《证券法》信息披露要求对比

修订事项	原《证券法》	新《证券法》
扩大信息披露义务人的范围	发行人、上市公司	发行人及法律、行政法规和国务院证券监督管理机构规定的其他信息披露义务人
责任主体全面统一	发行人、上市公司	所有信息披露义务人
重新界定信息披露标准	真实、准确、完整	及时、真实、准确、完整、简明清晰、通俗易懂
完善"重大事件"的界定	仅界定了对股票交易价格产生较大影响的重大事件	修订部分对股票交易价格产生较大影响的重大事件,新增对债券交易价格产生较大影响的重大事件
控股股东、实际控制人的义务	没有要求这种义务	控股股东和实际控制人应当履行及时告知和协助披露义务,特别明确控股股东、实际控制人与重大事件的相关义务
统一董事、监事和高级管理人员的信息披露义务	只要求董事、监事和高级管理人员应当对公司定期报告签署书面确认意见	董事、监事和高级管理人员都应当签署书面确认意见

最后,公开是手段,保护投资者是目的。但实践中,管制越严格的领域,信息不对称的问题反而越严重。例如,在新股发行中,所有相关信息都集中在监管机构和少数发行人等"少数人"手中,外部监管难以发现内幕交易、财务造假等串通行为,监管成本也高居不下。在核准制的背景下,投资者最终要为他人

---

[1] 李文莉. 证券发行注册制改革——法理基础与实现路径[J]. 法商研究,2014(5).

提供的错误信息买单。理想的状态是投资者基于真实的信息做出决策,这时候才有理由要求投资者自负其责。强化信息披露义务的履行,就是为了给投资者提供真实、准确、完整、及时的决策信息,至于决策是成功还是失败,都应由投资者自负盈亏。强调信息披露义务的履行,首先是要让投资者获得投资决策信息,没有准确的信息,投资者就无法做出符合个人意思的投资决策,这是对资本市场常识的回归。

二、创新代表人诉讼和示范判决的"双驱动"证券纠纷诉讼模式

首先,新《证券法》第九十五条规定,我国的"代表人诉讼制度"有两种模式:一是"明示加入"的普通代表人诉讼制度。该制度取自《民事诉讼法》第五十四条规定,当事人一方人数众多且诉讼标的是同一种类时,人数众多的一方可以推选诉讼代表人进行诉讼,诉讼的结果由全体当事人承担。未及时参与诉讼的投资者可以通过在法院登记参与诉讼。此种诉讼模式下,终审判决、裁定的既判力扩及所有登记的投资者。[①] 二是"明示退出、默示加入"的由投资者保护机构提起的特别代表人诉讼制度。该制度被认为是适应我国国情的具有突破性的立法尝试。[②] 它的特点是,投资者保护机构所代表主体仅包括证券登记结算机构确认的权利人,即投资同一股票的全体投资者,除非投资者明确表示不参与诉讼。在此种诉讼模式下,投资者无须登记,借助投资者保护机构代为登记,就可作为诉讼主体享受诉讼判决结果,与成熟资本市场"默示加入"的"集团诉讼"的核心内涵基本一致。[③] 这是在借鉴美国集团诉讼及我国台湾地区团体诉讼制度优势的情况下,充分考虑我国证券纠纷形势对代表人诉讼制度的适度突破,明确了证券领域可以适用人数不确定的代表人诉讼,以及投资者保护机构可以作为代表人参加第二种模式的代表人诉讼。[④] 该规定激活了证券领域的代表人诉讼制度,以此开启了解决证券纠纷的新时代。

---

① 汤欣、陈一新. 投资者保护机构和〈证券法〉下的普通代表人诉讼[J]. 证券法苑,2020(30). 黄江东,施蕾. 中国版证券集团诉讼制度研究——以新〈证券法〉第95条第3款为分析对象[J]. 财经法学,2020(3).
② 郭锋等. 中华人民共和国证券法制度精义与条文评注(上册)[M]. 北京:中国法制出版社,2020:467.
③ 罗斌. 证券集团诉讼研究[M]. 北京:法律出版社,2011:31—32.
④ 任自力. 美国证券集团诉讼变革透视[J]. 环球法律评论,2007(3).

特别代表人诉讼不仅有助于事后救济投资者因被欺诈而受损的利益,对于证券市场中潜在的虚假陈述行为,其更大的意义在于事前的"威慑"。[①] 2021年11月,5万多名投资者翘首以盼的康美药业证券特别代表人诉讼一审判决出炉。康美药业在2016年至2018年总计财务造假约300亿元,涉案金额极大,涉及的投资者范围广,严重损害了投资者对证券市场的信心。投资者保护机构依法接受委托,作为全体投资者的代表人参与到该案的民事诉讼中。广州中院最终判决康美药业等相关被告承担的赔偿额高达24.59亿元。该案是我国证券集体诉讼的第一案,是我国资本市场发展史上的一个路标,是落实新《证券法》确立的中国特色证券集体诉讼从法律条文走向实践的第一步。

其次,关于投资者保护机构作为代表人参加诉讼的问题,主要考虑到"行权难"是我国投资者保护的痛点。一方面,行政监管的效果有限;另一方面,境外的实践与经验也难以为我国提供有益的启示。在这种背景下,我国证券监管机构开始探索投资者保护公益机构与市场化运作相结合的新机制。证监会先是主导成立了由其直接管理的公益类投资者保护机构——中证中小投资者服务中心,随后又积极开展持股行权等投资者保护的试点工作,取得了良好的社会评价。新《证券法》及时总结试点经验,明确投资者服务中心作为投资者保护公益机构的法律定位,并且不对公开征集提案权、表决权以及提起股东代表诉讼的持股时间或持股比例限制做要求,其支持诉讼的义务,允许其接受50名以上投资者的委托成为代表人,破除了持股行权的制度"瓶颈",为中国特色的投资者保护制度打下了坚实的基础。[②]

再次,当前的纠纷解决模式在赔偿投资者损失和预防潜在的侵权行为两方面都有不足。一是因为目前的纠纷解决机制无法回应我国证券市场侵权纠纷的特殊性与特殊要求;二是因为纠纷解决机制的适用范围太窄。针对证券侵权诉讼,目前我国法院普遍采取"分别立案,共同审理"的模式,虽然"共同审理"有助于节省司法资源、提高司法效率,但是很多问题依然没有解决:第一,投资者维权成本过高,起诉动力不足;第二,被告依旧需要应付多个合议庭,支付不菲的诉讼成本;第三,法院无法通过一个合议庭一次性地解决纠纷。在这

---

① 罗辑. 股民的胜利:造假者将被诉到倾家荡产[J]. 中国经营报,2021-7-26(B11).
② 康铭. 论投服中心持股行权的限制[J]. 中国证券期货,2022(1).

样的背景下,上海金融法院率先出台了《上海金融法院关于证券纠纷示范判决机制的规定(试行)》,以此来"促进适法统一,提升审判效率,实现矛盾快速化解,节约司法资源,同时可以降低诉讼成本,维护当事人合法权益"。"示范判决机制是指法院在处理证券侵权纠纷中,选取具有代表性的案件先行审理、先行判决,通过发挥示范案件的引领作用,妥善化解平行案件的纠纷解决机制。"①法院对代表性的案件做出判决后,该判决的既判力扩及平行案件,已为该判决所认定的事实,平行案件的当事人无须另行举证。该机制被认为是目前现有法律框架能够提供的较为经济、高效的证券群体性纠纷解决方式,也是让投资者快速地获得赔偿的有利机制。方正科技案的审理已经适用了示范判决机制,而且从结果来看,也基本实现了该机制的预期目标。②从效率上看,审理该案全部用时仅347天,远远低于按照普通程序审理的平均用时(405.1天)。快速地裁判不仅使示范案件中的原告较快获得赔偿,而且为平行案件的快速审理打下了基础。

最后,由于一般证券民事赔偿诉讼、普通代表人诉讼和特别代表人诉讼均不是以大规模侵权案件为适用模型设计的,因此不能满足对大规模投资者集合利益和公共利益受损的救济,不能满足依法从严打击证券违法行为的政策目标,也不足以矫正证券违法行为对市场秩序造成的破坏。对此,最高人民检察院有关贯彻落实中共中央办公厅、国务院办公厅《关于依法从严打击证券违法活动的意见》精神的文件中,提出:对损害社会公共利益的虚假陈述等证券违法行为,可以研究开展公益诉讼。证券领域的民事公益诉讼是证券代表人诉讼的有益补充。正在制定的上海市贯彻两办依法从严打击证券违法活动的法律方案也在考虑引入证券民事公益诉讼。上海检察机关与证券监管部门建立健全了协作配合机制,积极推进证券民事公益诉讼的探索工作。上海市高级人民法院、上海金融法院也积极地支持探索证券民事公益诉讼。上海检察机关积累了丰富的民事公益诉讼经验,具有全国证券期货犯罪办案基地、上海证券期货金融检察和审判专业团队的人才队伍和组织保障优势。③因此,在

---

① 林晓镍. 上海金融法院证券纠纷示范判决机制的构建[J]. 人民司法,2019(22).
② 单素华. 证券支持诉讼示范判决机制综述[J]. 投资者,2019(4).
③ 陈颖婷. 试点开展检察机关证券民事公益诉讼[N]. 上海法治报,2022-1-21(B02).

上海试点开展检察机关证券民事公益诉讼,总体上已经具有良好的条件与实践基础。

三、开创多元的投资者保护纠纷解决机制新局面

首先,先行赔付制度是我国证券市场的原创性规则。《证券法》修订前,万福生科案、海联讯案、欣泰电气案等处罚案件已经对该项制度进行了实践探索(见表6—3)。新《证券法》第93条将实践经验提炼升华为法律条款,在投资者保护、降低司法救济成本、引导构建市场信用等方面将发挥重要作用。[①] 先行赔付制度是在发行人给投资者造成损失后,在各赔偿主体的赔偿责任未确定前,先行赔付人就先对投资者的损失进行赔付,赔付后再向其他连带责任人进行追偿的一种民事赔偿制度。这一方面使投资者更迅速地获得赔偿,同时也将追偿不能的风险转移给先行赔付人,强化了对投资者利益的保护。[②]

表6—3　　　　　　　　先行赔付的赔偿实践案例情况[③]

	受偿投资者人数	占比(有获偿资格的人)	赔付金额	占比(应赔付金额)	IPO/赔付基金(规模)
万福生科[④]	12 756人	95.01%	1.785亿元	99.56%	4.25/3(亿元)
海联讯[⑤]	9 823人	95.7%	0.888亿元	98.81%	3.91/2(亿元)
欣泰电气[⑥]	11 727人	95.16%	2.4198亿元	99.46%	3.5/5.5(亿元)
洪良国际	7 700人	100%	10.3亿港元	100%	9.97亿港元

万福生科案是我国证券市场上首个保荐机构主动出资先行赔付投资者损

[①] 林勇,陈创练.投资者保护理论与中国实践的发展[M].北京:人民出版社,2008:25.
[②] 汪金钗.先行赔付制度的构建与探索——兼评〈证券法〉第九十三条[J].南方金融,2020(6).
[③] 肖宇,黄辉.证券市场先行赔付:法理辨析与制度构建[J].法学,2019(8).
[④] 中国证券投资者保护基金公司.中国证券投资者保护基金公司关于万福生科虚假陈述事件投资者利益补偿专项基金的管理人公告[EB/OL].www.sipf.com.cn.2021-09-23.
[⑤] 中国证券投资者保护基金公司.中国证券投资者保护基金有限责任公司关于海联讯虚假陈述事件投资者利益补偿专项基金的终止公告[EB/OL].www.sipf.com.cn.2021-09-23.
[⑥] 中国证券投资者保护基金公司.中国证券投资者保护基金有限责任公司关于欣泰电气欺诈发行先行赔付专项基金的终止公告[EB/OL].www.sipf.com.cn.2021-09-23.

失的案例。与万福生科案不同,海联讯专项补偿基金的出资人是发行人的主要控股股东,这是我国资本市场上大股东主动出资先行赔付的第一个案例。欣泰电气则是2014年11月中国证监会出台退市新政后因欺诈发行而强制退市"第一股",该案也是中国证监会正式推出"保荐机构先行赔付制度"后首个券商出资设立基金先行赔付投资者的案例。

以上案例的处理结果体现出:先行赔付不仅具有赔付范围广的优势,而且具有赔付完成的时间短、赔付率高、成本低廉三大特点,能够有效避免诉讼周期长、成本高等弊端。在万福生科和海联讯案中,对投资者的赔付在行政处罚前就完成了,从赔付基金的设立到赔付完成仅用了2个月,约95%的全部适格投资者获得了先行赔付,先行赔付的总额约占全部赔偿额的99%。[1] 显然,相较于通过民事诉讼获得赔偿,先行赔付极大地加快了投资者获得赔偿的速度。

其次,欺诈发行上市的股份责令回购制度是我国虚假陈述民事责任制度的新发展。该制度一方面可以对已实施欺诈发行上市的行为人施加经济上的不利,实现法律的惩罚功能,并能通过提高违法成本,威慑试图进行欺诈发行上市的行为,实现法律的预防作用;另一方面,能够通过非诉讼的方式,快速使因证券欺诈行为受到损失的投资者获得赔偿,提高投资者的受偿效率,维护投资者的合法权益。我国证券欺诈发行屡禁不止的原因在于其试错成本太低,公司和发行人面临的违法成本不足以实现阻却其违法的目的。我国对欺诈发行的惩处力度过轻,《证券法》的修订虽然大幅提高了对欺诈发行的罚款限额,但提高罚款金额与有效提升欺诈发行成本之间并不存在当然关系。相较于罚款等处罚手段,责令回购制度要求发行人返还违法所得,有望从制度层面杜绝违法主体即使被发现违法也能获得收益的可能性。

最后,随着证券市场纠纷类型新颖化、纠纷主体多元化、纠纷数量批量化,资本市场的解纷路径逐渐丰富、治理能力逐步提升,通过强化证券经营机构的行业自治和自律约束,调解的吸引力也在日益凸显。[2] 新《证券法》第94条参考借鉴了国际上广泛开展的金融申诉专员制度,并结合我国证券市场解决纠

---

[1] 巩海滨,王旭. 证券市场先行赔付制度研究[J]. 财经法学,2018(6).
[2] 汤维建. 中国式证券集团诉讼研究[J]. 法学杂志,2020(12):109.

纷的实践,进行了机制创新:首次将证券纠纷强制调解制度以具体条文的形式规定下来,体现了对处于信息获取弱势地位、抗风险能力较弱的普通投资者的倾斜保护。证券纠纷强制调解制度,明确了对于普通投资者与证券公司之间的证券纠纷,普通投资者有权单方面启动调解。

四、加大证券违法行为成本:"惩首恶"与压实中介机构责任相结合

新《证券法》在股票发行制度上由"核准制"更改为准入门槛更低的"注册制",必然导致后续监管压力提升,因此,通过发挥民事、行政、刑事责任合力,将"惩首恶"与压实中介机构责任相结合来加大证券违法行为成本,便成为新证券执法体制建设的重中之重。

首先,"法律责任"一章以 44 个条文位居各章条文数量之首。"法律责任"章的修订完善了民事责任制度和民事诉讼制度,并加大了对证券违法行为的行政处罚力度,[①]大幅提升了罚款金额区间和上限,并实行双罚制。《刑法修正案(十一)》(2021 年 3 月 1 日起施行)此次也有与证券犯罪有关的修正,主要包括三类:一是《刑法》第 160 条将欺诈发行股票、债券罪的罚则由"处 5 年以下有期徒刑或者拘役"增加到"数额特别巨大、后果特别严重或者有其他特别严重情节的,处 5 年以上有期徒刑";第 161 条将违规披露、不披露重要信息罪的罚则,由"对其直接负责的主管人员和其他直接责任人员,处 3 年以下有期徒刑或者拘役,并处或者单处 2 万元以上 20 万元以下罚金"增加到"处 5 年以下有期徒刑或者拘役,并处或者单处罚金;情节特别严重的,处 5 年以上 10 年以下有期徒刑,并处罚金"。以上两个法条还分别增设了发行人、控制股东对前述行为的罪名。二是加大了保荐人、律师、会计师等中介机构从业人员在出具虚假证明文件罪、出具证明文件重大失实罪中的责任,情节特别严重的,明确可适用 10 年有期徒刑的更高一档刑罚。三是增加了操纵证券、期货市场罪的具体形态。总体而言,证券刑法领域的修法思路与《证券法》的修订一脉相承,加重了证券类犯罪行为的刑事责任。另外,新《证券法》在证券市场禁入制度部分增加规定,明确可以限制、剥夺违法行为人从事证券交易的资格。还

[①] 比如,按照违法所得计算罚款幅度时,处罚标准由原来的 1 至 5 倍,提高到 1 至 10 倍;实行定额罚的,由原来多数规定的 30 万元至 60 万元,分别提高到最高 200 万元至 2 000 万元。

增设了信用惩戒机制,将证券市场行为人的守法情况和违法情况列入诚信档案,让违法行为人不但在经济上无利可图,还要遭受其他方面的损失,证券交易资格的剥夺无疑是对当事人行为能力的剥夺,社会信用评价的减损也会削弱当事人的竞争力,甚至当事人被逐出市场。[1] 综合上述分析可知:我国目前已初步形成了以行政执法为主干、以刑事追究为后盾、以民事赔偿诉讼为补充的三位一体、有机衔接、前后呼应、相互借助的证券执法体制,并通过"列入诚信档案"等信用评价措施,加大证券违法成本,构筑起综合惩治的体系,发挥综合治理优势。

其次,在当下司法实践中,虚假陈述民事赔偿往往由上市公司支付,鲜有违法责任人个人承担民事赔偿。在上文提到的"康美药业案"中,"相关各方坚决贯彻落实党中央国务院对资本市场违法犯罪行为'零容忍'的精神和要求,通过多种手段并举,构建了民事、行政、刑事立体化的责任追究体系,让康美药业案幕后实际操纵上市公司的为恶者付出沉重代价,实现了'惩首恶'的目标"。[2] 尤其是巨额民事赔偿让"首恶"承担应有责任。法院综合评价被告的客观行为、主观过错、损害的原因力等因素,认定马兴田夫妇及邱锡伟等4名原高管人员组织策划实施财务造假属故意行为,依法承担100%的连带赔偿责任(24.59亿元)。此外,全国首单投保机构股东代位诉讼向"关键少数"追偿的案件也显示出了成效:2021年11月19日,上海金融法院受理了大智慧公司向"关键少数"追偿的诉讼。该案中大智慧因存在虚增利润等违法披露行为被证监会行政处罚,公司实际控制人、原董事长张长虹等5人被认定为直接负责的主管人员。根据大智慧2020年的年度报告,该公司因证券虚假陈述责任纠纷已向2 861位投资者赔偿约3.2亿元。中证中小投资者服务中心两次向大智慧提出质询,督促其向相关责任人追偿。但因公司怠于履行追偿责任,中证中小投资者服务中心遂向上海金融法院提起全国首单投保机构股东代位诉讼,将张长虹等5名被中国证监会认定为直接负责的主管人员列为被告和

---

[1] [美]约翰·科菲. 看门人机制:市场中介与公司治理[M]. 黄辉,王长河,等,译. 北京:北京大学出版社,2011. 转引自周淳. 证券发行虚假陈述:中介机构过错责任认定与反思[J]. 证券市场导报,2021(7).

[2] 张子学. 虚假陈述案中民事司法与行政执法的协调衔接[J]. 证券市场导报,2019(4).

第三人,诉讼请求为:判令被告立即向原告支付其在证券虚假陈述责任纠纷系列案件中已经赔付的赔偿款约 3.25 亿元。投保机构股东代位诉讼是新《证券法》第 94 条第 3 款规定的制度创新,在保护投资者的同时也保护了上市公司,能较好地体现资本市场"惩首恶"原则的功能。

最后,随着注册制改革的推进,证监会对证券发行的审查由实质审核转变为备案式的形式管理,实质审查的任务交由中介服务机构负责,中介服务机构作为市场"看门人"的角色愈发凸显,责任也越来越重。因此,新《证券法》明确规定中介服务机构应当勤勉尽责、恪尽职守,按照相关业务规则为证券交易及相关活动提供服务;证券公司不得允许他人以其名义直接参与证券的集中交易;明确保荐人、承销的证券公司及其直接责任人员未履行职责时对受害投资者所应承担的过错推定、连带赔偿责任;加大中介服务机构未尽勤勉尽责义务的违法处罚力度,由原来最高可处以业务收入 5 倍的罚款,提高到业务收入的 10 倍,情节严重的,并处暂停或者禁止从事证券服务业务等。这有助于遏制中介服务机构的不良行为,对于改善上市公司信息披露质量、提高中介服务机构能力以及维护市场健康有较强的意义。近期的"中安科案"(〔2020〕沪民终 666 号民事判决)和"五洋债案"(〔2021〕浙民终 389 号民事判决)均以"比例连带责任"确定中介服务机构的赔偿责任。这有利于压实市场"看门人"责任,促进中介机构归位尽责,保护投资者利益。

第二节 新时代中国特色现代资本市场监管法治建设与变革

我国证券监管体制经历了从中国人民银行主导到国务院证券委宏观管理再到证监会统一监管三个阶段。1998 年《证监会证券监管机构体制改革方案》出台,将国务院证券委的职能并入中国证监会。同年《证券法》颁布,结束了我国证券市场部门法长期空白的状态,明确了证监会统一监督管理证券市场的职责,我国集中统一的证券监管机制基本形成。此后,一方面,《证券法》不断修订修正;另一方面,相关行政法规、部门规章、自律规则也不断发展。随着相关法律的不断颁布和修订,我国证券监管法律体系已经在逐步走向成熟,有力地支持和保障了资本市场的改革创新和稳定发展。

一、注册制下证监会监管角色的转变

全面推行注册制,是我国新一轮资本市场改革的"牛鼻子"工程。在注册制"以信息披露为中心"的理念下,证券监管工作面临着新形势、新任务和新要求,能否顺利完成监管角色和理念的转变直接关系到注册制改革能否行稳致远。

在注册制下,不可避免的是证监会前端实质审核权能的弱化。但是,注册制下,需要的恰恰是一个更强大的证监会,当证监会从大量复杂且耗费时间的事前审查中脱身时,一方面,证监会能够转变自身治理模式,强化事中、事后监管,在监管能力、执法能力等方面更加精进;另一方面,证监会应当对自律组织与中介服务机构进行激励和监督,确保多元治理结构的健康运行。

在转变自身治理模式方面,证监会要将监管重心由事前监管向事中、事后监管转移,探索事中、事后监管新机制。就事中监管而言,一方面,证监会应进一步提高自身的监管能力,完善中央监管信息平台,实现监管的自动化和智能化;另一方面,应当强化证监会与其他部门的协调与配合,构建更高效的部门沟通机制。就事后监管而言,一方面,证监会要加大处罚力度,发挥民事、行政、刑事责任合力,加大证券违法行为成本;另一方面,要进一步完善稽查执法的程序性规则,进一步解决案件审查效率不足、行政复议机制没有得到充分利用等问题。此外,要进一步完善投资者保护工作,继续探索以先行赔付、责令回购、强制调解为主要内容的多元化法律保护机制。相关数据及分析见图6—1、图6—2和图6—3。

对于对自律组织与机构的激励和监督,一方面,证监会应当使证券交易所等自律机构发挥其在信息监察能力和信息技术能力等方面的优势,鼓励和支持证券交易所等机构充分利用大数据、人工智能、区块链等新技术,更有效地识别违法线索;另一方面,证监会应当积极对自律组织和中介服务机构等进行上位监督,尽管证监会无须总是亲力亲为地实施监察市场交易信息,但仍然应当有观察的基础条件和便利途径。[1] 在注册制下,中介服务机构承担着证

---

[1] 吕成龙.科创板时代中国证监会治理角色与模式的转变[J].财经法学,2019(4).

市场"看门人"的角色,证监会有必要加强对中介服务机构的监督和管理,明确中介服务机构职责,进一步强化中介服务机构的把关责任。

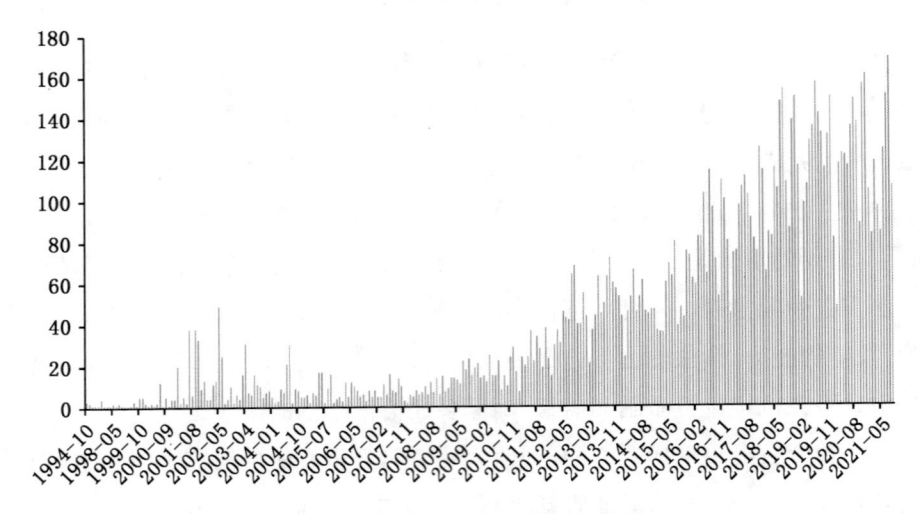

图 6—1　证券违规行政处罚事件数量增长图

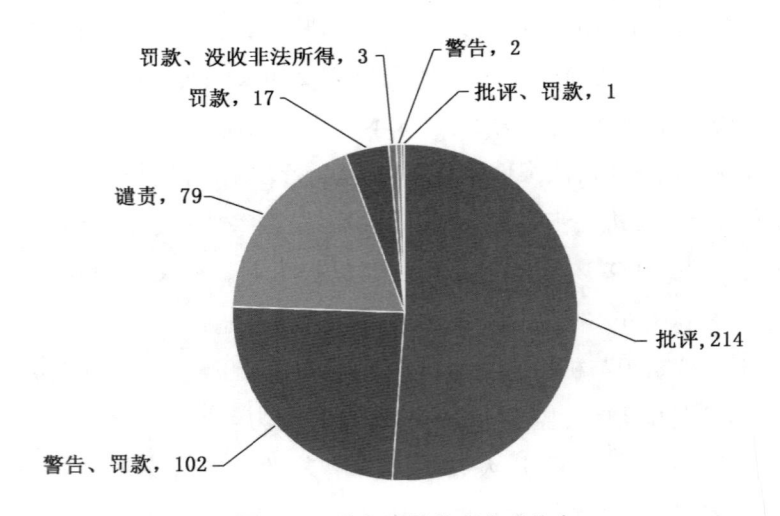

图 6—2　违规事件处理方式分布

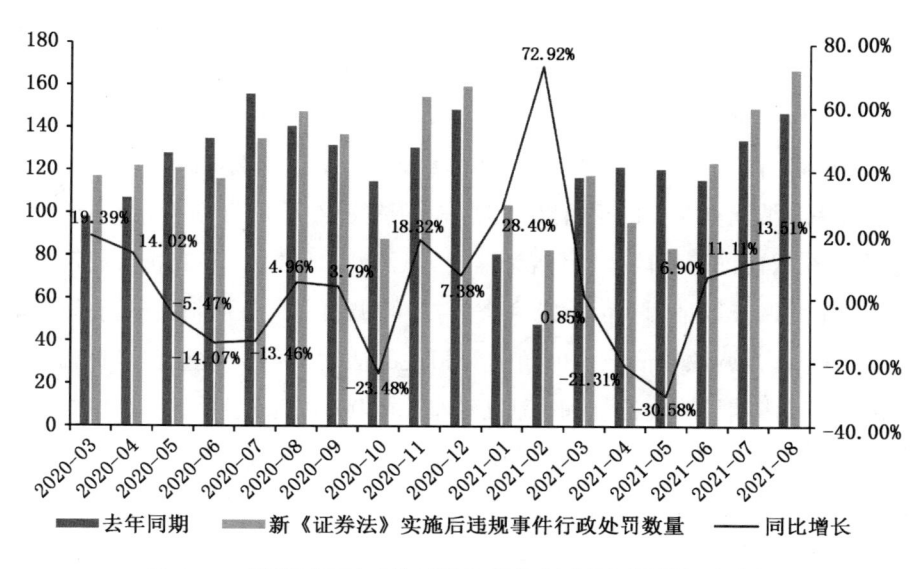

图 6—3 新《证券法》实施后违规事件行政处罚数量同比分析

二、加强跨境监管合作与健全资本市场法律域外适用

近年来,随着沪港通、深港通、沪伦通的实施和"一带一路"倡议的推行,我国证券跨境发行和交易趋于频繁,跨境违法行为开始进入人们的视野,对监管提出了进一步的要求。未来,我国仍将继续推动资本市场制度性对外开放,只有强化证监会执法权,加强跨境监管合作,建立健全资本市场法律域外适用制度,才能为扩大开放提供有力保障。

首先,需要制定更具体的关于跨境监管和《证券法》域外适用的法律规则。新《证券法》第 2 条新增了关于证券法域外效力的规定,第 177 条授予了我国证券监管机构与境外监管机构合作开展跨境监管的权力。除《证券法》中的规定外,其他关于跨境监管的规定散布于《期货交易管理条例》《境外交易者和境外经济机构从事境内特定品种期货交易管理暂行办法》《国务院关于进一步促进资本市场健康发展的若干意见》等行政法规和部门规章中。这不仅较为零散,而且绝大多数仅是对证券法中规定的简单重复。上述法律法规仅仅是做了原则性的授权,并未对跨境监管合作的具体方式和内容予以说明,可以对法律适用、调查取证、账户冻结、强制问询、境外互联网信息获取与分析等方面做出更具体的规定,为跨境监管工作提供进一步的指引。

其次,证监会的执法权需要进一步扩大,以加强跨境监管工作,为深化跨境监管合作提供支持。与国外证券监管机构相比,我国证监会执法权力的种类和范围都有所不足。以美国证券交易委员会(SEC)为例,在调查中,SEC有权采取获取被调查对象的银行账户、通信记录,冻结账户和搜查,传唤证人作证,强制获取证词等手段。[①] 反观证监会,虽然新《证券法》第180条规定了证监会一定的调查取证、封存、冻结和查封权,但仍然不具备强制问讯、获取互联网记录的权力,调取通信记录也面临着相关的法律制约。证监会本身相关权力的缺乏既影响了跨境监管和执法工作,也成为我国深化跨境监管合作机制、建立健全资本市场法律域外适用制度的障碍。以国际证监会组织于2017年发布的《关于磋商、合作与信息交换加强版多边谅解备忘录》(EMMoU)为例,该备忘录在此前版本的基础上规定了新的执法权力(AFCIT),对于维护国际证券市场的公正稳定、保护投资者的合法权益具有重要作用。[②] AFCIT具体权力内涵见表6—4。

表6—4　　　　　　　　AFCIT具体权力内涵[③]

A:Audit(审计)	获取、分享与审计或审查与财务报表有关的工作底稿、通信和其他资料
C:Compel(强制)	强制出席作证(在不服从的情况下能够实施制裁)
F:Freeze(冻结)	在可能的情况下冻结资产或应其他签署方请求,就如何冻结资产提出建议、提供资料
I:Internet(互联网)	获取、分享现有互联网服务提供商的记录(不包括通信内容),包括在检察院、法院或其他权力机关的协助下
T:Telephone(电话)	获取、分享现有的电话记录(不包括通信内容),包括在法院、检察院或其他权力机关的协助下

但因为我国证监会自身尚不享有上述广泛的执法权,自然还不具备加入

---

① 张彩萍. 中美跨境证券监管机制比较研究[D]. 北京:外交学院,2018:44.
② 刘凤元,邱铌. 证券市场跨境监管研究——以EMMoU为视角[J]. 金融监管研究,2019(12).
③ 刘凤元,邱铌. 证券市场跨境监管研究——以EMMoU为视角[J]. 金融监管研究,2019(12).

EMMoU 的条件。应呼吁我国立法机关赋予证监会更大范围的执法权,以便加入国际监管合作组织,引入国际监管规则,增强同境外证监机构的协作。

此外,证监会在未来还应注重离岸金融的监管问题。离岸金融是世界金融全球化与自由化的产物,党的十九大报告赋予中国自由贸易港承接自贸试验区"离岸法区"的法律地位,彰显其巩固和深化自贸试验区离岸金融市场改革成果的重大使命。除加强跨境执法外,如何妥善进行离岸金融市场监管也是健全我国资本市场法律域外适用的关键一环。首先,应当完善中国自由贸易港离岸金融市场的准入监管。随着我国离岸金融市场制度的完善,对于国民待遇外加负面清单的管理模式应逐渐减少负面清单的内容,并进一步扩大准入主体的种类和范围,以吸引外资,推动中国金融自由化。其次,应当加强离岸金融市场的业务监管。一方面,加强金融机构业务范围监管,严格规范离岸金融市场。另一方面,强化对自由贸易账户的监管。严格审核资金的交易对象和交易项目,对大额资金流动进行核查,防止风险溢出冲击港区外的中国金融市场。[①] 最后,健全离岸金融市场的退出机制。可以考虑探索风险评估和预警机制,对离岸金融机构退出市场提供必要的指引。并且,当其违反相关规定时依法进行处罚,情况严重时强制其退出离岸金融市场。[②]

三、数字化转型视角下的资本市场监管

随着金融科技的发展,资本市场的交易关系和交易形式呈现数字化的发展趋势,资本市场的监管措施也应随之跟进。限于篇幅,本文此处就程序化交易、个人金融信息保护、监管代码化三个主要问题进行阐述。

第一,近年来,程序化交易在我国应用不断增加,并已造成"光大证券乌龙指事件"等多起因程序化交易引发市场急剧波动的事件。此外,程序化交易由于其信息优势和速度优势,已经成为市场操纵者手中的新工具。但我国当前对于程序化交易的监管规则还较为简单,有必要推动中国特色的《程序化交易法》的制定与实施,完善对程序化交易的监管。

[①] 文穗. 海南自由贸易港离岸金融风险防范监管制度研究[J]. 海南大学学报(人文社会科学版),2021(3).

[②] 王淑敏,陈晓. 中国建设自由贸易港的离岸金融监管问题研究[J]. 国际商务研究,2018(4).

根据交易的频次,程序化交易可以分为低频交易和高频交易。与欧美市场目前以高频交易为主不同,由于我国股票市场实行"T+1"制度以及较高的交易成本,因此,我国股票市场的程序化交易以低频为主,但高频交易在我国期货市场中已经开始得到运用。由于程序化交易在我国呈现出的不同格局,在制定程序化交易监管规则时,应当考虑采取符合我国国情的监管制度。在股票市场中,监管的重点应当放在规制利用程序化交易操纵市场和防范程序化交易趋同风险上;而在期货市场中,由于高频交易与我国资本市场的宗旨不符,因此对高频交易本身应当给予限制。

首先,对于我国期货市场中的高频交易,可以考虑通过征收订单撤销费以及规定最短停留时间予以限制。高频交易行为通常会进行频繁的报撤单,冲击市场正常秩序。近年来,已有一些国家开始按照订单未执行的比例收费或者收取订单撤销费。鉴于我国当前交易成本已经较高,不宜再给交易者产生更大的负担,我国可以按照订单未执行的比例收费,并采取超额累进制度,对成交比例越低的交易者征收越高的费用。除此之外,还可规定最短停留时间,从而直接抑制高频交易行为。

其次,无论是低频交易还是高频交易,都有可能被用于市场操纵,并且其应用在将来可能仍面临大量增长。虽然新《证券法》第 55 条第一款第四项将不以成交为目的,频繁或者大量申报并撤销申报的行为规定为市场操纵行为,但并非所有利用程序化交易操纵市场的行为都符合该项规定。为能够对利用程序化交易操纵市场的行为进行有效监管,有必要对利用程序化交易操纵市场行为的类型及特点有针对性地进一步具体和细化,为实践中对该类行为进行规制和处罚提供指引。[①]

此外,由于程序化交易本身的特性也容易造成交易趋同,给市场带来风险,因此,加强对程序化交易的日常检测也至关重要。从比较法上来看,美国和德国均采取了相应的报告规则和追踪系统以对程序化交易者进行识别并对其日常行为进行日常监管。对比之下,我国《程序化交易办法(征求意见稿)》第 21 条中仅规定"证券期货交易所应当加强对程序化交易的实时监控",既未

[①] 徐文鸣,张玉美. 新〈证券法〉、程序化交易和市场操纵规制[J]. 财经法学,2020(3).

要求程序化交易者将程序化交易的信息提交给监管机构,也未建立对程序化交易的监测系统,对程序化交易者的交易价格、交易量和撤单情况进行实时追踪。我国对程序化交易的日常监测仍然有很大的加强余地。

第二,关于个人金融信息保护。金融业不仅是受大数据影响最广泛的行业之一,而且其涉及的个人金融信息是个人信息中最具财产价值、最易受到非法使用的种类之一。如何达成数据充分使用和个人信息有效保护之间的平衡,对于金融业而言尤为重要。

首先,要进一步明确信息和数据的权属。个人金融信息最初来源于市场参与者的金融交易和消费活动,但每个参与者本身的交易信息并不具有显著的价值,只有金融机构对这些个人信息进行收集并进行整理、加工和分析,才使得个人信息转变为真正具有实用价值的数据产品。仅仅将个人金融信息权益赋予个人或金融机构一方,或将损害个人利用和保护其个人信息的积极性,或将阻碍金融机构充分挖掘和利用蕴藏于个人信息中的价值。只有根据个人金融信息种类的不同,将其权益在个人和金融机构之间进行合理配置,由财产利益独享转向财产利益共享,才能实现个人信息充分利用和有效保护之间的平衡。[1]

其次,要将非金融机构纳入个人金融信息保护的规制范围。当前,我国对具体金融领域的个人信息保护做出规定的法律有《中国人民银行金融消费者权益保护实施办法》和《个人金融信息保护技术规范》。两者规制的主体均为持牌金融机构。在科技金融背景下,大科技公司由于其信息技术方面的优势正在全球金融业中崛起,这些公司目前自己或通过其子公司向市场参与者提供了广泛的金融服务,并且由于其自身的科技能力,往往对大数据技术应用程度较高,但对于该类非持牌却提供金融服务的科技公司,却无法适用上述专门的个人金融信息保护规则进行规制。有必要将个人金融信息保护法律法规的规制范围扩大,对非金融机构违法收集和处理个人金融信息的行为进行执法和处罚。[2]

---

[1] 朱宝丽,马运全.个人金融信息管理:隐私保护与金融交易[M].北京:中国社会科学出版社,2018:2.

[2] 邢会强.大数据时代个人金融信息的保护与利用[J].东方法学,2021(1).

此外,还可考虑探索数据信托在金融领域适用的可能性。数据信托是当前数据治理的新模式,通过信义义务(fiduciary duty)的引入,改变个人和数据控制者之间不平衡的权力架构。证监会可以考虑设立专门的数据信托支持机构,作为广大金融消费者的受托人。通过数据信托的引入,一方面,该支持机构作为专业机构,能够在日常工作中以受托人的身份对金融机构使用个人信息的情况进行监督,避免其对个人信息的不当使用和共享,改变个人难以对个人信息的利用进行监督的局面;另一方面,当有其他机构需要使用个人金融信息进行数据分析与应用时,数据信托支持机构可以对该机构是否可信进行判断,在认为可以进行数据共享时将个人信息进行脱敏化处理后提供给数据需求方,并从需求方获得相应的对价,在促进数据共享的同时实现个人对于其个人信息财产利益的取得。此外,当个人信息受到侵犯时,数据信托支持机构可以作为代表人参加诉讼,改变过去个人维权困难的情况。

第三,探索监管法律规则的代码化。近年来,以互联网、大数据、人工智能、区块链为代表的金融科技的发展,给金融业带来了颠覆性的影响,金融业的传统结构因此而改变,为金融监管带来了全新的挑战。面对迫切的金融科技监管需要,监管机构同样可以运用科技创新自己的监管手段。人们意识到监管科技是对金融科技进行监管最有效的手段之一,法律如何助力监管和科技深度融合,成为当下需要讨论的问题。

首先,可以实现法律代码化并构建技术应用的标准化体系。监管科技的意义不仅在于能够获取大量的数据和信息,而且在于依托人工智能、大数据、机器学习、区块链等技术,监管机构能够自动、实时地进行监管。而要进行自动化监管的前提,就是要提供机读形式的监管规则,将监管法律代码化是进行自动化监管的必由之路。除监管规则代码化外,实现监管自动化还需要技术标准的统一和兼容。为了实现监管的自动化,需要制定统一的数据元标准和数据交互标准。这不仅意味着需要对监管政策、实施要求和运行数据定义进行明确,而且意味着监管科技本身的技术应用规范要统一。为实现这一目标,监管部门需要加强同技术部门的交流协作,共同研发基于云计算、应用程序接口等技术的监管工具和平台,以便应用数字化监管协议与合规性评估手段,提高金融监管效能。[1]

其次,在法律代码化的基础上可以考虑区块链技术的应用。区块链虽然是一项去中心化技术,但如果区块链技术能够被用于监管,实时透明的共享账簿将使监管者能够在风险爆发之前予以识别并回应,提高监管的有效性和准确性。不仅如此,区块链技术还有助于解决监管机构和金融机构之间信息的不对称性。传统的监管模式依赖金融机构向监管机构定期提供数据以进行监管,但这会造成信息造假、信息不完整、信息滞后等问题,而区块链技术以密码学的方式保证了不可篡改和不可伪造的去中心化共享总账,使得监管机构能够获得实时、准确、真实的信息。此外,区块链技术还有助于实现监管政策的智能化,监管机构可以根据金融机构的实时动态和风险情况,灵活调整监管阈值,进行动态化监管。

此外,可以考虑探索实验性监管制度。实验性监管是金融监管主体在一项新的监管政策推出之前,先划出一个封闭受控的环境,在该环境内放松监管尺度,支持金融创新的一种监管模式。实验性监管制度为金融创新提供了试错的空间,使得监管者能够观察受控环境内金融创新的发展情况以及和金融创新参与者进行充分交流,有助于监管者制定出符合事物发展规律的、科学的监管政策。英国金融监管局创造性地发展出的"监管沙箱"制度,就是金融实验性监管制度的典型代表。[2] 实验性监管制度的优势在于:一方面,有利于监管者提前介入金融创新的过程,了解金融创新的特点和规律;另一方面,可将创新的风险控制在一定范围之内,降低了创新带来的风险。

四、金融科技背景下投资者保护与资本市场监管发展趋势

随着大数据、云计算、人工智能等互联网技术的发展,金融科技发展迅速,日趋成熟,在给我国资本市场结构带来深刻影响的同时,也给投资者保护工作带来了全新的机遇和挑战。传统的金融监管方式已很难对金融科技进行有效的监管。在此背景下,监管科技应运而生,以科技应对科技,成为当前对金融科技进行监管的最佳手段。

---

[1] 张永亮. 金融监管科技之法制化路径[J]. 法商研究,2019(3).
[2] 柴瑞娟. 监管沙箱的域外经验及其启示[J]. 法学,2017(8).

要想及时有效化解金融风险,高效保护投资者的合法权益,就需要高效利用金融科技。依托金融科技的赋能,通过数字化运营,不断提升服务投资者的工作质量和保护投资者权益的能力。首先,一方面,随着互联网科技的发展和投资者年龄结构的变化,监管机构需要充分利用互联网技术,扩大新媒体工具的使用,加强投资者对资本市场创新的参与度,精准识别侵犯投资者权益的行为,在节约监管资源的同时提升服务质量和效率;另一方面,监管机构也要引导经营机构深化现代信息技术的使用,在客户服务体系、业务运营模式、内部管理水平、合规风控能力等方面进行创新和提升,进一步增强保护投资者权益的能力。其次,持续推进监管与科技的深度融合,大胆利用现代化技术进行创新,开发更符合时代特色的投资者保护和教育工具,拓宽投资者权益保护渠道,让投资者教育线上化、普及化,以期进一步提高监管水平;持续提升中小投资者诉讼便利度,加大一站式诉讼服务建设力度,创新优化网上立案、电子送达、在线解纷、在线司法确认等线上诉讼服务功能,全力打造智慧、立体、便民的诉讼服务新格局。最后,及时追踪国际投资者保护趋势,借鉴国际先进经验。鉴于金融科技广阔的应用前景和市场空间,金融与科技相结合已经是世界各国金融行业发展的共同趋势,过去注重以单个国家为主体的监管应向全球监管合作转变。要加强各国金融监管部门、从业机构和学界专家的交流沟通,促进金融监管国际共识的达成,加强国际监管协调,开展多元的交流合作,积极推动制定国际监管规则,推动打击跨境违法违规金融犯罪合作等,共同努力实现中国乃至全球金融科技健康有序发展。

第七章　中国资本市场发展中的审计功能

摘　要：在中国资本市场发展的进程中，独立审计市场起到了核心的支撑作用。主要表现在，通过鉴证服务支持了资本市场的规模扩大；通过审计报告甄别了投资前景；通过审计调整挤出了虚假信息，保障了市场信心；通过对内部控制的审计完善了公司内部治理，进而保障投资者的利益；通过和其他治理方的协同，完善了公司的外部治理。

在对资本市场提供鉴证服务的过程中，独立审计行业也得到了长足的发展，为资本市场的进一步发展提供了足够的人才储备。因此，在中国资本市场发展的过程中，独立审计与其发生了良好的互动，这个互动过程也体现出明显的本土化特征。一方面，就审计报告而言，美国的非标准的审计意见以持续经营假设是否存在不确定性为标准；而在中国，非标准意见以客户是否接受审计方的调整要求为标准，表现为无保留意见加说明段或者事项段。理解这种差异，并构建以之为基础的配套发展机制，是重要的议题。另一方面，就审计市场的占有率而言，中国审计市场并没有出现国际四大占据独立审计市场主体的格局，这与其他新兴市场也存在显著差异。理解这一现象，并为之构建配套的发展机制，也是本章重点考察的内容。

在上述分析基础上，我们提出了如下政策建议：第一，在保障审计鉴证对资本市场的支撑作用方面，考虑基于审计调整数据的常态化报备和分析制度；构建基于审计意见说明段（事项段）的信息披露系统；保障独立审计和其他治理相关方的协同监督机制；对国有控股客户提供有针对性的鉴证服务。第二，在促进国内审计市场良性发展方面，建议各界考虑如何结合产业转型、互联网经济冲击的大背景,构建内资会计师事务所的"干中学"机制;在审计市场竞争积累的情况下,构建审计方对绩效考核导致的审计程序缺失的有效应答机制。

第一节 审计对资本市场发展的保障功能:分析框架

现代资本市场普遍存在信息不对称问题,进而引发代理成本。代理成本可见于股东和经理人之间,也可见于股东和债权人之间,还可见于控股股东和中小股东之间。代理成本必须降低到一定水平上,从而维持公司各利益相关方之间的基本信任。为此,独立的审计鉴证服务提供了基本的信任,保障了资本有序的流动,进而引致资本市场的整体增长。

在独立审计具体保障资本市场发展的路径方面,首先,审计意见在资本准入和退出规则中得到实际的运用;其次,审计人员的责任随着市场发展合理递进;再次,中国独特的审计调整报备制度能够在市场失灵时及时注入信心,减少市场恢复增长所需的成本。基于上述三条路径的存在,资本市场得以长足发展。

一、审计意见在资本准入和退出规则中的实质运用

注册会计师发表的审计意见是资本市场中最关键的信息之一,独立且专业的审计意见有着重要的鉴别作用,对我国资本市场走向成熟至关重要。随着我国资本市场改革进程的深入,市场化和法制化的特征愈发明显,审计意见的地位也进一步得到提升,具体而言,上市、退市和二级市场交易过程中的很多标准的建立更加依赖于审计意见。

2020年修订的《证券交易所股票上市规则》强化了审计意见在上市和退市规则中的地位。在首次公开发行的有关规定中,明确指出"最近三年财务会计报告被出具无保留意见审计报告"为必要条件,此前的规定中无此表述,是否存在虚假陈述实际由监管方界定。而作为此次修订的重点之一,新版的退市规则也强化了审计意见的地位。根据财务类强制退市的有关规定,上市公司的年报被出具否定意见或无法表示意见将被实施退市风险警示,若下一年

度再次被出具否定意见、无法表示意见或保留意见,即触发强制退市。① 在此规则下,审计意见的类型直接关系到公司的上市地位,注册会计师的独立性和专业性在更重要的层面上保障着资本市场的平稳良好运行。

审计意见在二级市场交易环节也具有重要的信息披露指示作用。证监会于 2018 年修订《公开发行证券的公司信息披露编报规则第 14 号——非标准审计意见及其涉及事项的处理》后,因明显违反会计准则及披露规范而被出具非标审计意见的上市公司,不再处以停牌,而改为强化信息披露。具体而言,针对不同的审计意见类型提出严厉程度不同的信息披露要求,这其中既包含对公司董事会的要求,也包含对注册会计师的要求。由此可见,审计意见所发挥的作用不仅限于审计准则规定的范畴,还进一步为市场提供了增量信息,实为我国资本市场发展过程中一块重要的基石。

二、注册会计师的责任随资本市场发展合理递进

中国资本市场在逐步走向成熟的过程中,将进一步凸显市场化的特征,注册会计师所承担的责任也将逐步增加。2020 年 3 月新《证券法》的正式施行,是我国资本市场发展中一个重要的里程碑,为下一个阶段的全面深化改革奠定了基调。此次修订的重点体现在全面推行证券发行注册制度、显著提高证券违法违规成本和完善投资者保护制度等诸多方面,可谓是全面性和系统性的。按照规划,我国资本市场的发展要进一步体现市场化、法制化和国际化的特征,尤其是注册制改革之后上市公司的数量将出现明显增加,这意味着监管机构不再能够面面俱到,而作为市场环节之一的注册会计师的重要性将显著提升。

新《证券法》的最大亮点是全面推行证券发行注册制度,紧随其后上海证券交易所和深圳证券交易所在 2020 年底推出了新的退市规则。这一系列改革措施落地之后,将真正激发资本市场对高质量独立审计的需求,从而形成需求驱动的审计高质量发展的良好局面。在核准制和审批制阶段,上市公司的

---

① 根据财务类强制退市的规定,若前一年因净利润为负值且营业收入低于人民币 1 亿元,或者期末净资产为负值被实施退市风险警示,第二年被出具否定意见、无法表示意见或保留意见,也将触发强制退市。

资格本身就是稀缺资源,即"壳资源",因此每年真正退市的公司寥寥无几,但这一局面在实行注册制后将得到根本性的扭转。首先,上市公司的"壳资源"不再极度稀缺,相应地必须形成有效的退出机制,从而投资者和监管部门将更加重视审计的鉴别作用。进而,由于投资者乃至监管部门对于审计的需求发生变化,上市公司将更加重视审计的意见和质量。值得注意的是,审计意见不仅对于保持上市公司地位有重要影响,而且将显著影响公司的股票价格和融资成本,还具有价值甄别功能。基于以上原因,上市公司对审计的需求将从原来的追求表面上的合规转向对高质量审计的切实需求。最后,由于上市公司作为被审计单位和审计费用支付方的双重地位,其需求的转变消弭了审计市场原有的利益冲突问题。在上述背景下,由市场需求驱动的审计质量提升成为可能。

在市场化的进程中,注册会计师的专业性和资本市场的有效性是相互促进的。如上文所述,资本市场整体对第三方独立审计的需求是不断提升的,这激励了注册会计师提升自身的专业性,同时保持独立性。与此同时,在新《证券法》实施后的新阶段,市场环境也比以往更加复杂,由于政府监管不再处于第一线,因此审计在整个监督结构中的位置更加核心,资本市场的有效性在更大程度上有赖于独立审计,即注册会计师的专业性促进了市场有效性。在市场有效的条件下,会计师事务所和注册会计师本人的声誉机制将会发挥更大的作用,注册会计师积累了专业的知识技能以应对更加复杂的市场环境,这些都将被市场定价,并形成进一步的激励,即市场有效性促进了注册会计师的专业性。简而言之,以上良性循环的形成归功于有效的改革措施激发了市场对高质量审计的需求。

政府对于会计师事务所的监管同时适用市场化和法制化的原则,并且由于上述注册会计师责任的增加,监管方的监管力度也进一步加大。首先,新《证券法》实施后,会计师事务所从事证券业务的资格由原来的批准改为备案,这意味着降低了会计师事务所从事证券业务的门槛,鼓励充分竞争,以服务质量取胜。这一方面是为了适应注册制阶段上市公司数量增加的局面,另一方面也是提升会计师事务所执业质量的有力措施。其次,政府由原来的监管上市公司转向监管会计师事务所。比如 2021 年 3 月,证监会发布了《监管规则适用指引——审计类第 1 号》,就注册会计师对上市公司财务报表发表非标准审计意见做出规范,指出了一系列执业过程中存在的问题,并提出了明确的监管要求。这既体现了政府层面对审计在资本市场中发挥重要作用的充分认识,也对会计师事务所和全体从业人员提出了更高的要求。

三、审计调整报备制度对市场信心的注入

独立审计的基本原则是保密,在此规则下,审计方不能向公众透露客户的信息,包括审计前的财务信息,这使得我们仅能观察到审计后的财务报告,而用审计后的财务报告来评估审计的作用,是无法准确地评估审计质量的。比如,两个客户 A 和 B 都获得了标准无保留审计意见,审计后的财务指标也十分接近,但其中客户 A 的审计前净利润非常高,经过审计方的调整后降低,但另一方面,客户 B 的审计前净利润则较低,无须调整。显然,我们无法观察到审计方的调整,也就无法甄别两个客户的审计质量的差异。

当市场的信息不对称程度较低时,审计方可以通过审计费用、审计延迟、审计方规模等信号传递审计质量,市场也运行在相对有序的水平上,投资者的信心也能维持。但当个体审计丑闻出现,投资者出现大量损失,市场信心不足时,如果正常的审计方无法在遵守保密规则的情况下传递信号,市场就会因信心成本过高而失灵,投资者进而不相信正常的公司和审计方。

2001 年发生的银广厦审计失败事件恰好引发了资本市场信心不足的局面,由于审计方中天勤会计师事务所的规模较大,投资者进而对整个资本市场产生了怀疑,对能否通过上市公司获得财务增长失去了信心。但实际上,银广厦仅仅是整个市场的一个特殊的案例,该公司的失败完全无法和后续中国上市公司的长足发展相对应。有鉴于此,经过一段时期的酝酿,中国注册会计师行业协会在 2007 年发布了在全球都是相对独特的关于审计调整的报告——《同流合污还是中流砥柱——对中国注册会计师上市公司审计效果的深度分析》[行业发展研究资料(No. 2007-3),简称中注协行研报告 No. 2007-3,下同][1]。这使得我们获得了宝贵的机会来观察,市场如何在审计调整信息的发

---

[1] 具体阅读地址为 http://www.cicpa.org.cn/column/research_data/200805/t20080530_12805.htm。

布下重塑信心。

(一) 投资信心不足引发的审计内部信息的披露需求

鉴于审计服务业的基本竞争规则,信息保密有利于审计方改善自身的服务。比如,某个审计方通过改善审计流程既大大节约了审计成本,又能促进审计人员的独立性,市场就能对这种改善给出足够的补偿,比如可以提升其客户占有率。在理想的市场中,审计方将因审计质量的提升而获得市场的奖励,这样就会引发有序的市场竞争,而信息保密也保证了竞争引发的积极效果,防止审计方的努力被迅速地模仿而失灵。因此,审计方的审计技能,包括审计程序、重要性原则等,都是其商业机密,而过度信息披露会引发委托人无休止的干预,使得经济业务停滞,这体现为审计的业务判断准则。

但是,过度的信息不对称也可能引发审计舞弊,比如促进了审计方和客户合谋欺骗投资者。因此,在美国以投资者诉讼为基础的市场中,审计方有必要在法庭仲裁中提供审计调整的数据。当时,美国基本不会出现将大规模的审计调整数据向公众披露的事件。

在中国,由于投资者诉讼系统在渐进地建立中,投资者尚难以通过频繁的诉讼来保证市场的基本信心,因此,当市场对审计行业出现信心动摇时,行业自身就会有危机感而通过向公众披露审计调整的数据的描述性统计而保障信心。因此,不涉及个别客户,但能够揭露行业特征的审计调整数据,成为本土审计市场保障基本信心的重要手段。

正如这篇报告的引言所示,报告发布的主要原因是"2001年银广厦事件等中外审计失败引发的审计行业的诚信危机",发布报告的目的是"重塑行业的社会形象"。

(二) 报备制度协助市场甄别正常公司

审计市场的一个普遍难题就是,一旦出现个体审计失败,引发投资者巨额损失,是否要惩罚整个审计市场?该问题在学术界目前尚没有明确的结论。一方面,有观点认为,由于信息保密规则的存在,个体审计失败会传染到整个审计市场。比如,研究表明,安达信的客户安然公司发生审计丑闻时,安达信的其他客户的股价暴跌,这说明市场在惩罚整个事务所,而没有进行精准切割。但后续的研究表明,安达信的客户的股价下跌,不是由于市场对安达信的审计师缺失信心,而是安达信的客户以能源公司为主,安然丑闻伴随着能源行业的波动,引发了这些公司股价的下跌。因此,市场是否能精准地甄别问题审计方而做到有限打击,仍然是一个难解的议题。

目前,从全球审计市场来看,一旦出现审计丑闻,市场至少出现了一定程度的无差别打击,使得连带效应出现。因此,如何在审计治理中精确打击真正有问题的执业者,仍然需要仔细的研究和考量。

中注协行研报告 No.2007-3 很好地揭示了这一点。根据报告,如果不披露审计调整的信息,市场无法甄别审计方做出的一个最核心的工作:利用审计调整将申报盈利的公司调整为亏损。审计方顶住客户压力,坚持对客户进行审计调整,从微利的公司转变为亏损公司,成为最直观的审计质量的指标,这意味着我们可以理解,每年市场上申报亏损的公司,有多少是客户本来就申报亏损的,有多少是被审计方调整为亏损的(见图7-1)。

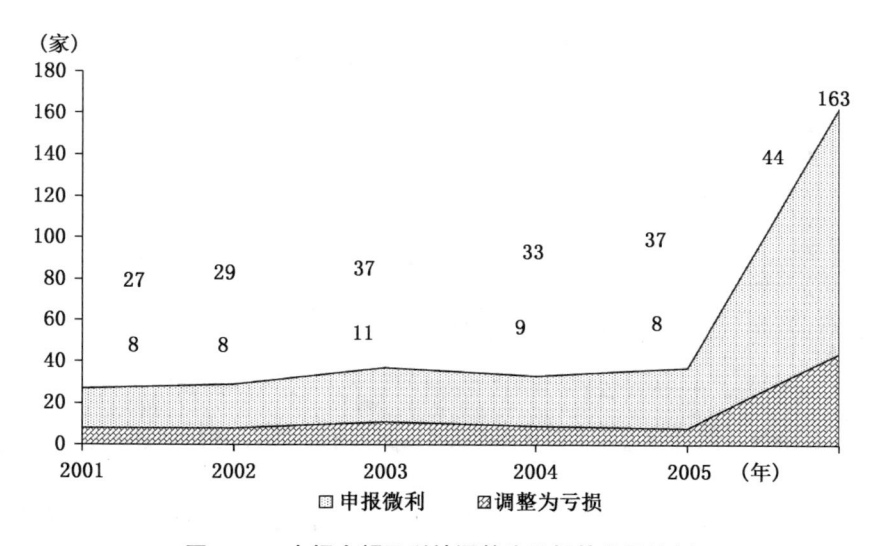

图7-1 申报小额盈利被调整为亏损的公司比例

从图7-1中可以看出,从2001到2005年,每年都有约25%的申报微利的公司被调整为亏损,5年共计163家公司审计前申报小额盈利,而其中共计44家被调整成亏损公司。这意味着中国审计师的独立性是可靠的;否则,我们将面临更多的伪装成盈利的亏损公司。除此之外,报告还披露了其他直观的调整数据,比如每个审计师团队在每个工作日下调客户的利润61.43万元,为投资者挤出利润水分,追调应付税金6.58万元,以及警示可疑交易35.22万元,这些信息都为无法接触审计调整的公众提供了额外的信息,增强了对资本市场的信心。

四、资本市场和审计费用同步增长

得益于审计意见在资本准入规则中的运用、审计人员责任的递进以及审计调整报备制度的执行,资本市场在独立审计的支持下获得了长足的发展。图7—2列示了2000年至2020年上市公司平均总资产增长率和审计收费增长率的对照关系。

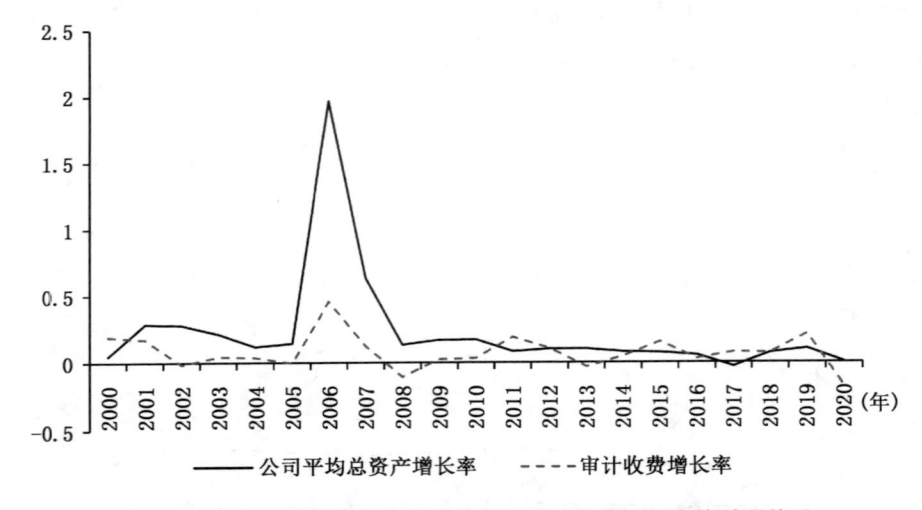

图7—2 上市公司平均总资产增长率和审计收费增长率的对照关系

从图7—2中可以看出,21年间审计费用的平均增长率为7.6%,而公司总资产增长率的平均值为22.8%,两者差异显著,整体表明审计服务在较低的费用增长下支持了公司的发展。进一步地,在2000年到2020年共计21年里,有14年的资产增长率超过了审计费用增长率。相对于审计费用增长率,公司资产高速发展的期间是2001年到2010年。之后,审计费用的增长率间歇性地超过公司资产增长率,这可能和产业转型有关,即随着互联网经济的崛起,公司从重资产逐渐向轻资产转型,审计成本相对增加。

接下来,我们进一步分析上市公司总资产和年度报告签字会计师人数的对照关系。

图7-3列示了上市公司总资产和年度报告签字会计师人数,从中可以看出,我国上市公司的规模和审计市场从业人员呈现共同上涨的趋势。从增长速度来看,审计从业人员的增长率相对平缓,从2000年的658人稳步发展到2020年的4 599人。这意味着审计市场也在本土资本市场的发展过程中得到了壮大。

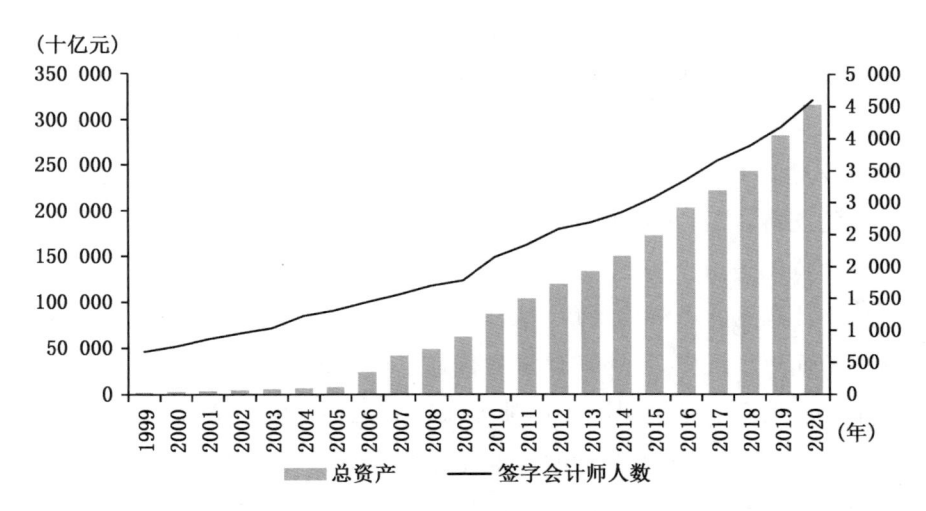

图7-3 上市公司总资产和年度报告签字会计师人数的对照关系

第二节 独立审计保障市场发展的具体路径

一、以审计说明段为核心信息域的报告系统

独立审计给资本市场提供的最重要的信息就是审计意见,用于甄别公司的投资价值。由于中国资本市场在股权结构和退市制度方面与美国存在显著差异,因此中国的审计意见也体现出明显的本土化特征。如果按照标准和不标准的两分法来区分审计意见,在美国,标准无保留意见、标准无保留意见加说明段都是作为标准审计意见来披露的,其中,说明段无须随同审

计意见一起披露，而是在固定期限的财务报告的脚注中予以披露。而在中国，标准无保留意见加说明段就是非标准意见，占据了非标准意见的主体，而且说明段需要和审计意见一起披露，说明段中包含了重要的公司会计信息问题，说明段中的文字和数字都会引起市场关注，具有显著的经济后果。由于说明段主要揭示了公司财务报告并不完全符合会计准则，这暗示中国的审计方和客户之间就审计调整存在较大分歧，如果客户都按照审计方的要求进行了调整，说明段出现的概率就会显著下降。与美国相比，中国的投资者更关注说明段中的信息，也就是公司是否违背会计准则。美国的投资者则更关注公司是否具有持续经营的能力，持续经营风险构成了美国非标准审计意见的主体。理解这一差异非常重要，相对而言，中国上市公司退市的概率要远低于美国，当公司陷入财务困境时，中国上市公司更容易获得控股股东的支持，或者在政策引导下重组，这就使得持续经营的意见在我国的受关注度低于美国。

　　从审计意见的经济后果角度出发，非标准的审计意见在中美都会引起显著的负面市场反应，说明审计意见传递了有用的信息。为什么中国的非标准审计意见里以带说明段的标准无保留意见为主？一方面，根据美国审计意见的通行规则，带说明段的标准无保留意见并不被作为非标准意见对待。因此，对于客户而言，这种意见报告是可以被接受的。另一方面，审计方也把自己发现的问题通过说明段披露了，投资者可以根据说明段的内容自行判断公司的问题。因此，根据孙铮和王跃堂(1999,2000)的观点，审计师既要考虑客户公司的压力，又要规避履职风险，从而采取了一种意见出具的策略，对有问题的公司出具无保留意见加说明段的审计意见，这体现了新兴审计市场的特点，即声誉机制的激励还不能激励审计方完全无视客户的压力，可以毫无顾忌地出具保留审计意见。图7—4列示了中国非标准审计意见的细分类型及分布。从图中可以看出，从1992年到2021年，标准无保留意见加说明段或事项段在所有非标准意见中的比例超过了50%，这足以说明其重要性。

　　此外，也可以从非正式组织的角度去理解这一现象。在新兴的审计市场中，审计方受监管的正式规则约束，但也身处客户的非正式组织中，如果完全

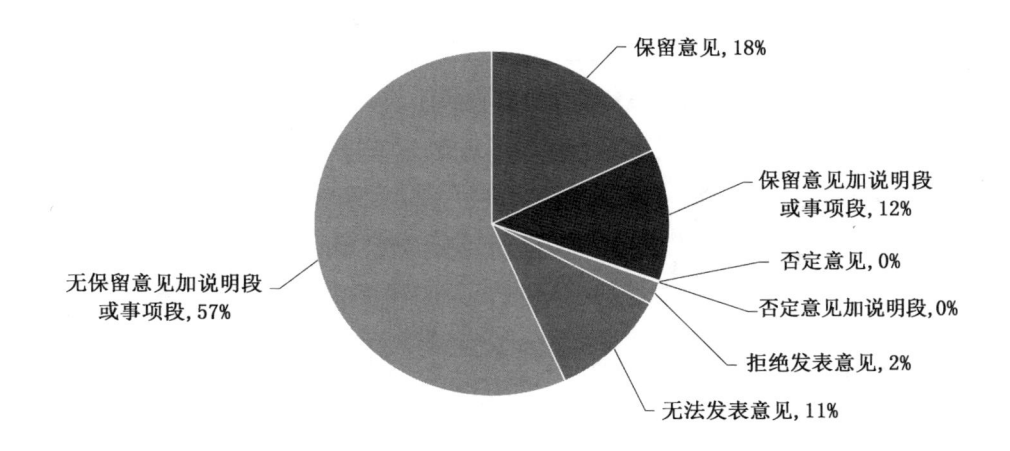

图 7—4 非标准审计意见的细分类型及分布(1992—2021 年)

不考虑客户的感受,出具大量的非标准审计意见,就可能遭受非正式组织带来的惩罚,比如丢失客户而审计业务无以为继。

最后,我们还可以从准租的角度去理解这一问题。如果审计方抵抗客户压力的行动无法得到足够的激励,或者屈从客户的行动不会受到巨大的惩罚,审计方就会偏向客户。从中国审计市场的表现来看,审计方并不敢偏向客户,更多的是兼顾了对客户压力的考虑,采取了相对缓和的报告形式。毕竟,最终的结果是,标准审计意见加说明段被视为非标准意见,客户公司为此将承受巨大的市场压力。

二、审计意见对公司财务报告风险的全覆盖

审计意见说明段通常包含公司财务报告的风险事项。我们阅读了 1994 年到 2016 年中国上市公司被出具的非标准审计意见,并对其进行了分类,列示于表 7—1。审计意见覆盖了所有公司财务报告被审计出的问题类型,揭示了中国上市公司财务报告风险的特征。

表 7—1　非标准审计意见揭示的财务报告审计问题类型（1994—2016 年）

财务报告审计问题类型	频率	比例(%)
重大事项	2 544	24.61
其中：		
关注重大会计科目	391	3.78
资产减值	759	7.34
关联交易（含担保）	990	9.58
内控缺陷	66	0.64
税务问题	52	0.50
或有事项	286	2.77
其他		
违反会计准则	3 076	29.78
其中：		
会计处理不符合会计准则规定	1 308	12.66
信息披露不充分	4	0.04
违反其他法规	848	8.21
问题交易	682	6.6
会计处理不一致	230	2.23
固定资产确认	4	0.04
使用其他审计方业务信息	71	0.68
其中：		
依赖其他审计师的工作	50	0.48
对其他审计师的工作不满意		
依赖其他审计师的非标意见	21	0.2
审计范围受限	636	6.15
其中：		
子公司未经审计	90	0.87
会计记录不足	186	1.8
财务报表部分项目未经审计	360	3.48
往期重大问题	112	1.08
其中：		
未来发展的解释	4	0.04
修改往期项目	108	1.04
取消先前的修改意见		

续表

财务报告审计问题类型	频率	比例(%)
持续经营意见	3 896	37.7
其中：		
直接质疑持续经营	1174	11.36
现金流风险	102	0.99
资不抵债	1114	10.78
经营风险	1506	14.57

从表7－1中可以看出，首先，非标准审计意见中有约1/4提醒投资者关注上市公司的重大事项，这些事项因存在值得怀疑的因素从而可能引发财务风险。在重大事项中，出现频率最高的是关联交易，约占到全体样本的10%，暗示中国市场存在一定的控股股东利用关联交易侵犯中小股东利益的概率，审计方对此予以了高度关注。资产减值也成为频繁出现在重大事项中的问题类型，这表明资产减值包含的会计裁量权和专业判断引发了信息不对称，资产减值和报告盈余的高度相关，可能直接影响净利润。因此，超过7%的出现频率表明，审计方警示了大量公司利用资产减值粉饰利润的行为。其次，违反会计准则的问题类型占到了总样本的30%，表明审计人员甄别了大量的会计问题，且审计调整并未能够阻止所有的违规。最后，值得一提的是审计方对上市公司的持续经营能力予以了鉴证，并区分了现金流风险、资不抵债和经营风险等细分类型。综上，独立审计主要从可疑交易、会计专业判断和公司持续经营等方面全面覆盖了上市公司的财务报告问题，这表明审计人员的鉴证服务不局限于狭义的会计信息，而是结合公司的业务和治理信息对财务报告问题进行了综合判断，体现出全覆盖和有深度的鉴证服务特点。

三、披露关键审计事项促进内部信息传递

(一)审计准则改革与关键审计事项披露制度建立

2016年12月23日，财政部印发《在审计报告中沟通关键审计事项》等12

项中国注册会计师审计准则①(以下简称"新审计报告准则")。其中最关键的变化是要求注册会计师在上市公司的审计报告中沟通关键审计事项,具体而言,注册会计师需要说明某事项被认定为关键审计事项的原因,以及针对该事项的应对措施。新审计报告准则采用分批逐步实施的方案,自 2017 年 1 月 1 日起,首先在 A＋H 股公司中生效,自 2018 年 1 月 1 日起扩大到沪深交易所上市公司以及新三板公司。自生效后,新审计报告准则得到了有效实施。图 7－5 统计了 2017—2021 年 A 股上市公司的审计报告中披露的关键审计事项数量,平均每家约为 2 项,具体分布情况为,大多数公司披露 2 项,少数公司披露 1 项或 3 项,极少数公司披露 4～6 项。至于沟通的形式,如图 7－6 所示,既有采用表格形式,也有采用文本形式,总体而言采用文本形式居多。

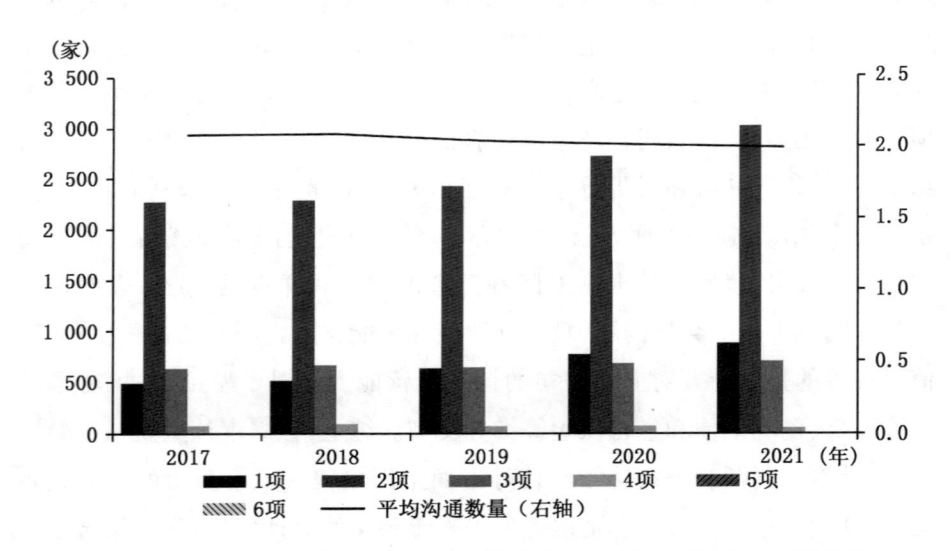

图 7－5　2017—2021 年 A 股上市公司审计报告中沟通关键审计事项数量②

理论上,在审计报告中沟通关键审计事项具有重要的积极意义,具体体现在以下几个方面:第一,提高审计师已经执行的审计工作的透明度,在原有格式的基础上提供了额外的信息,增加审计报告的沟通价值。第二,披露了审计

---

① http://www.gov.cn/xinwen/2016－12/29/content_5154156.htm.
② 国泰安(CSMAR)数据库。

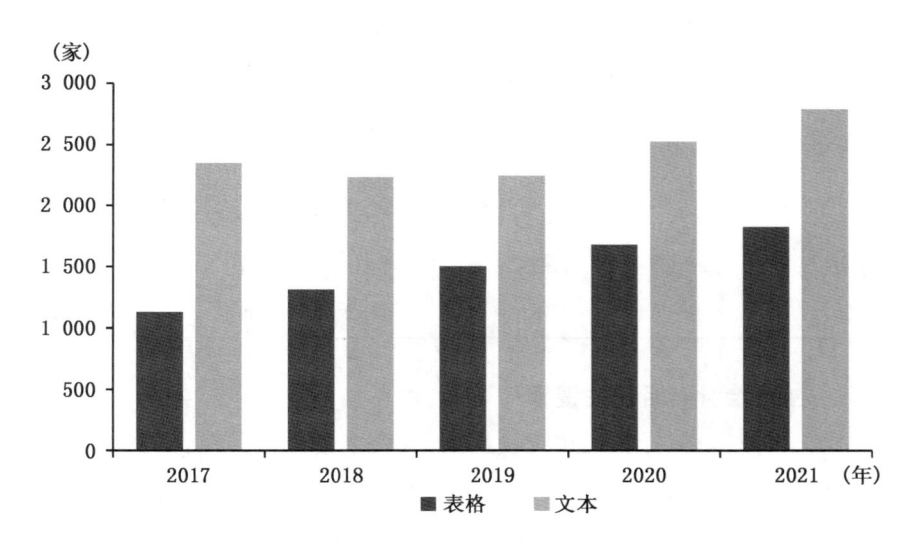

图 7-6　2017—2021 年 A 股上市公司审计报告中沟通关键审计事项的形式[①]

工作中的重点、难点等审计项目的个性化信息,帮助了解涉及重大管理层判断的领域。第三,强化了注册会计师的风险感知和责任意识,从披露更多信息的角度,注册会计师感知到风险的上升能够提高其责任意识,从而敦促其投入更多的资源用于保证审计工作的质量。

表 7-2 列示了 2017—2021 年 A 股上市公司的审计报告中沟通的关键审计事项的主要类别,其中沟通次数最多的类别依次为收入确认、应收款项减值、商誉减值和存货计价,以及特殊事项或交易形成的具有个性化特征的其他事项。从数据统计来看,关键审计事项的沟通呈现向主要类别聚集的趋势,其他事项的沟通频率逐年下滑,而主要事项的沟通频率却在上升,尤其是收入确认。下面将按类别分析关键审计事项的具体影响,以及关键审计事项的沟通对我国资本市场建设的现实意义。

---

① 国泰安(CSMAR)数据库。

表 7—2　　　2017—2021 年 A 股上市公司关键审计事项主要类别[①]

年份	收入确认	应收款项减值	商誉减值	存货计价	其他事项
2017	2 353	1 316	855	736	2 038
2018	2 517	1 355	1 082	746	1 762
2019	2 824	1 408	1 019	771	1 662
2020	3 420	1 611	949	816	1 691
2021	3 952	1 783	879	925	1 665

(二)主要会计科目的关键审计事项

主要会计科目包括收入和应收款项,这两个会计科目包含的审计风险贯穿整个财务报告,对最终的报告盈余产生重大影响。收入确认在审计工作中具有普遍的重要性。现代资本市场中的上市公司规模日益庞大,业务结构日趋复杂,收入确认本身连带与之相关的审计工作无疑是极为关键的组成部分。其重要性主要体现在以下几个方面:第一,固有风险高,营业收入是上市公司的重要财务指标,其影响往往是重大而广泛的。第二,收入确认经常涉及管理层判断事项,如商品所有权上的主要风险和报酬转移的时间点具有微妙性,单项履约义务的划分同样可能涉及判断。第三,收入是上市公司财务舞弊的重要领域,根据《中国注册会计师审计准则第 1141 号——财务报表审计中对舞弊的考虑》[②]规定,在识别和评估由于舞弊导致的重大错报风险时,注册会计师应当基于收入确认存在舞弊风险的假定,典型的收入舞弊手法有虚构销售、交易缺乏商业实质、阴阳合同等。

关键审计事项为收入确认的统计如图 7—7 所示。数据显示,将收入确认列为关键审计事项的上市公司数量逐年上升,这一方面是由于上市公司数量增加,另一方面其占比也在稳步上升,2017 年时尚不足 70%,到 2021 年已经达到 85%,且增长势头不减。由此可见,根据注册会计师的职业判断,收入确认在其工作中所占的地位越来越重要,并认为投资者和其他财务报表预期使用者有必要了解并特别注意收入确认相关的事项。

[①] 国泰安(CSMAR)数据库。
[②] https://www.cicpa.org.cn/.

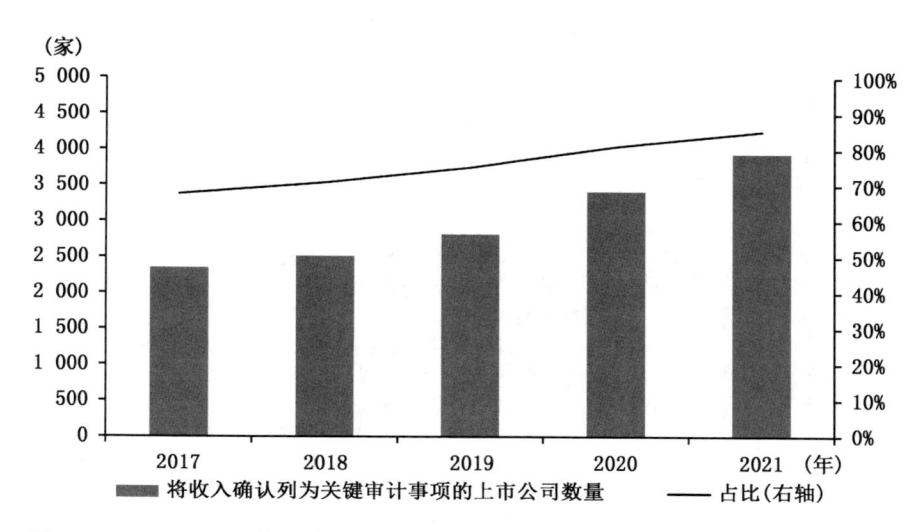

图 7－7　2017—2021 年将收入确认列为关键审计事项的 A 股上市公司数量及占比①

关键审计事项的引入响应了各利益相关方对审计报告信息质量的要求，投资者一直希望审计报告能够提供更多与审计工作相关的具体信息。在审计意见相同的情况下，关键审计事项的披露能够提供增量信息，尤其是注册会计师依据其职业判断，在审计工作中重点关注过的事项。例如，表 7－3 列示的三一重工、美丽生态和深南电 A 三家公司 2021 年的年报均被出具了标准的无保留意见，并且注册会计师都将收入确认列为关键审计事项。尽管如此，三家公司的关键审计事项依旧提供了差异化的信息：(1)三一重工的"工程机械设备收入确认"被列为关键审计事项的主要理由是"收入是关键业绩指标之一，产生错报的固有风险较高"。(2)美丽生态的"工程合同收入确认"被列为关键审计事项的理由则为"工程合同收入主要采用投入法确认，投入法涉及管理层的重大判断和估计，包括对合同预计总收入、合同预计总成本以及履约进度的判断和估计"。(3)深南电 A 的"收入确认事项"被列为关键审计事项的理由为"存在可能操纵收入确认时点以达到特定目标或预期的固有风险"。

---

① 国泰安(CSMAR)数据库。

表7—3　三一重工、美丽生态和深南电A三家公司2021年关键审计事项对比

公司	关键审计事项	具体描述
三一重工 (600031.SH)	工程机械设备收入确认	2021年度贵集团实现工程机械设备销售收入人民币98 155 201 000元,由于收入是贵集团关键业绩指标之一,产生错报的固有风险较高,因此我们将工程机械设备收入的确认作为关键审计事项
美丽生态 (000010.SZ)	工程合同收入确认	2021年度美丽生态公司收入金额1 756 906 765.34元,其中工程合同收入1 555 415 025.79元,工程合同收入的确认对公司的经营成果产生重大影响。美丽生态公司提供的工程合同服务属于在某一时段内履行的履约义务,根据履约进度确认收入。工程合同收入主要采用投入法确认,投入法涉及管理层的重大判断和估计,包括对合同预计总收入、合同预计总成本以及履约进度的判断和估计。鉴于工程合同收入的重要性及确认涉及重大的判断和估计,因此我们将其作为关键审计事项
深南电A (000037.SZ)	收入确认事项	2021年度,深南电A合并营业收入金额757 175 743.41元,较上期下降23.15%。由于营业收入是公司关键业绩指标之一,且存在可能操纵收入确认时点以达到特定目标或预期的固有风险,因此,我们将营业收入确认识别为关键审计事项

由以上对比可知,尽管都是将收入确认列为关键审计事项,但是各上市公司的情形存在差异,导致理由也不尽相同,或为收入账户本身的重要性,或为涉及管理层重大判断,又或为存在操纵收入确认时点的风险。由此可见,关键审计事项的沟通提供了重要的增量信息,这些关键信息对报表使用者是极为关键的。上市公司的财务报告通常篇幅较长,一般使用者很难快速找到最重要的事项,而注册会计师作为除公司内部人以外最了解财务信息的人,关键审计事项的引入无疑能够弥补这一不足。与此同时,关键审计事项还同步披露了审计应对措施。以三一重工为例,注册会计师实施了"了解工程机械设备在不同销售模式下的业务流程,执行穿行测试了解管理层就工程机械设备销售收入确认有关的内部控制循环;执行内部控制测试评估关键内部控制实施及运行的有效性"等一系列措施。审计应对的信息披露能进一步向市场传递信息,增加审计工作的透明度。

除了收入以外,应收款项等减值事项也经常出现在关键审计事项的沟通中,理由与收入较为相似,即涉及管理层重大判断并且是上市公司盈余管理的

常用手段。图 7-8 统计了 2017—2021 年将应收款项列为关键审计事项的 A 股上市公司数量及占比,数据显示每年约有 35%～40% 的上市公司将应收款项列为关键审计事项,这一比例在过去几年变化较小。仍以三一重工为例,注册会计师在其 2021 年的审计报告中沟通的另一关键审计事项为"应收账款、长期应收款及发放贷款和垫款的减值事项",具体描述为"应收账款、长期应收款及发放贷款和垫款账面价值合计占 2021 年 12 月 31 日合并财务报表中资产总额的 32.75%。由于评估应收账款、长期应收款及发放贷款和垫款的预期信用损失模型固有的复杂性,且该模型采用了多项指标如前瞻性系数、历史损失率等,均涉及管理层的判断"。

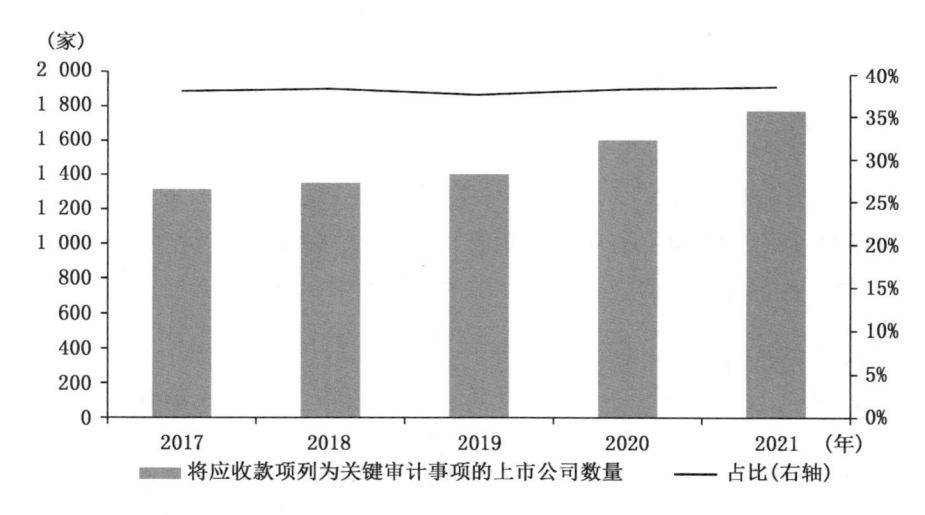

图 7-8 2017—2021 年将应收款项列为关键审计事项的 A 股上市公司数量及占比[①]

图 7-9 统计了 2017—2021 年将商誉列为关键审计事项的 A 股上市公司数量及占比,数据显示上市公司的数量和占比均为"先上升,后下降",2018 年有 30% 的上市公司将商誉列为关键审计事项,2021 年这一比例已经下降到不足 20%。这说明根据注册会计师的职业判断,商誉减值事项在其工作中的重要性有所下滑,这可能与国际会计准则理事会(IASB)进一步确认保留商誉的后续计量模式为减值测试,相关不确定性逐渐消除,以及商誉减值测试的模

---

① 国泰安(CSMAR)数据库。

型日趋成熟有关。

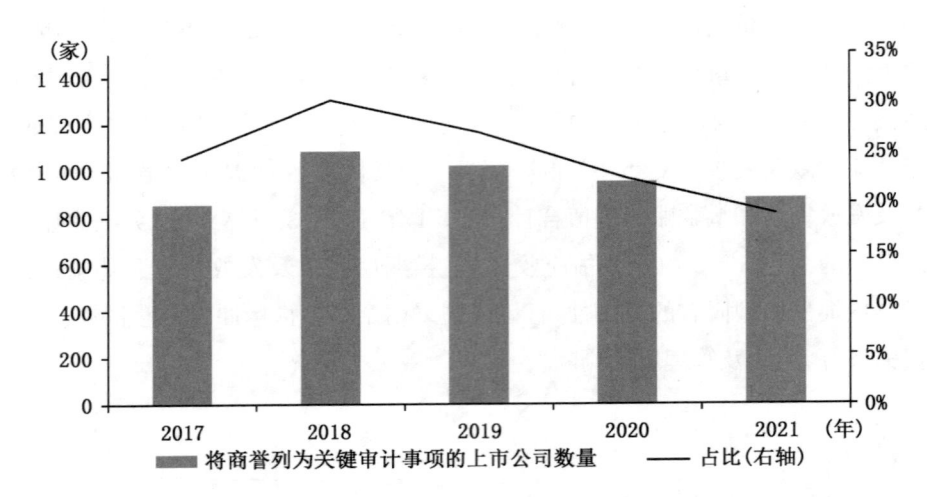

图 7—9　2017—2021 年将商誉列为关键审计事项的 A 股上市公司数量及占比[①]

图 7—10 统计了 2017—2021 年将存货列为关键审计事项的 A 股上市公司数量及占比,数据显示每年有约 20% 的上市公司将存货计价列为关键审计事项,这一比例在各年份变化不大。学术研究表明,上市公司的真实盈余管理

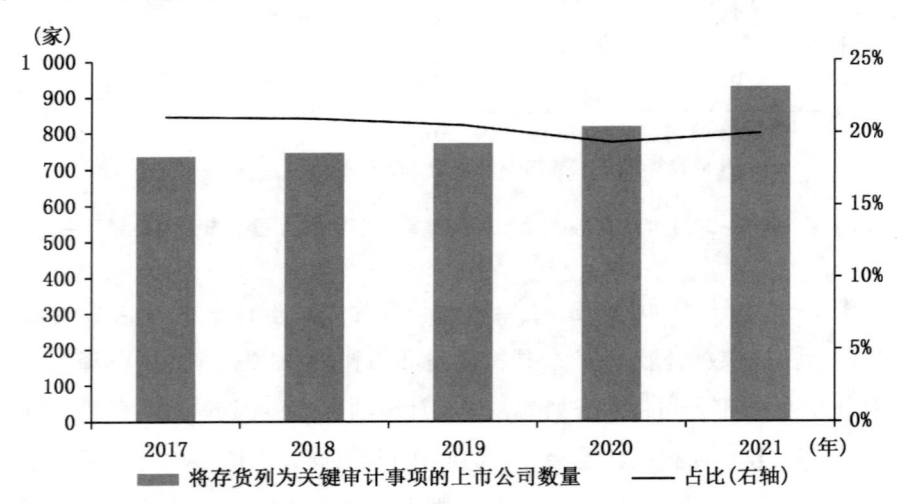

图 7—10　2017—2021 年将存货列为关键审计事项的 A 股上市公司数量及占比[②]

[①] 国泰安(CSMAR)数据库。
[②] 国泰安(CSMAR)数据库。

和关键审计事项之间存在相关性,当公司有向上盈余管理行为时,注册会计师倾向于对关键审计事项做出差异性的描述,尤其是更有可能将存货列为关键审计事项(黄亮华和汤晓燕,2021)。这可能意味着公司采用超额生产的真实盈余管理手段粉饰当期报表,但却为未来会计期间的存货积压和减值风险埋下了隐患,同时也意味着关键审计事项具有信号作用,在某种程度上反映了上市公司财务或经营行为的信息。

(三)特殊事项或交易的关键审计事项

关键审计事项的重要作用还体现在提供了上市公司的个性化信息,这对于投资者和其他财务报表预期使用者而言可能是更加重要的。有一定财务基础的报表使用者基本能够判断收入确认和减值事项在财务报表和审计工作中占据重要地位,但是具体到某个公司当年的特殊事项或交易,通用知识的作用明显被削弱了,而注册会计师的专有知识此时更加有用。被列为关键审计事项的特殊事项或交易可能为政府补助、营业外收入(支出)、重大未决诉讼、对外担保、重大资产重组或其他特定于某个公司的事项。针对这些个性化的信息,沟通关键审计事项对报表使用者而言,能够迅速锁定上市公司当年发生的最值得关注的事项,从而大大提高报表信息的使用效率。

以海通证券(600837.SH)为例,金融行业的业务结构和资产构成与其他行业存在显著的差异,其关键审计事项同时具备了行业特殊性和个体特殊性。具体而言,海通证券2021年的审计报告中注册会计师一共罗列了三项关键审计事项,除减值事项外,还有两项为"结构化主体的合并"和"划分为第三层次的交易性金融资产及其他债权投资的估值"。具体描述分别是:(1)结构化主体的合并:海通证券在多项结构化主体中担任资产管理者或投资者角色。管理层需就海通证券是否对结构化主体存在控制,以确定结构化主体是否应纳入合并财务报表范围做出重大判断。(2)划分为第三层次的交易性金融资产及其他债权投资的估值:第三层次金融工具的公允价值采用重要不可观察输入值,此类参数包括流动性折扣、风险调整折扣、经调整的波动率以及市场乘数等。第三层次的交易性金融资产及其他债权投资金额重大且管理层在估值时采用模型、关键假设及重要不可观察参数时需要做出重大判断。海通证券的这两项关键审计事项在其他上市公司中并不常见,前者涉及合并报表的范围,后者涉及公允价值的输入层次,在不经注册会计师提醒的情况下,很容易为报表使用者所忽略。

(四)关键审计事项对中国准则和国际准则趋同的意义

关键审计事项的引入是近期审计报告最受关注的格式修订,体现了中国准则和国际准则趋同的原则。2015 年,国际审计与鉴证准则理事会(IAASB)对审计报告准则做出了重大修订,其中一项关键的变化是引入了关键审计事项。中国紧随其后在 2016 年也对审计准则做出了对应的修改,即财政部印发的 12 项中国注册会计师审计准则。此后的 2017 年 6 月,美国上市公司会计监督委员会(PCAOB)批准的审计报告准则中同样引入了对"关键审计事项"的披露,内容与国际准则基本一致。国际准则、中国准则以及美国准则先后在审计报告中引入关键审计事项,体现了相互趋同的原则,对于中国资本市场和国际资本市场信息披露标准的统一具有重要的现实意义。

中国自改革开放以来就是全球化的坚定支持者,伴随过去几十年总体经济的快速发展,我国资本市场也在这一过程中积极与国际市场接轨。以沪港通和深港通为代表的一系列开放政策实施之后,中国资本市场与国际资本市场之间已经有了广泛和深刻的联系,这一良好局面同时也对不同市场的信息披露标准相互趋同提出了更高的要求。在以信息披露为核心的现代资本市场中,财务报告和审计信息是极为关键的部分,高度标准化使其在横向和纵向都具有可比性。此次关键审计事项的趋同修订既提升了审计报告的透明度和清晰度,又为中国资本市场后续开放政策减少了信息沟通层面的障碍。

ACCA 针对英国等 11 个国家包含关键审计事项的新式审计报告进行了统计,并通过圆桌会议的形式进行了调研,据此发布了报告——《关键审计事项:把握审计工作的要诀》[①]。该报告指出,关键审计事项的引入在审计工作的执行层面产生了良好的效应,促进了审计的公司治理功能,使得审计的流程更加完善,以及提升了财务报告的质量等。圆桌会议的参与者也表达了许多正面的意见,一位注册会计师表示"如今通过在审计报告中披露关键审计事项,他们以往所思虑的事项也正变得更加透明",另一位参与者也表示"通过关

---

① https://cn.accaglobal.com/index.html。

键审计事项,利益相关方能够了解审计师的工作重点。同时,投资者对关键审计事项的了解和质疑也极为重要"。同时,这份报告也提供了一些不同国别的差异化信息,比如其覆盖的 11 个国家的数据表明资产减值是出现频率最高的关键审计事项,与第二名的收入确认之间存在较大差距,这显然同 A 股市场的统计结果有较大差异。因此,关键审计事项的披露也可能为中国和国际资本市场的差异化研究提供了契机。

四、监督内部控制以改善内部治理效率

(一)内部控制及其审计规范的本土化

在上市公司的信息系统中,有效的内部控制不可或缺。以美国为例,自 20 世纪初起,内部控制就受到学术界和实务界的广泛关注,此后大致经历"审计中评价—独立审核—独立审计"三个阶段(张龙平等,2009)。起初,注册会计师仅被要求在审计过程中评价被审计单位的内部控制。到了 20 世纪后半叶,内部控制的重要性进一步被认识,对被审计单位的内部控制评价进行审核逐渐成为会计师事务所的一项单独业务。21 世纪初,在安然等公司的财务舞弊案件的冲击之下,与内部控制相关的立法工作加快。《萨班斯-奥克斯利法案》(SOX 法案)[①]要求上市公司单独发布经注册会计师审计的内部控制评价报告。至此,经过近百年的演变,现代的内部控制披露和审计规则被最终确立下来。

在借鉴国际成熟资本市场建设经验的基础之上,中国作为正在快速发展的新兴市场,可以充分发挥自身的制度优势,前瞻性地要求上市公司以及其他重要企业建立起有效的内部控制。2006 年 6 月,上海证券交易所发布了《上海证券交易所上市公司内部控制指引》,旨在引导上市公司建立内部控制制度。2006 年 9 月,深圳证券交易所也随之跟进。2008 年 5 月,财政部等五部委联合印发了《企业内部控制基本规范》(简称"基本规范"),并要求自 2009 年 7 月 1 日起在上市公司范围内施行。基本规范要求上市公司对自身内部控制的有效性做出评价,对外披露年度内部控制评价报告,并聘请有执业资格的会

---

① 具体阅读地址为 https://www.congress.gov/bill/107th-congress/house-bill/3763。

计师事务所进行审计。

(二)本土内部控制审计的实务发展

图 7-11 报告了 2007—2021 年 A 股上市公司内部控制评价报告的披露情况,数据显示 2007 年只有约 10% 的上市公司对外披露内部控制评价报告,此后这一比例快速上升,并自 2012 年起始终维持在 90% 以上的较高水平。统计结果表明,在一系列规章制度推出之后的数年间,我国上市公司普遍建立了内部控制制度,并积极向公众披露了这一关键信息。内部控制的评价、披露和审计最终确立一套完善的规则在美国经历了漫长的过程,而中国仅用不到十年的时间就走完了这一过程。这一方面表明中国资本市场的建设需要充分吸收国外的成熟经验,另一方面也表明中国特色的发展路径具有先进性和前瞻性,能够引领我国资本市场实现跨越式发展。

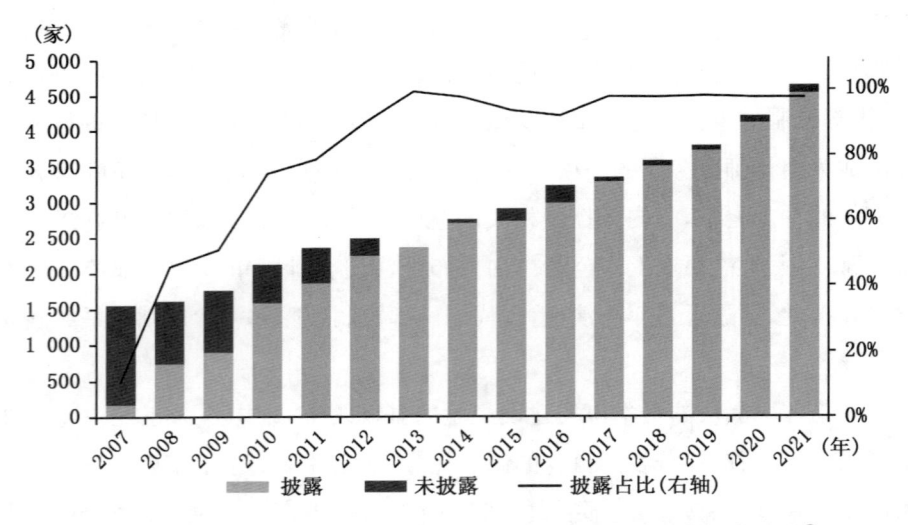

图 7-11 2007—2021 年 A 股上市公司披露内部控制评价报告统计[①]

(三)独立审计对内部控制缺陷的识别及整改

独立审计对内部控制缺陷的识别率,决定了内部控制如何改善公司治理。具体而言,上市公司的董事会有责任建立和健全内部控制,并评价其有效性。上市公司定期对外披露内部控制评价报告对上市公司本身、利益相关者和资

---

① 国泰安(CSMAR)数据库。

本市场整体的有效性具有重要价值,具体体现在以下几个方面:第一,定期对外披露的压力促使企业必须建立内部控制相关制度并确保其有效执行,从而能够有效防范、识别和应对经营过程中的风险。第二,内部控制评价报告的披露能有效缓解财务报表预期使用者和上市公司内部人之间的信息不对称,减少财务报表重大错报的风险,为投资等决策提供支持。研究表明,内部控制无效的上市公司,管理层提供的业绩预告更不准确,原因是他们决策依赖的信息来源于无效的内部控制系统(Feng et al., 2009)。第三,对于资本市场的发展而言,上市公司内部控制的提升能够有效降低系统性风险水平(方红星和陈作华,2015),对外披露制度的完善能够在总体上提升资本市场效率。

根据公开披露的内部控制评价报告,图7—12统计了2007—2021年我国上市公司内部控制存在缺陷和整改的情况。数据显示,早期只有较低比例的公司披露自身内部控制存在缺陷,此后这一比例有了明显的提升,自2015年起披露自身内部控制存在缺陷的公司占比在35%左右波动。导致这一现象的原因可能是多方面的:首先,上市公司对内部控制评价和独立审计的有效性

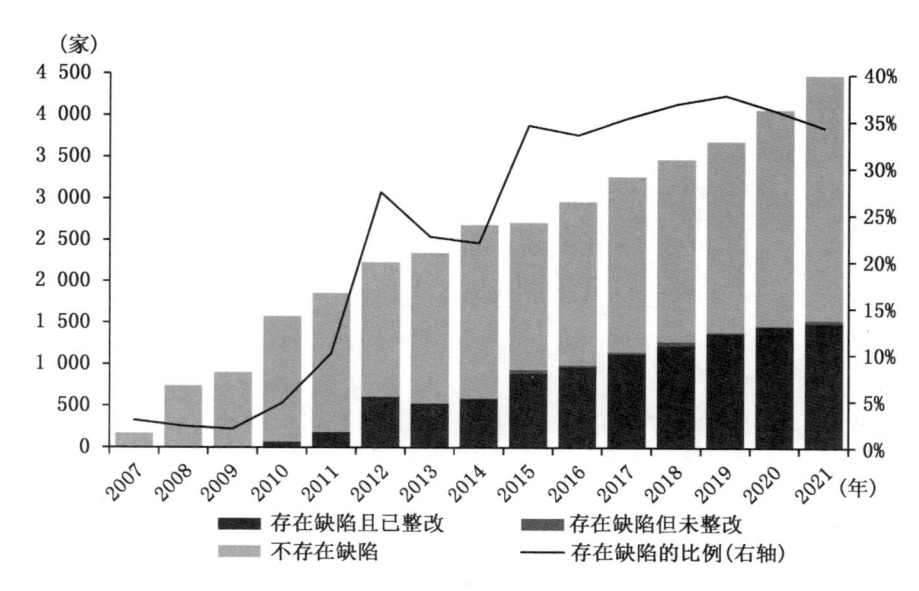

图7—12　2007—2021年A股上市公司披露内部控制存在缺陷及整改情况[①]

[①] 国泰安(CSMAR)数据库。

在逐步提升,能够识别出以前并未发现的内部控制缺陷;其次,相比已经上市的公司,新上市公司可能存在更多的内部控制缺陷。无论是以上哪种情况,均表明规范上市公司的内部控制评价、披露和审计对我国建成现代化的资本市场至关重要。此外,数据还显示,截至审计报告日,在被识别出的内部控制缺陷中,绝大多数得到了整改。这充分表明了上市公司披露内部控制评价报告的积极意义,有效督促了上市公司定期检查自身内部控制制度设计是否合理以及是否得到有效执行,并及时采取整改措施,从而降低了上市公司经营和财务报表披露中出现错误的可能性。

图7—13报告了2010—2021年A股上市公司披露的内部控制缺陷平均数量的统计。数据显示,在进入稳定阶段后,报告内部控制存在缺陷的上市公司平均发现的重大缺陷数量为2~3个,重要缺陷数量为1~2个,一般缺陷数量则较多,平均超过20个。这一统计结果表明:第一,随着外部环境和公司经营活动的变化,内部控制存在缺陷的现象不能被完全避免,因此,定期检查、评价和披露是十分必要的,并且复用前一年的结果并不恰当。第二,从内部控制缺陷的类型上分析,影响内部控制目标实现的重大缺陷平均为2~3个,而绝

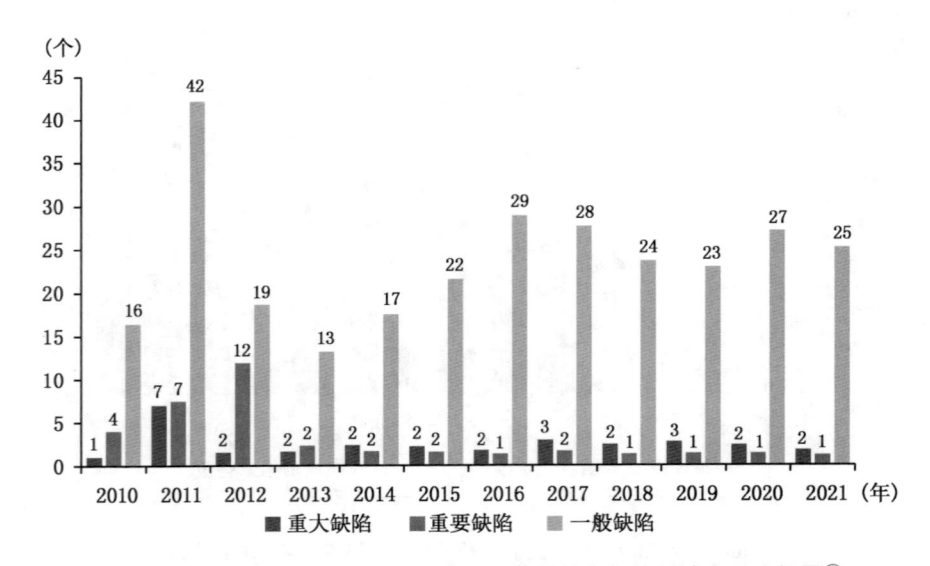

图7—13 2010—2021年A股上市公司披露的内部控制缺陷平均数量[①]

① 国泰安(CSMAR)数据库。

大多数缺陷为一般缺陷,处于"小错不断,大错较少"的状态。虽然这种局面的形成有其合理性,但上市公司和注册会计师仍应保持防微杜渐之心,谨防一般缺陷演变为重大缺陷,酿成严重后果。第三,从时间序列上看,上市公司报告的内部控制缺陷平均数量处于波动状态,这可能与新股发行数量有一定关联,比如暂停发行的 2013 年报告的内部控制缺陷平均数量是所有年份中最少的。新上市或上市时间较短的公司内部控制较不完善应当被合理预期,但从另一个角度也应当看到正面意义,即内部控制评价报告的披露能够帮助新上市公司快速达到资本市场对其信息有效性的预期。

(四)内部控制审计意见的鉴证

内部控制相关的话题自诞生以来始终与审计工作紧密相连。上市公司在经营和发展的过程中,对内部控制有着内在的需求,但同时有效内部控制的形成,也离不开外部监督,即独立审计。依据当前法律法规,注册会计师与内部控制相关的责任包括:第一,在财务报表审计过程中了解、评价和测试内部控制。第二,对财务报告的内部控制有效性发表独立的审计意见。以上两项工作在一定程度上可以整合进行,引入针对内部控制的独立审计体现了现代资本市场对更高信息质量的需求,即审计对中国资本市场的发展具有支撑的作用。

内部控制在财务报表审计中占据重要地位。现代审计普遍采用审计风险模型,即审计风险＝重大错报风险×检查风险,进而开展风险评估、风险应对和其他一系列审计工作。审计风险模型的引入极大地提升了审计工作的效率,同时提升了内部控制的重要性。在风险评估过程中,注册会计师需要根据对被审计单位的了解,评估重大错报风险水平。如果评估的重大错报风险较低,则更倾向于综合性方案,但如果注册会计师预期控制运行是无效的,则更加倾向于实质性方案。因此,被审计单位的内部控制水平越高,需执行的实质性程序越少,从而使得审计工作符合成本效益原则。

实践表明内部控制失效导致的错报具有重大且广泛的影响,由于内部控制在审计工作当中的突出地位,监管层和实务界最终达成共识,上市公司和注册会计师应当对内部控制有超出财务报表审计目的的关注。内部控制审计的要求相对于财务报表审计更加严格,具体体现在以下几个方面:第一,审计意见不包括保留意见,原因是内部控制审计针对被审计单位内部控制是否有效发表意见,在审计范围不受限的情况下,只能得到有效或无效两种结论,分别对应无保留意见和否定意见。第二,在财务报表审计中,如果注册会计师拟不依赖内部控制,就可以不进行控制测试;但在内部控制审计中,注册会计师需针对所有重要账户和列报的每一个相关认定获取控制设计和运行有效性的审计证据。第三,在财务报表审计中,拟信赖的控制未发生变化且不涉及特别风险,可以每三年至少测试一次;但在内部控制审计中,注册会计师需每年重新获取控制运行是否有效的证据。

图7-14报告了2007—2021年A股上市公司内部控制审计意见类型的统计。数据显示:第一,总体而言,90%以上的审计意见为标准无保留意见,说明大多数上市公司建立起了内部控制制度,注册会计师在获取充分、适当的审计证据后认为其不存在影响内部控制目标的重大缺陷。第二,非标意见的比例总体呈现"先上升,后下降"的趋势,其中2010年至2018年总体呈现上升趋势,这既有可能是内部控制审计的有效性提高导致的,也有可能是新上市公司

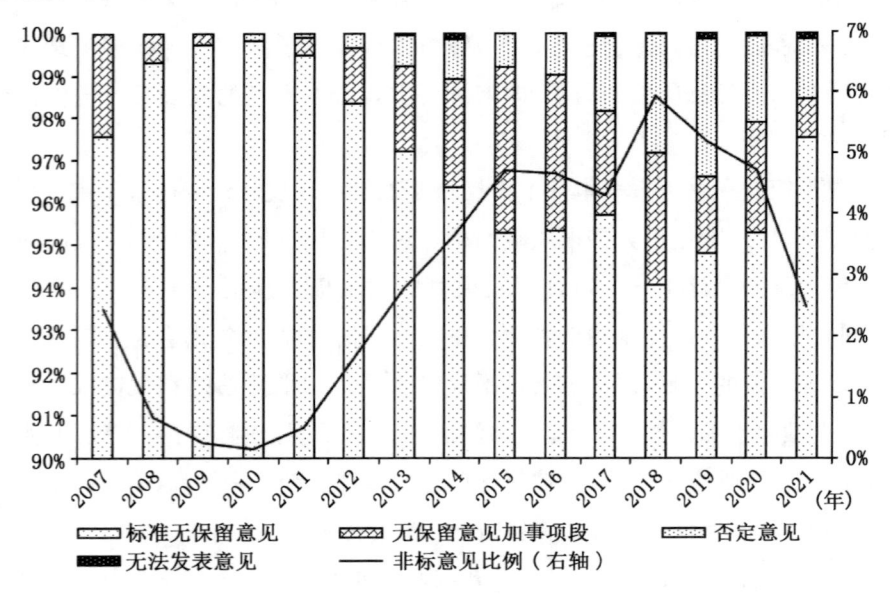

图7-14 2007—2021年A股上市公司内部控制审计意见类型的统计①

---

① 国泰安(CSMAR)数据库。

相对已经上市公司内部控制水平较低导致的。而2018年以后,非标意见的比例逐年下降,2021年已经下降至3%以下,由于这一期间新股发行数量并未出现减少,因此,导致这一变化的主要原因是上市公司的内部控制得到明显的提升。

(五)内部控制审计对投资决策的作用

有效的内部控制能够提升公司价值。首先,有效的内部控制能够通过提升公司应对风险的能力来提升公司价值。公司经营过程中同时要应对个体风险和系统风险,其中个体风险天然与内部控制水平息息相关,财务、销售、人力和研发等各个环节的风险控制都在很大程度上依赖于内部控制。系统风险则来自宏观或行业等层面,在应对这类风险时,有效的内部控制能够提供更加准确的信息,帮助决策者在很短的时间内形成应对方案。其次,有效的内部控制还能通过降低融资成本提升公司价值。上市公司的内部控制对于外界极不透明,一般投资者没有有效的渠道了解公司的内部控制。而根据信息不对称理论,当上市公司披露更多有用的信息时,融资成本会下降,进而使得公司价值上升。内部控制对公司价值的提升是潜移默化的,虽然不易被直接观察,但确实是公司软实力的重要体现。因此,投资者应充分关注上市公司的内部控制设计和执行情况,同时,站在资本市场建设的角度,证监会和交易所等监管机构也应采取积极措施帮助上市公司和会计师事务所提升内部控制的评价和审计的质量。

内部控制无效的公司通常面临巨大的价值损失。以奥瑞德(600666.SH)为例,大华会计师事务所(特殊普通合伙)对其2018年的内部控制进行审计后出具了否定意见。具体的内部控制重大缺陷为,实际控制人未经审批将公章带出用印,导致奥瑞德发生未经董事会、股东大会批准且未及时进行公告的对外违规借款及担保事项,其中涉及借款本金共计48 414.2219万元,涉及担保本金共计25 000.00万元。以上事项不符合奥瑞德公司章程中的相关规定,导致与之相关的财务报告内部控制运行失效。同一注册会计师对奥瑞德2018年财务报表出具了保留意见,形成保留意见的基础即上述内部控制缺陷。图7—15展示了2019年4月26日奥瑞德披露2018年年报和内部控制审计报告前后,公司股价的变动情况。投资者对这一信息反应强烈,奥瑞德的

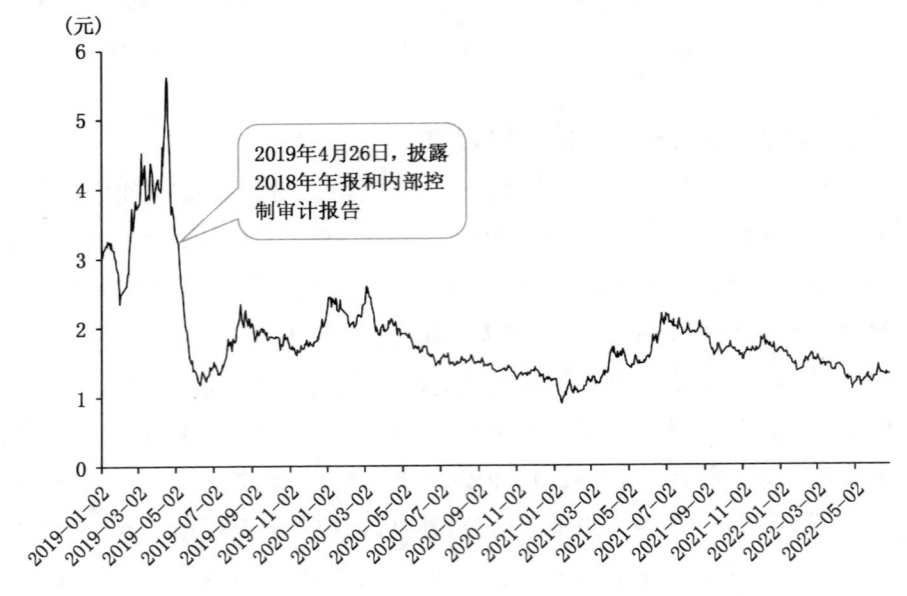

股价在[-5,5]的事件窗口期内累计下跌了42%,此后长期处于低迷状态。

图7-15 2019—2022年ST瑞德股价走势图

综上所述,审计报告能够通过内部控制途径实现对公司价值的甄别。内部控制的有效性影响着上市公司的价值,有效的内部控制能够提升公司价值,而内部控制的失效对公司价值具有重大的负面影响。作为独立的外部监督机制,注册会计师出具的财务报表审计报告和内部控制审计报告对于上市公司的价值具有甄别作用,具体体现在以下两个方面:第一,内部控制相关的审计工作具有强制性的监督作用,能够敦促上市公司建立并执行内部控制,从而提升公司经营决策质量和应对风险的能力。第二,在内部控制存在缺陷的情况下,审计报告能够向公众揭露这一事实,帮助投资者和其他财务报表预期使用者及时、有效地决策。

五、针对国有客户提供定制服务

上市公司与产权性质相关的差异对第三方独立审计的作用和效率产生了显著的影响。国有企业并不总是以利润最大化为首要目标,有时还需要承担起社会责任,服务于政治性的目标(刘青松和肖星,2015)。国有企业相对于非国有企业还具有明显的融资优势,更容易获得政府的隐性担保(魏明海等,2017)。除此之外,国有企业通常创建时间早、规模大,处于关乎国计民生的重要行业,这些更加个性化的特征也可能对审计产生影响。从独立审计的角度,不同产权性质的企业需要审计发挥的作用存在差异,由于国有股权和政府干预,国有企业提供高质量审计的动机较低。然而,高质量的会计信息还具有提高市场效率、降低风险的重要功能,国有企业也可能因此增加对审计的投入。总而言之,国有客户的审计将因其产权性质的特殊性而产生显著差异,下面将从审计意见、审计收费和会计师事务所选择等方面详细分析。

(一)考虑国有企业特质的审计意见

图7-16统计了国有企业和非国有企业被出具非标意见的比例。首先,国有企业被出具非标意见的比例平稳下降,说明随着我国资本市场持续发展成效显著,国有企业整体的财务报表质量逐年提升。其次,国有企业被出具非标意见的比例在绝大多数时间低于非国有企业。原因可能是多方面的:第一,国有企业需承担社会目标,对更广泛的利益相关者负责,因此财务报表编制更加规范。第二,得益于审计调整充分发挥作用,国有企业财务报表的合规性更有保障。第三,国有产权相关的优势使得国有企业的风险更低,从而审计风险也更低,注册会计师更倾向于出具标准的审计意见。

同时值得关注的是,国有企业被出具非标意见的比例呈现出更低的波动率。图7-16显示,非国有企业被出具非标意见的比例经历了明显的先下降再上升的趋势,而国有企业被出具非标意见的比例始终在下降,说明即使在宏观环境发生波动时,国有企业也较少采取财务手段粉饰报表。这与国有产权的性质不无关系:首先,国有企业的财务目标导向更弱。刘青松和肖星(2015)研究表明,国企高管的晋升和社会责任承担存在很强的关联性。其次,政府参与和融资优势增强了国有企业抵御风险的能力,使其缺乏粉饰财务报表的动机。并且,国有企业还受到来自国资委等机关的监督,对信息质量的要求高。反观非国有企业,由于产权保护相对薄弱,在面临经营压力时对外提供的财务报表信息质量可能出现下降,尤其是2016年之后,非国有企业的财务报表被出具非标意见的比例出现了明显的上升。结合被出具非标意见的比例和波动率,国有企业财务报表的信息质量要明显高于非国有企业。

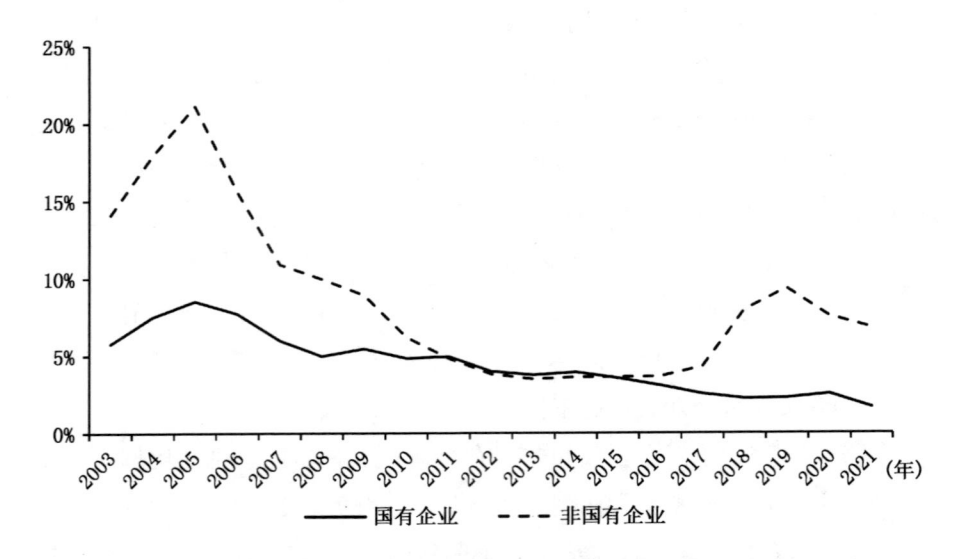

图 7—16　国有企业和非国有企业被出具非标意见的比例

进一步考虑结构性差异，Chan 等（2006）指出，本地会计师事务所更可能向当地政府控制的国有企业出具无保留审计意见。并且他们还发现，被出具保留意见的公司更可能转换到本地会计师事务所，而后被出具无保留意见。作者认为可以从当地政府和会计师事务所两个角度解释这一现象。首先，地方政府能够利用其经济影响力和政治影响力对审计意见施加影响。其次，会计师事务所为保持和地方政府的关系，也愿意采取配合的态度。由于历史和现实的因素，审计市场的区域分割是客观事实，然而长此以往可能对注册会计师的独立性产生不利影响。为规范审计市场，促进行业的健康发展，国务院国资委和财政部适时推出了会计师事务所轮换的有关规定。[①] 根据现行规定，中央企业、国有及国有控股金融企业聘用同一会计师事务所执行审计业务不得连续超过 5 年，按规定适当延长的，不得超过 8 年。2021 年 8 月，国务院办公厅发布了《国务院办公厅关于进一步规范财务审计秩序促进注册会计师行业健康发展的意见》，其中明确指出要"结合实际优化会计师事务所和注册会计师审计轮换机制"。根据文件精神，会计师事务所的轮换机制作为资本市场

---

① 详细情况参见：https://www.cicpa.org.cn/ztzl1/gcgbwj/mtbd/202111/t20211105_63031.html。

基础制度的一部分,将有效促进执业质量和信息质量的提升。

(二)国有客户审计收费特征

图7－17统计了国有企业和非国有企业的审计费用中位数。从整体的角度来看,国有企业的审计费用始终高于非国有企业。这一方面可能是由于国有企业的规模相对庞大,另一方面国有企业对高质量审计的需求更大,合规要求更严格。从相对比例的角度,非国有企业的审计费用和国有企业的比值小幅下降,并逐渐趋于平稳,最近5年始终维持在75%左右。前一段的下降趋势可能和审计市场的逐步市场化有关,早期审计收费总体较低,并且审计的主要作用是形式上的合规,因此尚不能体现出不同产权性质的企业之间的收费差距。随着资本市场的市场化的特征进一步凸显,第三方独立审计发挥更大的作用,伴随着审计收费的上升,国有企业和非国有企业之间的差距逐步拉开。

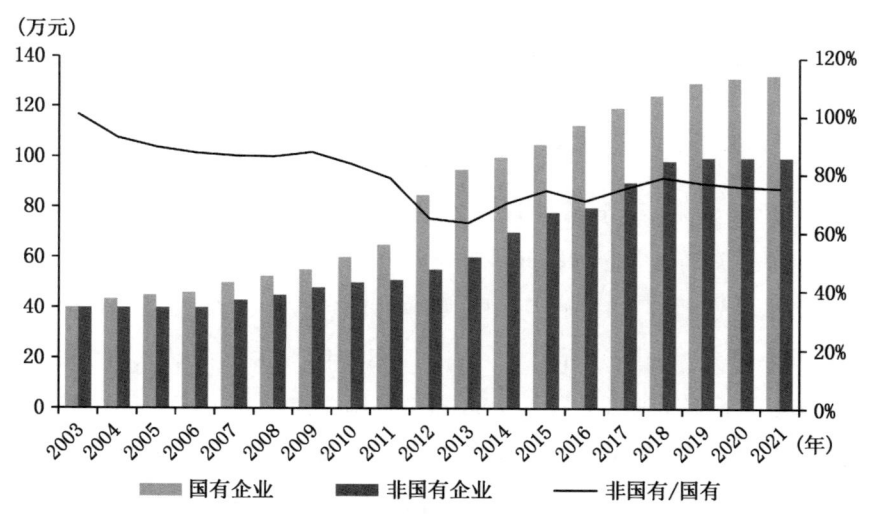

图7－17 国有企业和非国有企业的审计费用中位数

齐鲁光和韩传模(2016)基于审计风险模型,研究了不同产权性质企业的审计收费特征。异常审计收费被认为反映了客户和会计师事务所之间的特殊关系,并可能影响审计质量,比如异常低收费可能与削减审计成本有关,而异常高收费可能是对注册会计师做出妥协的风险补偿。实证结果显示,国有企业的审计质量和异常审计收费无明显关联,而非国有企业的异常审计收费则很可能意味着审计质量下降。究其原因,国有企业本身的重大错报风险相对非国有企业更低,并且在维持上市资格、获得融资以及政府资源等方面都具有明显优势的情况下,通过审计费用来与会计师事务所发展特定关系的可能性更低。总结来看,国有企业与审计收费相关联的审计风险相对更低,这也与审计意见的统计结果一致。

第三节　审计市场格局的发展与演进

自改革开放确立社会审计制度以来,我国注册会计师行业实现了快速稳定的发展。国内资本市场虽然经历了若干次审计失败事件,但注册会计师行业整体仍然在机构和人员规模维度方面实现了高速发展,满足了上市公司在融资时对第三方审计服务的需求。同时,国内市场中大型的会计师事务所已形成一定的规模及声誉,具备提供跨国审计服务的能力。

一、内资大所和国际大所的并行发展模式

改革开放以来,出于满足管理外资企业等方面的需要,我国财政部于1980年印发《关于成立会计顾问处的暂行规定》,确立了注册会计师承接社会审计业务的法定地位。1981年1月,财政部试点成立的全国第一家会计师事务所——上海会计师事务所成立。截至1986年,全国各省、市、自治区(除西藏外)均成立了会计师事务所。1986年7月国务院颁布了第一部注册会计师行业管理法规《中华人民共和国注册会计师条例》,规定财政部为行业管理机关。借鉴国际惯例,1988年11月中国注册会计师协会成立,并在次年获财政部正式批准。

早期的注册会计师业务以"三资"企业为主要客户,对促进对外开放产生了积极的作用。值得一提的是,在市场发展初期注册会计师人才储备不足的困境下,"允许注册会计师兼任"可能影响了独立审计的独立性,但"新中国的注册会计师制度毕竟已起步了,这就是这一阶段的最大成绩"(杨时展,1995)。

与成熟资本市场的发展路径不同(Watts and Zimmerman,1983),我国注

册会计师行业在资本市场创立初始就具备了提供第三方审计以及其他证券鉴证业务的法定地位。历经约三十年资本市场发展变革，当前我国资本市场的审计行业在整体上与部分成熟资本市场的特征趋近的同时，亦体现出适应我国国情的本土特征。比如，如图 7－18 所示，2020 年我国上市公司审计市场上前十大（国际四大和国内六大）事务所①市场份额占比已接近 70%，符合具有"干中学"效应的市场的分布。同时，与全球诸多资本市场上国际四大占据主要份额不同，我国内资大所占据了更大的市场份额。

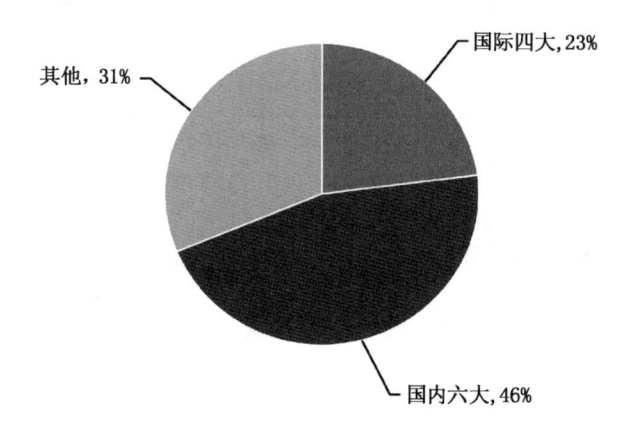

图 7－18 2020 年按审计费用计算的会计师事务所市场占有率②

图 7－19 展示了 2020 年我国资本市场中国际四大与国内六大的审计费用差异，可以看出，在平均审计收费③方面，国内六大和国际四大仍然存在显著的差距，表明内资大所在审计专业能力、市场认可度等方面依然存在较大的发展空间。

在内资大所和国际大所的人力资本方面，我们以 2020 年为例，统计了"注册会计师总人数"以及"60 岁以下且执业年限超过 5 年的注册会计师比例"这

---

① 国际四大包括普华永道中天会计师事务所、安永华明会计师事务所、德勤华永会计师事务所和毕马威华振会计师事务所。国内六大包括天健会计师事务所、立信会计师事务所、信永中和会计师事务所、大华会计师事务所、天职国际会计师事务所和容诚会计师事务所。

② 这里选取前十大会计师事务所 2020 年所有上市公司客户的审计收费数据。如果剔除创业板和科创板上规模相对较小的客户（国际四大在其中占比极低），国内六大与国际四大的差距有所缩小，但依然明显。

③ 这里的市场份额计算基于审计收费占比，数据来源于国泰安（CSMAR）数据库。

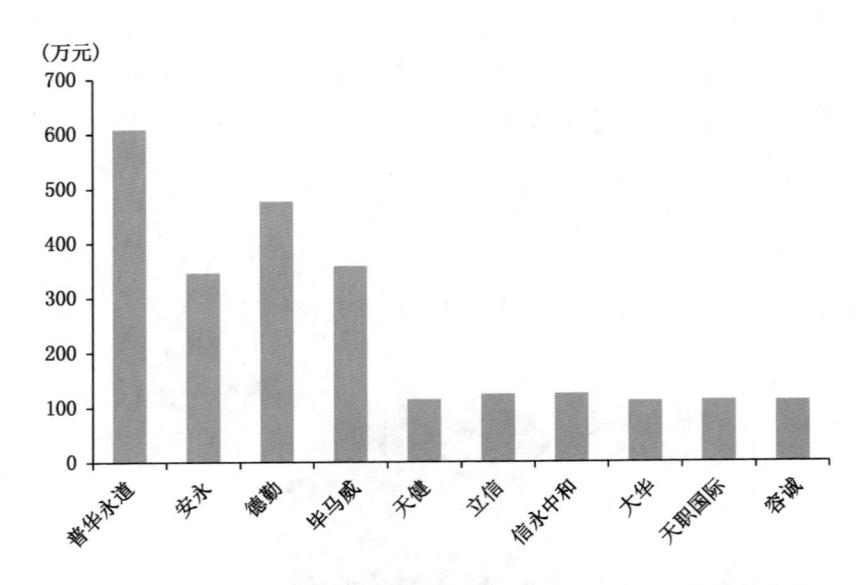

图 7—19　2020 年前十大会计师事务所上市公司客户平均审计收费

两个重要的指标,具体见图 7—20。结果表明,国内六大相较于国际四大在这两个指标上均具有一定的优势,表现出了更好的发展潜力。

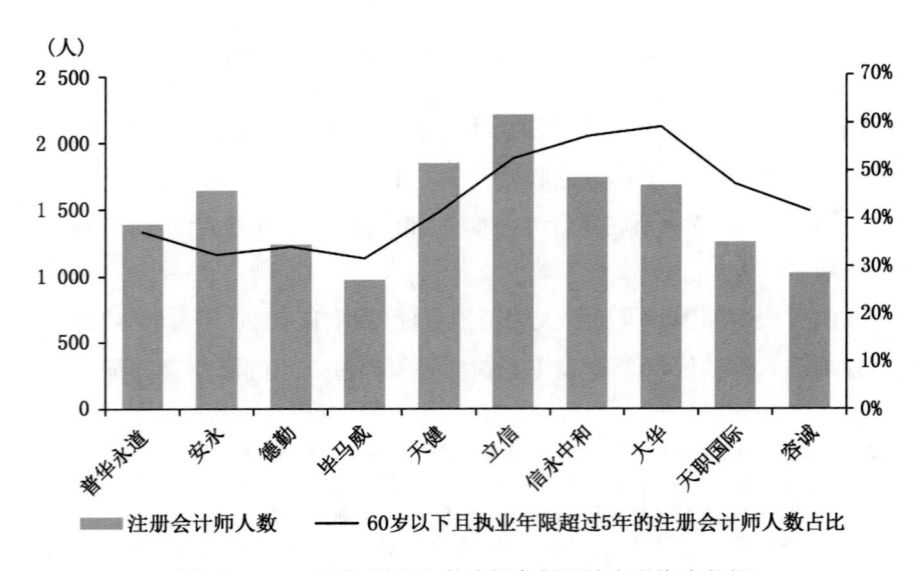

图 7—20　2020 年前十大会计师事务所的人力资本数据

从沪深证券交易所成立到 2020 年新证券法正式实施,我国注册会计师行业在资本市场上经历了从无到有、从软约束到自负盈亏、从地区分割到全国市场、从偏向规模到注重品牌声誉共计四个阶段。图 7—21 展示了 2002—2020 年我国国内六大的市场占有率的变化。总体而言,这几个阶段表现出明显的差异,审计市场在政策的引导下适应了当期经济发展的主要矛盾,注册会计师行业在"干中学"的过程中实现了具有中国特色的发展目标,在资本市场的发展中体现出实质性的作用。

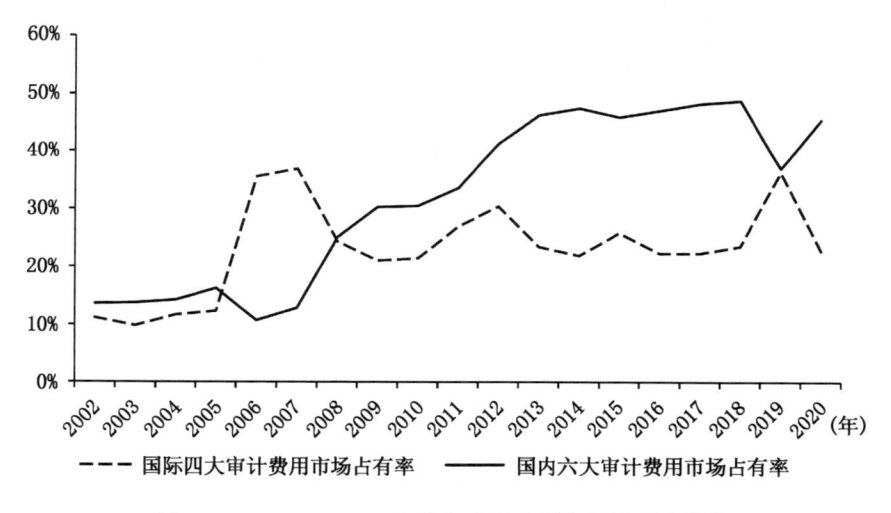

图 7—21 2002—2020 年分年度的大所市场份额变化①

二、内资会计师事务所的基础发展阶段

我国证券市场创立伊始,就在法律层面确立了注册会计师审计地位。在资本市场发展的早期,A 股上市公司数量较少,且绝大部分为国有控股,这些上市公司聘请注册会计师进行审计的动机,主要是出于合规目的,而在降低其与外部投资者之间的代理成本方面的需求,则可能显著低于成熟的资本市场。这也是有学者怀疑资本市场缺乏对高质量独立第三方审计的需求的原因(DeFond et al.,2000)。

---

① 数据来源于:中注协"事务所综合评价排名"专题专栏,国泰安(CSMAR)数据库,天眼查数据库。由于早期(1990—2001 年)相关数据缺失等原因,样本期间为 2002—2020 年,市场份额权重为审计收费。

从资本市场初步建立到1999年全国会计师事务所基本完成脱钩改制工作,[①]我国注册会计师行业经历了一个"从无到有"的基础发展阶段。具体地,在人才供给方面,1991年开始举办第一届全国注册会计师统一考试,1993年颁发的《注册会计师法》将考试明确为取得注册会计师资格的唯一途径。遵循国际经验,职业资格考试及其后续教育是审计专业服务行业的从业人员基本知识技能的重要保障。因此,这一执业人员供给方面的变革,符合我国注册会计师行业业已发展十年的现实,同时也为缓解行业人员的高龄化问题以及整体提升从业人员的专业能力,发挥了重要作用。

在市场需求方面,1992年中共十四大明确建立社会主义市场经济体制,中共十四届三中全会进一步提出国有企业改革的目标是建立以股份制为核心的现代企业制度。这一阶段资本市场在提高国有和非国有上市公司会计报表规范性的同时,进一步产生了对于注册会计师出具清洁审计意见的需求。例如,1998年ST制度直接明确了不被出具否定或无法表示的审计意见是企业摘除ST帽子的必要条件。[②]

在行业管理方面,这一期间注册会计师协会和注册审计师协会的统一联合,使得独立审计业务人员统一为注册会计师,且接受中国注册会计师协会的统一管理(刘明辉和汪寿成,2008)。该举措保证了审计行业的监管机构统一,在降低机构不稳定性的同时,也使得政府在未来协同协会从而对整个行业的发展规划变得更为顺利。

早期的挂靠体系固然存在一些问题,比如会计师事务所的独立性难以保障等,但考虑到年报审计服务是一项高度依赖专业知识和经验的活动,需要审计方对客户付出前期的专业投入,因此,在内资会计师事务所及所内注册会计师的市场知名度差异小、缺乏高水平技能认证以及审计导向模式相对落后的背景下,挂靠体系保障了基本的客户和审计师之间的选择与匹配机制,规避了更为无序的"劣币驱逐良币的失败型竞争",在早期的新兴资本市场的运行中

---

① 其中依据《财政部关于执行证券期货相关业务的会计师事务所与挂靠单位脱钩的通知》,具备上市公司审计业务的事务所脱钩改制完成时间为1998年。

② 值得说明的是,尽管一些相关研究指出ST制度可能加剧了我国资本市场的审计意见购买行为,但也让当时许多中小型事务所及其注册会计师甚至获得和维持了大型上市公司审计业务,在保证其生存的同时提高了审计能力。

发挥了重要作用。随着1995年12月《中国注册会计师独立审计准则(第一批)》的发布,审计行业基于"干中学"的发展模式,在实际业务中可以应用具体的准则内容,审计人员的业务能力获得了明显提升。

随着资本市场的发展,新增业务激发了具备广阔成长前景的审计行业,吸引了许多来自行政事业单位的优秀专业人才,他们不仅在资本市场具体客户审计实务中得到了经验知识,更在我国资本市场的发展中收获了累积知识的经历,其中的头部人才成为我国内资大型会计师事务所的首席合伙人,在国际审计行业发展中提供了中国标杆。

三、从软约束到自负盈亏:地方大中型会计师事务所的形成

脱钩改制政策要求会计师事务所成为自主经营、自担风险、自我约束和自我发展的社会中介机构。2000年6月,财政部和证监会联合发布的《注册会计师执行证券、期货相关业务许可证管理规定》提高了会计师事务所在获取证券从业资格时在人员和收入等方面的硬性标准。在此政策的推动下,内资会计师事务所迎来了第一次全国性合并浪潮。从合并的效果来看,尽管许多合并后的内资事务所在规模上显著提升,但分所及所内注册会计师仍然面临来自其他内资事务所的强力的价格竞争。而随着我国加入WTO,国际四大会计师事务所依赖其既有声誉与专业能力对A股市场大型客户形成了巨大的服务优势。[①] 此时,如何在竞争中存活并发展,成为本土内资事务所面临的首要挑战。

从2000年脱钩改制到2006年,内资会计师事务所在资本市场接受了更为激烈的市场竞争,竞争的结果是从中涌现了一批具备较高市场声誉的地方性大中型会计师事务所。具体地,在市场需求方面,2001年统一会计制度的确定进一步增加了资本市场对于高质量会计信息的要求,这也引起了业界对行业服务质量的高度关注。同时,一些规模较大的上市公司客户如央企集团

[①] 例如,我国证监会2001年曾发布《公开发行证券的公司信息披露编报规则第16号——A股公司实行补充审计的暂行规定》,要求A股公司资本市场IPO或再筹资时除原有事务所外,聘请国际会计师事务所进行补充审计。2002年3月1日修订为部分A股公司进行补充审计的试点工作,并对补充审计事务所要求有所修改。彼时国际四大在国内的竞争优势可见一斑。

的上市公司因其业务需要,对内资大型会计师事务所产生了需求,这使得审计行业在资本市场中具备了快速增长的条件。

就行业内部的竞争而言,内资会计师事务所面临国际四大和内资同行(特别是当地所)的竞争,可能存在部分注册会计师降低审计准则和职业道德的标准,通过牺牲审计独立性来迎合其所服务的上市公司,但其中更多的事务所选择提高自身服务的质量,以长期发展为目标。如图7—22所示,我们发现,2002—2006年基于不同省份计算的上市公司审计市场HHI指数的平均值[①]呈上升趋势,且在数值上远高于各行业的平均值,也明显高于全国市场的HHI指数。这说明在竞争策略的选择上,地区差异和营商环境差异促使各地会计师事务所及其注册会计师扎根当地市场,积极服务于当地的大客户,在帮助这些大客户完成资本市场运营的过程中快速学习,从而引发了地区性的业务集中。[②③]

在行业管理方面,美国的安然丑闻、国内的银广夏等审计丑闻的爆发,引发了注册会计师行业的信任危机。为了恢复资本市场的信心,美国在原来主要依赖行业自律的管理模式基础上加大了监管的力度。[④] 我国则在借鉴不同国家行业管理模式的新举措的同时,立足于我国资本市场发展的现实情况,采

---

① HHI指数的计算为一个市场中所有竞争者所占行业市场份额的平方和。HHI值越大,表明市场集中度越高(一般表示市场竞争越低)。这里采取客户数量作为计算会计师事务所市场份额的权重。

② 需要说明的是,在总体采取地方集聚战略下,不同会计师事务所"干中学"过程亦有较大差异,这里以天健和希格玛会计师事务所为例。这一时期天健会计师事务所在民营经济占比较高的浙江省一方面通过审计大型省属国有企业获得了快速发展,另一方面也审计了许多当地民营上市公司,与其共同成长。这一模式选择培养了天健会计师事务所在民营企业资本市场运作上的相关专长,进而帮助其在当前非国有企业占比较高的科创板等领域占据优势。这一时期,希格玛会计师事务所则通过审计陕西省大型国有企业获得了大量学习,培养了其在西北地区能源等行业上市公司审计的相关专长,时至今日,面对国际四大和国内大所的进入,希格玛会计师事务所依然在该地区相关行业中占据竞争优势,为相关客户提供高质量审计服务。

③ 需要补充的是,除了这些在当地竞争中占据优势的头部事务所主动培养资本市场审计服务能力外,其他当地事务所也调整了相应的竞争策略。以上海公信会计师事务所为例,其在竞争激烈的上海地区退出上市公司年报审计业务,通过专注司法会计鉴定业务培养专长优势,亦体现了注册会计师行业在资本市场中的作用。

④ 以美国为例,安然事件后推出的SOX法案促使原来主要由美国注册会计师协会(AICPA)负责的行业管理职能大量转移给由美国证监会负责监督的PCAOB机构。尽管这种行业管理模式的改变从发生至今始终存在大量争议,但总体趋势上(资本市场)监管在注册会计师行业管理中的比例与具体内容等依然处于增长态势。

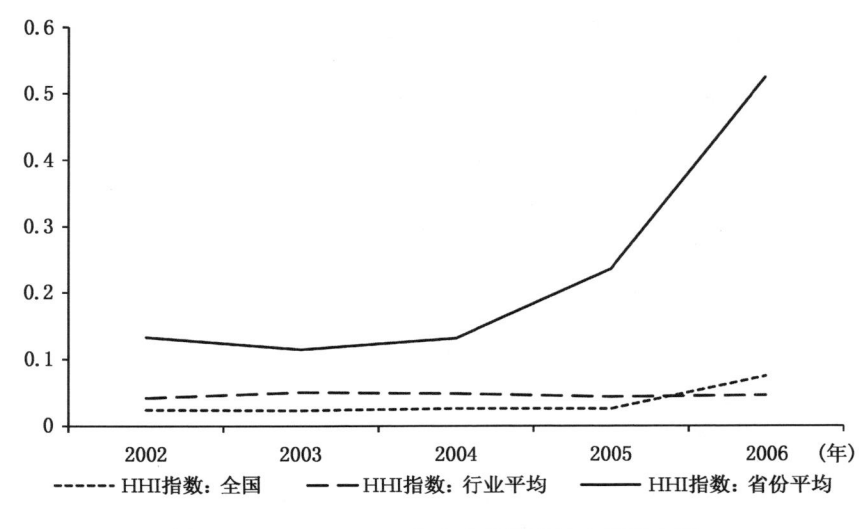

图7—22 2002—2006年上市公司审计市场集中度

取了必要且适当的治理措施。具体地,积极树立传统审计行业的声誉和诉讼约束机制,如中国注册会计师协会开始发布百强事务所名单。同时,2002年1月,最高人民法院正式下发《关于受理证券市场因虚假陈述引发民事侵权纠纷案件有关问题的通知》。另一方面,诸如2004年中国注册会计师协会发布《会计师事务所执业质量检查制度(试行)》,审计署组织的对16家具有上市公司审计资格的会计师事务所审计业务质量监管,在弥补当时行业监管缺失的同时,也为后续规范化和常态化的会计师事务所的执业质量检查提供了重要借鉴。

总体而言,脱钩改制后,内资会计师事务所虽然部分失去了其原有挂靠单位给予的软约束,但也促使其通过市场竞争提升了生存和发展能力,在满足资本市场中日益增长的审计需求的同时,也能获得更高回报。在这一阶段,内资会计师事务所直面来自国际四大的竞争,立足自身区位优势,通过服务本地大型客户,在"干中学"过程中积累行业知识,形成了一批具备一定知名度和差异性的地方性大中型事务所。这些大中型会计师事务所的存在,也为政府推动会计师事务所做大做强提供了现实基础。

四、从地区分割到服务全国：做大做强内资会计师事务所

地方性大中型会计师事务所以其较高的知名度服务于各地上市公司，但同时在收费上对当地企业（特别是其中大型国有企业）有较高的客户依赖性。本地客户的重要性水平过高，可能会削弱其审计独立性。此时，如果缺乏政策指引，单纯依靠会计师事务所市场的内生发展，可能会促使会计师事务所过度投入资源在当地市场恶性竞争，从而难以缩小与国际四大的差距，进而无法满足我国资本市场未来发展的需求。为此，2006年9月，中国注册会计师协会发布了《关于推动会计师事务所做大做强的意见（征求意见稿）》（以下简称《做大做强意见》），决定用5～10年的时间，发展培育10家能够提供跨国经营综合性专业服务的国际化会计师事务所，发展培育100家能够为大型企业集团提供综合性专业服务的大型会计师事务所。

《做大做强意见》的提出，针对当时注册会计师行业发展"瓶颈"，引发了内资会计师事务所的第二次合并浪潮。截至2014年前后，国内六大事务所在审计收入、人员规模、异地分所与客户数量等方面初步与国际四大接近。具体地，在市场需求方面，在资本市场股权分置改革的完成以及全面实施国际趋同的企业会计准则背景下，上市公司年报信息的价值相关性提升，这提高了融资方对高质量年报审计的需求。伴随着创业板的推出，沪深两市公司数量进一步增加，彼此间规模差异进一步扩大。而另一方面，具备证券从业资格的会计师事务所的数量难以增加，市场需要更多的国内注册会计师，收取合理的费用并提供高质量的审计服务。此外，随着客户公司的业务在地区多样化的扩张，内资会计师事务所曾经倚重的区位聚焦战略难以跟上这些重要客户的需求，为了维持以及更好地服务这些重要客户，内资会计师事务所需要储备更多的人力资源。

在行业供给方面，合并成为这一期间会计师事务所扩大规模的主要方式。从合并特征来看，首先，在合并形式上，主要有两种方式：一种是合并双方均具备证券从业资格，所谓"强强联合"；另一种是只有一方具备证券从业资格的"吸收合并"。其中，前者更能促进会计师事务所加大对合并后的品牌价值和声誉的维护(Chan and Wu, 2011)。

其次,在合并区位选择上,各地头部会计师事务所更多采取了与异地会计师事务所合并的模式。如图7—23所示,这一期间国内六大会计师事务所服务客户的平均省份数量呈明显上升趋势。最后,从合并效果来看,合并后单一客户对于会计师事务所的重要性显著下降,有利于审计独立性的提高。同时,合并促进了双方在提供审计服务时的人员交流,帮助合并前相关经验较少的一方在"干中学"过程中迅速成长,实现审计行业知识的传递(He et al.,2022),提高了审计效率(Gong et al.,2016)。

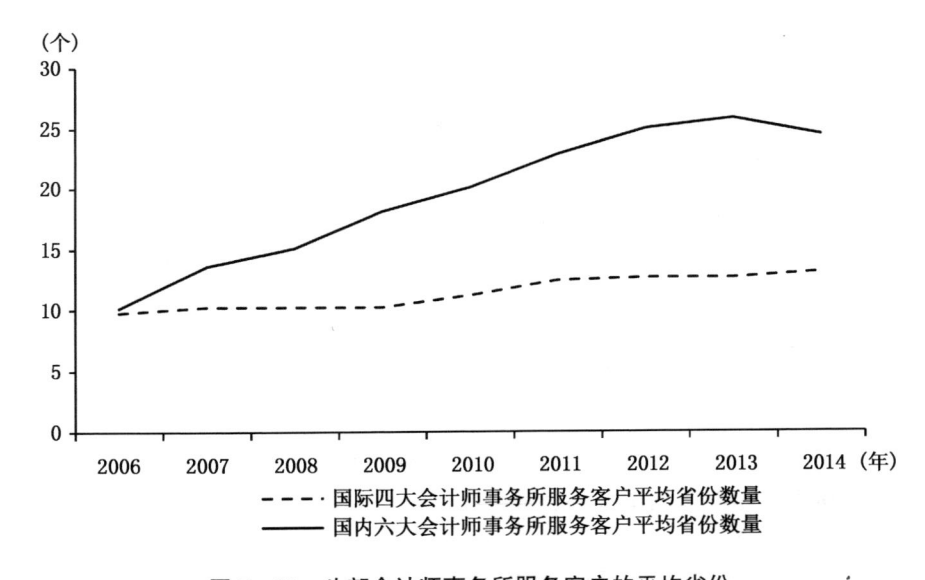

图7—23 头部会计师事务所服务客户的平均省份

如图7—24所示,从2014年合并后的国内六大内资会计师事务所在其审计收入前三名行业的市场份额占比可以看出,我国头部会计师事务所基于客户所在行业的竞争差异化水平提高,整体更符合"干中学"规律下注册会计师基于行业专长所应呈现的市场细分结构。同时,这一期间我国内资大型会计师事务所更为关注会计和审计领域的国际发展动态,其在客户服务中的专业性有明显的提高。

总体而言,内资会计师事务所及其注册会计师在《做大做强意见》的指引下,通过合并及时满足了资本市场的发展需求。这一阶段的"干中学"模式发挥了重要的作用。一方面,内资大所在服务大型客户的多样化的业务需求中

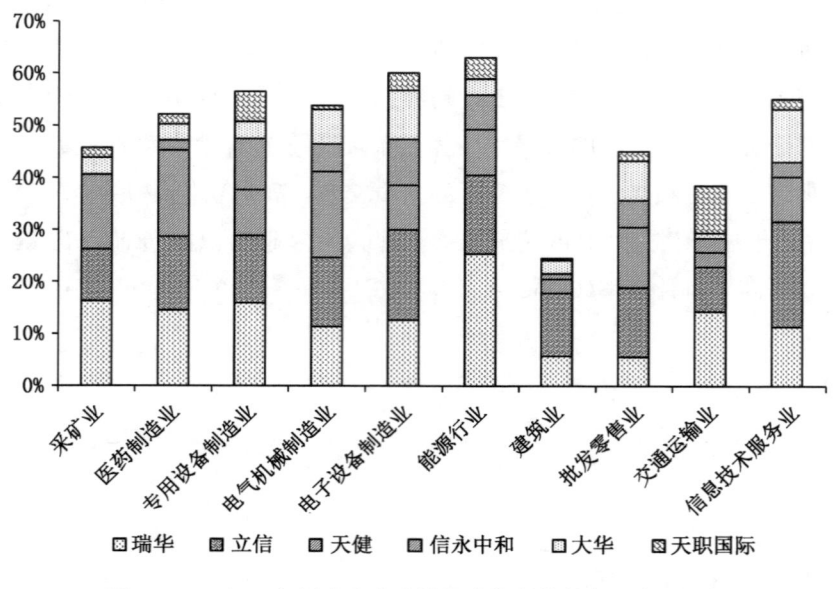

图7—24　2014年国内六大会计师事务所优势行业市场份额

逐渐积累了相关知识,在全国范围内逐步实现基于行业专长的差异化竞争。另一方面,合并后的会计师事务所在内部积极开展审计知识和经验的交流。此外,多项研究发现,合并后内资大所的审计收费明显提高,体现了其更强的风险识别能力和更高的市场声誉。

五、国内审计市场的声誉机制发展

在《做大做强意见》的指引下,我国大型内资会计师事务所在2014年前后基本完成了合并,实现了在总体收入以及人员规模上与国际四大的接近。当然,政策引导下的快速合并也引发了各界对本土事务所"大而不强"的担忧。[①] 2019年,当时的内资第一大所瑞华因为康德新等审计失败事件而分崩离析,反映了会计师事务所在追求规模的同时,需要加强其内部质量的控制。注册会计师行业发展的重心也从追求规模逐步转为更加注重会计师事务所品牌声

---

① 需要说明的是,2014年合并浪潮完成后至今,做大做强依然是我国资本市场内资事务所面临的重要课题之一。但考虑到这一期间内资事务所面临的执业环境、监管程度以及其内部治理等方面的许多命题存在新的特征,故本文将其单独视为资本市场注册会计师行业发展的一个新阶段。

誉。具体地,在市场需求方面,随着我国资本市场进一步开放,诸如沪港通、深港通等相关制度的出现,促使标的 A 股公司对聘用的会计师事务所的国际市场声誉更为关注。同时,随着我国资本市场的进一步发展,投资者对上市公司面临的宏观和微观风险更为关注,这一结构性的变化,增加了会计师事务所及其注册会计师的整体审计风险,也使得高声誉的会计师事务所以及行业专家型注册会计师具有更强的议价能力。此外,数字经济等新概念的出现,也需要会计师事务所作为中介专家提供创新方案的助力。

在行业供给方面,注册会计师行业通过前期积累的专业素质,较好地满足了资本市场的需求,并表现出两方面的特征。一方面,在做大做强的背景下,内资会计师事务所基本通过加入或自建国际网络的方式提高了自身的国际化水平。[①] 另一方面,随着审计风险的增加,会计师事务所内部的一体化建设,[②] 也是会计师事务所提高自身竞争能力的表现。以会计师事务所处罚为例,即使在考虑到瑞华事件在内的背景下,我国内资大所受罚[③]的情况依然少见,表明会计师事务所内部质量的治理效果显著。此外,这一期间我国许多会计师事务所从成立开始已经历超过 30 年发展历程,其内部传承将成为整个行业面临的重要课题。

如图 7−25 和图 7−26 所示,我国内资大所[④]新增签字会计师人数相对较多,且新增签字会计师比例逐步接近国际四大,整体上呈现更有潜力的发展趋势。

在行业管理方面,中国注册会计师协会和中国证券监督管理委员会等相

[①] 需要说明的是,早在 2009 年,《国务院办公厅转发财政部关于加快发展我国注册会计师行业若干意见的通知》已就会计师事务所国际化做出相关指引,许多大型会计师事务所也在前一阶段就加入了国际网络。但与市场需求面国际化进程相对应,这一阶段国际化对会计师事务所可能具有更为重要的意义。

[②] 时至今日,一体化建设依然是我国内资事务所面临的重要议题之一。根据当前一些大型事务所实践来看,其主要采取了诸如整体审计流程信息化、促进合伙人交流、加大事务所层面对新增客户质量风险评估等措施,在避免会计师事务所整体结构发生巨大冲击的同时,抓住外部机遇完善内部一体化。

[③] 例如,2015—2020 年历年内资前六大会计师事务所合计行政处罚从未超过 5 次,诸如警告等其他类型的处罚也在 10 次左右(据中注协百强排名相关统计整理)。

[④] 考虑到这一期间瑞华会计师事务所的特殊性及其发生审计失败后人员的流向问题,这里"内资大所"选取立信、天健、信永中和、天职国际和大华这 5 家在此期间相对稳定的事务所。

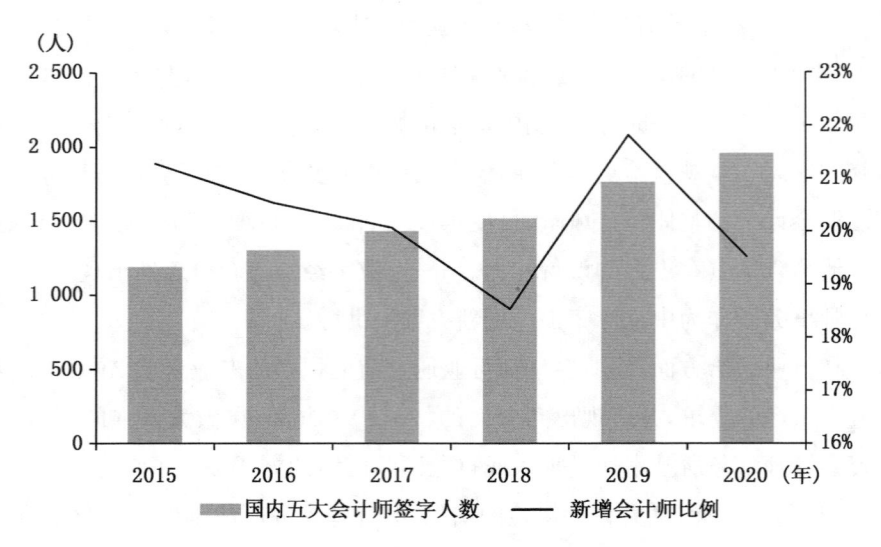

图 7－25　2015—2020 年国内大所签字会计师人数与新增占比

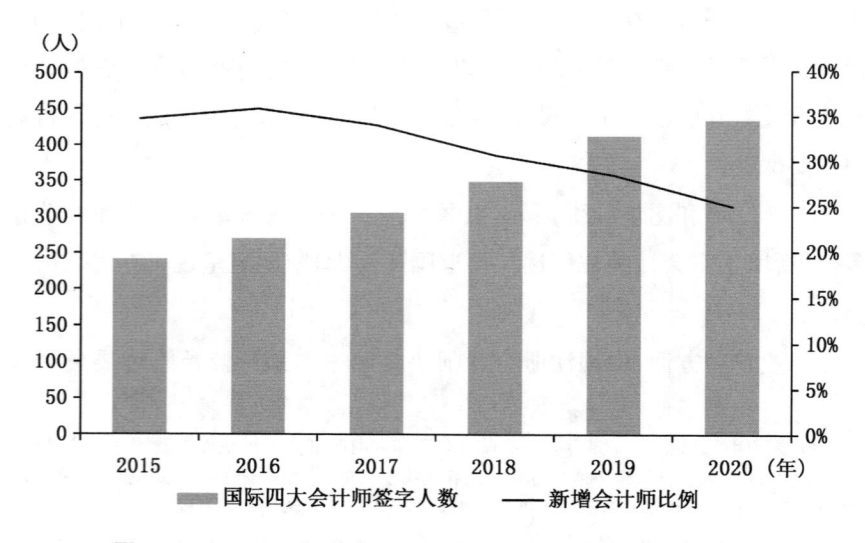

图 7－26　2015—2020 年国际四大签字会计师人数与新增占比

关部门对资本市场事务所年报审计的监管力度逐渐增大且更为精细化。同时，我国资本市场的整体改革与国际前沿类似，表现在关键审计事项、高新技术企业资本市场运作、上市公司 ESG 披露等方面。

总体而言，从 2014 年大部分会计师事务所合并基本完成至今，国内审计市场已初步形成一批具有声誉的大型会计师事务所,且这些会计师事务所内部治理质量显著提高。除在声誉、诉讼机制等传统审计质量的约束机制上不断改进,国内审计行业在监管、关键审计事项等实务上及时走出了符合资本市场发展现实的道路,体现了"干中学"发展模式的有用性。

六、高速发展中的审计程序缺失问题

(一)恶性竞争和会计师事务所业绩考核

利益冲突可能会导致会计师事务所之间的恶性竞争,进而引发审计程序缺失。上市公司聘用会计师事务所对本公司的财务报告进行审计,上市公司既是出资方,又是被审计单位。这一模式中,会计师事务所始终处于利益冲突的环境中,委托方的利益可能与注册会计师需要遵守的职业道德相冲突。尤其当审计市场的竞争变得激烈时,会计师事务所或注册会计师更有可能做出迎合委托方的行为以获得市场份额,比如降低审计收费或者降低审计质量。尽管治理层和管理层分别在审计工作中承担不同的责任,但总体上他们的利益具有一致性,无法有效地应对潜在的利益冲突。

有学术研究表明,具有证券资格的会计师事务所通过新设分所扩张时,会采用低价揽客的手段,并且审计工作的质量出现明显下降。而作为回应,当地的会计师事务所也会采用降价策略,最终引发了审计市场的恶性竞争(吴溪等,2018)。另一项研究利用高铁开通的外生事件,构造了双重差分模型,进一步验证了当某地区的审计市场竞争加剧时,财务报告违规的概率会上升,并且被出具非标准无保留意见的概率下降(Pan et al.,2022)。这些证据表明,由于不同会计师事务所之间的竞争导致的审计质量下降是客观存在的。

(二)案例分析:绩效考核引致审计程序缺失

会计师事务所内部的绩效考核可能导致不同团队之间相互竞争,进而引发审计程序缺失。首先,会计师事务所内部的资源有限,各项目组之间存在竞争关系。其次,在不恰当考核体系下,比如以收入或者利润作为首要考核指标,执业人员可能会降低工作标准,导致必要的审计程序没有得到有效执行。尽管审计程序缺失是被明令禁止的,但这种现象的存在具有客观的现实基础:第一,审计工作本身的利益冲突导致注册会计师需要迎合客户的需要,以达到

减少成本或粉饰报表的目的,否则可能会失去客户。第二,绩效考核的错误导向加剧了审计工作缺乏质量的现象,当不具备充足的资源时,减少审计程序以降低成本或者缩短工作时间的做法屡见不鲜。第三,监管力量不足放任了公共审计行业的乱象,我国的资本市场和审计行业在短时间内经历了迅猛发展,而监管措施相对滞后,法律法规的制定和有效监管力量的建立需要时间。

审计工作受到争议由来已久。2021年2月3日,德勤华永会计师事务所被员工在内部群发邮件举报。事件爆发后,包括央视新闻在内的媒体对这一事件进行了广泛报道,一时间业内和社会舆论震荡,并引起了监管部门的注意。2月10日,财政部网站发布公告称,高度重视德勤员工举报问题,并第一时间约谈了该所主要负责人。根据网络上流传的一份55页的举报PPT,举报人称德勤的审计工作中存在大量审计程序未执行的情况(业内称为"放飞机"),以及其他一系列违背审计准则和职业道德的行为,具体内容如表7—4所示。

表7—4 德勤内部员工举报所涉及客户公司及违规事项[①]

客户公司	时间	违规事项
中国外运 (601598.SH)	2016年	(1)审计抽凭程序未执行,要求客户直接填写后发回。(2)事务所内部控制缺陷,举报人被要求"放飞机"以尽快完成任务
北京乐金系统集成有限公司	2017—2018年	固定资产监盘表的实际金额与账面金额不符,意图篡改实际金额并通过修图方式伪造公章,在举报人坚持后改正。
红黄蓝 (RYB.NYSE)	2017年	(1)审计程序未执行,抽凭工作中胡乱填写凭证编号、日期和金额,伪造审计底稿。(2)发现管理费用系高管和董事长子女海外消费,但未采取进一步审计措施。(3)项目合伙人收受被审计单位价值几万元的美容卡,并上调审计费用,要求帮忙掩盖问题
博奇环保 (02377.HK)	2017年	存货监盘中发现明显减值迹象,但经理拒绝计提减值准备,并派人重新监盘后得出不存在减值迹象的报告

德勤会计师事务所是国际四大会计师事务所之一,在业内享有很高的声誉,此次事件不仅致使其自身声誉受损,而且连带整个审计行业被外界质疑专

---

① 根据举报人PPT整理,本文不对其内容真实性做出保证。

业性和独立性。根据举报人披露的信息,在不同年度,涉及 A 股、港股和美股上市公司的多个审计项目中,均出现了不同程度的审计程序未执行等违规现象,说明以上情形可能并不是个例。根据举报人描述,除审计工作质量问题外,会计师事务所的内部控制也存在重大缺陷:第一,高级别员工不仅教唆审计人员"放飞机",而且在产生争议后采取手段修改业绩评价,阻挠晋升和内部转岗。第二,举报人此前已经向内部管理层、声誉和综合风险管理部进行过沟通,但并未得到实质性的进展。第三,会计师事务所内部掩盖审计中发现的巨额逃税等重大问题,严重损害投资者的利益。

从德勤内部举报事件中可以发现,会计师事务所的经营目标仍是盈利,在现有的监管环境下,利益冲突对其执业质量构成重大威胁。举报人虽勇于将以上违规情节公之于众,但这可能对其后续职业发展造成负面影响。将希望寄托于从业人员基于职业道德的举报,从而改善审计行业的积弊沉疴,既不具有技术上的可行性,也不符合中国特色社会主义发展思想。总而言之,在当前经济环境下,公众审计领域的乱象应当得到充分重视,并且不能作为单个事件处理,而需要采取总体规划,从根源上加以整治,以便审计能够更高效地支持我国资本市场的良性发展。

(三)公共审计的规范对资本市场发展的意义

为保证审计工作的质量,无论是政府层面,还是行业自律层面,都亟须一套完善且有效的质量管理体系。2021 年 8 月 23 日,国务院办公厅印发《关于进一步规范财务审计秩序促进注册会计师行业健康发展的意见》[①](简称《意见》),该文件为规范审计市场秩序、促进良性健康的发展做出了战略性的布局。具体地,《意见》从依法整治财务审计秩序、强化行业日常管理、优化执业环境和能力三个方面提出 12 项主要任务,为"十四五"和今后一段时期我国注册会计师行业的发展指明了方向。在党中央和国务院的正确领导下,在各职能部门和职业群体的共同努力下,预期当前审计行业面临的诸多问题将得到实质性的改善。

公众审计在资本市场的发展过程中扮演着重要的角色,随着监管措施趋

---

① http://www.gov.cn/zhengce/content/2021－08/23/content_5632714.htm#.

严,行业纪律强化,更高质量的审计将为我国建设高水平的现代资本市场提供重要支撑。高质量审计能进一步保证上市公司披露信息的可靠性,在遏制上市公司违规行为、提高市场的定价效率以及加强投资者保护等方面都意义重大。自新《证券法》于2020年3月1日施行以来,我国资本市场建设进入了全新的阶段,尤其是全面推行证券发行注册制度的规划,对市场化和法治化提出了比以往更高的要求。在新的阶段,审计必须与时俱进,坚决摒弃陋习,为资本市场提供坚实可靠的信息。

第四节 强化中国资本市场审计功能的政策性建议

一、构建基于审计意见说明段(事项段)的信息披露生态系统

如上文所述,中国的非标准意见以无保留意见加说明段为主,而说明段内容又以被审计单位没有针对会计师事务所的审计调整要求进行调整的事项为主,这有别于美国的审计意见以持续经营意见为主。案例研究和实证研究的结果都表明现有的审计报告提供的信息不足,单就审计意见类型而言不足以提供决策所需的全部信息。因此,构建基于审计意见说明段(事项段)的信息披露生态系统对提高信息传递效率、支持我国建设现代资本市场的目标具有重要的意义。审计作为资本市场的信息中介之一,能够获得关于被审计单位的私有信息,并且审计方出于规避风险,以及证明自身专业性和独立性的目的,有动力披露增量信息。

通过审计报告提高信息传递效率已有先例。基于类似的逻辑,2015年后全球范围内进行了关键审计事项改革。首先是国际审计与鉴证准则理事会(IAASB)要求在审计报告中引入关键审计事项,随后中美等国也快速跟进。实践表明,关键审计事项的引入提高了资本市场信息传递的效率,并且进一步影响到审计工作的执行层面,比如,促进了审计的公司治理功能,使得审计的流程更加完善,以及提升了财务报告的质量等。这充分说明了审计方具有披露增量信息的能力,而且进一步构建审计意见说明段的信息披露生态系统是有必要的。

基于审计意见说明段(事项段)的相关分析,本章提出以下政策建议:第一,构建基于审计意见说明段(事项段)的信息披露生态系统,具体由注册会计师、被审计单位和财务报告预期使用者的三方关系组成。第二,赋予审计方额外的信息披露权限,进一步扩展注册会计师在审计意见说明段(事项段)中可披露信息的范围。第三,允许上市公司管理层对事项进行解释和披露,从而形成良性互动,既可提高信息效率,又可避免错误解读。

二、建立审计调整数据的常态化报备和分析系统

审计调整数据反映了审计工作中最核心的部分。如前文所述,审计调整体现了注册会计师在抑制利润操纵、挤压股市泡沫、保障再融资制度、维系退市制度、减少税收损失等方面的突出贡献。也正因为如此,中国注册会计师协会才会在行业声誉遭受质疑时建立审计调整数据的报备制度,并发布了行业发展报告。我们认为,审计调整数据作为珍贵的第一手资料,其报备有必要常态化。并且,审计调整数据对于会计师事务所的工作质量具有天然的识别作用,正确地使用能够鼓励行业内的良性竞争。

尽管披露更多的信息可以降低利益相关方之间的信息不对称,提高资源配置效率,但是,如果强制披露审计调整的信息,可能会对注册会计师的工作带来额外的成本。一方面,审计双方的沟通成本提高,当明知审计调整的数据需要向公众披露时,注册会计师可能会受到来自被审计单位更大的压力。另一方面,审计调整的信息披露具有外部性,是否调整以及调整的幅度会被用于评价注册会计师的工作,可能导致出于个人动机的恶性竞争。进一步地,审计调整的数据披露对上市公司而言总是弊大于利,[①]容易造成投资者对上市公司的信任危机。因此,审计调整数据只能对公众有限制或有条件地披露,公司维度的数据则不宜披露。

基于披露审计调整数据的利弊分析,我们提出以下政策建议:第一,审计调整的数据统一报备给监管部门或行业自律组织,并由其审查和编制格式化

[①] 无论调整的方向如何,审计调整的存在即说明管理层编制的财务报告存在缺陷,投资者并不能从中获取关于上市公司的积极信息。独立审计的最终目的是支持资本市场的规范发展,如果损害市场对上市公司的信心,则有违审计工作的初衷。

的定期报告向公众披露。这么做的好处是既强化了监管,又部分缓解了公众对第三方审计的专业性和独立性的担忧。第二,鼓励会计师事务所以事务所名义发布执业质量自查报告,在对客户信息保密的前提下使用审计调整的信息,从而鼓励审计的声誉机制发挥作用,强化第三方审计市场的良性竞争。同时,会计师事务所发布的信息可以是个性化的,能够向市场提供增量信息。第三,出于投资者保护的目的,在相关的诉讼或仲裁中,会计师事务所有义务提供审计调整数据。

三、激发本土市场的"干中学"机制

从1990年前后沪深证券交易所成立到2020年新《证券法》正式实施,我国注册会计师行业在资本市场上经历了从无到有、从旱涝保收到自负盈亏、从地区分割到服务全国、从追求规模到注重品牌四个阶段。在这一过程中,国内市场中头部会计师事务所已形成一定的规模及声誉,具备提供高质量审计服务的能力。然而数据显示,即使是头部的内资会计师事务所,与国际四大相比仍有不小的差距,具体表现为平均审计收费较低,说明其在执业能力和市场认可度等方面存在进一步发展的空间。

在政策的引导下,内资会计师事务所在"干中学"过程中实现了具有中国特色的行业发展。这是我国审计市场发展的宝贵经验,应当继续发扬从实践中学习的正确发展模式,积极应对阶段性主要矛盾,让审计在服务资本市场中发挥更大的作用。当前,独立审计面临的主要任务是服务于新发展阶段的资本市场。新《证券法》已于2020年3月实施,此次修订的重点为全面推行证券发行注册制度,完善投资者保护制度,提高证券违法违规成本和进一步强化信息披露要求等方面。我国资本市场正处于改革转型的关键时期,进一步市场化和法制化将是下一阶段的典型特征,而这无疑会对独立审计的监督功能和信息传递功能提出更高的要求。在此背景之下,加快培育本土优秀审计人才和与其能力匹配的事务所是重中之重。

基于国内审计市场的"干中学"机制,我们提出以下政策建议:第一,对内资会计师事务所给予一定的试错空间。比如,对审计专业性要求高的特定客户设计基于内资大所的招标模式。要充分发挥"干中学"的思想,必须提供充

足的实际操作机会,才能在实践中积累经验。第二,注重国内先进人才队伍的培养。充分利用国际和内资大所注册会计师的共同学习情境,比如,财政部的会计实务领军人才项目等。首先要承认自身与国际会计师事务所的差距,借鉴国际先进经验,从而实现跨越式的发展。第三,充分利用产业链完备优势培养内资会计师事务所的审计专业性。中国具有完备的产业链,一方面有助于形成具有全部行业专长的优秀人才队伍;另一方面,跨行业的工作经验对于拓展审计人员的思辨能力和创新思维也具有正面影响。

四、激励审计和其他治理相关方的协同监督

随着中国经济进入新发展阶段,上市公司的规模和业务复杂性不断提升,驱动审计的成本和风险快速上升。面对复杂的局面,审计和其他治理相关方有相互配合、协同监督的内在需求。如果能够探索出恰当的交互模式,不仅能够降低审计成本和审计风险,提高工作效率和信息传递效率,而且有助于提升上市公司的内部控制完善性和风险应对能力。在现有的实践中,独立审计已经能够在一定程度上利用内部审计的工作,如利用可信赖的内部审计工作相关部分的成果,或利用内部审计人员提供直接协助等。这也证明了这一思路具有实际的可操作性。随着法律法规的进一步规范和技术手段的不断进步,审计和其他治理相关方的协同监督在未来具有更大的拓展空间。

尽管审计和其他治理相关方的协同监督符合发展规律,但在真正实施的时候还需面对一些固有的障碍。首先是缺乏制度的支撑,除个别情形外,审计和其他治理相关方如何协作普遍缺乏规范。这也进一步导致各方缺乏信任感和主观能动性,比如,在产生意见分歧时,何方的观点具有权威性,以及何方需对产生的后果承担责任,等等。其次是缺乏统一的标准,尽管各治理相关方的总体目标具有一致性,但具体目标存在差异,使用的指标和执行标准也不尽相同。比如,独立审计的目标是对财务报表编制是否符合相关编制基础发表意见,而内部审计则可能服务于公司的目标实现。

基于各治理相关方的协同监督机制,本文提出以下政策建议:第一,明确各方的责任和义务。与独立审计一起发挥协同监督作用的其他治理相关方可能为内控(内审)部门、独立董事、机构投资者以及投资者访问系统。各方的责

任和义务需要明确界定,具体的规范可能是政府或中国注册会计师协会制定法律法规,也可能是会计师事务所的内部规范,还可能是上市公司的章程。第二,打破信息交换壁垒,建立可相互理解的标准。建立独立审计和其他治理相关方的工作会议制度,整合力量完善公司的内部治理,确保各方之间的信息传递具有高效性。加强信息化建设,利用数据库和程序流将底层数据标准化,确保各方的交流基于同样的信息基础。

五、对国有控股客户提供有针对性的鉴证服务

国有控股客户具有多元化的目标,需要有针对性的鉴证服务。民营上市公司业绩评价和审计工作的重心以会计利润为主,但国有上市公司的经营目标是多元化的,不仅需要接受资本市场的考核,而且需要面对国有资产监督管理委员会的考核。2019年4月起实行的《中央企业负责人经营业绩考核办法》[1]规定,要根据国有资本的战略定位和发展目标,结合企业实际,对不同功能和类别的企业,突出不同考核重点,合理设置经营业绩考核指标及权重,确定差异化考核标准,实施分类考核。比如,除净利润以外,考核办法中还引入了经济增加值(EVA)的业绩指标。经济增加值等特殊指标的计算,不在会计准则的规范之列,因此,标准的审计流程中并未对此施加审计程序,也不发表审计意见。但在实践当中,这些定制化的考核办法具有相当强的重要性,实证研究表明国有企业负责人的升迁充分考虑了社会责任的承担(刘青松和肖星,2015)。因此,针对国有控股企业,独立审计可以提供有针对性的鉴证服务,对诸如经济增加值等指标的核算发表审计或鉴证意见。

国有核心企业的信息保密程度应当区别于一般上市公司。在我国,国有经济在国民经济中具有主导作用,大量的国有企业处于关键行业和关键领域,有时还承担着技术攻坚的战略任务。注册会计师在对国有核心企业进行审计时所获取的专有信息,其保密程度应高于一般上市公司。此外,其他面临特殊审计监管环境的公司,比如在境外上市公司,其所面临的特殊压力对信息保密工作造成的不利影响,同样应当引起监管部门的充分重视。针对以上情形,需

---

[1] http://www.sasac.gov.cn/n2588035/n2588320/n2588335/c20166842/content.html

要就会计师事务所提供的审计服务、其他鉴证服务乃至非鉴证服务,对信息保密程度做出专门的规定。

基于国有控股客户特殊性的分析,我们提出以下政策建议:第一,在标准的审计业务之外,针对国有控股企业提供定制化的鉴证服务或者非鉴证服务。为保证财务数据的可比性,原有审计业务不应有所变动,因此,有针对性的鉴证服务应当单独构成业务。第二,针对国有核心企业和其他面临特殊审计监管环境的上市公司,制定更高等级的保密条款,保证核心秘密的安全性。具体应当体现在两个方面:一方面,对注册会计师获取关键信息的权限加以审查,属高度机密的,制定法律法规免予审计;另一方面,进一步提高审计工作底稿的保密程度,有效识别特殊风险,建立更严密的防火墙。

六、避免绩效考核导致的审计程序缺失问题

利益冲突和不当的绩效考核设置是导致审计程序缺失的主要原因。上市公司既是被审计单位,又是支付审计费用的一方。在这种环境下,事务所和事务所之间以及事务所内部极易形成不当的绩效导向,最终引发审计程序缺失的严重后果。伴随着中国经济的腾飞和资本市场的快速发展,审计行业也经历了一段粗放式发展的时期,监管措施相对滞后。如今,在中国特色社会主义发展思想的引领下,在新《证券法》颁布后的资本市场发展新阶段,审计工作也需要与时俱进,为资本市场提供坚实可靠的信息。在避免审计程序缺失的问题上,监管部门和行业自律组织既要通力合作,又要有明确的分工。

对此,我们提出以下几点建议:第一,解构审计业务的利润来源。当存在单一客户占会计师事务所整体或某一分部的收入比重过高,或者某一会计师事务所在开拓新市场和新业务时,很可能对审计独立性造成不利影响。第二,精准调控市场中恶性竞争的分割型市场。审计程序缺失的发生很可能具有共性,比如以安然公司为代表的能源行业集中爆发了财务丑闻。分割型市场可能是某一地区,也可能是某一行业。要充分利用现代化的技术手段进行精准调控,比如借助大数据等技术手段,以上市公司或者会计师事务所为核心开展舆情分析。第三,强化行业日常监管,改善执业环境。监管部门对会计师事务所的绩效考核指标设置进行定期审查,如果存在可能导致恶性竞争或审计程序缺失问题的现象,就要严格要求整改并予以披露;拒不改正的,处以罚款甚至吊销执业许可等严厉处罚。要求会计师事务所建立内部举报制度,同时确保向监管部门举报的渠道畅通且有效。

第八章　提升中国特色现代资本市场的国际影响力

摘　要：本章在对我国A股市场发展的成就以及面临的挑战进行梳理的基础上,从吸引国际高科技企业来华上市、提升A股市场再融资效率,以及以科创板为抓手,进一步深化A股市场改革等角度进行深入分析,并提出相应的政策建议。本章从大力吸引境外高科技企业汇聚我国A股市场、充分发掘国际优秀创业公司在华上市发展,以及充分发挥我国软硬件设施上的优势,以提升我国营商环境这三个方面出发,对于如何逐步开放我国资本市场及对境外企业的开放程度,提升其对境外优秀企业的吸引力,以更好地提升资本市场的国际影响力,提出相应的政策建议;在再融资政策研究方面,本章从A股市场与境外成熟市场在再融资政策上的深入比较入手,对于如何进一步深化资本市场改革,在充分考虑上市公司的业绩运营情况,科研投入产出以及之前股票市场募资使用情况的基础上,建立一个更适合高科技企业特点的上市企业股权融资信用动态评价体系,以提升A股市场再融资效率,提出相应的政策建议;最后,本章以科创板注册制改革为契机,从进一步加强注册制的实验和推广、放宽科创板上市公司行业范围,以及加强对科创板上市和融资政策的宣传,以促进高科技企业的发展重心转移到关键技术的研发上来这三个方面,对进一步深化现代化资本市场改革,提出相应的政策建议。

第一节　我国 A 股市场发展的国际比较分析

近年来,习近平总书记在全国金融工作会议等多个场合做出重要指示,强调指出金融是国家重要的核心竞争力,是现代经济的核心。证监会易会满主席也进一步指出,资本市场作为现代经济体系的重要组成部分,一个主要使命是通过股权投资融资等市场化机制安排,充分发挥市场在资源配置中的决定性作用。目前,我国 A 股市场筹资总额和交易数额居世界前列,在现货黄金和多个商品期货交易数量上更是居于全球首位。

具体以股票市场为例,自 1990 年底中国成立股票交易所以来,A 股市场的规模日益壮大。图 8—1 是自 2001 年起我国沪深两市上市公司数量(柱形图部分)和总市值变化(折线图部分)趋势图。如图所示,A 股市场上市公司数量持续稳定增加,从 2001 年的 1 000 家公司左右到 2021 年底的 4 615 家,增长了四倍有余。上市公司总市值也呈现上升趋势,从 2001 年的 4 万亿元增加到 2021 年底的 91.6 万亿元,增加了二十余倍。

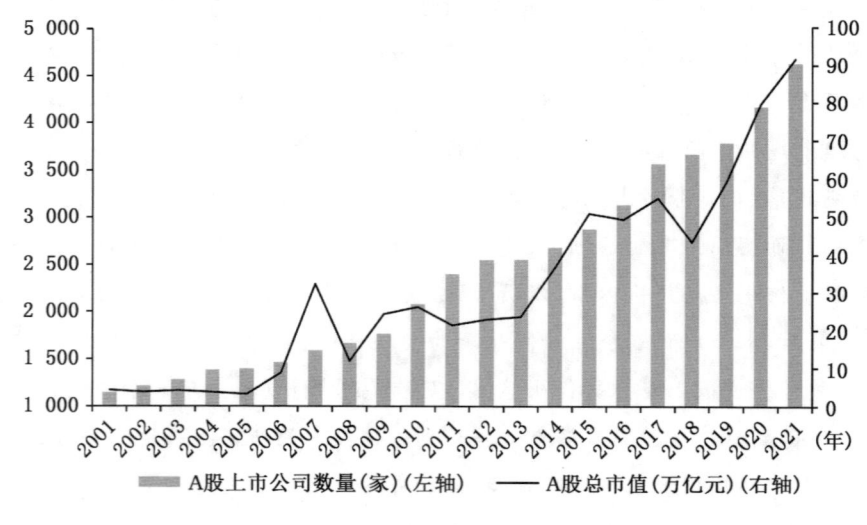

图 8—1　A 股上市公司数量和总市值变化趋势图

接下来,我们从国际视野来分析中国 A 股市场发展情况。表 8—1 基于世界交易所联合协会于2021年发布的数据,列出了世界上十大证券交易所的市值和成立时间信息。考虑到上海证券交易所(上交所)和深圳证券交易所(深交所)都是在1990年成立,距今仅三十多年时间,与其他成立了两三百年的西方国家老牌交易所相比,我国两大交易所的综合市值已经分别排在全球第三位和第六位,这样的成绩足以令人自豪。

表8—1　　　　　　　　　世界十大交易所总市值

交易所名称	所在地	成立年份	总市值(亿美元)
纽约证券交易所	美国纽约	1817	276 869
纳斯达克证券交易所	美国纽约	1971	245 571
上海证券交易所	中国上海	1990	81 547
泛欧证券交易所	法国巴黎	1602	73 337
东京证券交易所	日本东京	1878	65 443
深圳证券交易所	中国深圳	1990	62 198
香港证券交易所	中国香港	1891	54 342
伦敦证券交易所	英国伦敦	1773	37 995
孟买证券交易所	印度孟买	1875	35 480
多伦多证券交易所	加拿大多伦多	1852	32 641

但是另一方面,我们也要看到我国A股市场与美股市场整体相比还存在比较大的差距。这些差距具体体现在以下几个方面:

1. 在上市公司总市值上的差距

图8—2显示了自2001年开始,A股与美股总市值的对比(单位统一为万亿美元)。由图可知,中国A股上市公司总市值显著低于美国股票市场上市公司总市值。最近几年,中国A股市场上市公司总市值平均来说只有美国市场的五分之一左右。具体到2021年,中国的GDP约为美国GDP的77%,但中国A股市场上市公司总市值只有美国市场的27%。哪怕与我们的邻国日本相比,2021年中国的GDP已经是日本GDP的3.3倍,但是中国A股市场总市值只有日本市场的2.2倍。可见,相对于我国的经济发展成就而言,中国A股市场成长状况相比于美国、日本这样的发达经济体还有一定的差距。

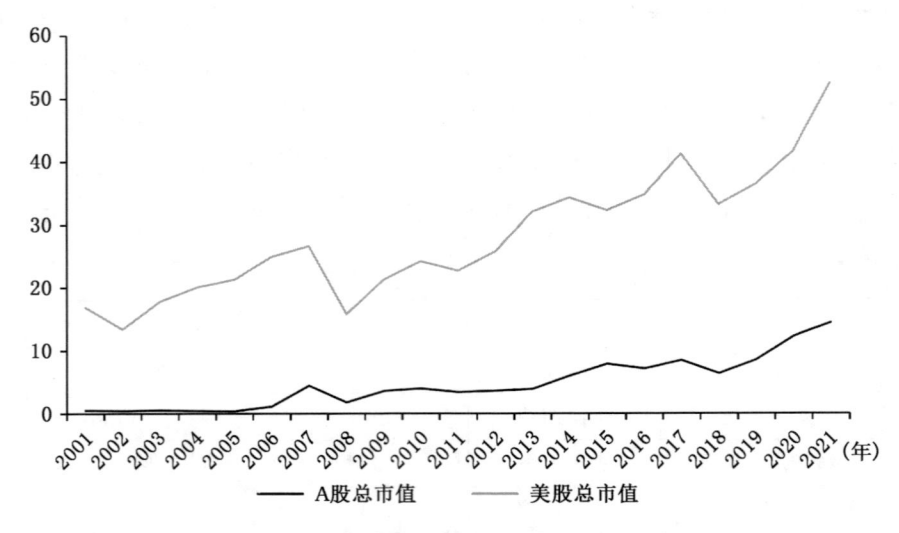

图 8-2　A 股与美股上市公司总市值(万亿美元)

2. 在上市公司产业结构上的差距

中国 A 股市场与美国股票市场的差距还体现在上市公司的产业结构上。在现阶段,由于以往上市制度的束缚,上证指数主要反映的还是以金融地产、传统制造业和传统消费行业为主的"旧经济"公司,体现更多的是中国经济昨天的成绩,而非明天的期望。同时,上证市场中也比较缺乏真正能够将影响力辐射全球的国际化商业巨头。而纵观美国股票市场,在 2008 年金融危机之后,美国股市顺应时代趋势,吸纳了更多的新兴产业和高科技公司,催生了以高科技、互联网公司为代表的长期牛市。但对于在中国本土产生的科技含量更高、国际知名度更大的"新经济"行业的代表公司,其融资和上市过程则主要在以美股和港股为代表的境外市场上完成,这使得 A 股市场没有很好地与过去 10 年间中国经济的发展尤其是高科技新兴行业的发展相契合,因此给投资者带来的总体回报也差强人意。

3. 在国际化程度上的差距

以美国股票市场为参考,在美国股市过去十几年的发展中,在美国上市的非美国公司起到了重要的作用。图 8-3 显示了自 2001 年以来,在美国上市的美国和非美国公司数量的变化趋势。

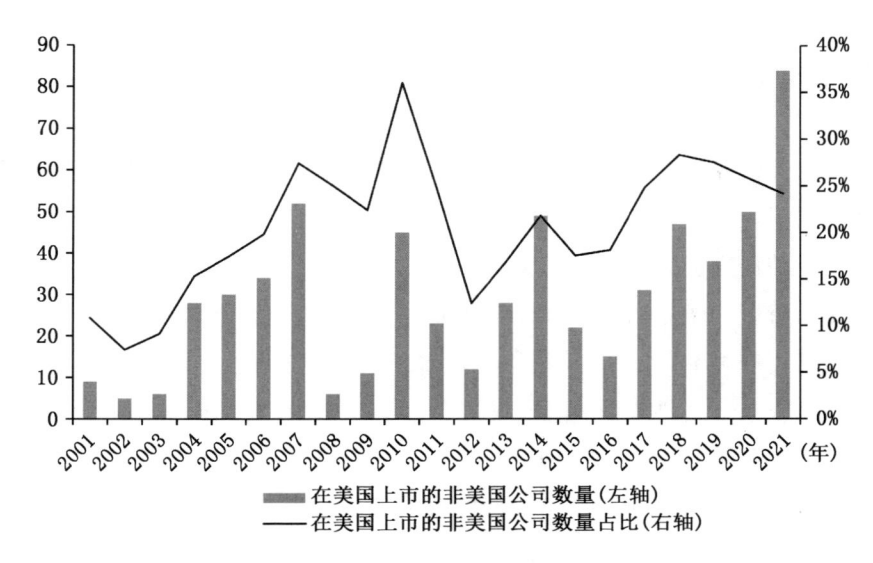

图 8—3 在美国股票市场上市的非美国公司数量和占比

统计可知,自 2001 年以来,平均每年在美国上市的非美国公司数量在 30 家左右,在每年美股市场所有上市公司中的平均占比超过 20%。尤其是最近 5 年来,每年在美国新上市的非美国公司都在 30 家以上,占比都在 20% 以上,显示出美股市场对非美国公司保持着较强的吸引力。然而,在我国 A 股市场中,目前仍然仅有本土企业上市发展,因而 A 股并未充分享受到如今经济全球化发展的红利,这在一定程度上制约了市场的全面快速发展。

另外,特别值得注意的是,在美国上市的公司中不乏很多优秀的中国公司。据统计,最近 5 年平均每年在美国上市的中国公司约 22 家,平均占比约 15%,而历年来在美国市场上市的中国企业总数超过 200 家。这些优秀的公司由于以往上市制度的束缚,只能选择在境外上市,这对于中国市场和中国投资者而言,是一个很大的遗憾。

由上可知,目前虽然我国 A 股市场的发展已取得一定的成就,但与美国股票市场等境外成熟市场相比,还存在一定的差距。尤其是在国际化方面,在美国股票市场的发展过程中,非美国公司一直发挥着非常重要的作用,而我国 A 股市场目前仍然依赖于本土企业,使其发展在一定程度上受限。如何在我国 A 股市场已取得成绩的基础之上,进一步提升我国 A 股市场上市公司质量,增强A股市场在全球范围内的影响力、吸引力和战略优势,建立起符合中国新经济发展模式的资本市场运作机制,是我们需要认真考虑的问题。接下来,第二节从大力吸引境外优秀高科技企业、优秀创业企业来华上市,以及提升我国软件营商环境三个方面,对于如何提升我国A股市场国际吸引力进行阐述。在第三节中,本文考虑到提升融资效率是吸引高科技企业的关键之一,而我国目前再融资效率相比于成熟市场还有一定差距,因此,本文在参考香港证券交易所更加便捷的再融资政策的基础上,结合A股实际情况,提出了一个既能够提升再融资效率,又能够有效控制风险的股权融资信用评价体系,从而更好地服务于高科技企业融资发展。在第四节中,我们以科创板这一中国资本市场注册制改革的"试验田"为抓手,提出了进一步深化注册制改革,建设更加完全、市场化的注册制等政策建议,以进一步提升A股市场的国际吸引力。我们希望通过这一系列政策措施,能够使我国A股市场容全球不同国家和地区的百家之长,纳各行各业的百家之慧,从而更好地提升A股市场的国际吸引力和影响力。

第二节 大力吸引境外高科技企业和优秀初创企业来华上市

如前所述,自三十多年前成立以来,我国A股市场发展迅速,科创板和北交所的发展壮大,以及注册制改革的实施,彰显出资本市场改革卓有成效。然而,我们也应意识到,A股市场的国际影响力与香港交易所、纳斯达克等境外成熟市场相比还有一定差距。在美股市场,非美国公司一直扮演着重要角色,市值占比一直在30%左右。而A股市场目前仍仅允许中国内地企业上市,在一定程度上不利于其进一步改革发展。同时,在经济全球化背景下,高科技企业往往进行全球产业链布局,对于国际交流合作的需求也日益增强。有鉴于此,我们应逐步提高我国资本市场对境外企业的开放程度,大力吸引境外优秀企业来华上市,不仅有利于增强我国资本市场的国际吸引力,而且对增进我国优秀企业与境外企业的科技交流往来,从而更好地服务于实体经济发展有重要作用。接下来,本节将从大力吸引境外高科技企业汇聚A股市场和充分发掘国际优秀创业公司来华上市发展这两个方面出发，对于如何提升 A 股市场对境外优秀企业的吸引力，以进一步提升 A 股市场国际影响力，更好地助力于实体经济建设，提出相应的政策建议。

一、大力吸引国际高科技龙头企业汇聚现代化 A 股市场

在经济全球化的大背景下，高科技企业的产业链往往是全球布局。对于任何单独一家公司而言，哪怕它再有能力，也很难做到从上游到下游所有技术环节通吃。在中美之间"科技战"短期内很难终止，而中国境内本土公司在短期内还需要依赖于境外企业的芯片等先进设备供应的情况下，我们应当进一步加大资本市场改革力度，把我国 A 股市场建设成为能够对标国际最高水平，受到国际投资者广泛认可的资本市场，从而吸引在供应链上掌握关键技术环节的境外优秀公司来中国境内资本市场上市。

吸引国际高科技龙头公司上市在目前中美关系紧张的背景下，有着尤其重要的意义。近年来，美国政府频频以"贸易战""科技战"等方式，试图切断、打压我国高科技企业。虽然目前"贸易战"有所缓和，但在"科技战"上中美的碰撞仍然很激烈。近日，美国商务部还以危害美国安全为由，将 12 家中国企业列入"实体名单"，将著名物理学家潘建伟院士领衔的合肥微尺度物质科学国家研究中心等研究机构加入"黑名单"。被列入美国商务部的"实体名单"，意味着美国本土公司或在美股上市的公司必须获得特别许可才能向这些公司出售产品，而这个申请很可能被拒，因此，中国企业被加入"实体名单"后基本无法与美国公司进行后续交易。如果中国企业的核心芯片等设备依赖于从美国龙头企业进口，对中国企业的影响就可能是巨大的。如何通过资本市场的改革开放，更好地促进中国企业与其上下游的交流合作，帮助其更好地应对美国"科技战"的压力，是我们需要认真思考的问题。

吸引龙头企业来华上市可以取得一举多得的效果。其一，吸引境外龙头企业来科创板上市，并鼓励其在中国内地设立研发中心和生产基地，可以使这些企业的中国内地业务发展过程中使用的资金源于中国，相应的研发专利产于中国，面对客户的生产过程也基于中国。这将会大大降低其对美国市场和资源的依赖程度，从而尽可能地避免其与中国企业的合作陷入美国的"科技

战"影响范围之内。其二,吸引具有广泛国际知名度和影响力的公司来 A 股上市也可以发挥良好的示范效应,对后续吸引其他掌握关键技术的境外高科技企业来中国资本市场上市发挥重要助推作用。其三,境外高科技企业在中国 A 股市场上市融资之后,就加上了"企业融资-股权持有"之间的关系。这能够为让它们做出对中国市场和合作伙伴有利的战略决策增加重要的砝码,从而为其与中国高科技企业的稳定合作提供进一步的保障。

吸引这些拥有关键技术的境外高科技公司来华上市的一个重要途径是鼓励这些优秀公司在华设立子公司,并优先吸引其子公司上市。境外优秀企业来华发展时,一个潜在的担忧是其核心技术的私密性能否得到有效保护,因而其可能并不愿意提供全部业务的会计底稿以供审核。在此情况下,我们可以适当简化流程,只对在华子公司业务的会计报表进行审核,这样既提高了审批效率,也可以大大提升对境外优秀企业的吸引力。

实际上,吸引境外高科技公司在境内资本市场上市已有成功的先例。2018 年 6 月,中国台湾企业家郭台铭旗下的工业富联公司在上海 A 股市场成功上市。工业富联是富士康公司向工业互联网转型的结果。以中国制造 2025 发展为导向,富士康将物联网、机器人、人工智能等相关业务拆分出来,组成了工业互联网业务,并于 2018 年在上交所上市。借助于公司上市的融资,工业富联在过去一年持续加大在中国境内核心领域研发的投入,特别是在包括 5G 在内的云网设备及工业互联网研发投入上同比增长接近 50%。工业富联也在国内多个城市,包括深圳、成都、郑州、太原等处设立的工厂内采用了自动化的联网机器人设备。所以,在华为受到美国"科技战"冲击事件中,同样作为华为的重要供应商,在深圳注册并且在上交所上市的工业富联基本没有受到"实体名单"禁令的影响。

参照工业富联的模式,如果我们能够成功吸引台积电等国际芯片顶级制造商(或其中国业务部分)来科创板上市,不仅可以避免其在如今中美关系紧张的情况下受到美国监管机构的牵制,而且便于推动台积电更好地在内地布局。台积电公司总部位于中国台湾地区,现为全球最大的芯片制造商,占有全球 60% 左右的市场份额。目前,台积电公司同时在中国台湾证券交易所和美国纽约证券交易所挂牌上市。因此,台积电公司需要受到美国相应机构的监管,遵守美国市场的各项信息披露规则。我们需要考虑到,当中美关系进一步紧张时,美国政府有可能通过其资本市场上的监管权来影响台积电公司的政策,从而影响台积电与华为等中国高科技公司的合作。因此,虽然台积电的总部并不在中国内地,但是由于其在美国上市,其与中国其他高科技公司的合作在中美关系紧张的情况下仍然存在相当大的未知风险。

在中国其他公司短期内还无法取得与台积电相媲美的芯片制造能力的情况下,我们可以考虑利用科创板的灵活制度,为像台积电这样掌握关键技术环节的公司与中国高科技企业的稳定合作提供进一步保障。具体而言,我们应该大力鼓励台积电,或至少台积电的中国业务部分,来华上市。这样做的好处如下:一是尽量减少台积电的中国业务部分对美国资本市场的依赖程度,尽可能地避免台积电陷入美国的长臂管辖政策范围之内;二是通过鼓励台积电在华上市,进一步吸引具有高附加值、高重要性和不可替代性的技术和资本在中国体系内运行;三是借助吸引台积电在华上市的过程,进一步拉近其管理层与中国商业伙伴的联系。目前,台积电已经在南京建立了中国内地最先进的芯片制造基地,并已于 2018 年下半年开始量产芯片。对于台积电而言,如果它能够将其中国业务部分在科创板上市,其融资额就可以直接用于在中国内地进一步的生产研发等活动,也能助力于公司长期整体的发展。

实际上,类似于台积电这样在高科技产业链上拥有重要关键技术的境外公司还有很多,比如英国 ARM 公司和荷兰 ASML 公司等。英国 ARM 公司是全球领先的手机智能芯片基础架构提供商,华为出品的麒麟 980/990 等高端手机芯片都是基于 ARM 公司授权的 V8 架构设计的。荷兰 ASML 公司则垄断了全球高端光刻机市场,是世界上最高端的 EUV 光刻机的唯一提供商,而光刻机是台积电和中芯国际等半导体厂商生产芯片的最关键、最核心的设备。目前,ARM 和 ASML 等公司实际上对中国市场非常感兴趣,愿意与以华为为代表的中国高科技公司建立长期的合作关系。同时,华为等中国公司也是它们的大客户,是其收入和利润的重要来源。然而,ARM 和 ASML 公司都与美国有着密切的联系,容易受到美国长臂管辖政策的影响。在华为事件中,英国 ARM 公司在一段时间中迫于美国长臂管辖政策的压力不得不与华为停止交易,因而华为未来的芯片设计就无法获得 ARM 公司下一代的 V9 架构授权，这会对华为的芯片设计开发构成巨大的考验。同样地，生产光刻机的荷兰 ASML 公司的很多关键技术和专利来自美国，因此也有可能会受到美国长臂管辖政策的制约。未来，一旦美国对其进行禁令约束，中国的中芯国际等芯片制造公司就有可能无法购买下一代光刻机设备，从而对公司运营造成严重威胁。因此，这些国际领先的高科技公司与中国公司的合作或多或少地面临着美国长臂管辖的风险。

在此情况下，我们应致力于将 A 股市场建成对标国际最高水平，能够受到国际投资者广泛认可的资本市场，从而吸引这些拥有关键技术的海外公司，或至少其在华业务部分，来 A 股上市。这样可以让这些高科技产业链上关键技术的提供商变成在中国注册，并且在中国资本市场上市的公司，能够大大减少其与美国的联系，避免其与中国企业的合作受到美国"科技战"的冲击，从而为我国高科技行业的发展提供更好的保障。同时，如果我们能够成功吸引像台积电这样有广泛国际知名度和影响力的公司来科创板上市，就可以发挥良好的示范效应，对后续进一步吸引其他境外高科技企业来以科创板为代表的 A 股市场上市发挥重要助推作用。

二、充分发掘国际优秀创业公司来华发展上市

在吸引境外优秀企业来华上市时，我们的目光不应局限在已经占据行业顶端的成熟高科技公司上，也应关注全球范围内那些有技术、有想法、有潜力的创业公司。

我们应该意识到，万丈高楼平地起，每一家优秀的公司都是从创业公司起步的。苹果公司就起源于乔布斯在其家中组装的 50 台电脑，谷歌公司则是两位斯坦福大学毕业生在车库成立的。在国际上，有很多有技术、有发展潜力的初创型公司，但它们现阶段在营业收入和经营利润上尚未完全成型，而这样的公司是真正急需市场资金注入的。我们希望通过中国股票市场对这些公司在其发展的关键阶段进行有力扶持，吸引它们来华发展、融资、上市、壮大，助力我国资本市场发展。

我国 A 股市场应具有全球视野，在全球范围内充分发掘不同国家、不同地区内具有长期发展潜力的优秀创业公司。例如，在以色列这样一个面积不

到2.6万平方千米、人口不到1 000万的国家,拥有超过6 000家科技初创公司,平均超过1 000人一家,这样的比例位居全球第一。同时,以色列初创公司中,有近百家公司在纳斯达克上市,其科技含量很高,属于"小而美"的优秀企业。即时通信软件的"鼻祖"即以色列公司ICQ,英特尔全球畅销的酷睿电脑处理器也是在以色列研发完成的。由此可见,以色列的初创公司实力非常强,据统计,所有初创企业中有超过20%被英特尔、微软等收购,可见以色列"小而美"公司的科技实力是受到国际广泛认可的。

如上所述,我们应加大资本市场改革力度,对有意来华上市的优秀科技公司,应与其充分沟通,了解对方对于融资需求、自身发展和区域协同等方面的计划,为其量身打造能够最大限度上利用A股市场募资的方案,从而更好地吸引这些境外优秀企业将资金、技术和人才投入中国境内。

三、大力提升我国资本市场融资营商环境

在改革开放初期,我国吸引跨国公司来华发展,主要是依靠低成本的劳动力。然而,随着人口老龄化和劳动力成本的提升,我国的人口红利逐渐减弱,对跨国公司的吸引力有所下降。在现阶段,中国吸引境外企业的一个重要优势是优秀的软硬件基础设施。以在上海成立的特斯拉超级工厂为例,其在不到一年的时间内就交付了首批纯电动新能源汽车,实现了当年开工、当年投产、当年交付。这样的"特斯拉速度"在国内外引起巨大反响。特斯拉超级工厂的建立对上海及其周边地区整个电动汽车产业链的发展起到了重要的促进作用,同时也对上海科创中心的建设提供了全新的助力。

特斯拉超级工厂建设的成功离不开我国依靠硬件和软件优势搭建的优秀营商环境。在硬件方面,上海提供了优秀的基础设施建设,工地日夜开工,抓紧建设,在签订土地出让合同后仅仅10个月的时间内就完成了竣工验收。在软件方面,特斯拉从超级工厂建设之初,就获得了包括建行、农行、工行、浦发银行等多家银行提供的约5亿美元的低息贷款。2019年12月,特斯拉再次从这几家银行获得约100亿元人民币的低息贷款,用于偿还其前期债务和拓展现有业务。

在感叹"特斯拉速度"的同时,我们也应注意到,由于此次特斯拉公司在中

国市场上并没有采用以股票发行为代表的直接融资方式，而是采用了向银行贷款的间接融资方式，因此，由上海超级工厂的成功所带来的特斯拉企业价值的增长并没有充分惠及我国投资者。另一方面，仅仅通过银行贷款甚至是低息贷款向高科技企业提供融资的方式很难在更大层面上推广。考虑到位于新兴行业中的高科技公司的营收和利润往往存在较大的不确定性，而银行在贷款过程中只能获得固定的利息，因此，银行在给新兴高科技企业贷款中所承担的风险和收益可能存在不对等的情况，而过多地贷款给这些具有较高风险的新兴企业也不符合银行风险审慎监管的要求。因此，特斯拉在中国通过银行低息贷款的融资方式，某种程度上来说是一种"特事特办"的情况，而我们不应强行要求国内的银行在其后续商业运作中持续为风险较高的新兴高科技企业提供大笔低息贷款融资。

在此情况下，我们应该充分利用以股票市场为代表的资本市场直接融资方式来进一步增强我国的软件优势，提升我国营商环境，从而更好地吸引全球优秀高科技公司来华上市发展。具体而言，我们可以考虑出台扶助这些企业来华发展的政策，只要它们愿意带着核心技术和团队来华发展，我们就通过提供配套的在A股上市的一条龙式的快捷融资通道，在中国内地设厂、发展、融资、壮大，实现"拎包入住"，从而能够更好地发掘具有14亿人口的巨大消费市场中所蕴藏的机会。

我们应该意识到，吸引境外高科技公司来华上市是一个多赢的措施。首先，对于高科技公司自身而言，由于股票市场融资方式灵活，用款限制相对宽松，同时也没有到期还本压力，它们实际上更倾向于通过股票市场进行直接融资。其次，对我国A股市场而言，吸引全球范围内的行业顶尖公司上市，可以发挥良好的龙头示范效应，对后续吸引其他高科技企业，为进一步提升A股市场的国际影响力发挥重要助推作用。同时，这样也可以让新经济、新技术、新业态在中国资本市场上定价，更好地助力我国实现全球资源要素配置功能。最后，吸引国际科技龙头企业在境内设立厂房及分公司，可以促进其整个相关产业链的国产化进程，更好地带动该产业链上下游的国内科技公司，尤其是在本地的高科技企业的全面发展，从而更有力地推动科技发展建设。我们衷心希望，通过吸引优秀境外企业来华上市，能够进一步提升我国A股市场的国际影响力,更好地服务于我国经济发展和实体建设。

第三节　建立股权融资信用评价体系,提升再融资效率

如前所述,我们应大力吸引境外高科技企业和优秀创业科技公司来华上市。因此,在进行资本市场改革时,应相应契合这些优秀科技公司的特点。考虑到目前国内外经济都处在从传统行业向以高科技产业为主的现代化新增长模式转变的背景下,人工智能、大数据等高科技行业不断发展,涌现出一批优秀科技公司。然而,我们注意到不仅A股市场缺乏优秀境外高科技企业,而且很多本土知名科技企业可能更倾向于选择中国香港证券交易所(简称港交所)或者美国纳斯达克或纽约证券交易所(简称纽交所)等成熟市场作为首次上市公开发行股票的地点。另外,在近几年美国对中国企业赴美上市进行政策限制的背景下,很多中国高科技公司纷纷选择回国进行二次上市,但是它们选择二次上市的地点往往是港交所。同时,我国很多本土知名科技企业也把其首次上市公开募股的地点选在了港交所。由此可见,我国A股市场对优秀科技企业的吸引力相比于港交所、纳斯达克和纽交所等成熟市场,还有一定的差距。

在本节中,我们将从如何提升融资效率角度,分析我国A股市场与港交所等成熟市场对于优秀高科技企业吸引力上的差异。研究发现,相比于港交所而言,A股市场上相对复杂的再融资程序可能是不少高科技公司选择在香港市场上市融资的一个重要原因。有鉴于此,本节在借鉴我国港交所再融资政策,并结合我国A股市场实践情况的基础上,提出了构建具有中国特色的上市企业股权融资信用评价体系,以提升上市公司再融资效率,进一步提升我国A股市场对国际优秀企业的吸引力。

一、中国A股市场与港交所等成熟市场再融资政策比较研究

企业上市融资分为首次上市公开募股(Initial Public Offering,IPO)与再融资(Seasoned Equity Offering,SEO)。其中,首次上市公开募股是指公司通过证券交易所首次公开向投资者发行股票,从而募集资金用于公司发展的过

程;再融资则是指已经上市的公司通过增发、配股或发行可转换债券等方式再次在资本市场上融资的过程。近年来,科创板的发展壮大和注册制改革的实施为优秀科技企业在我国A股市场的首次公开募股上市融资提供了新的机遇,中国特色资本市场的发展取得了令人欣喜的成绩。2020年,我国证监会发布了新版《上市公司证券发行管理办法》[①]、《创业板上市公司证券发行注册管理办法》[②]和《发行监管问答——关于引导规范上市公司融资行为的监管要求(修订版)》[③]等政策文件,以更好地规范我国A股市场上市公司再融资行为,促进再融资效率的提升。目前,我国A股市场上市公司再融资一般需要报证监会受理,并经历反馈会、初审会、发审会、封卷、核准发行等多个流程,具体审批过程如图8-4所示。[④]

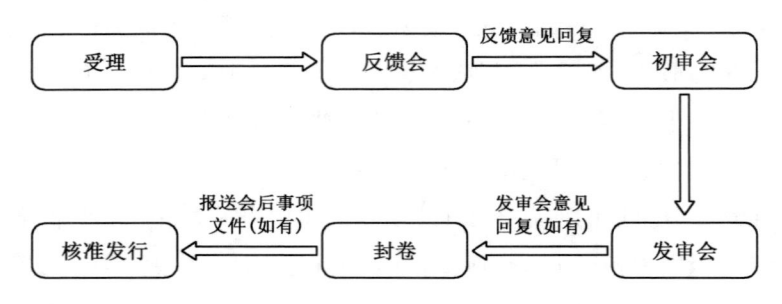

图8-4 我国A股市场上市公司再融资审批流程

虽然证监会近年来简化了定增审核制度,将审核时限缩短为2个月,但现实操作中,由于种种原因,上市公司走完整个再融资过程仍然需要3~6个月甚至更长时间。另外,我国证监会也对再融资时间间隔进行了具体规定。《上市公司证券发行管理办法》规定,上市公司申请再融资时,本次发行董事会决议日距离前次募集资金到位日原则上不得少于18个月。前次募集资金基本使用完毕或募集资金投向未发生变更且按计划投入的,相应间隔原则上也不得少于6个月。对于急需资金扩展业务的公司而言,A股市场现行的再融资

[①] 参见中国证监会官网 http://www.gov.cn/gongbao/content/2020/content_5509741.htm。
[②] 参见中国证监会官网 http://www.gov.cn/gongbao/content/2020/content_5515282.htm。
[③] 参见中国证监会官网 http://www.csrc.gov.cn/csrc/c100107/c1447187/content.shtml。
[④] 参见中国证监会官网 http://www.csrc.gov.cn/csrc/c105896/c1013424/content.shtml。

审批制度耗时相对较久，较难快速解决企业资金使用上的燃眉之急。

而在港股市场上，再融资则是一个更加市场化的行为，其不需要经过监管机构进行审批，只需要经过上市公司董事会同意，且有外部资金愿意认购，即可快速完成。为加快再融资速度，港股市场还允许上市公司利用"先旧后新"模式完成配股。在该模式下，公司大股东可以先将自己持有的股份配售给独立第三方投资者，此时公司总股数不变，但第三方投资者已将资金转入公司，使其立即获得配售资金。接下来，公司再进行股票增发，由大股东认购之前配售的股票份额，使其持有的股票数恢复至再融资之前水平。"先旧后新"模式大大提升了市场再融资效率，公司有融资需求时，可以立即委托投行进行资金募集，投行在当天晚上完成外部募资后，参与机构方第二天一开盘就可以交易其获得的股份，整个过程最快在一个交易日即可完成。另外，在港股市场中也不存在对"禁售期"的要求，可以根据上市公司实际需求进行再融资。由此可见，在现行再融资制度下，当企业选择在香港市场上市时，拥有比在 A 股市场上更加快速便捷的再融资渠道，这会使得一些注重公司持续融资需求的高科技企业更倾向于在港交所上市。

但是，我们同时也应注意到，港交所更加便利的再融资方式和较为宽松的监管政策，虽然的确为优秀科技企业提供了长期再融资的便捷渠道，但是也为一些不顾长期发展，只想上市"圈钱"的公司带来了可乘之机。这些公司其实本身财务状况并不理想，未来发展空间也不大，因此并不具有很高的投资价值。但是，这些公司却可以利用港交所宽松的监管政策，不断进行再融资，导致股份不断被稀释，股价持续走低，甚至变成股价低于 1 港元的"仙股"。在香港股票市场中存在众多"仙股"，这些股票由于价格低，投机成分非常高，非常容易发生暴涨暴跌。同时，由于港交所并不像 A 股市场那样设有跌停板，这些"仙股"价格的跌幅常常达到 90%以上。目前，港交所的"仙股"数量超过 1 000 支，出现这样的现象与宽松的再融资政策也有一定的关联性。由此可见，过于宽松的政策也可能对投资者利益造成巨大伤害。

有鉴于此，在 A 股市场改革过程中，我们不仅要充分借鉴以港交所为代表的境外成熟市场再融资体系的优点，也要考虑到过于宽松的监管政策带来的潜在风险。我们应以 A 股市场实际情况为出发点，构建一个能够兼顾市场融资效率与风险管控的具有中国特色的股票市场再融资制度，以提升 A 股市场对国际优秀科技企业的吸引力。

二、中国特色的上市企业股权融资信用动态评价体系的构建

由上可知，在深化资本市场改革过程中，我们既要提升市场融资效率，又要注重有效风险管控。因此，我们应当建立一套行之有效的上市企业股权融资信用动态评价体系。

目前，我国现行的企业信用评级制度是主要为以银行和债权市场为代表的间接融资体系所设立的，其关注重点为企业的有形资产变现能力、以往营收利润业绩情况，以及基于企业现金流的偿债履约能力。这样主要基于企业有形资产的信用评级体系可能并不完全适用于新兴行业中的高科技企业。这些高科技企业的核心竞争力往往是知识产权、技术专利和大数据等无形资产，而其持有的有形资产往往相对较少。如果按照传统的企业信用评级体系来评估，这些公司可能很难获得相应的融资。因此，我们在设定再融资监管机制时，应根据高科技企业的特点，在充分考虑上市公司的业绩运营情况、科研投入产出，以及之前股票市场募资使用情况的基础上，建立一个动态的上市企业股权融资信用评价体系。对于评级较高的公司，我们可以适当放宽其再融资限制；而对于评级较低的公司，则应对其再融资申请进行更严格的审查。

具体而言，我们在企业成功上市后，应对其业绩运营情况、科研投入产出以及之前募资使用情况三个方面进行持续追踪。首先，在业绩运营方面，我们可以对企业的融资使用情况进行追踪。如果企业在上市一段时间（如半年或一年）后，公司日常运行稳定，未发生任何违规事件，也未发生大股东违规减持现象；同时，公司财务状况良好，净资产收益率、市盈率等财务指标呈现积极上升趋势，则可以认为公司的业绩情况良好。

其次，对科研投入产出的评估也是高科技企业信用评级的重要部分。在科研投入方面的重要指标是公司的研发资金投入额，以及科研投入额占公司总支出的比例情况。而在科研产出方面，我们可以从公司的专利情况进行评估，统计公司在过去一段时间内成功获批的专利数量，以及通过这些专利的被引用情况来评估发明专利的质量。另外，我们也应关注公司科研产出的社会

影响力，分析公司的研究成果能否解决关键技术研发上的"卡脖子"问题，是否获得国家或省部级的科研项目奖励，以及能否让具有影响力的科技创新产品在实践中落地等，从这些方面进行综合评估。

最后，在募资使用方面，我们主要关注公司在上市融资后，能否按照当初的募资计划合规、高效地使用其募得的资金。公司在上市融资时，会提交一份上市融资计划书，其中会包含公司对募集资金的用途及规划。我们可以对上市公司的资金使用情况进行追踪，若公司上市一段时间后，始终遵照当初的募资规划，将上市募得资金高效用于企业生产经营中，未发生大幅偏离最初募资计划的"变脸"现象，则认为其募资使用情况良好。

如果上市公司能够较好地满足以上三个方面的要求，则可提升其融资信用等级。当该公司有后续再融资需求时，我们可以适当放宽和简化其再融资审批手续，如直接通过初审，进入发审会进行快审快批，争取在一个月之内批复其再融资申请等。反之，若某企业在上市之后，大股东频繁减持，业绩大幅下滑，研发投入不足，科技成果不明显，甚至将募得的资金主要用于购买理财产品等与企业主营业务无关的用途，则应及时下调其融资信用等级，对其后续融资需求进行更加严格的审查。

另外，目前不少公司在上市之后，还会考虑将其企业集团下属的发展较为成功的子公司作为独立的实体再进行上市申请。我们在成功构建企业股权融资信用动态评价机制之后，在审批这样的子公司上市申请时，应参考母公司的股权融资信用评级进行综合评估，这不仅能够提升审批效率，而且能够更好地实现母公司与子公司的协同发展和风险共担。若母公司的股权融资信用评级较高，发展势头较好，则在子公司进行上市融资审批时，可以适当放宽要求，帮助子公司更快地获得融资；反之，若母公司的股权融资信用评级较低，则对子公司上市要求更加严格。在此情况下，母公司更有激励来提升自身业绩运营情况、科技研发水平，并合理进行募资使用，以提升自身评级。在子公司上市后，母公司或子公司的再融资需求审批时，也可以同时参考两家公司的股权融资信用评级，只有两者都能够达到一定水平，才能够成功进行再融资。

通过在 A 股市场上设立上述企业股权融资信用动态评价机制，不仅可以让优秀高科技企业获得更加快捷便利的再融资渠道，而且可以更有效地对企业提供鼓励它们苦练内功、掌握关键技术、提升自身科技水平的正向激励机制。上市企业为了获得更加快捷的融资渠道，也会积极按照政策监管要求来规范自身的资金使用行为，着力提升其研发效率和成果，提升公司的融资信用等级，从而实现资本市场和上市公司之间的良性互动和发展。

综上所述，本节从 A 股市场与境外成熟资本市场的上市公司再融资制度的比较入手，提出建立具有中国特色的上市企业股权融资信用动态评价体系的建议，以期有效提升 A 股市场的融资效率，从而更有效地吸引优秀企业来 A 股上市，以进一步提升我国 A 股市场的国际影响力。

第四节　以科创板为抓手，进一步深化现代化资本市场改革

科创板作为中国资本市场注册制改革的"试验田"，具有与国际最高标准最接近的上市制度和市场交易制度，因此，通过科创板来大力吸引海内外优秀高科技企业汇聚上海，是加强我国 A 股市场建设过程中的重要环节。如何借助科创板注册制改革的东风，进一步深化现代化资本市场改革，使其能够更好地提升我国 A 股市场对优秀科技企业的吸引力，增强我国资本市场在国际上的影响力，是我们需要认真思考的问题。

一、进一步加强注册制的实验和推广

在我国传统股票市场中，股票的上市过程是一个以审批制为主的体系。上市审批制意味着，一家企业有没有潜力，应不应该上市融资，能够上市融多少资，主要由一个由监管机构指定的委员会（证监会发审委）说了算。但是我们应该注意到，很多将来真正伟大的企业是不能够由预先设定的一项或几项指标来人工选出的。我们需要减少对以往中国资本市场旧的发展路径的依赖，真正发挥市场在配置生产要素和资源上的决定性作用，让具有创新精神的企业在其发展过程中能够充分获得资本市场的助力。

科创板注册制改革是我国资本市场供给侧改革中的重要环节。自 2019 年科创板正式开板以来，已经吸引了一大批优秀高科技企业上市融资，取得的成果是喜人的。但是，要想更好地打通在中国资本市场中长期存在的痛点和

难点,就需要在科创板的设立与建设过程中,进一步深化注册制的改革实验,为中国资本市场的市场化改革探索出新的发展理念和发展模式。

具体到科创板上市政策上,我们应该设立一个尽可能简洁,同时也是公开透明的上市规则,让需要融资的企业在规则允许的范围之内根据其自主意愿来进行融资。监管机构和发审委员会要审查的是申请上市公司的材料是否属实,有无虚假或带有误导性的陈述等。至于这些企业能不能够融到资,能够以什么样的估值水平和条件融到资,以及日后它们能够成长到一个什么样的高度,都由市场、由竞争、由投资者来决定。

我们衷心希望科创板能够带领中国股市走向更加完全、更加市场化的全面注册制的制度。国内外有很多有技术、有创业精神、有发展潜力的公司,但它们很有可能现阶段在营业收入和经营利润上尚未完全成型,而这样的公司是真正急需市场资金注入的。我们希望通过以科创板为代表的股票市场注册制改革,能够对这些公司在其发展的关键阶段进行有力的扶持,这样就能最大限度地将国外优秀高科技企业和上市公司吸引来华上市,也能够让国内的市场和国内的投资者更好地享受科技进步发展带来的福利。通过这样的方式,我们也可以进一步激发资本市场活力,更好地打造一个规范、透明、开放、有活力、有韧性的资本市场。

二、推行上市公司行业"负面清单"准入制度

目前,科创板上市公司主要还是以由监管部门事先选定的信息技术、高端装备、新材料、新能源、节能环保以及生物医药等几大领域的企业为主。这也意味着现在科创板实行的上市制度从某种意义上说是一个带有一定限制的"准注册制",也就是说,是在一些预设的行业内实行有条件的注册制。鉴于现代科技发展的日新月异,我们实际上很难完全准确预测在未来10年或20年后什么样的行业或者公司会成为能够带领整体社会科技进步的"领头羊"行业或公司。例如,华为在刚成立时,其业务主要局限于程控交换机,那时很难想象其日后会成为通信网络、智能手机和芯片设计方面的国际巨头。因此,在科创板建设过程中,我们应该抱有更加开放的心态,只要是有志于在科技领域做出突破的企业,都可以考虑吸引其来科创板等A股市场上市。

有鉴于此，为了提升科创板对于优秀企业的影响力，我们应进一步放宽其上市行业范围，以吸引更多优秀的公司来科创板上市。与其事先预设好什么样的行业可以在科创板上市，不如反其道而行之，设立上市公司所属行业的"负面清单"，即只要公司所处行业不在"负面清单"上，就允许其进入科创板上市程序。具体而言，在设置"负面清单"时，应着重考虑国家明令调控、产能严重过剩的"夕阳"行业。对于列入"负面清单"的行业，除非极特殊之理由，否则不建议其在科创板上市。反之，若公司不属于"负面清单"中的行业，且具有一定的科技含量，监管机构就对其申请上市的材料是否属实、有无虚假或带有误导性的陈述等进行审核。至于这些企业能否融到资，能够以什么样的估值水平和条件融到多少资金，以及它们未来能够成长到怎样的高度，都由市场、由竞争、由投资者来决定。

三、加强对科创板上市和融资政策的宣传

不少高科技公司在成立初期，由于其创业团队和公司管理层往往主要由从事相关技术研究的科研人员组成，这样的创业团队虽然拥有优秀的科技创新能力，但是可能对资本市场的上市政策、融资策略等并不熟悉。以科创板为例，很多创业公司的管理层可能对科创板上市政策中多套规则的理解尚不充分，不能很好地判断具体哪一套规则最适用于他们的公司，因此不能有针对性地制定相应的公司发展策略来帮助公司上市融资。另外，很多创业企业在创立初期往往专注于关键技术和产品的研发，没有建立起合理的公司架构，可能与科创板的上市要求并不符合。而这些创业企业在成立初期，利润较低，甚至处于负利润状态，因此也可能没有经济实力聘请专业的咨询团队协助进行管理。如果这些富有潜力的创业公司因为不熟悉科创板的上市政策而错过了来华上市融资的机会，就是一个比较大的遗憾。

比如，在科创板上市制度改革中，与高科技创业企业非常相关的一点是对上市公司股权结构要求的放宽，即允许"同股不同权"的股权结构方式。这样的安排有利于保证公司创始人团队的控制权，使得创业团队能够在多轮融资后仍然保留对公司长期战略的决定权。对于由高校师生成立的高科技公司而言，在一级市场和二级市场的多轮融资过程中，随着创业团队的股权不断被摊

薄，创业团队有可能会失去制定公司长期战略的权力。所以，允许"同股不同权"的股权结构，能够让高科技公司创始人有效地利用"同股不同权"的方式保证创始团队的控制权，可以将工作重心放在对技术创新有利、对长期战略有利的项目上。以目前在科创板上市的国内云计算独角兽公司"优刻得"（UCloud）为例，这家公司设置了A类股份和B类股份，A类股份的表决权为B类股份的5倍，这样的安排充分保证了公司创始人在科创板上市之后，仍然保有对公司的战略设计和经营管理的控制权，从而更好地保障公司的长期发展前景。因此，我们在发展我国A股市场时，应加强对科创板等资本市场上市政策的宣传工作，使得这些高科技创业公司能够充分理解科创板等资本市场的运行规则，抓住科创板注册制改革的机遇，有针对性地制定公司发展策略，从而能够更加顺利地上市融资，为企业的下一步发展提供必要的助力。

在科创板成立之前，A股市场在对申请上市的创业公司进行审核时，过于关注企业以往的收入和盈利能力，要求公司最近3年的净利润为正，且累计超过3 000万元人民币。然而，实际上很多高科技创业公司由于前期研发费用高，其净利润值很低，甚至会出现负利润的情况。对于这些公司来说，在以往的上市政策框架内，如果它们想要在A股上市，就必须将很大一部分精力用在一些能够快速提高当前利润，但很可能不具有长期战略意义的短期项目上，以满足上市政策要求。然而，这样的行为很有可能会对公司长期战略的实施和长期发展潜能的提升带来负面的影响。

科创板的建立为这些科技公司的发展带来了前所未有的融资机会。科创板对上市公司的财务具有很强的包容性。目前，科创板制定了五套上市财务标准，公司只需要满足其中之一即可。在现有标准下，申报的企业不需要盈利也可以上市，净资产为负的公司如果其主营业务或产品市场空间大，并且目前已取得阶段性成果，同时满足预计市值不低于40亿元人民币，同样可以满足科创板上市的财务要求。在第一批科创板上市的25家公司中，个别公司在上市前利润情况并不乐观，比如新光光电公司利润相比上一年大幅下降，而铂力特公司和航天宏图公司甚至出现了利润亏损情况。在科创板设立以前，这些公司很难在A股上市融资。然而，这些公司在研发方面都是技术领先者。这三家公司分别在光学计量仪器制造、高性能致密金属零件的激光立体成形制造和卫星技术研究与应用方面获得多项技术专利,掌握领域内多项关键技术。所以,得益于科创板上市的新规则,这些公司能够顺利在科创板上市融资,获得进一步发展所需的资金。科创板这样的制度也可以更好地鼓励高科技科创企业不要过分追求短期利润,而是将企业的发展重心转移到关键技术的研发上来,转移到有利于公司长期发展的方面上来。

我们应当切实配合科创板的注册制改革方案,做好相应政策的宣传工作,让高科技企业能够充分理解科创板上市政策,使得境外优秀企业更加熟悉我国资本市场的上市规则,从而更有针对性地制定公司发展战略,以切实提高公司对核心技术和关键市场的把握能力,并设置与之相符的、具有弹性的公司股权结构,从而更好地利用科创板注册制改革的契机,顺利上市融资发展。

我们注意到,习近平总书记在全国金融工作会议等多个场合做出重要指示,强调发展现代化金融市场的重要性。证监会易会满主席多次强调指出应努力畅通科技、资本和实体经济的高水平循环。我们衷心希望,通过大力吸引优秀企业来华上市,能够更好地将我国 A 股市场建设成为在国际上有重要影响力的现代化资本市场。

第九章　中国资本市场的金融风险防范与金融稳定

摘　要：防范风险是金融行业永恒的主题。从2017年中央经济工作会议明确打好防范化解重大风险"攻坚战"的重点是防控金融风险，到"十四五"规划明确提出实施金融安全战略，我国政府对防范金融风险的重视程度已经提升到国家战略层面。本章围绕中国特色现代资本市场建设中潜在的风险展开，首先就目前资本市场中可能引发系统性金融风险的主要因素进行论述，再就证券市场双向开放中可能出现的机构合规与市场波动等问题、全面注册制推行中可能发生的资源错配与退市机制差异化不足等问题、北交所建设中可能遇到的"优汰劣胜"与定位偏离等问题、债券市场发展中存在的违约处置机制不完善与缺乏有效的风险对冲工具等问题，以及中小资管可能面临的挤兑风险，针对性地提出风险防范的对策和建议。

第一节　完善证券双向开放制度，防范市场剧烈波动

国家"十四五"规划明确提出"稳妥推进证券领域开放，深化境内外资本市场互联互通"，以加快推进制度型双向开放。证券双向开放可以通过引进高水平的竞争者，提升我国证券行业的专业水准和服务效率，同时还为资本市场引入源头活水，助力改善市场生态。

近年来，面对国际经济形势变化和"新冠"疫情冲击，我国证券市场双向开放步伐没有放缓，反而进一步加快。2020年，中国证监会提前取消了外资证

券、期货和基金管理公司的股比限制,外资机构在经营范围和监管要求上均实现国民待遇。但是,从海外资本市场双向开放的成败得失经验看,国内证券双向开放可能面临一些潜在风险,具体如下:

(1)外资证券机构挤占本土机构发展空间。日本证券市场全面开放以后,外资证券机构作为主承销商的市场份额快速上升,至今已超30%。墨西哥在对外开放过程中,外资机构迅速扩张,最终占据墨西哥金融市场主导地位。

(2)国内证券机构在国际化过程中面临潜在的经营风险。图9—1展示了日本第一大券商野村证券在国际化过程中境外业务收入额变化情况,其海外业务的长期亏损对公司在日本本土的业绩形成拖累。因此,为保证完善证券双向开放制度,稳步推动资本市场制度型开放,我们借鉴海外资本市场对外开放进程中存在的问题,结合我国市场特征,前瞻性地判断证券双向开放过程中的潜在风险,并提出相应的防范对策。

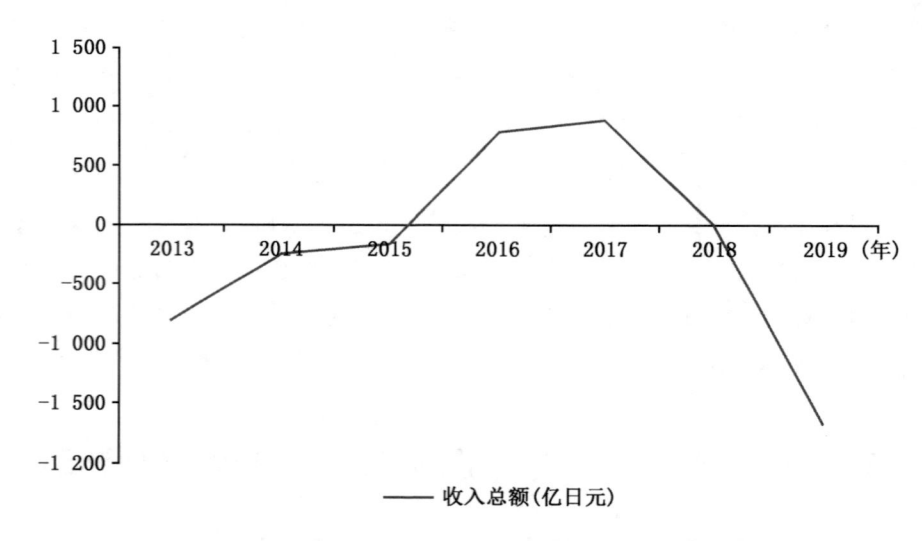

图9—1 日本野村证券2013—2019财年境外业务收入总额

(3)对国内中大型券商而言,机构投资者的储备仍然较少。在海外资本市场上,国内券商对全球机构投资者的影响力和号召力比较有限。因此,要逐步健全完善的综合金融服务平台,针对全球机构投资者的不同金融服务需求,开发出定制化的金融产品,为其资产配置提供综合性金融服务。

一、证券双向开放面临的问题

(一)外资证券机构挤占本土机构发展空间,影响证券行业稳定

证券行业外资股比和业务范围国民待遇的全面落实,使得外资证券机构竞相涌入中国市场,但是,这可能增加国内证券机构面临的各种风险。首先,外资证券机构成熟度较高且业务范围广,在综合服务水平上占有优势,在放开证券机构外资股比限制后,会挤占一定的现有市场份额,压制国内证券机构发展,尤其对其规模相近的中小券商造成一定冲击,但对本土大型券商的影响则不尽相同。比如,从图9—2中可以看出,日本证券市场全面开放后,外资证券机构作为主承销商的市场份额快速上升,但并未打破日本四大本土券商(野村证券、大和证券、日兴证券和山一证券)的寡头垄断格局,本土券商始终占据主导地位。而墨西哥在对外开放过程中,外资机构迅速扩张,最终占据墨西哥金融市场主导地位。其次,海外投资者通常属于金融投机者,他们存在高风险投资偏好的特征,往往追求短期投资带来的收益,缺少有利于证券公司长期稳定发展的经营理念,由此采取积极冒险的竞争决策,给国内证券公司带来压力,推高整个证券行业的风险承担水平,使得国内证券公司行为失控,特别是在国内证券机构风险防范能力较弱情况下,增加了其倒闭的风险,从而影响证券行

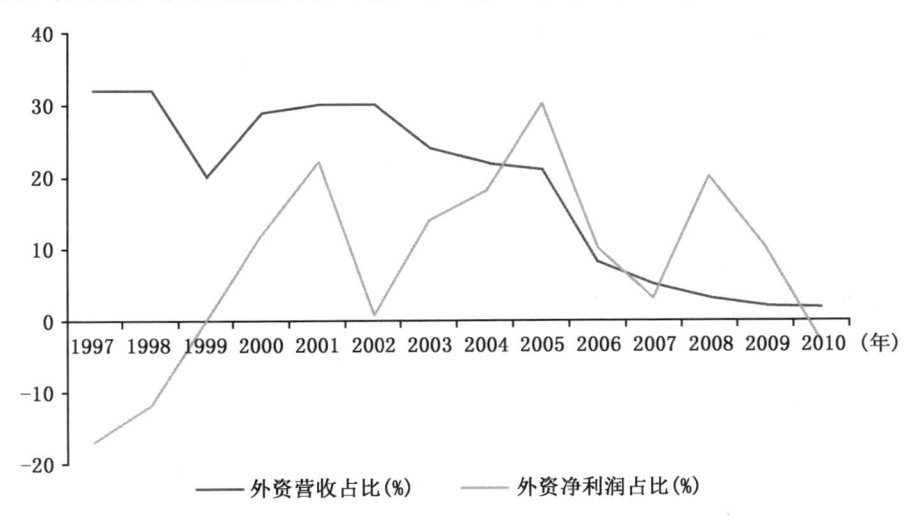

图9—2 本土券商始终占据日本证券业主导地位

业的稳定。

(二)国内证券机构在国际化过程中面临潜在的经营风险和合规风险

证券行业双向开放也包括国内证券机构"走出去"战略,然而,国内证券机构在海外发展仍面临许多风险。首先,相比国内投资环境,海外投资环境相对来说更加复杂,具有更多的不确定性。证券机构海外布局可能面临着投资国系列风险,例如,海外新兴市场的规章制度相对不健全,发达国家市场的监管要求更加严格、行业竞争压力更大,这一系列不利因素使得证券机构面临不确定的经济环境,可能导致国内证券机构的经营风险增大,日本第一大券商野村证券在国际化过程中,因海外业务长期亏损,对公司在日本本土的业绩形成拖累。同时,国内证券机构拓展海外市场增加了自身的业务与境外市场的联系,强化了外部经济环境与国内证券机构展业情况的关联程度,由此加剧券商的经营风险。其次,国内券商进入海外市场需要一个适应过程,这段时间容易产生合规风险。例如,国内证券机构为海外布局下设较多层级的分部机构,可能使得内部架构不清晰。同时,在拓展海外业务的过程中可能涉及非金融业务领域。另外,国内证券机构也可能面临对境外机构管控不足的风险隐患。

(三)短期国际资本双向流动加速,证券市场波动率大幅提升

证券对外开放使得短期国际资本进入国内市场准入门槛放低,短期投机和投机资金的增加会使得股市的波动性进一步加大,而我国股市的波动性同时受国内外因素的冲击,比如,由于海外金融市场的剧烈波动外溢到我国股市,从而使我国股市的波动性更强。另一方面,涌入中国股市的海外资金对我国的宏观经济状况非常敏感,同时双向开放也为资本外逃提供了一种方式。在这一背景下,当面临国内市场冲击时,会造成股票价格的大幅波动,对股票市场的稳定性产生不利影响。最后,海外资金通过跨境证券流入金融市场可能带动投机情绪,使得资产价格快速增长,容易制造价格泡沫,如果资金从股市外溢,冲击到房地产、货币、外汇等市场,也会增加相关市场的波动性,不利于整个金融市场的稳定。考虑到目前我国监管存在滞后的特征,这类冲击的监管有效性和及时性相对偏弱,容易积累市场泡沫,从而使市场更加脆弱。

二、证券双向开放风险防范的对策建议

(一)培育独具竞争力的国内特色券商,完善外资参股的相关制度建设

在扩大证券双向开放的同时,对外资证券机构挤占本土机构发展空间的潜在风险,监管层要健全相关制度建设,推动金融市场结构性改革,培育独具竞争力的国内特色券商,与外资券商形成良性竞争。推动国内综合券商对标顶级投行的业务标准,丰富业务板块、提升业务能力、提高创新能力,实现规模化发展。鼓励中小型证券公司进行差异化发展,通过在特定领域的专业能力形成竞争力。另一方面,外资的过快进入可能对我国证券行业的稳定造成冲击,不利于宏观金融风险的防范。为此,必须针对外资参股券商,健全有关的法律、法规,完善我国审慎监管的基本制度体系,发挥外资参股证券机构积极有利的影响。与此同时,继续增加外资进入中国市场的投资渠道,尝试吸引更多高质量的外资企业,为外资进入国内金融市场营造良好的投资环境。

(二)加强国际化专业人才队伍建设,推动综合化监管改革

目前,国内证券机构的跨国经营程度及能力相对不足,使得其面临可能产生的经营风险,为此需要完善政策,增强国内券商引进海外人才的政策支持,为我国券商发展海外金融服务能力与竞争力提供政策保障,并进一步强化券商的风险管控能力。具体而言,第一,增进与国外优秀金融机构的交流,在交流过程中,注重提升从业人员的专业技术水平,从而增强实务能力。第二,将具有相应资质和技能的人员分派到国外,在国际市场环境中获得丰富的实践经验,从而提升专业技能和服务能力,以此适应海外市场的竞争环境,提升公司的国际竞争力。第三,需要进一步推动功能监管和综合化监管改革。明确监管范畴,细化监管规则,改进监管方式,加强持续监管,完善跨境监管合作,提高监管的有效性,在合规展业的前提下促进国内证券机构提升国际化水平。比如,在严格保证审慎原则的基础上,完善外资金融机构的准入制度,排除公司在中国发展的其他政策限制,尽量做到相关规则同等对待国内外金融机构,打好证券双向开放的坚实基础。

(三)加强跨境证券资金流动的动态监管,提高国内金融市场风险抵御能力

首先,在金融风险防范方面,增加国际交流,完善跨境证券资金的监管系

统、预警机制和资本流动宏观管理机制,增强资本市场韧性,减少跨境证券资金剧烈流入、流出对我国资本市场的不利影响,避免其对宏观经济稳定造成冲击,从而引发系统性金融风险。其次,提高风险防范水平,加强金融体系稳定性。在金融开放的过程中,需要精准把握开放和稳定的平衡,共同推进金融市场开放和金融风险防范。在稳步扩大中国金融市场双向开放的大方向下,可以建立健全多维度的跨境资金流动风险评估体系,完善跨部门联合监管的协调机制,充分利用数字技术提升风险防范能力,在开放的过程中维护金融市场稳定发展。

第二节 健全风险防范体系,夯实全面注册制基础

国家"十四五"规划明确提出"全面实行股票发行注册制,建立常态化退市机制,提高上市公司质量",以深化金融供给侧结构性改革。中国股票市场推行注册制改革有助于不断提高股权融资比例,促进资本形成,从而使资本市场更好地服务实体经济,助力国民经济发展。表9—1展示了世界各大创业板现状,中国创业板作为国内高科技公司发展的"温床",交易规模已名列世界前茅。目前,国内科创板、创业板、北交所试点注册制相继成功落地,对实体经济特别是科技创新的服务能力显著提升,总体成效明显。截至2021年11月14日,科创板上市公司总计353家,首发募集资金合计4 457.46亿元。创业板上市公司已达231家,首发募集资金合计1 777.18亿元,我国创业板建设在世界范围内取得了优异的成绩。然而,全市场推行注册制改革仍面临许多难题和风险。比如,中国香港和德国实行不合理的退市制度反而引发了监管成本外部化的风险;美国社交媒体的快速发展加大了美国证监会对违反注册上市"静默期"的监管难度,增加了注册制下违法违规信息披露的误导性风险。中国股权资本市场与国际市场存在较大差异,比如,我国投资者结构以中小投资者为主,个人投资者1.8亿人,持股比例超过30%,交易占比达到七成左右,与美国等西方资本市场的投资者结构相去甚远。如果注册制改革效果不及预期,会在一定程度上影响市场各方对注册制改革的认知和评价,也会影响资本市场资源配置功能的发挥。因此,为了进一步完善注册制现有制度,我们

在借鉴国际风险事件的基础上,立足我国国情、市情,前瞻性地判断注册制改革过程中可能存在的风险,并提出相应的防范对策。

表 9—1　　　　　世界各大创业板 2021 年 3 月数据

市场名称	股票总市值	上市公司数	月股票交易额	月底收盘指数
中国创业板	10.66 万亿人民币	1 147	2.88 万亿人民币	2 758.5
英国 AIM	1 167.72 亿英镑	840	67.54 亿英镑	876
日本创业板	6.13 万亿日元	467	2.25 万亿日元	662
韩国高斯达克	395.86 万亿韩元	1 552	153.45 万亿韩元	745
加拿大创业板	826.2 亿加元	1 907	14.12 亿加元	618
中国台北证券柜台买卖中心	1 704.45 亿美元	797	428.48 亿美元	181
中国香港创业板 GEM	881.85 亿港元	347	27.78 亿港元	43
新加坡凯利板	101.26 亿新加坡元	215	2.71 亿新加坡元	251

一、我国股权市场注册制改革面临的问题

第一,地方政府为推动公司注册上市提供经济性支持易产生资源错配的问题。为促进地方经济或某特定领域的发展,我国地方政府积极向公司提供政策及经济性支持以推动其成功上市。从表 9—2 注册制 IPO 审核内容可以看出,中国证券监督管理委员会通过注册制度改革,注重审核的效率和透明度,并大大缩短了创业板和科创板的审核周期,从而有效降低了地方政府推动当地企业注册上市发行面临的巨大时间成本。然而,企业和政府的信息不对称是一个很大的问题。在发放补贴之前,由于不能确定适当的补贴对象,因此,政府只能根据一定的客观条件,来决定是否向准备上市的企业发放补贴。同时,企业不会按照政府的要求使用补贴,在监管不力的情况下,会削弱政府补贴的作用,甚至有可能造成补贴资源浪费的情况。所以,如果政府补贴在执行层面上出现道德风险问题,就会使其不能充分发挥作用,而且有可能造成严重的消极影响,从而引发系统性金融风险。

表 9—2　　　　　　　　　　　　注册制 IPO 审核内容

是否符合发行条件	比如优先支持拥有科技创新能力、关键核心技术、依靠核心技术经营业务等特征的发行主体
信息披露	是否满足下列要求： (1)对投资者决策可能产生重要影响的信息,需要全面披露 (2)披露的信息需要合理一致,具有内在逻辑 (3)信息内容要求便于普通投资者理解
审核计时规定	《创业板股票发行上市审核规则》明确规定,交易所需要在审核机构受理之日起 20 个工作日内进行首轮审核问询

第二,注册制下退市机制缺乏差异化,标准设置合理性不足。高新技术公司普遍存在短期经营利润为负的情况,按照原先的标准会面临强制退市的问题,为此,我国在上市标准上放宽利润标准,以支持高新技术公司进入资本市场,但是这一行为可能引导企业主动增加风险承担,重点关注高收入、体量大的高风险项目,导致企业面临较大的经营风险,由此产生损失,从而对投资者的权益造成伤害。同时,部分指标的设置模糊,无法有效适应现有市场特征。由于目前企业的经营环境受到海外政策环境以及疫情的冲击,股票市场整体处于低估值状态,部分企业的股价长期处于低位甚至低于 1 元。而且,目前整体经济环境的影响导致短期部分民营企业处于亏损并且营业收入较低的情况,企业极有可能净利润为负并且营业收入低于 1 亿元,那么,部分财务指标在实施过程中便存在争议,按照目前的退市规则,这些经营正常的企业将面临被迫退市的情况。

第三,监管部门资源有限,在全面注册制下难以高效履行信息审核职责。首先,科创板、创业板试点注册制改革以来,企业踊跃申报上市,IPO 排队数量增长较快,如果全面推行注册制,目前以人工监管为主的监管部门势必面临监管资源无法全面覆盖信息审核工作问题。其次,虽然发行审核透明度和效率有显著提高,但是证券交易所在对股票发行材料进行审查的过程中,为了验证审核材料的真实性,对发行公司进行现场检查等行为又会降低发行审核的效率。

同时,目前的信息披露规则难以完全杜绝公司上市发行的个人关联主体违法违规信息披露的风险。随着信息技术的快速发展,上市企业和中介机构交流的渠道更加丰富且难以被捕捉,因此,有可能加剧内幕交易、道德风险等引发的信息披露违规风险,导致这类风险的监管难度上升。比如,美国证监会一直严格监管"抢跑"(Gun Jumping)这类披露文件外散布信息影响市场的行为,而随着社交媒体的快速发展,监管这类违法违规信息披露行为的难度也逐渐加大。

第四,在注册制交易规则下,国内低利率环境使得股票价格更容易被推高,引发资产泡沫。目前在全球负利率时代下,我国利率也长期处于较低水平,过于宽松的货币政策会直接增加股票市场的波动,从而影响金融市场的稳定。而注册制改革放宽了股票的涨跌幅限制,科创板和创业板放宽至20%,北交所放宽至30%,这一举措由单纯的增量性质的改革带动了存量股份的改革,无疑是一个重大的市场进步,但在国内低利率环境下,也进一步加大了市场波动的风险。与低利率或者负利率政策相关的货币政策通常被用来增加市场的流动性。如果整体经济产业结构没有出现剧烈变动,新的行业领域并未出现,那么负利率政策带来的流动性依然会进入权益类市场,从而短期提高权益资产的价格,容易产生泡沫,由此增加了权益资产价格与利率政策的敏感程度,使得货币政策的制定更加困难,执行效率降低。而注册制改革增加了股票涨跌幅限制,从而使得股票价格更容易被推高,增加市场波动,影响金融稳定。

二、我国股权市场注册制改革风险防范的对策建议

一是完善注册制下证券发行环节的问责机制,督促发行人及中介机构归位尽责,提高信息披露质量。证券发行环节的信息披露工作的第一个重要组成部分是发行主体本身,为了提高信息披露质量,需要从信息披露的源头着手,通过加强对发行主体的问责制度,配合相关部门增加信息造假的处罚力度,让发行主体主动强化信息披露的真实性和有效性,预防公司造假现象产生。另一方面,中介机构自身需要提升审核能力和专业素质,增强中介机构的辅导能力,做出正确、专业的判断,有效提升注册制下的信息披露质量。同时,进一步厘清中介机构职责边界,强化证券公司、会计师事务所、律师事务所等中介机构的职责分离,明确中介机构的基本职责和执业重点。只有做到各司其职,才能提升责任追究的及时性和有效性,落实"申报即担责"要求,督促发

行人及中介机构重视信息披露的质量。

二是完善差异化退市机制,通过构建契合现行市场的差异化退市指标以调整退市标准体系。首先,根据上市企业的自身经营特征,建立符合不同特征的退市标准。目前我国股票市场上市企业的所处行业、经营模式、业务概念、股权结构非常丰富且差异较大,可以借鉴海外已有的大型交易所,根据不同的企业特征进行区分,构建有针对性的退市指标,由此提高上市公司的质量。其次,退市指标需要根据当前经济环境和各家企业的交易情况适度做出动态调整。由于我国股市的交易频率较高,股市波动性大,股市价格对整个经济环境的反应更加敏感,因此,在制定退市指标的时候可以加入符合当前宏观经济环境的指标,使得退市标准与经济环境产生联动。针对不同的企业,可以对过渡期规则进行细化,制定"日落条款"等特殊制度安排,保证退市规则的合理性和适用性。

三是充分运用现代信息技术,发展监管科技,提升监管能力。信息技术使得信息的监管、搜集与处理更加高效智能,可以全方面提升监管工作的效率。在发行审核的信息披露环节,信息技术可以让监管部门实时获取信息,验证披露信息的真伪,提升信息审核的效率。目前的大数据文本挖掘技术,可以对文本信息进行精准的筛选和评价。建立信息共享平台,开通信息获取端口,可以使得监管部门以较低的成本获得多维的信息,保证了监管部门在有限资源的情况下,最大化提升监管工作的精确程度,使得监管资源有的放矢,高效率地投入相关工作中。最后,完善配套的法律制度支持科技监管的应用场景。目前监管部门已经在技术层面制定了多项科技监管的解决方案,为了进一步提升相关科技监管的使用效率,需要完善配套的法律制度扩大科技监管的使用场景,提升整体的监管能力。

四是在注册制改革过程中,着力防控股票价格出现泡沫,完善符合低利率环境特征的金融风险监控体系。首先,金融的本质是服务实体经济,由金融和货币因素所导致的股票价格的大幅波动会对经济体系造成巨大影响,而在经济衰退的过程中,金融风险的加大会导致金融危机的爆发。市场资金在国内各大金融市场间流动,增加了股票市场的波动。因此,政府的宏观调控政策应维持股票市场的稳定。在注册制改革的过程中,要针对国内低利率环境下金融系统性风险发展的不同阶段,着力防控股票价格出现泡沫,提高和改进监管能力,确保不发生系统性金融风险。其次,进一步借助金融科技手段,通过大数据、人工智能、文本分析等方法将非结构化数据纳入现有以结构化数据为主的指标体系,扩展测度数据的来源和深度,提高风险识别的精度和效率,在当前注册制改革和金融创新不断发展的环境下具有极强的现实意义。最后,在全球经济联系日趋紧密的环境下,加强国际监管协调,达成国际监管共识,建立全球金融监管合作的有效模式,对我国乃至全球金融体系的稳定至关重要。

第三节　完善平级转板制度,防止北交所"优汰劣胜"

北京证券交易所(简称北交所)的设立是深化"新三板"改革的重要举措,有助于补足多层次资本市场发展普惠金融的短板,在多层次资本市场中形成纽带作用,最终培育一批"专精特新"中小企业。为顺应市场需求,北交所也推出了转板机制,允许北交所上市公司转板至上交所科创板或深交所创业板。

从各国类纳斯达克市场的建设经验以及海外多层次资本市场的建设经验看,国际上这类市场的建设中产生过一些问题:(1)平级转板机制运作不畅导致的问题。澳大利亚同类型市场因实行不合理的转板制度,使得49%的上市公司陆续转移到主板市场,最终留下资质较差的公司,使得该市场关闭。(2)各市场定位重叠导致的问题。日本曾先后成立佳斯达克、日本纳斯达克、玛札兹等数家定位有重叠的市场,在建设过程中,上述市场的上市资源定位进一步趋同,互相恶性竞争,最终导致该类市场的失败。

我国对北交所的市场定位非常明确,但在实际建设过程中,要注意海外同类市场建设过程中曾出现的问题。一是北交所"优汰劣胜"导致空心化,即在北交所孕育壮大的公司连续转移到其他交易所,留下来的多是经营不稳定的小规模公司,出现类似于澳大利亚市场的极端情况,为北交所带来空心化的风险。二是在北交所发展过程中定位逐渐偏离,与沪深交易所出现定位较大程度重叠的情况,引发类似于日本交易所争夺潜在上市资源的问题,不利于我国多层次资本市场体系的完善。三是由于企业和投资者对北交所定位认识不清晰,可能引发企业盲目上市以及投资者投机炒作的潜在风险。因此,为完善转板机制,确保北交所错位发展,稳步推进"新三板"改革,我们针对海外同类型市场发展进程中存在的问题,结合我国市场特征,前瞻性地判断北交所发展过程中的潜在风险,并提出相应的防范对策。

一、北交所发展与建设面临的问题

(一)坚守错位发展,防范北交所"优汰劣胜"和定位偏离引发的潜在风险

北交所主要承接不能在沪深交易所上市的中小企业,补齐中小企业资本市场服务短板,同时为促进上市公司在不同层次的市场之间可以相互转换,推出了平级转板机制。北交所不仅仅是中小企业向主板上市的预备场,更是服务创新型中小企业的主阵地。如果在北交所孕育壮大的公司连续转移到其他交易所,留下来的多是经营不稳定的小规模公司,"优汰劣胜"的极端情况就可能为北交所带来空心化的风险。海外市场曾发生过非主板市场的大量上市公司转向主板市场而导致该非主板市场关闭的情况。比如,澳大利亚因实行不合理的转板制度,使得第二板市场中49%的上市公司陆续转移到主板市场,最终留下资质较差的公司,使得该市场关闭。此外,科创板、创业板和北交所聚焦的上市企业在特征上存在明显差异,创业板更加注重公司的创新特征,科创板的定位侧重"硬科技"特色,北交所的定位是服务创新型中小企业,三个交易市场重点服务的企业可能在企业特征上存在重叠,但是整体上更趋向于互补关系。如果在北交所发展过程中定位逐渐偏离,与沪深交易所出现市场定位重叠的极端情况,则可能出现交易所争抢上市资源的问题,将不利于健全多层次资本市场体系。比如,日本曾先后成立佳斯达克、日本纳斯达克、玛札兹等数家定位相近的同类型市场,这些市场的上市资源定位趋同,互相恶性竞争,最终导致该类市场的失败。因此,北交所需要坚守定位,进一步完善与多层次资本市场相适应的转板机制,做好转板制度规则的衔接,促进上市资源在各板块合理分配,推动各板块协调发展。

(二)交易所平级转板规则单一,与北交所上市企业股权特征适应性不足

2013年12月,国务院发文首次明确了"新三板"转板制度。虽然"新三板"快速发展,但是转板制度的研究推进缓慢。经过多年的研究,2020年6月,实施层面的转板制度首次出现,相关规则逐步明晰(见表9-3),此后,"新三板"转板数量出现了爆发式增长。从图9—3"新三板"转板数量可以看出，2017年之后转板企业数量开始增加且近两年转板数量激增，这说明相关政策起到了很好的效果。

表9—3 "新三板"转板相关的法律法规

时间	法律法规
2020年6月3日	证监会公布了《中国证监会关于全国中小企业股份转让系统挂牌公司转板上市的指导意见》，明确了转板上市的基本制度安排
2021年2月26日	上海证券交易所发布《全国中小企业股份转让系统挂牌公司向上海证券交易所科创板转板上市办法（试行）》，深圳证券交易所发布《深圳证券交易所关于全国中小企业股份转让系统挂牌公司向创业板转板上市办法》
2021年9月2日	北京证券交易所正式成立，基础规章及配套规则陆续发布，"新三板"精选层企业陆续向北交所转板

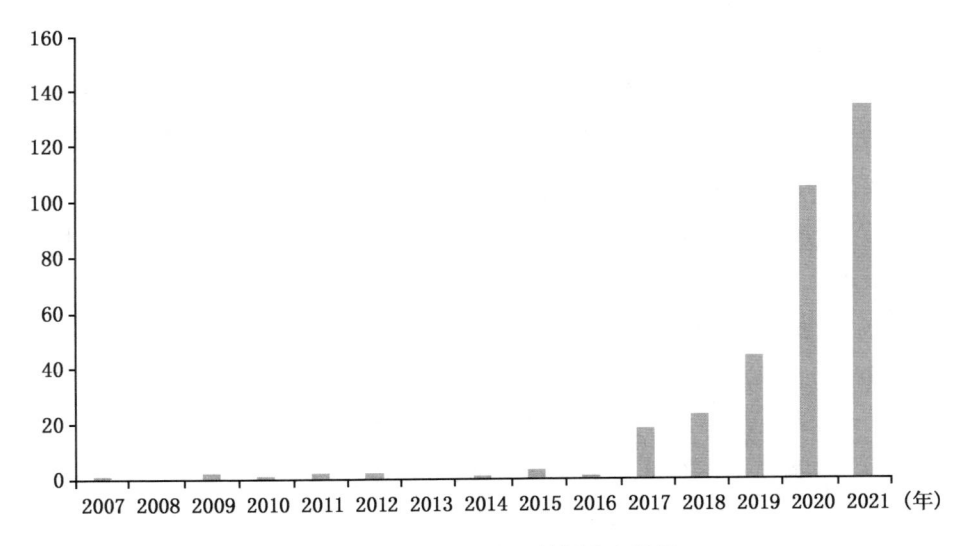

图9—3 "新三板"企业转板上市数量

在北交所上市的企业可以通过交易所平级转板制度进入深交所或者上交所，但是目前的转板规则单一，与北交所上市企业的股权特征适应性不足，使得转板制度平稳实施存在困难。一方面，转板制度要求的转板申请标准与在上交所、深交所上市标准基本相同，而申请转板的北交所企业普遍存在"三类股东"的股权特征，与在沪深交易所上市公司的特征存在巨大差异。由于"三类股东"存在高杠杆和多层嵌套的特点，致使沪深交易所对"三类股东"问题的审核非常慎重，使得企业需要耗费大量资金成本和时间成本对"三类股东"进行合理安排。此外，当企业选择清理"三类股东"时，目前也缺少相配套的信息披露规则和操作指引，使得监管部门需要警惕相关举动带来的二级市场波动风险以及信息披露的违法违规行为。另一方面，北交所企业的股权结构与沪深交易所上市的公司存在差异，北交所企业普遍存在小部分控股股东掌握绝大多数控制权的"一股独大"情况，而在沪深交易所上市的企业的股权结构相对分散。在沪深交易所转板上市以后，"一股独大"的现状会使得股东之间失去相互制衡的作用，中小股东利益得不到有效保护。因此，为了保持资本市场长期处于稳定状态，需要加强对公司转板后的监督工作，防范股权结构特征带来的潜在风险。

（三）中小企业对北交所认识不足，存在非理性盲目挂牌上市的潜在问题

北交所设立以后，市场各方反应积极。企业面对市场各方的支持，加快了向资本市场进军的步伐。但是，仍有中小企业对北交所市场定位认识不清晰，仅以转板为目的选择北交所，忽视了其对公司经营层面的影响。第一，选择上市需要严格的信息披露，这可能对公司运营产生一定的负面作用。企业通过上市转变为公众企业，需要定期发布报告披露企业的经营情况，如果企业自身经营管理能力不足，将无法面对资本市场的监督，甚至丢失自身的商业资源优势，给企业带来经营负担。第二，挂牌上市实质上增加了企业的成本负担。中小企业在挂牌上市的过程中需要支付大量的中介费用，不仅如此，挂牌前需要对公司进行规范治理，这会为公司带来额外的非经营成本。挂牌上市以后，根据交易所的要求需要在证券事务方面持续投入人力、物力，增加了管理费用，还要每年向中介机构支付相关的服务费用，比如每年向负责监督引导的证券公司支付持续督导费，如果出现违规情况还会产生相应的成本。上述一系列成本对于盈利能力较弱的中小企业来说是一笔不小的负担，对处于发展阶段的中小企业，将不利于企业自身业务的拓展。因此，在深化"新三板"改革，建设北交所的过程中，需要避免企业盲目挂牌上市的问题。

（四）北交所投资者以短期投机为目的，带来投机炒作的潜在风险

北交所开市以后，投资者积极入场，截至北交所开市第一周，合格投资者达437万户。但是,新股首日的平均换手率均超过50%,在价格走势方面,整体上首日高开后逐步回调。开市首日的市场情况说明,仍然有部分投资者以短期投机目的在北交所进行交易,这与北交所倡导的长期、低频、理性的投资文化不相符,为北交所带来投机炒作的潜在问题。目前,我国股票市场的参与者仍然以散户为主,散户投资者普遍存在投机的投资行为特征。北交所上市公司整体规模较小,为操纵市场和内幕交易提供了便利。如果投资者短期炒作,就可能会深受其害。此外,北交所对个人投资者的门槛降低,以增加市场的流动性和弹性,但仍无法防止投资者投资期限与风险承受能力不相符的情况。对北交所上市公司估值难度普遍较大,由于公司通常处于发展阶段,公司经营存在较强的不确定性,公司存续期间较短,通常的估值方法难以有效应用到这类企业身上,降低了估值的精准性,从而使得投资者容易参与超出自身风险抵御能力的投资。

二、北交所风险防范的对策建议

(一)交易所需继续坚持错位发展,引导市场加深对交易所市场定位的认识

北交所的发展方向需要立足于面向创新中小企业,结合市场变化与中小企业生存环境,优化转板制度的适用性。同时,上交所、深交所和北交所需要坚守定位,注重自身特色的差异化发展,在各自的职能上充分发挥相互补充、良性竞争的作用,方便中小企业选择适合自身发展阶段的交易板块,进一步加强资本市场为实体经济服务的能力。同时,需加强对企业和投资者的引导工作,让市场各方参与者进一步理解多层次资本市场的顶层设计理念,每个市场的定位既存在差异,又通过转板制度相互连接而增强了交易所之间的互补关系。只有市场各方正确认识各交易所的市场定位,才能带动多层次资本市场整体功能发挥,进一步提升其对实体经济的覆盖面和适配性。

(二)细化转板审核条件,加强监督转板公司股权改制对市场的影响

交易所之间应结合北交所企业特征,明确转板审核标准,在资本市场存量适宜的时间点,对符合上市条件的北交所企业,在审核标准不降低的情况下简化转板审核流程、优化转板程序、减免相关费用,提供高效便捷的转板服务。同时,加大对交易所转板企业的监管力度,建立相关制度以及监管指标,防范在企业转板过程中因进行股权改制等行为引发的市场波动风险,保证市场稳定。最后,需要加强对转板后公司的监督,针对"一股独大"的转板上市公司,完善上市公司的信息披露制度。在企业转板以后,需要加强监督关联人员的财务独立性,注重加强信息披露的真实性和时效性,使得监管部门提前防范可能产生的违规行为。

(三)引导中小企业准确评估挂牌上市的影响因素,正确选择资本市场

需要引导企业加深对北交所的认识,使其准确评估挂牌上市对企业自身发展的影响。主要从以下两个方面加深认识:第一,企业自身实际情况。企业的实际情况决定了其能否挂牌上市"新三板"和北交所,企业应对自身进行认真评估。公司是否有挂牌上市的实质性障碍,挂牌上市以后如何善用资本工具来整合运营,提升自身的竞争能力,只有企业自身准确评估了这类问题,才能正确使用资本工具。第二,企业发展战略规划。需要引导企业重视自身发展战略的方向,通过资本市场的力量帮助中小企业充分考虑企业自身成长性,发现和实现自身的发展战略规划,理性看待政府鼓励和支持,避免挂牌上市成功后,企业反而出现对自身发展方向不确定的情况。

(四)适时优化合理的投资者门槛,引导形成长期理性的投资文化

相比上交所和深交所,北交所市场的投资风险偏高,需要针对散户交易者特别设置准入资金门槛,变相促进个人投资者的风险识别能力。目前50万元的资金门槛与融资融券门槛一致,将投资门槛定高,是以资金水平与投资能力、抗风险能力存在正相关关系的假设为前提。然而,该假设的有效性与合理性仍然存疑,因此,未来需要根据北交所的运行情况和市场发展需求,优化投资者适当性要求,设计符合北交所特色的投资者门槛。此外,需要引导个人投资者建立长期理性的投资理念。我国股票市场的参与群体以散户为主,散户缺乏全面的投资知识体系,在信息获取方面也存在劣势,因此,我国散户投资者大多追求短期收益,形成了以投机为主的投资理念。尤其是低市值的中小型上市企业的股票交易频率高、波动大,这些交易特征体现出个人投资者以投机为主的投资理念。对于正在快速发展的北交所,需要避免短期投机理念在该交易市场上传播扩散。需要大力培育以机构投资者为主的市场结构,机构投资者由于自身经营、监管要求等因素,普遍存在注重长期价值投资以及低频

交易的特征,因此,机构投资者的增多将有助于北交所股票市场的稳定。同时,需要进一步加强投资者教育,丰富教育的供给,引导个人投资者正确认识长期投资和短期投机的区别和优劣,使得个人投资者精准识别自身的风险承受能力,加强风险防范意识,树立长远合理的投资理念。

第四节 健全高收益债券市场及其风险防范体系,提升金融服务实体经济能效

高收益债券能为传统金融市场中难以获得资金的高风险项目或中小企业提供债务融资的途径,是金融服务实体经济的重要渠道之一。图9－4展示了近期信用债余额行业分布情况,建筑、房地产等传统行业从高收益债券市场获得了巨大的资金支持。在20世纪80年代的美国,高收益债券一方面推动了其大规模并购重组与产业升级的浪潮,另一方面又使得大量中小企业得以发展进入主流市场,为许多新兴的企业和产业提供了中长期资本支持。在当前我国经济建设提质增效的阶段中,发展和健全高收益债券市场体系,既有利于增强对大型传统企业转型升级的金融支持力度,也有利于解决我国中小企业融资难、融资贵的问题,是债券市场服务实体经济发展与供给侧改革的应有之

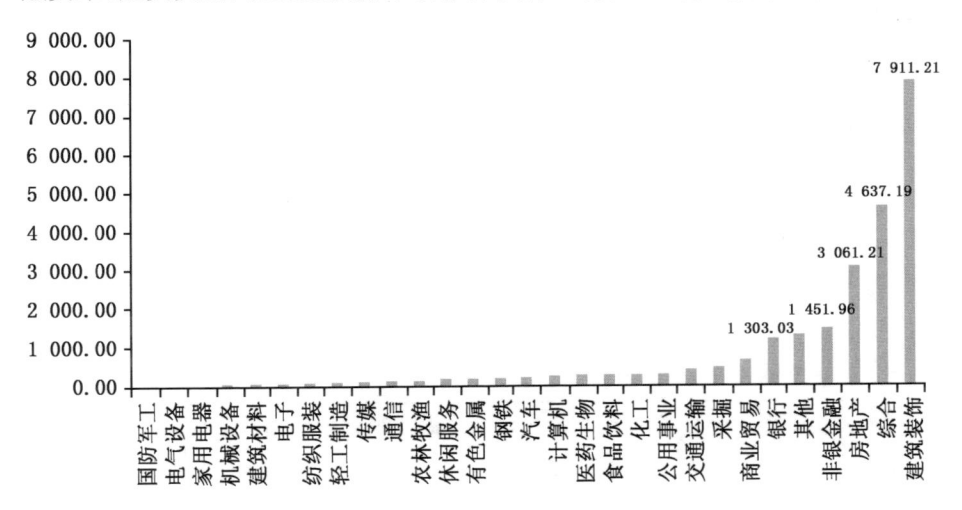

图9－4 2021年11月末收益率5%以上信用债余额行业分布情况(亿元)

义。在宏观经济增长压力增大、信用事件频发的背景下,高收益债券这类特殊的资产开始受到关注,中国高收益债券市场也在此基础上逐渐形成规模。

但是,高收益债券市场也天然伴随着违约率高、易爆发规模性违约潮等问题。且当今世界各国经济增速放缓,债券信用风险逐步暴露,信用债市场的内部分化问题随之加大。随着全球进入负利率时代,流动性充裕下的非理性投资还可能加剧债券市场的价格泡沫。在发展我国高收益债券市场的过程中,必须提前对可能发生的风险加以防范,通过完善违约债券处置机制、细化市场准入规则、压实中介机构责任等方式,健全风险防范体系。

一、我国高收益债券市场发展面临的问题

第一,我国高收益债券的市场深度明显不足。随着2021年初国内经济持续修复,货币政策逐步恢复常态,我国债券市场收益率快速走高,高收益债券成交规模明显增加(见图9—5)。但截至2021年10月31日,在我国债券市场的评级债券中,若以信用评级划分高收益债券,评级为AAA至AA−(前四档评级)的债券余额占比高达97.96%,而BBB+及以下的债券余额占比不足1%;若以收益率不低于8%定义高收益债券,其余额占市场比例也只有3.76%。对比之下,美国将信用评级在BB及以下的债券划分为高收益债券,在其国内市场的占比近年来一直稳定在20%左右。随着全球进入负利率时

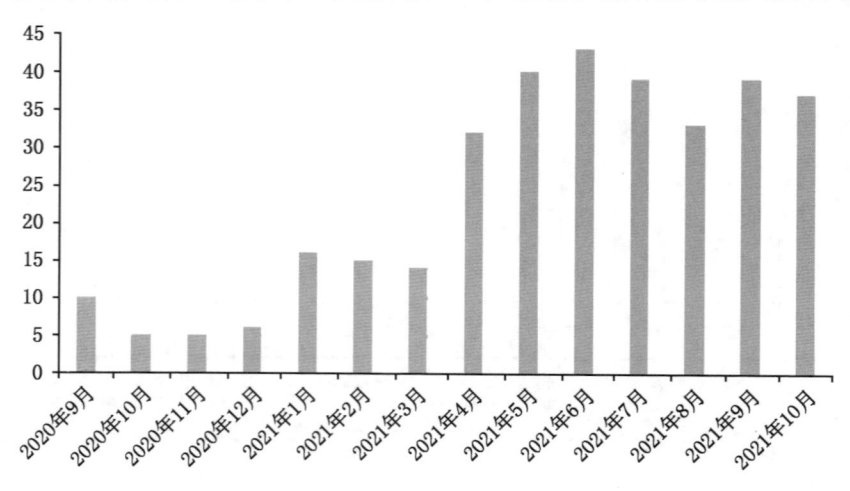

图9—5 我国高收益债券日均成交额(亿元)

代,高收益债券市场对投资者的吸引力不断增强,我国的高收益债券市场具有较大的发展潜力。

第二,我国违约债券的处置机制尚处于探索之中。自2014年我国出现首单公募债券违约以来,债券违约逐渐呈现出常态化、规模化的趋势,这是债券市场走向成熟的必经阶段,也对违约债券处置机制的建设提出了急切的要求。目前在我国的债券市场中,债券一旦违约,往往就会陷入流动性枯竭的困境,即使大幅折价也难以促成交易。尽管我国从2018年起先后发布了沪深交易所特定债券转让机制、外汇交易中心协议转让或匿名拍卖机制、北京金融资产交易所动态报价机制,但因为违约债券的市场接受度不高,真正能够实现转让的违约债券非常有限。此外,也存在部分企业以市场化处置债券违约的名义,借债务重组和破产之机恶意逃废债的现象,严重扰乱了债券市场的秩序。

第三,债券市场缺乏有效的风险对冲工具。从债券市场整体角度来看,风险对冲工具可以为各类市场参与者提供避险手段,有效管理信用风险,提高市场的参与度和流动性。高评级债券的违约风险较低,以高评级债券为标的的风险对冲工具又削减了债券本身不高的投资收益,所以其对投资者而言吸引力有限。但对风险较高的高收益债券而言,风险对冲工具可以让投资者在争取高收益的同时有效控制债券违约后可能造成的损失程度。因此,风险对冲工具与高收益债券市场具有高度的契合性,但由于我国金融衍生品市场的发展尚在起步阶段,目前债券市场暂无相应的风险对冲工具。

第四,我国债券市场的投资者结构较为单一。我国高收益债券的投资者群体培育滞后,市场目前总体来看仍处于供过于求的阶段。我国目前债券市场的主要参与者是商业银行、基金公司和保险公司等,风险偏好总体较低,市场整体对高风险资产的配置需求不高,这也是我国信用债券市场发展至今,高收益债券市场规模仍然较小的重要原因之一。债券违约后,低风险偏好投资人对债券回收率的较高要求,以及其寄希望于地方政府最终为违约企业提供金融支持的"赌兑付"预期,易导致市场化的处置过程中难以进行债务减计。对于债务重组、资产重整项目的潜在投资者而言,这意味着刚入股就需要承接原企业的全额债务,降低了项目对潜在战略投资机构的吸引力。

第五,债券市场中介机构的责任落实不够到位。会计师事务所、评级机构等中介机构是投资者了解债券发行人真实信息和风险的重要途径,然而现阶段中介机构尚未很好地尽职履责,信息披露的真实性和准确性不足,债券评级也存在虚高的情况,难以有效发挥向投资者揭示风险的作用。由于高收益债券伴随着高风险,因此中介机构履职不到位会直接影响投资人对高收益债券的投资决策,甚至直接放弃认购相关债券。

二、我国高收益债券市场建设及风险防范的对策建议

针对上述我国高收益债券市场面临的问题,我们提出如下对策建议:

一是开发符合我国实体经济发展需要的高收益科创债、中小企业债,加大高收益债 ETF 等金融产品的发行力度。高收益债券的属性与企业创新研发项目高风险、高收益的特质极其吻合,可以通过发行高收益科创债的方式,为在转型升级、技术研发中面临资金问题的企业拓宽针对此类项目的融资途径。不过,在发展科创债的过程中,要警惕科创板中发生过的科创属性"漂白"现象,强化发行主体信息披露的深度与精度。同时,对于信息披露规范、诚实守信的中小企业,应当允许其在定价合理的条件下以高收益债券的形式进行融资。此外,通过加大高收益债 ETF 的发行力度,也可以起到进一步活跃高收益债券市场、提升债券交易需求、分散投资风险的作用,促进高收益债券市场的发展。

二是发挥市场化运作机制在违约债券处置中的主导作用,并严惩恶意逃废债等行为。对于持续经营能力丧失造成的债券违约,可以允许资产管理公司、银行债转股专营机构等主体开展高收益债券的违约清收处置业务,发挥其在不良资产处置方面的经验优势,丰富市场化债务重组或资产重整的方式,此外还可以试点债转股作为违约债券的处置路径。对于短期流动性困难导致无法兑付的债券,应当支持由发行主体与债券持有人共同协商解决,如进行债券的展期、置换等。同时,加大对恶意转移资产、逃废债行为的打击力度,不仅要追究发行企业的主体责任,而且应当追究相关人员的法律责任,避免出现"企业躺倒、高管吃饱"的不良现象。

三是适当发展信用违约互换(CDS)产品作为债券违约风险的对冲工

具,但也要防范其本身可能带来的风险。CDS作为国际市场中最基础、使用最广泛的信用衍生品,可以为信用债券加上一重保险,在债券违约时给予CDS持有人一笔赔偿金,是对冲信用风险的常用工具。CDS还可以间接降低债券的发行成本,因为CDS的卖方实质上为低评级的公司债券提供了一定的担保措施,起到了增信的作用,降低了企业的融资难度。但是,CDS也被认为是引发2008年金融危机的重要因素,因此,在发展我国CDS市场的过程中,有必要通过限制CDS的"裸买"和多层嵌套,防范CDS产品复杂化可能带来的风险。

四是进一步加强投资者多元化建设,细化市场准入规则,丰富和完善债券市场的投资者结构。一方面,吸引不同类型、不同风险偏好的机构投资者更多地进入债券市场,针对不同投资机构提出不同准入规则,特别是私募基金、对冲基金等具有较强的风险识别能力、愿意承担高风险以获取高收益的投资者,扩大高收益债券的市场需求,提高市场总体的流动性水平。另一方面,细化高收益债券市场的投资者认证与准入规则。例如,对认证为高风险偏好的投资机构开放全类别高收益债券,对认证为低风险偏好的投资机构开放收益率不高于10%的债券,并限制其高收益债券的持仓比例。此外,在金融对外开放的进程中,逐步放开债券市场对国外投资者的限制,允许国外机构投资者入市,刺激对高收益债券的需求。

五是压实中介机构责任,加大违法行为成本。确立中介机构披露义务的责任主体地位,明确承销商、会计师事务所、评级机构等中介机构欺诈行为的责任,保证过错与责任的匹配。构建全面、系统的证券欺诈责任体系,统一民事、行政与刑法中关于虚假陈述以及证券欺诈相关行为的定义与构成要件,加大中介机构违反信息披露规则的惩治力度,除没收违法所得与罚款之外,还可增加吊销资格等处罚手段。进一步建立健全中介机构声誉机制,加强行业自律管理,披露中介机构的资质、业务承办情况、受处罚情况等,发挥市场的筛选功能。加快推动建立承销商等中介机构"尽职免责、失职追责"的激励约束机制,提升金融机构承销与投资高收益债券的积极性。

第五节　聚焦挤兑风险，建立中小资管纾困机制

长期以来，挤兑风险始终是限制资本市场均衡、稳定发展的桎梏，2008 年金融危机的一个代表性标志就是非传统金融机构遭遇了严重的挤兑。其中，货币基金大额赎回潮现象首当其冲，成为近年来资本市场挤兑风险的重要表征之一。提前大规模赎回不仅造成收益暴跌，影响资源有效配置，导致投资者利益受损，而且会进一步对市场流动性产生不小的压力，引发市场恐慌，阻碍资本市场发挥财富效应吸引资金、服务实体经济的功能。由于货币基金采用摊余成本法估值，一旦市场出现极端行情，基金面值与实际价值出现较大偏离，投资者就有可能集中赎回，并倒逼资金面紧张的中小资管选择斩仓，甚至大幅减持其他资产以还清投资者份额，这一行为会使自身流动性风险通过资产价格下跌传递到其他金融市场，甚至影响商业银行等金融机构。另外，货币基金与债券基金一样，可以通过回购等方式融资，然后利用这部分资金投资高收益产品，从而形成杠杆放大收益。一旦市场上资金面突然收紧，出现预期外的加息，杠杆可能造成进一步暴跌，甚至无法覆盖资金成本，从而形成"基金赎回→亏损→加剧赎回"的恶性循环。在我国资本市场历史上，曾多次发生过货币基金赎回潮事件。早在 2006 年，货币基金便发生过千亿赎回潮导致市场流动性风险，多家基金规模缩水上百亿元。而后在 2009 年、2013 年和 2016 年也分别出现过挤兑风险，导致多家基金公司损失惨重。其中，首要储备基金（RPF）的倒闭更在金融危机期间对市场造成了巨大影响。2007 年 11 月后，由于市场对政府救济雷曼兄弟的乐观预期，首要储备基金不断增持雷曼兄弟发行的商业票据（见表 9—4）。而一年后雷曼兄弟的破产给首要储备基金带来了巨大的流动性压力，恐慌情绪在市场上进一步蔓延。挤兑风险这种呈现传染性、放大性、周期性的特征，需要受到市场特别关注和警惕。若长此以往，挤兑风险会通过流动性影响整个市场投融资功能，不利于稳定发展金融市场、多层次构建资本市场、服务实体经济。

表 9—4　首要储备基金(RPF)持有雷曼兄弟商业票据变化情况(亿美元)

日期 票据到期日	2007年8月	2007年11月	2008年2月	2008年5月	2008年8月
2008年4月24日	0	1.75	1.75	0	0
2008年5月22日	0	2	2	0	0
2008年10月10日	0	0	1.5	1.5	1.5
2008年10月27日	0	0	0	2	2
2008年10月29日	0	0	0	1.85	1.85
2009年3月20日	0	0	2.5	2.5	2.5
合　计	0	3.75	7.75	7.85	7.85

习近平总书记强调:"要把主动防范化解系统性金融风险放在更加重要的位置,科学防范,早识别、早预警、早发现、早处置,着力防范化解重点领域风险,着力完善金融安全防线和风险应急处置机制。"因此,如何应对挤兑风险,为中小资管机构建立纾困机制,保护投资者权益,是当前急需解决的问题。

一、挤兑风险的形成原因

在几次挤兑危机背后,不仅有宏观经济因素对货币市场造成的冲击,也有其他市场对货币市场造成的挤压,还有中小资管资本结构配置失衡的原因。具体而言,主要有以下几点原因:

(一)利率上行致使市场资金面收紧

市场上流动性收紧、资金面紧张是基金挤兑风险形成因素之一。从宏观层面来讲,货币基金挤兑风险周期性地在市场上爆发,与经济运行的周期变化息息相关。在应对房地产泡沫与防止经济下行的双重压力下,利率周期性调整会影响整个市场资金面的流动性,当利率上调时,银行间市场资金面趋紧,基金收益率相对变得不具有吸引力,虽然同时期货币基金收益率也会提高,但上涨幅度并没有银行间市场的利率上涨幅度大,从而导致大批机构从货币基金中赎回资金投放到回购中去。例如,在2013年6月赎回潮中,货币基金整体七日年化收益率在3.6%左右,虽高于当时一年期定期存款利率,但与市场资金价格比仍有较大差距,这也最终导致当年上半年货币基金规模减少了

3 467 亿元,缩水约 49%。

(二)遭遇系统性外生冲击

市场在面临系统性风险时,货币基金底层标的企业会受到负面影响。尤其在国际市场中,货币基金的投资标的企业信用风险较高,外生系统性冲击会对货币基金业绩产生不小的影响。2008 年 9 月次贷危机爆发前,美国货币基金规模达到顶峰,但随后金融危机爆发,雷曼兄弟破产,导致购买了雷曼兄弟短期证券的 Reserve Fund 净值跌破 1 美元,美国货币基金遭遇大面积赎回,商业票据占比减少,规模迅速缩水,最后被迫清盘。如图 9-6 所示,雷曼兄弟破产后,规避风险的投资者更希望持有政府债券等高质量资产,商业票据市场遭受巨大冲击。此外,还有 Putnam 投资管理的 123 亿美元货币基金也因大面积赎回而清盘。究其原因,在市场面临系统性外生冲击时,货币基金所投资的信用债底层标的企业会发生信用风险,导致资产价格大幅波动从而影响到货币基金业绩,再加之外部不利环境造成投资者自身流动性缺失,最终致使基金遭受大规模赎回。

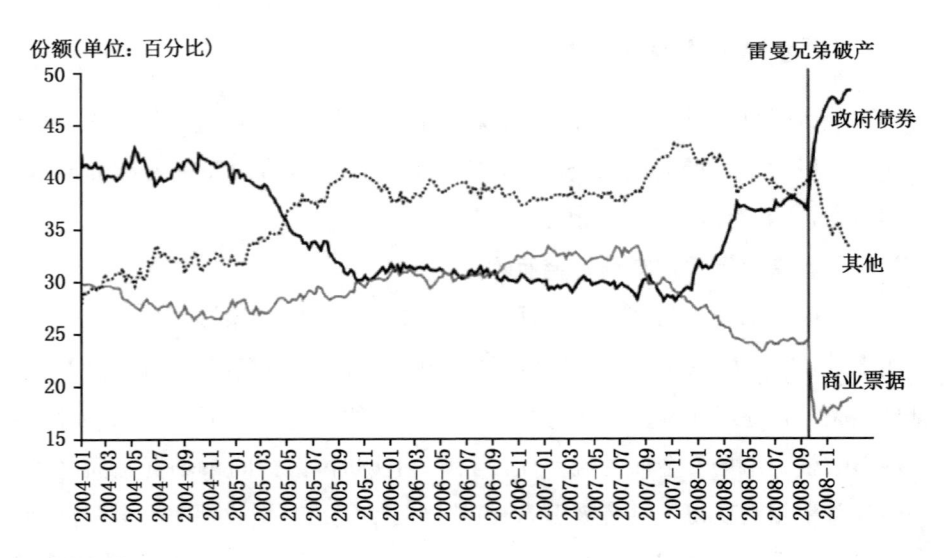

数据来源:iMoneyNet.

图 9-6 货币市场基金的不同类型资产份额变动

(三)股市升温,造成替代效应

由于各层次资本市场之间有互相联动和互相替代的关系,因此投资者自然会将资金从基金中撤出,转而投向收益更高的资产。当权益类市场受投资者追捧时,收益稳健的货币基金会受到替代效应影响而需求下降,再叠加外部负面因素,最终会发生大批量赎回。2009 年赎回潮的诱因就是当时金融危机过后股市逐步回暖以及 IPO 重启,导致大量投机性短期资金涌入股市,加之货币基金收益率急剧下降,导致大范围的投机性赎回。到 2009 年年中,货币基金规模从年初的 3 892 亿元缩减至 1 629 亿元,跌幅超过 58%。

(四)机构持仓占比高,造成一致赎回

货币基金面临挤兑风险的另一大原因在于,持仓主力为机构投资者。虽然我国货币基金的所有投资几乎无信用风险,持有到期都能收回本息,但当大量投资者需要赎回的时候,基金不得不在到期前卖出债券(很可能处于浮亏状态),或放弃协议存款利息以应付赎回压力。这将导致一旦某一机构资金遇到流动性问题选择赎回基金,管理人将无法及时分散挤兑风险。2006 年年末市场流动性不足,当时规模最大的场内货币基金华宝添益的总规模相比高峰时期缩水两成,而其他几只大基金如银华日利、富国货币、鹏华添利等基金也损失惨重,缩水逾百亿元;个别场内基金的资金规模甚至缩水了一半。而这些货币基金的持仓主力都是保险机构和大型商业银行,大部分银行在季末和年末时需要拼存款指标,扩大自身现金资产规模,这也导致基金在特定时刻经常会面临大规模赎回。

二、挤兑风险的应对措施

为了全面、均衡、多层次构建资本市场,有效推动经济高质量发展,应该聚焦挤兑风险,建立中小资管纾困机制,切实保护投资者利益,恢复投资信心,激发市场活力。具体建议从以下几点入手:

(一)建议央行进行窗口指导

挤兑风险是由于机构占比过高,导致一致赎回时,中小资管无法承受资金面压力而形成的。因此,建议央行可以对个别在年末、季末有存款指标的金融机构进行窗口指导,尤其是大型商业银行和保险机构,这类机构一般年末流动

性要求体量巨大,一旦形成一致赎回,会对基金造成挤兑风险。此外,央行可以对有流动性缺口的基金提供必要的资金支持,特别是针对中小类货币基金和平均剩余期限较长的基金,这些基金流动性较差,相对于其他类别基金更容易产生挤兑风险。同时,规定一个三至七天利率回购期的债券资产,等赎回潮风险过后再收回临时流动性,在市场没有抛售压力的情况下,有效对接有赎回压力的基金和有资金面压力的机构,对他们进行一对一指导,做到精准对接、精准疏导、精准化解挤兑风险。

(二)改进赎回业务模式

对于中小资管面临的大额赎回,建议在必要阶段临时限制单日赎回金额上限和调整赎回价格标准,以应对短期突发的挤兑风险。当机构持仓占比较高时,资管方会面临巨额赎回,即单个开放日基金净赎回份额及净转出申请份额之和超过上一开放日总份额的某一比例如10%,在这一情况下,可以允许资管机构就某几天临时限制赎回上限,按各大机构持仓比例分配限额。此外,可以调整赎回价格标准,从需求侧遏制挤兑。例如,改用"T+N"日的最低或平均万份收益作为T日的价格标准对投资者释放资金,这样投资方会因担心未来价格的波动而放弃赎回,资管方也可减轻短期挤兑压力。

(三)限制投资组合期限

我国公募基金流动性风险管理规定要求货币市场基金投资组合的平均剩余期限不得超过120天,并将风险相对高的可转换债券、信用等级偏低的企业债等规定为"货币市场基金不得投资的金融工具",以更好地控制其投资风险。但是在特定时间段里,市场流动性收紧时,这一要求远不能满足市场流动性,因此,建议结合宏观经济和市场流动性指标,前瞻性、周期性地调整货币基金投资组合的期限,以应对流动性不足的问题。

(四)重视流动性管理,完善应急管理机制

流动性管理作为银行资产负债管理中的重要一环,应该受到银行部门和监管机构的足够重视,商业银行和监管机构应完善监管机制,健全风险挤兑研究体系。考虑到当前网上银行转账结算业务的飞速发展,监管机构可根据每日银行存款、转账等特征对流动性指标进行相应调整。同时,鉴于不同银行部门存在异质性,不同存款业务也具有不同特点,因此,监管机构可根据不同业

务特征制定差异化的流动性指标。此外,要建立健全特殊期间监测预警机制,完善存款保险制度。通过借鉴美国、韩国等国家在应对银行挤兑时的处置经验,合理分配应对危机的成本,确保在挤兑风险爆发时银行能迅速做出调整、及时公布存款保险保障限额,以便金融机构控制由挤兑风险带来的不良影响。

第十章　中国特色衍生品市场的发展与建设

摘　要：我国资本市场发展已经进入深水区，面临国内和国际环境的不确定性，同时又存在巨大的潜力和机遇，如何提高市场的抗风险能力从而构建成熟健康的资本市场是未来中国经济发展的关键。从成熟市场的经验来看，衍生品市场对风险管理起着关键作用，是转移和再分配风险的主要工具，并且可以优化市场风险结构，满足多层次市场的需求。因此，构建完备的衍生品市场对未来我国经济和资本市场发展的关键时期有着重要的意义。本章在对我国衍生品市场发展的历程和成就进行梳理的基础上，从风险管理、资本市场运行效率、提高国际竞争力、吸引国际资本等角度进行深入分析，并提出相应的政策建议。

第一节　中国特色衍生品市场发展路径梳理

衍生品是有效防范和化解风险的重要手段，也是用市场化手段实现价格发现、分担风险的有效机制。在当前我国资本市场快速发展的阶段，衍生品市场能够在服务实体经济和防范化解金融风险两个方面同时发挥功效。同时，随着经济发展的深入，完备和高效的衍生品市场对经济的稳定运行和资本市场国际地位的提升至关重要，大宗商品的定价能力对国家经济安全也愈发重要。发展和完善中国特色的衍生品市场体系，既有利于我国企业和金融机构合理控制风险、提高资金使用率，也有利于我国金融稳定和进一步对外开放。

在发展我国衍生品市场的过程中,必须牢牢把握服务经济发展的前提,通过完善市场监管规则建设、丰富市场参与者规模、协同发展场内场外市场,进而增强中国资本市场效率,为未来中国资本市场发展服务。

一、以服务经济发展、完善资本市场为目标的我国衍生品市场的发展路径

我国的衍生品市场是多层次资本市场体系中必不可少的主体之一,其发展历程与实体经济的体量和结构变化紧密相连。自1990年10月12日中国郑州粮食批发市场成立算起,新中国衍生品市场已经走过了三十多年。当下,我国衍生品市场的发展脚步越走越稳,对内服务于实体经济的发展,以产业链需求为导向,积极有效服务经济高质量发展,以国家"双碳"目标为导向,加速能源结构低碳化转型,助推产业稳健前行;对外吸引境外投资者的关注,丰富国际品种,提升我国衍生品市场的国际影响力。作为风险管理的有效工具,衍生品市场的发展,是基于资本市场的改革,深化资本市场基础制度建设的战略部署。加快衍生品市场建设将完善多层次资本市场的风控机制,推动其平稳、健康地发展。

(一)探索性发展阶段

20世纪80年代末,随着经济体制改革的深入,市场机制发挥了越来越大的作用,市场化进程不断加速,为衍生品市场兴起提供了良好环境和实践支撑。1988年3月,《政府工作报告》指出:"加快商业体制改革,积极发展各类批发市场,探索期货交易",开启了期货交易试点探索之路。1990年10月,中国郑州粮食批发市场成立,并以现货交易起步,逐步引入期货交易机制,我国衍生品市场至此诞生。发展初期,我国衍生品市场发展势头强劲,五十多家交易所成立,衍生品交易体制逐步完善,实现了以标准期货合约交易、公开竞价购买等。1992—1993年,国债期货、外汇期货、股指期货等金融衍生品陆续上市,交易量飞速增长。但由于相关监管体制的缺失和投资主体的不规范行为,地方和部门盲目成立期货经纪公司;市场上投机性行为频繁出现;投资人对市场认知度较低,遭受巨额损失。期货市场的正常运行严重受阻,行业内清理整顿工作也由此开始。1994年,暂停了期货外盘交易;1995年2月,因国债期货非正常交易事件,国内第一个金融衍生品品种停止交易。从此,我国开启了长达11年的商品期货时代。

(二)完善性发展阶段

我国的衍生品市场是多层次资本市场体系的重要组成部分,其发展历程与实体经济的体量和结构变化紧密相连。发展初期,以农业产业链需求为导向,运用农产品期货进行风险管理和价格发现,积极有效服务农业高质量发展,维护粮食价格稳定,1999年我国初步形成的3家商品期货交易所中的2家交易所(郑州商品交易所和大连商品交易所)都是以农产品期货起家。三十多年以来,我国农产品期货立足"三农"政策、服务实体经济已经具备相当坚实的基础。白糖、菜籽油、豆油等多种农产品期货价格能够单向引导或预测全国性现货价格,充分体现了期货价格的信息有效性。随着中国参与国际分工程度日益加深,产业结构发生调整,对基础原材料类等大宗商品的需求量大幅上升。为了对冲交易中的风险,我国开始逐步研发金属、化工能源类品种,燃料油、精对苯二甲酸等品种逐步上市交易。经过近些年来的大力发展,中国商品期货市场成交量连续多年位居世界第一(见图10—1)。中国市场的崛起改变了相关公司估算全球供需的方式。中国的期货交易所已经成为铜、铝、钢等金属以及棉花、糖等农产品价格发现的重要中心。

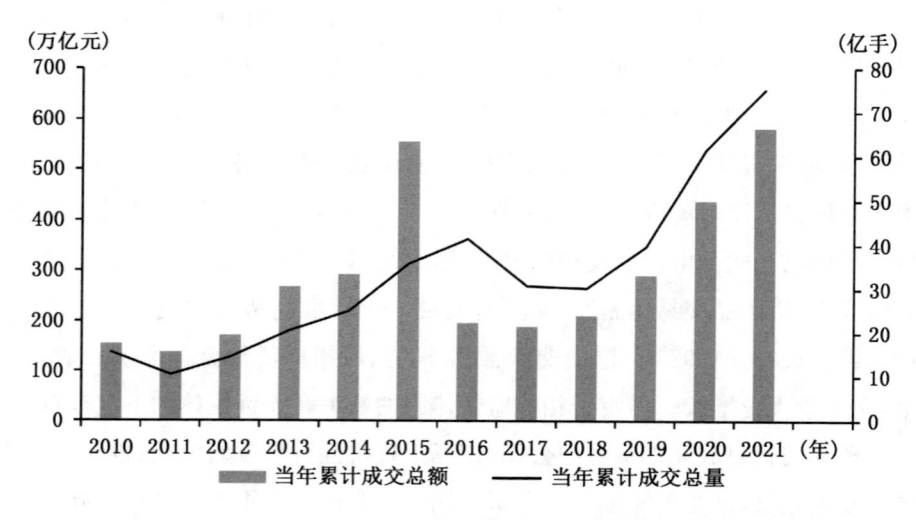

图10—1 2010—2021年中国期货市场成交量和成交额

(三)创新和发展阶段

随着我国金融体制改革的深入,利率市场化和浮动汇率制的实施,直接融资比重不断提高,金融衍生品市场在资本市场发展中的重要性日益凸显。金融衍生品为市场参与者提供了高效的风险管理工具,对增强金融市场有效性与透明度、增强金融服务的实体经营创新能力发挥着重要影响。经过监管体制的完善和市场需求的驱动,我国场外衍生品市场形成了以银行间、证券期货和外资机构柜台为主要交易场所的市场格局,交易品种覆盖了利率、外汇、信用、权益和大宗商品全部衍生品类别。随着中国经济国际化的进展,通过最大化地发挥资金主要源头的价值发现、回避风险的作用,将可以在国际市场竞争中取得有利地位。2005年6月15日,我国首个场外人民币衍生产品——银行间债券远期交易正式诞生。自此,我国场外衍生品市场进入新发展阶段,交易品种和规模飞速发展。2006年9月,中国金融期货交易所正式挂牌成立;2010年4月,沪深300指数期货上市。中国金融期货交易所的成立和股指期货的推出,开创了国内金融衍生品时代的新纪元。

发展至今,我国的金融衍生品市场已经颇具规模。截至2022年7月底,场内交易品种共有12种,涵盖9种股指期货和期权、3种国债期货,主要在中国金融期货交易所进行交割。根据中国期货业协会披露的数据,2021年中国金融期货交易所成交1.22亿手和118.2万亿元,同比分别增长5.86%和2.37%,呈稳定增长趋势(如图10—2所示)。场外市场的交易品种现也已覆盖了利率、外汇、信用、权益和大宗商品全部衍生品类别。当前场外衍生品业务规模最大的市场是银行间市场,因其业务起步早,相关系统和基础设施也比较完善。2021年,银行间本币衍生品市场共成交21.4万亿元,同比增长6.5%。其中,利率互换名义本金总额21.1万亿元,同比增长7.5%;标准债券远期成交2 614.8亿元,信用风险缓释凭证创设名义本金295.2亿元。证券期货场外衍生品市场的主要参与机构灵活性和专业素养更强,起步虽然比银行间场外衍生品市场略晚,但近年来品种创新和规模扩大的脚步不断加快,具有广阔的市场前景。

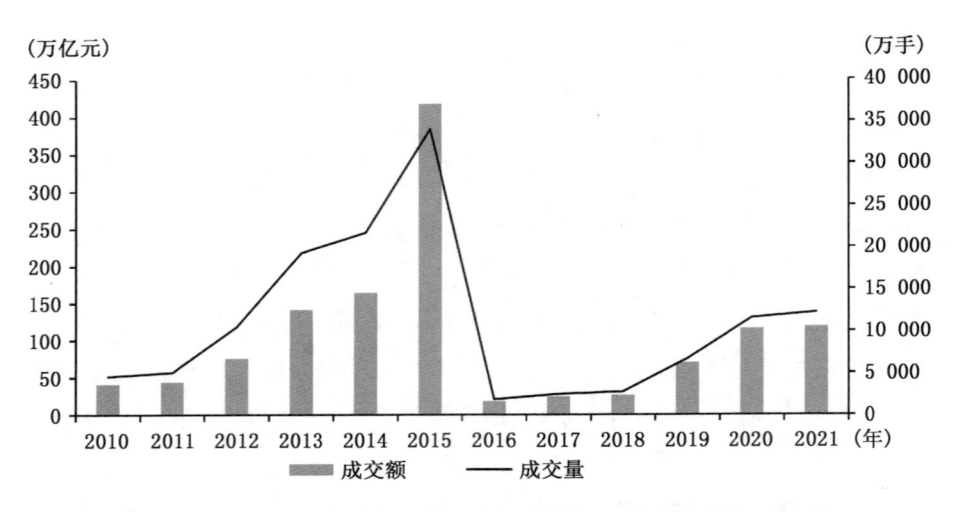

图 10-2　2010—2021 年中国场内金融衍生品市场成交量和成交额

二、以风险控制为基础的我国衍生品市场的制度建设

衍生品交易本身包含诸多风险,如果交易主体内部风险控制机制不当,或者市场外部监管制度不健全,就很容易造成风险的传染和扩散,甚至酿成系统性风险。吸取 2008 年金融危机和美国市场的教训,我国对衍生品的发展采取稳步推进的方式,在控制风险的基础上有序推动衍生品市场的发展。

(一)强化基本管理制度,完善健全监督管理规范,推动市场持续蓬勃发展

中国期货市场逐步走向正规化,监督管理体系和规章制度体系不断完善,形成了具有中国特色的期货市场监督管理机构制度。中国期货业协会成立后,期货监管形成了证监会行政监管、期货交易所一线监管和协会自律监管有机结合的三级监管框架,以及证监会、证监会派出机构、期货交易所、期货市场监控中心和期货业协会"五位一体"的监督管理工作机制。这一监管体系几乎涵盖了期货市场各种结构要素,保证了衍生品市场的平稳运行。

中国相关法律监管不仅涵盖场内期货市场,符合条件的场外衍生品也被纳入监管范围,形成了以建设场内为主、兼顾场外的管理格局,适应健全多层次资本市场体系、满足多层次风险管理的现实需求。场外衍生品交易由于其高度个性化和灵活的特征,使得交易风险的管理成本明显高于场内的衍生品交易。因此,从20世纪80年代开始,为减少场外主要来源交易的缔约成本和交易风险,提高场外主要来源的交易质量,国际性行业组织进行了大量规范场外金融衍生品交易合同的工作,其中最具权威性和特色的是创建于1985年的国际掉期与衍生工具协会(ISDA)。通过ISDA的努力与促进,提出了场外主要来源标准化交易合同文本,此举有效降低了场外金融衍生品交易各方的缔约成本。2008年次贷危机爆发后,场外衍生品业务集中清算作为行之有效的系统性风险管理机制,成为全球共识。2009年上海清算所成立,成为国际金融危机后全球新成立的第二家专业清算机构。为了促进市场规范和健康发展,2007年至2010年间,国家外汇管理局和中国外汇交易中心、中国银行间市场交易商协会发布了涵盖银行间市场所有的场外衍生品类型的金融衍生产品交易主协议,丰富了我国的场外衍生品市场。2012年,证券业协会发布了《证券公司柜台交易业务规范》,指出金融衍生产品可以在证券公司柜台交易,证券业协会对业务进行自觉管理。

(二)加大期货经营机构监管力度,推动行业健康高质量发展

良性的期货市场环境,有助于充分发挥发现价格、管理风险、配置资源三大期货核心功能,提高定价能力和定价影响力,打造规范、开放、有韧性的资本市场。为了有效控制期货市场中的会员和经纪公司的不规范行为,加大对市场的监管力度,我国不断加强制度建设,先后修订发布了《期货公司管理办法》《期货公司分类监管规定》《期货公司监督管理办法》《期货公司风险监管指标管理办法》等规章制度,在控制风险、保障运行的基础上,逐渐放松我国衍生品市场的管制,陆续推动衍生品种类和业务创新。在场外市场,2004年中国第一部针对银行业金融机构开展衍生产品业务的法规问世,中国银监会发布的《金融机构衍生产品交易业务管理暂行办法》首次明确了金融机构开办衍生产品的准入条件和开办程序。近年来,我国期货经营机构资本实力不断增强,代理交易规模逐步扩大。截至2021年12月底,我国共有期货公司150家,公司总资产为13 812.31亿元,净资产为1 614.46亿元,较2020年底分别增长了40.25%和19.59%。风险管理公司资产规模扩张明显,我国期货公司已成立97家风险管理公司,总资产1 245.02亿元,2021年全年场外衍生品业务新增名义本金16 322.38亿元,同比增加93%。期货公司风险管理子公司可凭借自身专业优势,为实体企业提供场外交易、仓单服务、基差交易等创新型业务,帮助企业实现更加精细化的风险管理。

(三)加快立法进度,助推中国衍生品市场发展与功能深化

形成和维护良好的衍生品市场秩序还需要相应法律法规的支撑,为此,我国构建了衍生品市场法律法规制度框架和风险防范化解机制,夯实了我国衍生品市场的制度基础,为衍生品市场的规范发展提供了制度保障。中国是世界经济增长的最大引擎,作为全球最重要的衍生品市场之一,提升市场监管高度、助推行业发展势头是重中之重。第十三届全国人大常委会第三十四次会议表决通过《中华人民共和国期货和衍生品法》,并于2022年8月1日起施行。作为衍生品领域的基本法,该法律的推出有效填补了资本市场法治建设的空白,提高了法律位阶,也标志着金融市场的法律框架基本完成。同时,该法律拓宽了期货经营机构的业务范围,强化了衍生品交易监管,突出对普通交易者的保护。该法律不仅以强化市场秩序规范为基础,更在于激活市场潜力,激发市场活力。国家不断完善风险监测、预警和应对机制,完善规则制度,规范业务秩序,夯实法治基础,维护衍生品市场的稳定健康运行。

三、与成熟市场的比较以及未来发展方向

(一)与成熟市场的比较

通过与世界范围内主要经济体尤其是发达经济体的衍生品市场进行横向对比,能够帮助我们更好地定位中国衍生品市场的发展阶段,更好地借鉴成熟市场的发展经验,助力中国市场快速成长。相比于商品期货的夺目表现,我国金融衍生品的发展尚处于不成熟阶段,未来需加大金融衍生品的品种创新,进一步满足投资者的避险需求,助力健全多层次的资本市场。

1. 衍生品市场规模与结构

衍生品市场在很大程度上影响着资本市场的产品定价和风险管理水平。以2021年交易量为例,全球衍生品市场的基本特点是金融衍生品规模远大于商品衍生品规模,场外衍生品规模远大于场内衍生品规模;而中国衍生品市场的特点恰恰与全球相反,即商品衍生品规模大于金融衍生品规模,场内衍生品规模大于场外衍生品规模。过去十余年,中国场内交易的商品衍生品市场发

展迅速,并从 2009 年起,中国内地始终是全球最大的场内商品衍生品市场。与此同时,我国商品衍生品市场规模仍在逐年扩大,不少大宗商品的期货价格具备了一定的国际影响力,铜、铝、锌等品种的期现货价格拟合度高,已成为相关产业的定价基准;关注郑州、大连和上海商品交易所的价格走势,如今已成为世界其他地区大宗商品交易商的标准商业惯例。相比之下,中国金融衍生品市场略逊色,市场规模非常小,占全球比重可以忽略不计,人民币场内利率和外汇衍生品的规模无法与美元衍生品并向比较。在全球范围内,不论是作为成熟市场代表的美国,还是同属于新兴市场的印度,其市场规模的增长主要依靠的都是金融衍生品的创新和交易。由此可见,在把控好市场风险的前提下,金融衍生品的发展将会助力我国衍生品市场进一步扩大,占据世界重要地位,提升国际定价权。

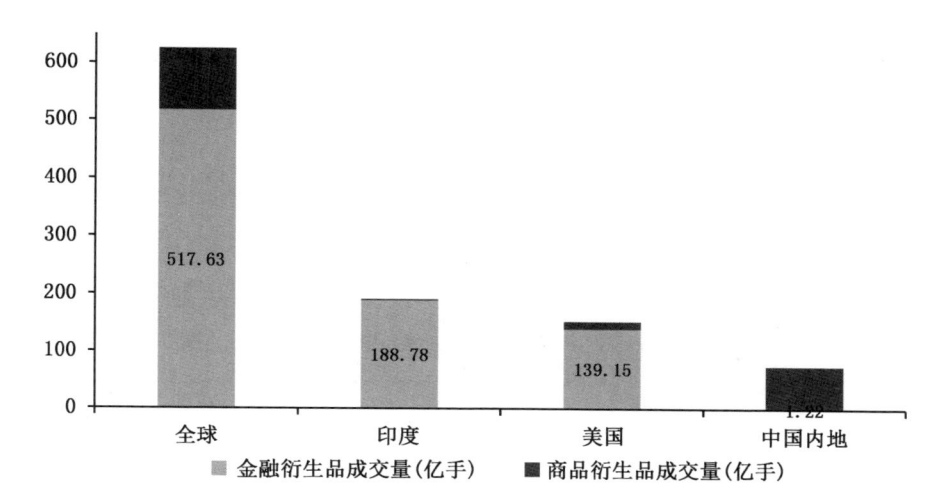

图 10-3 是 2021 年度全球及中国、美国、印度衍生品成交量排名情况。

数据来源:美国期货业协会(FIA)、中国期货业协会。

图 10-3　2021 年度全球及中国、美国、印度衍生品成交量排名情况

衍生品场外交易市场的业务范围与交易规模都远远大于场内交易市场,是构建多层次资本市场的不可缺少的主体。对照成熟的海外衍生品场外市场,我国场外市场仍然存在规模偏小、品种有限、内部需求欠缺等问题,尽管场外衍生品业务近些年发展迅速,逐渐成为券商差异化竞争的重要业务,但仍有

很大的追赶空间。全球场外衍生品的市场规模情况见图10-4。据国际清算银行(BIS)数据,截至2021年12月底,全球场外衍生品市场衍生品的未平仓名义价值升至598万亿美元,从衍生品价值与资产总量比值来看,境外衍生品名义价值约是总资产的10倍以上。投资以场外衍生品为主体的产品体系,已成为国际金融机构的重要收入来源。与此同时,截至2021年底,我国证券行业场外衍生品存续名义本金规模仅2.02万亿元,仅占2021年底A股流通市值的2.67%。除此之外,与成熟市场的投资者相比,我国参与市场投资的机构和个体自身也存在差距,在企业内部治理、风险控制以及投资研究能力等方面都有着较大鸿沟。例如,国内非金融机构对利率波动的避险需求很少,购买债券的主要原因是为了持有到期收益。

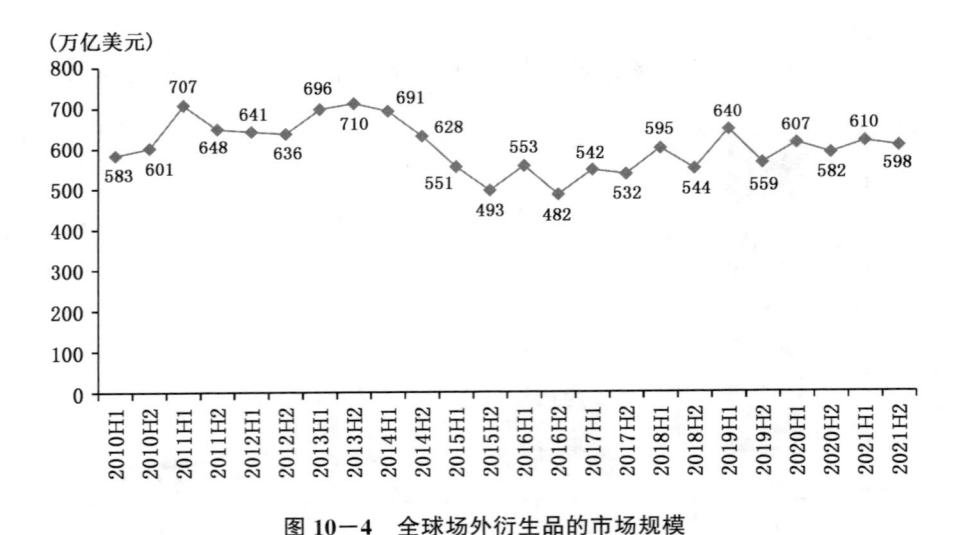

图10-4 全球场外衍生品的市场规模

2. 衍生品合约品种与成交量

衍生品品种的数量决定了服务实体经济的广度和深度。相较于成熟市场,我国合约品种和合约成交量都有着较大差距。美国场内衍生品种类超过2 550种,仅信用衍生品就包含抵押贷款支持债券、担保债务凭证、信用违约掉期、互换期权等类型。美国衍生品种类多样化,衍生品市场比重稳固,其场内衍生品交易市场的话语权为美国头部券商带来了丰厚收益。我国衍生品种类较为单一,以商品衍生品合约为主,金融衍生品仅有国债、股指期货及期权。

与美国市场相比,我国的品种还相差较多,尤其是金融衍生品领域。

全球成交量排名前十的期货交易所中,美国占据四席。芝加哥商业交易所集团在利率、股指及农产品期货等领域处于绝对领先地位,洲际交易所在能源衍生品领域具备优势。中国在全球成交量排名前十的期货交易所中占据三席,其成交量稳步上升,与美国交易所的差距逐渐缩小。中国商品交易所逐渐确立了在农产品、金属和能源化工类商品上的优势,国际影响力日渐增强。

图10—5是2016—2021年中美主要交易所场内成交量对比情况。

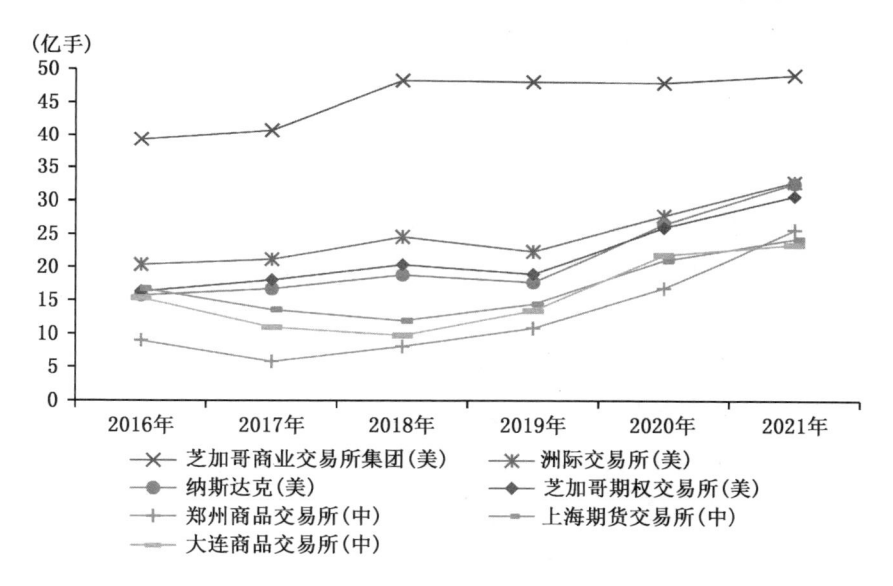

图10—5 2016—2021年中美主要交易所场内成交量对比

根据FIA公布的2021年数据,全球场内金融衍生品的交易量中,股指类期权期货占到了总成交量的67%,股指类期货期权是提高股市内在稳定性的重要工具。分地区看,全球金融衍生品业务主要集中在欧美,美国依然是全球最成熟的衍生品交易市场。中国金融期货交易所现已上市5个股指期货产品和2个股指期权产品,成交量稳步上升,中国金融期货交易所的成交总量已位居全球第27位。我国时隔7年,上新了中证1000股指期货和期权,新产品的推出是对现有金融衍生品体系的有益补充和完善,有利于缓解现有衍生品市场的对冲压力,更好地满足投资者管理风险的需求,促进股票市场稳定,更加充分地发挥金融衍生品市场服务实体经济发展的功能。

3. 交易制度

在交易规则方面,国内市场与国外也有较大差异。首先是交易时间,国际期货多数是 18~23 小时交易,而国内大多是 6~8 小时交易;其次是国际期货市场合约更多样化,金融衍生品合约占大多数,大多数品种没有涨跌停板,而国内市场目前商品衍生品合约占主导地位,设置有涨跌停板;最后是交易费用,国际期货的保证金为 4%~8%,手续费一般为固定值,而国内市场的保证金比例为 10%~15%,手续费也较高,按合约总价值的一定比例收取,较高的交易费用无形中提高了交易门槛,使得国内交易市场风险更小。除此之外,国际市场辐射面广,参与交易的投资者大多为投机者,而中国由于早期对机构经营者的经营限制和期货交易所市场的会员结构较为单一,参与机构的辐射范围较小。

衍生品市场作为风险较高的市场,其发展中稍有不慎便有可能造成较大的金融风险,进而衍生出金融危机。美国的衍生品市场对虚拟经济依赖过度,监管体制滞后于金融创新,然而监管须及时跟上创新的步伐,否则过于超前的创新会引发市场巨大的风险,2008 年的金融危机正因此而起。此次金融危机严重影响与伤害了全球实体经济,尤其对美国经济与金融体系造成了空前冲击,金融机构接连倒闭,失业人员层出不穷。为了衍生品市场健康且高质量的发展,中国应该借鉴美国以及其他成熟市场的经验,取其精华,结合中国国情,探寻一条真正适合自身的发展之路。

(二)未来发展方向

纵观中国衍生品市场多年来的发展以及国际比较,对其未来发展的展望有以下几个方面:

1. 牢牢立足服务于实体经济的基本定位

区别于欧美国家高度金融化和市场化的衍生品市场,我国应明确将衍生品定位为服务实体经济的风险管理工具体系。"十四五"期间,衍生品市场须在维护产业链与资源粮食安全、防范系统性金融风险等方面发挥更大作用;随着对外开放的深化,衍生品市场的高质量发展将有助于构建国内国际双循环相互促进的新发展格局。我国市场在市场规模、流动性等方面都有着优势,应继续立足国情,学习借鉴国际市场,走中国特色之路。未来在法治的保障下,推动我国衍生品市场更高质量的发展和更高水平的开放,加速打造以人民币计价的全球大宗商品定价中心和风险管理中心。

2. 优化市场结构,注重专业性衍生品经营机构孵化

不同金融机构对衍生品业务的需求原因和程度各不相同,应鼓励更加侧重风险管理的机构加快发展。以期货公司为例,作为衍生品业务的参与主体,经过多年的沉淀,积累了一定的场内外衍生品风险管理服务经验,组建了适合自身发展需求的专业人才队伍,形成了行之有效的风险控制体系。在金融衍生品业务呈集中化和头部化的发展趋势之下,期货公司已经打开全新发展空间。2019年两家期货公司在A股的成功上市,标志着期货公司正式在中国资本市场的舞台上亮相,迈进新的成长阶段。目前尚有数家期货公司积极筹备上市,加速提升国内期货公司的资本实力、人才聚集力和市场竞争力。

3. 完善市场体系,巩固我国在全球产业链中的地位

每一个衍生产品都涉及相关产业链的成千上万家企业,直接或间接地联系着每一个生产者、贸易者、流通者、加工者和消费者;我国衍生品庞大的交易量也产生了我国相关实体企业对风险管理、提升企业稳定经营效益的巨大需求。我国应加速优化衍生品市场体系,维系活跃的交易市场,这既有利于相关企业利用期货市场的价格体系,实现向高度市场化、国际化产业的转变,形成成熟的、以期货价格为导向的经营管理模式,也有助于我国大宗商品价格国际影响力的提升,以及中国企业在国际采购谈判中议价能力的增强,进而有效维护中国企业的合理利益,扩大国际经营规模,提升我国产业链在全球的地位。

4. 场内基础设施助力场外衍生品发展,场内场外协同发展

交易所在交易、风控、清结算等传统业务上具有丰富的经验和人才技术储备,当下境外主要衍生品交易所已经利用自身优势和市场特点,推动场外市场在与之配备的场内市场基础上繁荣发展,并借助场内场外市场的联动效应为投资者拓展投资渠道、丰富投资工具,最大限度地满足投资者对风险投资和风险管理的需求。随着我国经济改革的深入,投资主体逐渐萌生出个性化的场外市场投资需求,目前我国大连商品交易所场外平台已经推出了仓单、基差、互换、场外期权等业务,未来可以借鉴大连商品交易所的经验,让交易所发挥自身优势,在场外衍生品市场建设中发挥更大作用,从而有望通过场外市场实

现期现结合、业务拓展、功能发挥,增强金融服务实体经济的能力。

5. 推动市场国际化发展,提高国际竞争力

多年来,中国内地许多期货品种的成交规模一直位居全球前列,形成了一定的国际影响力,但与成熟市场还有一定差距。欧美等发达国家衍生品市场具备适量的市场规模,我国应不断加强与这些成熟市场的合作,通过增加开放品种,以及在海外设立期货公司分公司等渠道,加快对海外市场的渗入,提高中国衍生品市场在世界的知名度。同时,有效吸引境外投资者参与中国市场,向全球提供以人民币计价的公开透明、有代表性的大宗商品中国价格,也有利于扩大中国市场的规模,提升中国市场的影响力,促进人民币国际化,助力定价中心建设。

第二节　中国特色衍生品市场为资本市场的防风险和增效率服务

推动金融市场高质量发展是中国资本市场改革的重点目标,而维持金融市场稳定,避免发生系统性金融风险,则是中国资本市场改革发展的重要底线。近年来,为应对世界经济环境的不确定性冲击,中国人民银行和国家金融监督管理总局等积极引导和督促金融机构释放流动性,为经济稳定和资本市场防风险提供了重要保障。当前,在推动金融市场高质量发展中,完善中国特色衍生品市场是增强中国资本市场防范风险能力和提高运行效率的关键路径,有利于维持金融市场稳定,并进一步降低融资成本,对打通金融向实体让利途径,进而增强中国资本市场运行效率,起到重要作用。

一、中国资本市场发展面临的防风险和增效率挑战

我国"十四五"规划强调,要处理好金融发展、金融稳定、金融安全的关系。在推动中国资本市场高质量发展和实现金融双向开放中,需要审慎防控金融风险,守住不发生系统性风险的重要底线。当前,中国资本市场发展面临风险防范和增强市场融资效率的挑战,具体表现在以下几个方面:

第一,中国资本市场发展面临的系统性金融风险挑战。地缘政治冲突、

"新冠"疫情冲击及各国经济政策不确定性等加剧全球经济衰退。当前,在宏观层面,中国资本市场面临消费不足和投资萎缩、进出口供应链受阻等基本面冲击,同时,国内严监管背景下的房地产行业流动性危机及地方政府债务失衡等重大风险也加剧了资本市场的脆弱性;在市场结构层面,成熟投资者数量不足、场外高杠杆配资、量化基金高频交易、被动型基金规模扩大,以及缺乏有效的做空和对冲机制,造成国内投资者交易行为空前一致,容易引发"羊群效应"和恐慌情绪传染,最终演变成系统性金融风险。例如,2018年1月的基金抱团现象,同类型基金的重仓股高度重合,通过"抱团"推动重仓股短期大幅上涨,致使上证指数月内上涨至3 587点,而随后受海外市场大跌影响,国内基金"抱团"瓦解,最终导致股市剧烈震荡,在10个交易日下跌高达12%。

第二,资本市场风险溢价高带来的融资效率挑战。降低实体企业融资成本,提高资本市场融资效率,是增强中国经济韧性、推动中国经济高质量发展的重要手段。当前,中国资本市场融资难和融资贵的根本问题在于风险控制难和违约处理成本高。一方面,国内实体企业缺乏有效的金融衍生品风险管理工具,其经营面临较大不确定性,这导致资本市场为实体企业提供融资服务会增加风险溢价成本以对冲潜在的信用风险。另一方面,信用衍生品市场不健全,导致资金供给方无法有效对冲信用违约风险,这会弱化信用供给动力,最后导致资本市场融资效率下降。因此,信用衍生品市场不健全,会弱化市场对长期资金的吸引力和资本市场的资金转化效率。

第三,双向开放下的跨境资本流动冲击和市场风险传染。推动资本市场双向开放是中国畅通国内国际双循环的重要战略,有利于吸引优质的海外资产入市,构建良性竞争环境,提高中国资本市场配置全球资源的能力。但资本市场双向开放也带来大规模的跨境资本流动冲击,尤其在极端事件爆发时期,短期跨境资本外逃对中国资本市场稳定造成负面影响。同时,伴随资本账户对外开放程度加深,跨境资本流动更加频繁,进而会强化中国资本市场与国际资本市场间的金融风险传染效应(杨子晖和王姝黛,2021),尤其在极端事件冲击下,国际投资者的非理性行为会引发金融市场恐慌情绪传染,进而加大跨境资本流动冲击,而极端的资本流动会加剧金融危机蔓延(Forbes & Warnock,2021),进而增强海外市场的风险输入。

第四,人民币汇率市场化带来的汇率波动风险冲击。随着人民币加入SDR货币体系,中国人民币汇率市场化改革持续推进,人民币汇率弹性逐渐增加,而汇率的双向波动也带来较大的汇率风险冲击。当前,境内投资者进行海外投资,境外投资者进行人民币资产配置,以及国内银行等金融机构的日常经营都面临较大汇率波动冲击。从风险管控看,人民币离岸市场有较丰富的人民币期货、远期(NDF)和可交易人民币指数等风险对冲工具,而在岸市场主要采用远期、掉期工具规避风险。相比而言,国内市场主体的汇率风险对冲效率和灵活性不如离岸市场,这也造成国内市场主体在向高端产业链转型时面临较高的汇率风险管控成本,不利于提高企业的国际市场竞争力。

二、中国特色金融衍生品市场助力资本市场防风险

完善中国特色金融衍生品市场是增强中国资本市场防范风险能力、促进资本市场实现双向开放和稳健发展的关键手段。当前,中国特色金融衍生品市场在助力中国资本市场防风险层面具有不可以替代的重要作用,具体表现在以下几个方面:

第一,完善中国特色金融衍生品市场是防范系统性风险的重要途径。丰富股指期货和期权工具有助于缓解投资恐慌情绪和降低市场波动率,如中国沪深300股指期货上市后,中国股市的波动性明显降低,同时股市极端风险事件发生的频率下降。其中,股指期货的套期保值使得现货市场的换手率下降,投资者狂热的频繁交易行为受到遏制,这为资本市场更平稳发展奠定了重要基础。具体而言,对比2010年股指期货上市前后7年的数据可知,沪深300股票价格指数的年化波动率下降幅度达到19.23%,平均日内波幅降幅达27.55%,日均涨跌超过5%的天数下降了40.48%。与此同时,沪深300股指的年换手率也较股指期货上市前下降了70.49%,市场投机氛围明显降低。

第二,完善中国特色金融衍生品市场有助于降低国际资本外流冲动。首先,完善中国股指期货、股指期权及外汇衍生品体系可以为国际投资资本提供系统的风险管理工具和创造充足的资本腾挪空间,进而有效规避突发事件中资本外逃的本能冲动,这对中国防范短期跨境资本外逃和维持金融市场稳定具有重要作用。以境内外汇衍生品开放为例,早年外资机构无法参与中国境

内外汇衍生品交易,这令外资机构参与中国债市交易面临较大风险敞口,一旦遭遇国际突发事件冲击,外资机构抛售中国债券引发国际资本回流冲击会影响中国资本市场稳定。而2017年中国境内外汇衍生品市场向外国投资者开放,不仅降低了境外投资者风险对冲成本和风险敞口,更促进了境外长期投资者的参与欲望,缓解了国际资本的回流冲动,也正因如此,2017年境外机构投资中国国内债券的规模迅速超过1万亿元。

第三,完善中国特色金融衍生品市场有助于增强中国资本市场流动性。首先,完善中国特色金融衍生品市场,尤其促进股指期货市场平稳运行,能显著降低成分股的波动风险,增强其市场流动性;同时对非成分股而言,虽然对降低其波动风险无显著作用,但也会大幅增强其市场流动性(罗洎和王莹,2011)。其次,完善中国金融衍生品品种体系,降低外资参与中国金融衍生品交易的限制,对吸引国外长期资金入市大有裨益。而强化中国资本市场对资金配置的吸引力,对于提高市场流动性和平复资本市场短期波动具有重要作用,这是资本市场长期稳定发展的重要条件。以降低中国三类金融衍生品的交易限制为例,2021年11月,中国证监会放宽了国内商品类期货和期权品种,以及金融类股指期权品种对境外QFII和RQFII投资者的参与限制,这极大便利了境外投资者参与境内金融衍生品市场投资。在此背景下,国外投资者加大了对中国A股市场投资,其中QFII在中国A股的持仓量和持仓市值持续增加。根据私募排排网数据,截至2022年4月25日,在已经披露2022年一季报的746家A股上市公司中,有111家公司的前十大流通股股东出现QFII基金,合计持股数量达到25.23亿股,合计持股市值达到376.60亿元。相比2021年年报数据,2022年一季度QFII新进增持了77只个股,涉及27个申万一级行业。由此可见,完善中国特色金融衍生品市场有助于吸引投资者入市,增强中国资本市场的流动性。

三、中国特色金融衍生品市场增强资本市场运行效率

中国特色金融衍生品市场在增强中国资本市场防范风险能力基础上,会进一步促进资本市场融资成本下降和增强资本市场运行效率。根据风险溢价原理,资金提供者往往具有风险厌恶特征,信贷风险增加会损害其期望效用,

因此,风险厌恶的资金提供者会要求增加信贷风险溢价。衍生品降低融资成本的核心在于,规避风险的资金提供者利用衍生金融工具可以实现信用风险转移给投机者,因此可以在不降低其期望效用的情况下要求更低的风险溢价(李自然、赵荣和崔文迁,2018)。因此,完善中国特色金融衍生品市场将为实体企业和金融机构提供丰富的风险对冲工具,有效降低市场主体的运营风险和违约风险,进而规避风险溢价产生的高额融资成本,这也是提高资本市场融资效率和打通金融向实体经济让利的重要渠道。

第一,金融衍生品工具的有效使用可以降低实体经营风险和融资风险溢价。合理的风险对冲可以平滑企业经营的现金流和利润波动,有效改善企业盈利数据的信息含量,同时消除信息噪音,进而降低实体企业从市场融资的风险溢价。事实上,中国进出口企业以及外债主体,其汇率敞口错配问题往往造成企业在贸易中可能遭受巨额的汇兑损失,因此企业经营的不确定风险较大,这造成外贸企业在资本市场融资中往往面临更高的风险溢价。而市场主体在广泛灵活应用汇率避险工具后,不仅可以降低经营不确定性,而且能增强融资议价能力。以中国 A 股上市公司为例,2021 年上半年,由于人民币兑美元汇率走势波动性显著增强,包括中国广核、鲁西化工、华工科技、京粮控股、格力电器等在内的超过 87 家公司选择外汇套期保值作为抵御汇率风险的利器,这显著提高了企业的外汇资金使用效率,合理降低财务费用,并防范人民币汇率波动对业绩的不良影响。

第二,合理使用金融衍生工具可以对冲信用违约风险和降低融资溢价成本。2020 年以来,"新冠"疫情以及地缘政治风险加剧了中国债券市场波动,中国市场参与者普遍面临利率风险和信用风险的双重冲击,进而导致企业融资成本高企。而完善中国金融衍生品市场可以提供丰富的利率互换和信用违约互换等对冲工具,进而助力企业有效规避信用风险和降低融资溢价成本。首先,CDS 产品发行可以降低发债企业违约风险带来的负面冲击,并缓解投资者与发债主体之间的信息不对称,这显著增强了企业发债效率、降低了资金成本,也是当前中国特色衍生品市场强化资本市场融资效率的重要体现。其次,发行 CDS 产品有利于促进融资双方互相调整各自的风险头寸,重组贷款结构,降低信用风险,如商业银行降低风险资产权重,转移信贷风险,有效缓解了宏观经济下行背景下的"惜贷情绪",这对提高资本市场的融资效率具有正面影响作用。

四、增强中国资本市场防风险能力和提高运行效率的建议

第一,坚持党中央的领导,切实完善制度规则建设,做到依法从严监管,全面提升监管效率和透明度。首先,坚持党中央的领导是中国金融衍生品市场发展的根本政治保证。中国金融衍生品市场具有特殊的历史使命,需要坚守风险管理的功能定位和服务实体经济的初心,防止脱实向虚。其次,发展中国金融衍生品市场,需要以《中华人民共和国期货和衍生品法》为契机,切实完善制度规则的基础建设,对违规行为和重大风险进行依法从严监管,坚决维护市场秩序,保障市场稳定。最后,针对当前中国金融衍生品市场多监管主体导致的参与主体适应监管难等问题,需要进一步发挥国务院金融稳定发展委员会的监管协调作用,全面提高跨市场、跨系统的监管协同效能。具体需要进一步梳理、细化和准确传导各家监管机构的职责和要求,建立市场参与者有效沟通的渠道,同时降低监管政策的不确定性,全面提高监管透明度,为市场参与者留出足够的监管缓冲期和适应期,防范监管政策对市场经营的冲击。

第二,防范信用风险,强化担保品管理能力和流程。2008年金融危机以来,二十国集团为有效防范国际金融系统性风险制定了一项重要措施,即为非集中清算的衍生品制定保证金要求,以确保在交易违约时可以用担保品降低损失,并以此阻断违约风险的溢出和蔓延。在此背景下,欧美等成熟金融市场的信用衍生品市场更加得到重视,并在防范信用风险中起到重要作用。相比而言,中国大部分场外衍生品交易没有担保品,这也导致与国外成熟资本市场相比,中国缺乏足够的专业人才、高效的流程和完善的基础设施来管理担保品。然而,随着金融双向开放扩大,更多习惯用担保品缓释信用风险的国外投资者的加入也催生了对担保品的管理需求。当前,中国监管部门应该重视并积极推动人才培养、系统构建和流程制定等基础工作,提高担保品管理流程的效率和精确度,以此契合境外投资者的风险管理需求,并提高中国衍生品市场对境外投资者的吸引力。

第三,健全外汇衍生品,完善中国金融风险防范体系。与欧美成熟市场相

比,中国外汇衍生品覆盖率仅为20%左右,未达到发达国家的六分之一,因此,中国外汇衍生品市场的发展空间巨大。当前,中国债券市场和股票市场的金融风险防控手段比较丰富,但外汇衍生工具不健全,外汇期货、期权等品种缺失造成了人民币外汇市场的风险难以有效对冲。如中国实体企业和金融机构开展跨国贸易、境内外借贷融资和海外市场扩张难以有效规避汇率、利率波动风险的干扰。因此,为夯实中国金融风险防范体系,加速推动人民币国际化进程,迫切需要促进跨境期权、跨境掉期等金融产品的普及,并加速推动外汇期货品种落地,这将为中国人民币外汇市场稳定和人民币国际化起到保驾护航作用。

第四,强化市场主体风险意识,提高金融衍生品运用效率。在外汇衍生品层面,监管层需要抓紧研究和出台外汇衍生品立法,坚决打击违规操纵汇率的行为,这是增强人民币外汇市场运行效率的重要保障;同时,商业银行作为中国重要的金融机构,应协助引导进出口企业树立财务风险中性意识,不投机炒作汇率价格;监管部门应当引导和鼓励国内进出口企业立足于自身的外汇风险敞口,使用外汇衍生品进行合理套保,不应把外汇衍生品当作盈利工具进行投机,需要避免企业偏离主业进行投机炒作。在股指期货、期权层面,当前,中国上市的金融衍生品只有三个股指期货和一个股指期权产品,在中型股、成长股等方面的风险对冲存在明显短板,无法覆盖股市的风险管理需求。因此,未来健全和提高股指期货和期权产品的风险对冲效率,将是深化中国资本市场改革和维持市场稳定的重要举措。

第三节　中国特色衍生品市场为提高资本市场定价能力和增强投资吸引力服务

中国特色衍生品市场作为横跨金融市场和现货市场的组织形式,不仅对金融和经济稳定起到重要作用,而且会通过完善中国资本市场品种体系,满足市场参与主体多层次的资产配置需求,进而增强中国资本市场对国内外投资资金的吸引力,更进一步地助力中国资本市场争取与自身供需匹配的国际资产定价权。而随着中国资本市场定价能力的提高,市场引导资源合理配置的能力会进一步凸显,并促进金融为实体经济高质量发展服务。

一、中国资本市场发展面临提高定价能力和增强投资吸引力的挑战

定价能力和投资吸引力是资本市场的核心竞争力。一方面,在资本市场双向开放中,如何谋求金融和资本市场的国际定价权,增强中国资本市场对国内外市场主体的资金配置吸引力,将中国资本市场建成国际性金融交易中心,提升中国资本市场的国际话语权,是一项重要挑战。另一方面,中国经济从要素驱动向创新驱动转型,更多创新型产业出现使得传统资本市场在服务实体经济中面临定价能力的考验。有别于传统的土地抵押融资、外贸出口订单融资和担保融资等简单模式,创新产业和科技产业的轻资产、高风险和对长期资本巨额需求的特征,催生了对传统金融机构的长期定价能力、风险定价能力的考验。具体而言:

第一,中国资本市场双向开放面临严峻的国际定价权竞争。在服务构建新发展格局、推动资本市场双向开放中,中国特色衍生品市场不断开展国际盘交易,积极引入境外投资者,并由此形成了良好的双向开放格局。但是,近年来,境外市场也在纷纷推出基于中国基础金融资产的衍生品种,这也使得中国资本市场面临严峻的国际定价权竞争。一方面是中国资本市场的国际影响力增强,众多海外投资者对中国金融资产的配置需求增加;另一方面是国内金融衍生品对境外投资者的开放力度有限,相关品种发展滞后且交易规则受限,难以满足国际投资者的需求。在此背景下,境外交易所纷纷抢注中国股指期货品种。例如,香港联合交易所在2005年推出了新华富时中国25指数期货及期权;新加坡证券交易所(SGX)则在2006年推出了新华富时A50指数期货,该指数包含了中国A股市场市值最大的50家龙头股,目的在于满足国内投资者和合格境外机构投资者(QFII)的对冲需求;芝加哥商业交易所(CME)则在2015年推出迷你富时中国50指数期货。

第二,中国传统金融机构的有效定价能力面临新挑战。首先,中国金融体系以银行业为主导,衍生出以间接融资为主的融资模式,其中银行等金融机构既是金融中介又是信用中介,因此面临信用违约风险冲击,这导致银行等金融机构本能地倾向于非信用融资以降低违约风险。其次,国内金融机构在长期资本定价方面不够成熟,尤其在创新产业和科技产业层面,如何通过市场化机制来对长期资本形成有共识的价格是一大挑战。最后,国内信用违约风险对冲工具不足,违约风险的处置效率较低也使得中国传统金融机构的风险偏好程度较低,短期难以对风险资本进行高效的合理定价。例如,中国资本市场经历多年发展,上市公司超过4 100家,但上市公司仍以传统行业的成熟企业居多,对于创新型企业的风险定价仍然缺乏足够的经验。

第三,中国资本市场成熟度不够,其价格的代表性不足。在市场深度方面,持仓量是市场未平仓合约的单边总数,常用作市场深度的替代指标,不仅反映了套期保值活跃程度,而且对期货市场价格稳定具有重要作用(张璐和万迪昉等,2018);在成熟度方面,市场成熟度代表了投资者理性程度,成熟度高的市场的价格更具参考性,业内常用持仓成交比(持仓量占成交量比重)衡量市场成熟度。当前,中国特色衍生品市场的成交量巨大,但持仓成交比不足0.4%,与国际成熟大宗商品衍生品市场相比,中国衍生品期货市场的投机成分较重,市场成熟度不高,价格参考性不足。例如,根据《2021年BP世界能源统计年鉴》,中国作为全球原油第一大消费国,原油对外进口依赖度高达72%,而以人民币定价的中国原油期货上市时间只有3年,对国际原油定价的影响力弱(田洪志等,2020)。

第四,中国资本市场面临增强对国际资本投资吸引力的挑战。一方面,随着中国资本市场双向开放,境外交易所纷纷抢注基于中国基础金融资产的衍生品种,这说明中国资本市场的投资吸引力不断增强。但同时,也体现了中国资本市场在相关产品领域的研究、品种上市和满足国内外投资者需求方面较为滞后,这不仅会造成境内机构和投资者在市场投资竞争中相对海外机构处于劣势地位,而且会弱化中国资本市场对境内外投资者的吸引力。另一方面,如何建立支持科技创新的金融生态,以金融开放和金融创新提高对境内外科创企业的吸引力,也是中国资本市场面临的一大挑战。其中,中国资本市场对上市企业的再融资要求较高,如与香港联合交易所相比,中国科创板上市企业的再融资流程较长,这在一定程度上影响了科创企业的上市地点选择;同时,中国资本市场对科技创新企业的股东背景审核较严格,上市科创企业里对外资持股比例要求较严格,这可能会削弱中国资本市场对境外优质企业的吸引力。

二、中国特色衍生品市场为增强资本市场定价能力服务

优化资源配置是资本市场的重要功能,而优化资源配置的前提是完善资本市场的风险定价机制。事实上,市场定价能力是衡量一个国家金融体系是否发达和先进的最重要指标,缺乏有效的风险定价能力的资本市场始终存在较大风险。而完善中国特色衍生品市场是增强资本市场定价能力的关键,它不但有助于提高原生资本市场的价格发现能力,还能加快价格发现速度,提升市场反应效率。

第一,有效的定价机制必然能充分反映市场的风险溢价特征。在股票市场上,众多投资者选择股指期货和期权等作为对冲工具,因此,股指期货和期权交易必然隐含着大量的股市风险信息,能充分反映市场的风险定价。首先,以沪深300股指期货为例,其标的资产为沪深两市发展最好的300只股票,不仅市值规模大而且交易流动性良好,能充分反映股票市场的动态变化,因此常被机构投资者选择作为系统性风险的对冲工具,这也使得沪深300股指期货对股市风险的反应更为灵敏,会先于现货指数产生变化。沪深300股指期货的风险信息通过快速传播会引起投资者反应和调整投资决策,最终它形成的期货价格具有重要指引作用。其次,以境外的A50股指期货为例,在新加坡交易所上市的A50股指期货的交易时段长,全天有效交易时间接近20个小时,能充分反映境外衍生品市场的价格波动风险,这使得A50股指期货成为国际投资者获得风险信息的重要来源渠道,同时也是A50股指期货对国际投资者存在投资吸引力的重要原因之一。

第二,衍生品的远期交易有助于形成对未来价格的合理预期。远期合约交易是为了满足现货交易的风险对冲需要而产生的,因此,远期交易价格已经成为当前投资者对未来资本市场价格预期的重要参考。以远期利率协议为例,作为一种常见的远期合约类型,以借贷资金的利率作为标的物,其中,多方可以借助远期利率协议防范利率上升风险,若未来实际利率高于协议利率,则空方向多方支付利差,因此多方可以获得低于市场利率的贷款,从而锁定利率风险。在远期利率协议交易中,多方是利率的看涨方,空方是利率的看跌方,最终双方博弈会形成一个对未来均衡利率的预期,可以为现货市场的融资定

价起到指引作用。因此,完备的金融衍生品市场通过远期交易,可以强化现货资本市场的价格发现和定价效率。

第三,有效定价机制需要一定规模的交易量作为基础支撑。金融衍生品交易因具有高杠杆、双向交易和低交易成本等优势,吸引了大量的投资者优先选择衍生品进行投资,这使得衍生品在价格发现中处于领先地位。以黄金期货为例,黄金期货采用保证金交易,最高的杠杆率为14.14倍,这可以大幅降低黄金投资的资金占用率,进而吸引众多黄金投资者选择期货交易模式和促成黄金市场交易规模增加。例如,2021年中国黄金期货成交金额已达到17.1万亿元,占上海期货交易所成交总额的8.85%,并在全球黄金期货市场交易量中排名前三,因此,中国黄金期货市场通过公开的大规模的竞价交易产生的价格对现货黄金定价具有重要的参考意义。此外,黄金期货在交易所场内集中竞价交易,也使得黄金期货价格能及时反映金价批发行情,其定价效率明显优于现货零售商的定价效率。

三、中国特色衍生品市场为增强资本市场投资吸引力服务

完善中国特色衍生品市场能优化资产配置,增强投资吸引力。首先,完备的金融衍生品市场的信息流通速度快,资产价格对风险信息的反应效率高,因此,完备的金融衍生品市场的资产定价效率高,其价格变化是国际投资者获取重要风险信息的渠道,这是增加市场对投资者吸引力的重要基础。其次,完备的金融衍生品市场通过创造丰富的金融衍生品种体系,可以多方面满足市场投资者多层次的资产配置需求,因此会进一步强化资本市场对国内外市场参与主体的投资吸引力。

其一,完备金融衍生品产品结构,尤其是场外衍生品的灵活定制,可以优化投资者的资产配置需求。一方面,金融衍生品市场为实体企业提供了规避商品价格波动风险的管理工具,可以提高企业经营管理的科学性和稳健性,从而吸引众多机构投资者参与市场交易。例如,上海原油期货成为当前境内外涉油企业应对风险的重要手段,而原油期权也成为境内企业在场外定价的重要参考价格。不仅如此,液化天然气期货上市也助力油气企业平稳度过能源转型的变革期。另一方面,场外金融衍生品还具备量身定制的独特功能,能够

解决投资者特殊的资产配置需求,如雪球结构,可以以市场的波动率为标的,构建可投资资产,以便投资者在市场价格波动中仍可以创造收益,这不仅丰富了投资者的资产配置选择,而且增强了资本市场对投资者的吸引力。

其二,跨境衍生品上市对推动我国资本市场双向开放和提高国内资本市场的国际吸引力具有重要作用。一方面,在逆全球化趋势下,我国坚定推动资本市场双向开放,支持企业通过发行 CDS 存托凭证等多种方式实现境外上市。同时,鼓励投资者开展跨境衍生品交易,不仅有利于推动证券公司向国际化投行转型,而且能有效引导境内资金配置中概股,支持中资企业海外融资和提高中国资产的国际投资吸引力。事实上,鼓励和发展跨境衍生品交易有助于打通国际投资者与国内资本市场的连接渠道,增强国内资本市场的国际吸引力。另一方面,推动中国境内外汇衍生品市场向外国投资者开放,也有利于降低境外投资者参与中国资本市场交易的汇率风险敞口,促进境外长期投资者参与中国资本市场交易的欲望。

四、增强中国特色衍生品市场服务资本市场定价和投资吸引力的建议

第一,重视和提高市场深度和市场成熟度。一方面,衍生品市场的价格影响力与其市场深度和成熟度密切相关,其中成熟市场的日内投机成分相对更低,其场内资金从事套利、套期保值等理性交易较多。以原油期货为例,中国原油期货的成交持仓比远高于 WTI 原油期货和布伦特原油期货,说明中国原油期货市场中的投机氛围过高。另一方面,市场参与者的类型和参与水平也决定了市场的发展水平和成熟度,而完善中国特色衍生品市场更离不开对市场参与主体的培育和管理。因此,现阶段需要切实提高本土市场的机构投资者占比,以及强化本土机构投资者的风险控制能力,以此才能弱化市场投机因素造成的价格剧烈震荡,以及规避类似中行"原油宝"爆仓、青山集团"妖镍"爆仓等负面事件对中国衍生品市场的影响,进而提高中国衍生品市场的国际定价参考能力。

第二,增加市场参与者群体的规模和广度。中国衍生品市场的参与者和交易策略缺乏多样性,这不仅影响了产品的供需平衡,而且阻碍了交易流动性

的增长。经验表明,国际成熟的金融衍生品市场具有高流动性特征,其中一个重要原因在于这些市场拥有广泛和规模庞大的市场参与者群体。因此,构建中国完备的金融衍生品市场,需要进一步增加市场参与者群体的规模和广度。具体而言,需要立足于中国资本市场基本国情,深化衍生品市场改革。首先,持续深化利率市场化改革,消除利率双轨制对存贷款市场的扭曲,只有这样才能培育中国利率衍生品市场的需求,同时要鼓励更多市场参与者运用利率衍生品对冲风险。其次,放宽机构投资者的进入壁垒,允许更多中小银行和非银行金融机构参与国债期货交易的试点。最后,降低市场参与者的准入门槛,如适度放宽场外股票期权市场的准入条件,扩大合格境外中介机构的准入名单等。

第三,协同场内场外市场,满足多层次需求。在期货市场上,场内市场和场外市场互为补充,共同构成中国多层次资本市场。场内期货市场在交易所交易,具有标准化和流动性强等特征,可以为衍生品市场提供重要的价格参考和套保场所;场外衍生品市场在柜台交易,其非标准化特征可以满足不同市场参与主体的个性化风险管理需求,对丰富衍生品品种体系、培育机构投资者及拓展期货市场服务实体经济的深度和广度提供了重要助力。因此,当前发展中国的金融衍生品市场,需要重视和推动场内市场和场外市场的协同发展,这对完善中国衍生品市场体系和提高市场风险管理的适配性大有裨益。

第四,发展外汇等衍生品,增强市场投资吸引力。金融衍生品的蓬勃发展离不开利率市场化的推动,建立高效率的金融市场需要放宽利率管制,而与此同时也将产生较大的利率波动风险。当前,作为风险对冲工具的利率衍生品种在中国金融市场缺失,仅仅依靠互换市场难以完全规避利率风险冲击,这加剧了中国外汇市场动荡和延缓了人民币国际化进程。当前,完善外汇、利率衍生品市场可以增强国内资本市场对境外投资者的吸引力,丰富的利率、外汇衍生工具为国际资本对冲风险提供了充足的腾挪空间,有效避免了危机中跨国资本外逃的冲击,这同时也是增强中国股市等资本市场对外资吸引力的重要举措,对中国实现"外循环"战略目标起到重要的保障作用。因此,监管部门需要积极推进利率、外汇衍生品研究,并对标海外成熟市场适时推动品种上市。

第五,适时引进合格的中央交易对手方。中央对手方(CCP)是指期货交易达成后介入期货交易双方,成为所有买方的卖方和所有卖方的买方,以净额方式结算,为期货交易提供集中履约保障的法人。2019年中国证监会对标国际行业规范,正式批复中国金融期货交易所为合格中央对手方(QCCP),这对完善国内市场交易制度以及助推境内外中长期资金入市具有重要意义。当前,中国主要中央交易对手尚未得到欧美等主要国外金融监管机构的许可,这可能导致中国中央交易对手面临高额的风险资本支出进而严重降低境外机构参与中国在岸衍生品市场交易的意愿。因此,中国需要重视和引进合格中央交易对手,对国内中央交易对手而言,当务之急是按照国际清算银行支付与市场基础设施委员会(CPMI)与国际证监会组织(IOSCO)的标准,对相关数据进行披露,并按照《金融市场基础设施原则》(PFMIs)提供自我合规评估以争取获得主要国外监管机构的认可,进而确保境外市场参与者能够继续使用国内中央交易对手的集中清算服务。

第十一章 中国特色现代资本市场促进科技创新

摘　要：随着国家创新驱动发展战略的提出，科技创新成为我国经济发展的重要引擎。作为企业重要的融资平台，资本市场在企业创新活动中发挥着重要作用，本章对中国特色现代资本市场如何促进企业创新进行了探讨。本章首先梳理了中国特色现代资本市场推动企业创新的政策举措。然后，从提供直接融资机会、鼓励企业创新竞争、完善公司治理机制、加强外部监督力量和创新资源整合优化等方面，剖析了中国特色现代资本市场推动企业创新的机理和路径。之后，本章基于新股上市、再融资、研发投入与产出及公司估值等方面对中国特色现代资本市场如何推动企业创新进行了统计分析，并归纳总结了现有关于中国特色现代资本市场促进企业创新的研究发现。最后，本章就未来中国特色现代资本市场如何进一步助力企业创新提出相应政策建议。

第一节　中国资本市场促进企业创新的政策梳理

为了鼓励上市公司进行科技创新，针对我国资本市场实践，中国证监会出台了一系列具有鲜明中国特色的政策措施，梳理总结如下：

第一，通过多层次中国特色现代资本市场的建设，帮助成长性高的创新型企业获得直接融资机会。

2009年深圳证券交易所设立创业板，放宽了对企业成立时间、资本规模和中长期业绩等要求,为无法在主板上市的创业型企业、中小企业和高科技企业等提供直接融资途径。具体而言,从公司持续经营时间看,创业板规定有限责任公司按原账面净资产值折股整体变更为股份有限公司时,持续经营时间可以从有限责任公司成立之日计算,放宽了对企业成立时间的要求。从资本规模看,相较于主板要求公司发行后股本总额不少于 5 000 万元人民币,创业板把股本规模降到 3 000 万元。而在财务业绩方面,创业板要求公司最近两年连续盈利,最近两年净利润累计不少于 1 000 万元;或者公司最近一年盈利,最近一年营业收入不少于 5 000 万元。这两套财务业绩的要求低于主板净利润 3 000 万元和营业收入 3 亿元的门槛。截至 2021 年 11 月,在创业板上市的 1 059 家公司中,高科技创新型企业有 797 家,占 75%,这也从侧面说明了创业板的设立对于创新型企业获得直接融资机会提供的支持。

除了设立创业板以外,2013 年 12 月国务院正式发布《关于全国中小企业股份转让系统有关问题的决定》,明确指出全国中小企业股份转让系统("新三板")是经国务院批准的全国性证券交易所。2013 年底,中国证监会宣布扩展"新三板"的覆盖范围,在原先四个园区的基础上推广到全国,对所有公司开放。在扩展之后,"新三板"正式建设成为全国性的场外交易市场,能够为非上市公众公司的股份公开转让和定向发行业务提供平台,立足于服务创新型、创业型、成长型企业。相较于创业板而言,"新三板"对公司财务指标的要求进一步放宽,允许非营利中小微企业挂牌,有助于进一步推动创新型企业的发展。在已有"新三板"的基础上,2021 年 9 月 2 日,在中国国际服务贸易交易会全球服务贸易峰会上,习近平总书记宣布,设立北京证券交易所,打造服务创新型中小企业主阵地。2021 年 11 月 15 日,北京证券交易所正式开市,81 家中小企业成为首批上市公司。北京证券交易所坚持服务创新型中小企业的市场定位,有力推动了中小型创新企业进一步发展壮大。

在注册制改革的大背景下,为了进一步推动科技创新型企业的发展,2018 年 11 月 5 日习近平总书记在首届上海国际进口博览会上宣布,在上海证券交易所设立科创板并试点注册制。之后,科创板设立的各项工作有序、快速推进。2019 年 7 月 22 日,首批 25 家科创板企业在上海证券交易所上市。截至 2021 年 11 月,362 家公司成功在科创板上市,总融资额达到 4 580 亿元。科创板坚持面向世界科技前沿、面向经济主战场、面向国家重大需求,主要服务于符合国家战略、突破关键核心技术、市场认可度高的科技创新企业。科创板重点支持新一代信息技术、高端设备、新材料、新能源、节能环保以及生物医药等高新技术产业和战略性新兴产业,促进"大智移云"与传统制造业之间的融合。基于科创企业的特殊性,科创板企业的上市硬性要求相比于其他板块而言更加宽松,这主要表现在对公司盈利要求的放宽。在科创板上市的五套标准中,标准二至标准四都未对公司盈利进行要求,即使是对公司盈利予以要求的标准一,也提供了当营业收入不低于1亿元人民币时最近一年净利润为正的替代要求。在上市条件放宽的同时,科创板对上市企业的主营业务进行了规定,更加突出科技创新的属性,并要求募集得到的资金重点投向科技创新领域。此外,中国证监会非常关注科创板公司的科创属性,2021年发布的《科创属性评价指引(试行)》对申请科创板上市的公司营业收入提出了四点要求:最近三年研发投入占营业收入比例5%以上,或最近三年研发投入金额累计在6 000万元以上;研发人员占员工总数的比例不低于10%;形成主营业务收入的发明专利5项以上;最近三年营业收入复合增长率达到20%,或最近一年营业收入金额达到3亿元。这一规定更加明确了科创板的定位,也有助于真正从事科技创新的公司获得融资机会,助推企业的创新活动。

第二,规范和解决了中国资本市场存在的科技成果出资入股的问题,推动完善中国特色资本市场科研成果出资入股制度。

2012年,为了贯彻落实创新驱动发展战略,中国证监会联合科技部出台了《关于支持科技成果出资入股确认股权的指导意见》。长久以来,我国资本市场中科技成果出资入股和股权确认存在着较多问题,具体表现为审批流程复杂、涉及的部门众多、审批耗时较长。这在很大程度上提高了科技成果出资入股的难度,导致科研人员所做的技术贡献难以得到股权上的确认,这也在一定程度上抑制了科研人员在科技创新上的投入。为了解决上述问题,中国证监会和科技部在这一指导意见中提出了多项措施。首先,中国证监会鼓励科研人员以科技成果出资入股的时候,先通过法律文件比如发起人协议、投资协议或者公司章程来明确界定科技成果的产权归属和股权安排,从而减少后期的争议。而且,企业可以按照相关法律法规,在与职工的职务发明合同中明确约定科研人员所享有的权益,并依照法律确认科研人员能够在企业中享有的股权比例。同时,对北京中关村自主创新示范区内的企业、高等院校及科研院所,中国证监会支持这些企业和机构按照国家法律法规所制定的先行先试政策,采用股权激励和股利激励方式,给予科研人员和管理人员适当的股权和分红权。此外,中国证监会还对发行审核机制进行了改革,如果企业科技成果出资在程序上存在问题,但是这一问题所影响的股权比例较小、不影响企业的控制权且不存在重大风险,则企业只需充分披露这一部分股权的信息,不需要在上市之前完成国有股权的相关确认手续。这一指导意见在很大程度上规范和解决了中国资本市场中长期存在的科技成果出资入股的问题,提高了企业科研人员从事研发创新行为的激励,也有助于提高企业创新产出。

第三,针对境外上市的红筹企业,通过在中国特色现代资本市场中提供相应试点,鼓励和支持科技创新企业在国内资本市场上市和发行存托凭证。

2018年,中国证监会发布了《试点创新企业境内发行股票或存托凭证并上市监管工作实施办法》,针对创新企业在特定发展阶段高成长、高投入、实现盈利周期长等特点,修改《首次公开发行股票并上市管理办法》,明确规定符合条件的境外上市红筹企业在国内资本市场上市和发行存托凭证不再适用有关盈利及不存在未弥补亏损的发行条件。在试点企业的选择上,实施办法明确规定试点企业应当是符合国家战略、科技创新能力突出并掌握核心技术、市场认可度高,属于互联网、大数据、云计算、人工智能、软件和集成电路、高端装备制造、生物医药等高新技术产业和战略性新兴产业。从试点企业的选择来看,这一实施办法明确鼓励和支持真正意义上的科技创新红筹企业在国内资本市场上市,并且放宽了关于盈利方面的要求,有助于境外上市的创新型科技企业在国内资本市场融资。

第四,利用中国特色现代资本市场的创新,鼓励企业实施员工持股计划和期权激励,提高公司员工从事创新活动的激励。

为服务国家创新驱动发展战略,从员工激励方面鼓励企业技术创新,2018年6月中国证监会颁布《关于试点创新企业实施员工持股计划和期权激励的指引》,面向符合国家战略、具有核心竞争力、市场认可度高,属于互联网、大数据、云计算、人工智能、软件和集成电路、高端装备制造、生物医药等高新技术产业和战略性新兴产业,支持这些纳入试点的创新企业实施员工持股计划和股权激励。具体而言,这一指引打破了常规员工持股计划激励对象人数不能超过200人的规定,拓宽了激励对象范围,并且鼓励未上市试点创新企业可在上市前实施期权激励计划。企业创新活动需要各个层级和各部门员工的共同参与,员工在提供创新想法和执行管理层创新决策方面发挥着重要作用。一方面,员工人数众多,了解企业基层的业务,能够产生更多的关于创新的一些初步想法,这些想法对管理层做出创新决策具有重要的参考价值。另一方面,员工是管理层创新决策的执行者,能够帮助企业将投入的创新资源转化为创新产出。试点创新企业实施员工持股计划,能够赋予员工企业所有权和剩余收益的分享权,使得员工与企业的利益更加一致,促使员工更加关注企业长期发展与价值,进而更加关注企业的创新活动,积极地向公司提供创新想法,并在执行创新决策层面勤勉认真,积极地推动企业创新投入转化为相应的创新产出。因此,证监会关于创新企业员工持股计划和期权激励的实施办法有助于提升企业的创新产出。

第五,支持创新企业借助中国特色现代资本市场做大做强,规范企业创新相关的会计信息处理和披露。

由于创新活动自身的属性,企业需要在前期的研发和培育市场方面投入大量资金,导致部分企业在从有限责任公司整体变更设立股份有限公司之前,存在较大额的累计未弥补亏损。同时,由于研发活动本身的复杂性,创新企业在考虑研发费用资本化还是费用化的决策中,面临着一定的困难,难以合理划定研发费用资本化和费用化的比重。而且,关于创新企业收到的政府补助的列报也存在一定的争议。为了解决这些问题,2018年6月6日,中国证监会发布了《关于试点创新企业整体变更前累计未弥补亏损、研发费用资本化和政府补助列报等会计处理事项的指引》,并于发布之日起施行。这一指引中明确规定,对于企业在设立股份有限公司之前所发生的累计未弥补损失,可以依照发起人协议,在经过企业自身的内部决策程序后,以不高于净资产金额折股,通过整体变更设立股份有限公司方式解决以前累计未弥补亏损。同时,这一指引对于研发费用资本化和费用化的问题提供了详尽的解释和说明,确立了基本原则,督促企业明确研发支出资本化时点、研发支出资本化依据和完善研发支出计量的内部控制流程,提醒企业注意研发支出资本化重点环节的控制及进行详尽的工作记录,为研发费用资本化的合理归集提供充分依据,进而帮助企业对研发费用做出合理合规的会计处理。而且,这一指引也明确了创新企业所接受的政府补助如果与企业日常经营密切相关,则可以列示为经常性损益,这一规定有助于投资者更好地评估创新企业所接受的政府补助与公司主营业务的相关性与持续性,传递了关于企业创新补助的积极信号。总体而言,这一指引解决了创新企业累计未弥补亏损的问题,推动了企业合理确认研发费用资本化和费用化的比重,明确了创新企业所接受的政府补助的列报事项,通过解决与创新相关的会计信息处理难题,规范会计处理制度,确保企业在从事创新活动时不会遇到会计处理方面的难题,进而促进企业更多地进行创新活动。

第六,充分利用中国特色现代资本市场中的债券市场,帮助创新企业从债券市场中获取充足资金来进行创新活动。

长期以来,对于科技创新企业而言,通过债券市场进行融资存在较大的障碍。首先,对于刚刚起步的科技型企业而言,整体公司规模较小,资信基础较为薄弱,导致公司的主体评级相对较低。较低的主体评级往往会带来较高的债券融资成本,对于科技创新企业而言,难以承受如此高昂的债券融资成本。同时,科技企业的主要业务跟创新活动紧密相关,存在高度不确定性,这会导致公司的盈利指标相对较为薄弱,而且,盈利波动性较大,难以对企业进行准确的风险定价,导致债券发行中介机构往往不愿意参与这些企业的债券发行。因此,由于科技创新企业高风险和低评级的特点,导致它们难以通过发行债券的方式来获得融资。

为进一步加强债券市场对我国科技创新领域的精准支持和有效配置,中国证监会在2022年3月22日宣布推出科技创新债。随后,2022年5月2日上海证券交易所和深圳证券交易所分别发布并施行《上海证券交易所公司债券发行上市审核规则适用指引第4号——科技创新公司债券》和《深圳证券交易所公司债券创新品种业务指引第6号——科技创新公司债券》,标志着科技创新公司债券相关制度正式出台。截至2022年6月,首批科技创新债已发行13只,总规模达到199亿元。科技创新债券支持多种类型的创新企业,比如科创企业类、科创升级类、科创投资类和科创孵化类这四类发行人,既包括相对成熟和规模较大的科创企业,也考虑到一些处于起步阶段的科创企业,实现了科创企业成长周期的全覆盖,有助于处于各个成长阶段和各种类型的科创企业获取资金支持。除了使用范围广泛以外,科技创新债券制度对企业募集资金用途的规定较为灵活,包括直接的研发投入、科技创新相关项目的建设、对其他科技创新企业的权益出资、对科技创新研发平台和机构的搭建,鼓励产业链核心科技创新公司债券发行人为产业链上下游企业提供支持,支持科创孵化类发行人支持园区内孵化的科技创新企业。除此以外,科技创新债券还提供了多项配套安排,对于规模较大和盈利情况较好的科创企业,可以采用统一申报或者提前申报的方式发行债券,放宽关键核心技术攻关、国家重大科技项目的特有职能企业等非公开发行科技创新公司债券的财务报表期限,并且鼓励发行人根据自身特点有针对性地设置多样化的偿债保障条款,更好地服务于不同创新企业。因此,科技创新债券制度通过设立专项债券的方式,为创新企业发行债券提供了便利,促进创新企业通过发行债券获取相应的融资,进而投入创新活动中。

第二节　中国资本市场促进企业创新的路径分析

企业创新是一项高投入与长周期的投资活动,收益滞后期长,投资风险大,且失败概率高。由于创新需要在初期进行大量的资金投入,因此,创新活动的资金需求非常高。然而,在如此庞大的资金需求下,企业创新活动又具有很高的失败风险,由此抑制了企业创新动力。对企业自身而言,如果缺乏足够的外部支持和保障,创新活动就会受到制约。同时,在知识产权保护相对薄弱的环境中,企业巨大的创新投入所带来的产出可能会被窃取,这意味着企业创新投入无法取得预期收益,也会阻碍企业的创新活动。除了创新行为本身的特性以外,企业内部存在的管理层与股东间的代理问题也会影响企业创新。具体而言,作为企业的决策者,创新活动的决策主要由管理层做出。虽然创新活动有利于企业长期价值的增长,对股东来说是有利的,但管理层有个人利益的考量。由于管理层的薪酬合约与公司业绩挂钩,因此,创新活动所带来的公司业绩波动对管理层薪酬存在负面影响,这会促使管理层产生短视行为,降低管理层创新投入的动机(Fang et al.,2014)。同时,当公司对创新失败的容忍度相对较低时,管理层为了避免创新失败对自身职业生涯的负面影响,会更趋于风险规避(Manso,2011)。而且,公司管理层本身就具有卸责和享乐主义的动机,而创新活动需要管理层投入大量时间和精力,这也会进一步导致公司管理层追求"安逸生活",进而抑制创新行为。基于此,当创新活动的诸多障碍导致企业创新动力不足时,资本市场的发展能从以下几个方面推动企业创新:

一、直接融资给企业提供创新的资金支持

从最直接的层面来说,中国特色现代资本市场能够为企业创新提供所需的资金。由于企业创新活动面临的一大障碍是前期大量的资金投入,作为间接融资渠道的商业银行往往具有风险规避的特征,这与企业高风险的创新活动不匹配,资本市场的直接融资功能有助于缓解这一问题。相对而言,资本市场对于风险的容忍度更高,给投资者提供了高风险和高收益的选项,能够为企业不确定性高的创新投入提供资金支持。特别是对于难以获取银行借款等间接融资渠道的公司而言,资本市场提供的直接资金支持能够在很大程度上缓解企业的融资困境,推动企业技术创新。而且,资本市场的发展还推动了新型金融业态的生成。随着资本市场的发展,风险投资、私募股权、产业基金不断涌现。企业创新项目的失败概率很高,通常只有少部分项目能够获得成功。而风险投资往往投资于多个项目,只要有一个项目成功,就能获得巨额收益,从而弥补其他项目投资上的损失。这就使得风险投资对创新失败的容忍度相对更高,尤其是在企业创新项目的早期,不确定性很高的时候,能够发挥较大的作用。因此,这些新型金融业态能够更好地匹配企业创新活动特征,从多方面给企业创新活动提供资金支持。而且,随着资本市场日趋成熟,投资机构能够积累更多的经验,更好地筛选创新投资项目,这也有助于提升资本配置效率,将社会资本投入最有价值的创新项目中。基于此,资本市场的直接融资机制帮助企业和投资者实现双赢,由此助推了企业创新活动的开展。

二、定价机制给企业创新提供竞争与激励

企业在资本市场中的价值是企业未来成长性和盈利能力的反映。这意味

着,企业若想在资本市场获得较好估值,需要有较高的成长性,未来具有较强的盈利能力和现金流。因此,中国特色现代资本市场的定价机制在一定程度上缓解了企业的短视行为,给了企业激励来提升公司的长期价值而不是仅仅关注短期盈利水平。而创新活动与企业竞争力密切相关,已有研究证实,企业研发投入与专利产出是决定企业价值的重要因素。如果企业选择减少创新投入,就很有可能牺牲了企业的长远价值和未来的成长性,对公司价值有很大的负面影响。因此,在资本市场定价机制的作用下,企业为了获得更高的估值,会倾向于加大对创新活动的投入,进而提升科技创新能力。此外,资本市场还具有很强的竞争机制,企业通过股价这一信号来竞争资本市场的金融资源。为了在资本市场的竞争中胜出,企业有很强的动机来保持较高的成长性,并形成较强的盈利能力和现金流,这进一步强化了企业的创新动机,促进企业创新活动的开展。

三、公司治理机制推动企业创新活动开展

中国特色现代资本市场发展对企业经营影响的另一个重要方面是完善了公司治理。当企业在资本市场上市成为公众公司后,其治理结构得到改善,如建立股东大会、董事会和监事会等规范运作机制,聘请外部独立董事进入公司董事会,定期发布公司财务报告,等等。随着外部独立董事在公司董事会比例的提高,独立董事能够发挥监督和咨询的双重作用。从监督作用来看,外部独立董事能够更好地监督公司管理层,约束管理层的短视行为和享乐主义,促进管理层更加勤勉尽责,从股东价值最大化的目标出发,将更多的资源投入有利于企业价值提升的创新活动中。从咨询作用而言,外部独立董事能够提供一些关于公司创新的专业知识,这些专业知识能够通过董事会决策而影响公司创新决策,推动公司的整体创新战略及研发投入分配决策更加科学化和合理化,进而有助于提高公司的整体创新效率。除了独立董事制度以外,公司内部治理的完善还促进了企业信息披露制度的改进。当企业信息披露改善后,意味着企业与外部的信息不对称程度降低,此时管理层会更加关注能够增加公司价值的创新活动,从而有更强的动机增加公司创新投入。

四、外部监督提升了企业创新活动的效率

对于公众上市公司而言,中国特色现代资本市场引入了更多外部监督力量。一方面,随着我国资本市场的发展,机构投资者的持股比例逐年上升,已从2007年的22%上升到2020年的37%。以基金、保险公司、社保基金、券商、QFII、信托、财务公司和银行为代表的机构投资者在企业外部监督中发挥着重要作用。机构投资者在投资专业化和投资行为规范化等方面均强于个人投资者(李越冬和严青,2017),具有更强的信息搜集和解读能力(Shleifer and Vishny,1986)。而且,机构投资者可以通过参与公司股东大会投票影响公司重大决策,从而促使公司管理层从投资者利益出发,开展富有成效的创新活动,提高研发投入的效率(梁上坤等,2018)。另一方面,资本市场的上市公司受到更多的市场关注,如证券分析师的跟踪,其通过发布研究报告、开展实地调研和推荐股票评级的方式,对公司管理层形成监督,这有助于约束管理层的机会主义行为,促进公司进行更有成效的创新活动,进而提升公司长期价值。除了证券分析师以外,公司上市也会吸引更多的外部媒体关注。媒体可以通过报道公司管理层在创新方面存在的问题来减少管理层的短视行为,激励管理层提高创新绩效,也可以利用其自身的信息整合和扩散功能,降低公司与外部利益相关者之间的信息不对称,进而加强其他利益相关者对管理层行为的监督,推动管理层在创新方面更加勤勉尽责。

五、资源配置功能通过并购重组的形式实现创新资源的整合优化

对于企业而言,提高创新绩效有两种方式:一种是通过内部研发的方式,通过企业自身对研发活动的投入来促进创新;另一种则是通过外部获取的方式,从企业外部获取相应的创新资源。外部创新资源的获取相较于内部研发而言,能够更快地带来创新产出,这主要是由于内部研发存在较强的不确定性,企业在事前难以确定能否带来预期的创新产出,而外部创新资源的获取则往往是针对一些已经或比较发展成熟的创新产出。但是,在没有资本市场的时候,外部创新资源的获取实际上是极为困难的,企业存在很高的信息搜集和获取成本,即使能够获取相应的信息,后续的谈判和对创新资源的准确定价也

较为棘手,不存在一个相对统一客观的标准,需要反复协商才有可能达成交易。中国特色现代资本市场则在一定程度上缓解了这一问题。首先,资本市场的资源配置功能不仅涉及对资金的配置,而且包括对存量资源的优化配置。资本市场上的信息流通使得企业能够更方便地找到和定位自身所需求的创新资源,这些额外的信息也能够使企业更好地判断自身有意向购买的创新资源能否对企业带来实际的价值,能否带来创新层面的协同效应。其次,资本市场的定价机制大幅降低了创新资源的交易成本,基于"明码标价"的形式,通过并购和重组,企业能够从外部获取专利技术等创新资源。而且,这种对存量资源的配置并不仅仅是创新资源的转移,还能够实现创新资源的增值和优化。这主要是由于不同企业存在不同的优势,通过对创新资源的外部配置,能够产生规模效应和协同效应,使得外部购入的创新资源在企业中产出更高的价值,进而推动整体创新水平的提高。

第三节 中国资本市场发展促进企业创新的数据分析

本节从新股上市、再融资、研发投入与产出、公司估值等方面对中国特色现代资本市场发展如何推动企业创新进行统计分析。

一、新股上市

表11—1报告了2000—2020年我国上市公司中高科技公司的数量。[①] 从绝对数量来看,我国上市公司中高科技公司数量逐年增加,到2011年突破1 000家,并于2019年突破2 000家。从高科技公司数量的增长情况来看,2010年数量的增长率超过了30%,从2009年的724家增长到2010年的954家。高科技公司占上市公司比例也呈上升趋势,从2000年的35%到2015年突破50%的比例,并在2020年达到56%。这表明我国资本市场提供给高科

[①] 高科技公司所属的行业包括:化学原料和化学制品制造业(C26),医药制造业(C27),化学纤维制造业(C28),通用设备制造业(C34),专用设备制造业(C35),汽车制造业(C36),铁路、船舶、航空航天和其他运输设备制造业(C37),电气机械和器材制造业(C38),计算机、通信和其他电子设备制造业(C39),仪器仪表制造业(C40),电信、广播电视和卫星传输服务业(I63),互联网和相关服务业(I64),软件和信息技术服务业(I65),研究和试验发展业(M73),专业技术服务业(M74)。

技公司越来越多的上市机会。

表 11—1　　　　　　　　上市公司中高科技公司数量和占比

年　份	高科技上市公司数量	高科技上市公司占比
2000	378	35.49%
2001	413	36.04%
2002	438	36.26%
2003	466	36.69%
2004	501	37.11%
2005	501	37.22%
2006	539	37.72%
2007	595	38.56%
2008	628	39.32%
2009	724	41.44%
2010	954	45.41%
2011	1 105	47.32%
2012	1 186	48.13%
2013	1 217	48.51%
2014	1 292	49.20%
2015	1 409	50.02%
2016	1 595	51.25%
2017	1 837	52.65%
2018	1 895	52.89%
2019	2 052	54.16%
2020	2 366	55.78%

表 11—2 统计了每年新上市公司中高科技公司的数量与占比。可以看到,虽然在各年之间新上市的高科技公司数量有所波动,但总体而言,以 2010 年为界,这一年以后新增的高科技上市公司数量明显高于之前,每年都有较多的高科技公司上市,并在大多数年份有超过 100 家高科技公司上市,2017 年高科技上市公司新增了 276 家。2020 年新上市的高科技公司达到 275 家,这

得益于聚焦科技创新企业科创板的设立和创业板注册制的推行。从新上市高科技公司占比来看，自 2010 年开始整体都达到 60% 的水平，2019 年和 2020 年达到了将近 70% 的比例，说明每年新上市的公司中有超过半数的公司为高科技企业，进一步证实了我国资本市场发展给高科技公司提供了直接融资机会。

表 11—2   新上市公司中高科技公司的数量与占比

年 份	高科技公司数量	高科技公司占比
2000	52	38.24%
2001	35	44.30%
2002	27	38.03%
2003	30	44.78%
2004	39	42.86%
2005	5	33.33%
2006	29	43.94%
2007	59	46.83%
2008	45	58.44%
2009	57	57.58%
2010	233	66.57%
2011	173	61.35%
2012	101	65.16%
2014	86	68.80%
2015	136	60.99%
2016	145	63.88%
2017	276	63.01%
2018	64	59.26%
2019	146	71.57%
2020	275	69.44%

注：2013 年因 IPO 暂停缺失相关数据。

表 11—3 进一步统计了高科技公司首发上市募集资金情况。可以看到，

在大部分年份,高科技公司首发上市募集资金的均值超过了3亿元,在一些年份平均募集资金超过5亿元,甚至在个别年份平均募集资金达到10亿元。就增长情况而言,2018年筹集资金总额的增长率达到了126.74%,从2017年4.67亿元的水平提高到2018年的10.58亿元。以上数据说明,高科技公司通过首发上市筹集到相当规模的资金,为公司后续研发创新活动的开展提供了有力的资金支持。

表11—3　　　　　　高科技公司首发上市募集资金情况

年　份	公司募集资金额均值(单位:万元)
2000	46 266.55
2001	57 656.06
2002	67 340.52
2003	36 893.20
2004	35 268.54
2005	19 949.00
2006	26 451.81
2007	40 377.37
2008	57 127.83
2009	98 888.72
2010	104 602.86
2011	84 136.59
2012	63 089.45
2014	40 690.20
2015	45 048.12
2016	43 309.08
2017	46 677.02
2018	105 836.28
2019	95 307.58
2020	99 342.46

注:2013年因IPO暂停缺失相关数据。

表11－4统计了2007—2020年新上市公司研发投入情况。首先,从研发投入的绝对金额来看,新上市公司研发投入金额的平均值不断提高,从2007年的2 389万元,增加到2020年的8 818万元,在个别年份还达到超亿元的规模。其中,在2018年达到最高水平,当年新上市公司研发投入平均为1.5亿元。其次,从新上市公司研发投入占营业收入的比值来看,整体也呈不断上升的趋势,从2007年的0.96%逐步上升,尤其是在2019年和2020年,研发投入占营业收入的比值平均达到近7%的水平。上述统计说明,我国资本市场的发展给科技创新型企业提供了更多上市融资的支持。

表11－4　　　　　　　　新上市公司研发投入情况

年 份	研发投入金额均值 （单位:万元）	研发投入与营业收入的比值
2007	2 389.27	0.96%
2008	4 846.92	2.69%
2009	3 960.94	3.64%
2010	2 714.36	3.53%
2011	3 105.58	3.90%
2012	5 397.35	4.57%
2014	4 122.88	4.49%
2015	3 978.42	4.36%
2016	4 357.16	4.90%
2017	4 535.05	4.62%
2018	15 000.00	4.58%
2019	9 578.11	6.93%
2020	8 817.55	6.83%

注:2013年因IPO暂停缺失相关数据。

二、再融资

我们进一步统计了高科技公司再融资情况。表11－5显示,2007—2020年高科技公司每年再融资募集资金的均值都超过11亿元,且呈不断上升的趋势,2019年甚至达到22亿元。而且,高科技公司再融资募集资金额在所有上市公司的占比也呈逐年上升的趋势,从 2000 年的 28% 上升到 2020 年的 64%。上述统计说明,就再融资而言,我国资本市场也给予了高科技公司较多支持,帮助高科技公司从市场中募集科技创新所需的资金。

表 11-5　　　　　　　　　　　高科技公司再融资情况

年　份	公司募集资金额均值（单位:万元）	募集资金总额占比
2000	93 459.72	28.42%
2001	105 255.00	48.40%
2002	48 063.18	24.95%
2003	39 706.55	27.78%
2004	85 230.38	34.95%
2005	29 697.50	27.67%
2006	91 049.81	19.94%
2007	110 123.98	21.96%
2008	161 402.81	61.59%
2009	124 548.18	49.11%
2010	145 163.90	46.32%
2011	134 641.31	57.21%
2012	112 662.57	59.31%
2014	120 031.53	56.13%
2015	113 912.81	47.67%
2016	157 324.74	38.57%
2017	142 005.71	71.29%
2018	187 962.28	49.08%
2019	221 139.04	53.45%
2020	153 770.07	63.83%

注:2013 年因再融资暂停缺失相关数据。

三、研发投入与产出

表 11-6 统计了我国上市公司研发投入情况。从研发投入的绝对数来

看,2009年以来上市公司研发投入的均值呈逐年上升的趋势,从2009年的1 863万元提高到2020年的1.6亿元,从2016年开始上市公司研发投入均值突破了1亿元大关。从研发投入占比来看,上市公司研发投入与营业收入的比值也逐年增长,从2009年的0.99%上升到2020年的4.75%。上述统计说明,基于资本市场的支持,上市公司越来越重视科技创新活动,将更多的资金投入到研发活动中。

表11-6　　　　　　　　　上市公司研发投入情况

年　份	研发投入金额均值 （单位:万元）	研发投入与营业收入的比值
2009	1 863.14	0.99%
2010	2 523.78	1.55%
2011	2 869.31	1.87%
2012	7 412.06	2.84%
2013	8 444.43	3.05%
2014	9 386.73	3.09%
2015	9 910.68	3.39%
2016	10 696.07	3.62%
2017	11 961.12	3.74%
2018	14 512.61	4.07%
2019	15 996.73	4.46%
2020	16 418.89	4.75%

表11-7统计了上市公司研发产出情况,即公司每年新获得的专利数量。其中显示,我国上市公司每年新获取专利数量的均值逐年上升,从2007年的7件,到2010年20件,2013年上升到35件,2020年达到71件的峰值。区分不同专利类型之后,发明专利整体增长速度较快,从2014年之前平均不超过10个,增长到2020年平均17个发明专利。实用新型和外观设计专利的增长也较为迅速,数量上升较为明显。在专利结构方面,相对技术含量高的发明专利占总专利的比例总体而言超过了20%。这说明,在我国资本市场的发展过程中,上市公司创新产出水平逐年提高,目前已达到一个较高的水平,而且,创

新结构也有一定的改善。

表 11－7　　　　　　　　　　上市公司研发产出情况

年　份	专利总数均值 （单位:个）	发明专利均值 （单位:个）	实用新型均值 （单位:个）	外观设计均值 （单位:个）
2007	7	1	4	2
2008	9	2	5	2
2009	14	3	7	3
2010	20	4	11	5
2011	25	6	15	4
2012	28	7	16	4
2013	35	7	23	5
2014	38	8	25	5
2015	45	12	27	6
2016	44	14	25	6
2017	48	15	27	6
2018	61	16	37	7
2019	59	16	36	7
2020	71	17	45	9

四、公司估值

表 11－8 从公司估值角度对比了 2020 年底不同类型公司的市盈率。首先，高科技和非高科技公司的对比中，高科技公司市盈率的均值为 76.5，中位数为 42.4，均显著高于非高科技公司，分别是非高科技公司对应数值的 1.26 倍和 1.64 倍。其次，公司研发投入的对比显示，高研发投入公司市盈率的均值为 74.7，中位数为 42.71，也都显著高于低研发投入公司。上述统计表明，资本市场对科技创新型公司估值更高，给予其显著的股票价格溢价，这也从另一个侧面印证了企业研发创新的价值所在，证实了资本市场对企业创新的激励。

表 11-8　　　　　　　　2020 年底不同类型公司的市盈率对比

组别	市盈率 均值	市盈率 中位数
非高科技公司	60.80	25.90
高科技公司	76.50	42.40
低研发投入公司	64.40	26.85
高研发投入公司	74.70	42.71

第四节　中国资本市场促进企业创新的经验证据

现有文献从实证角度考察了中国特色现代资本市场对企业创新的促进作用，并提供了相应的经验证据。

一、融资

本章第二节提到资本市场的直接融资功能有助于促进企业创新。现有实证文献分别从股权融资、债券融资及风险投资等角度展开了研究。

宋玉臣等（2021）采用 2006—2019 年 A 股制造业上市公司的研究样本，借助于上市公司股权再融资行为的准自然实验，构造了双重差分模型，在较好地控制了内生性问题的基础上，探究了股权再融资与企业创新之间的关系。他们研究发现，上市公司股权再融资之后，研发资金投入和研发人员数量都显著提高，从经济显著性来看，研发资金投入提升了 6.22%，研发人员数量增加了 6.67%。他们的研究证实了资本市场的股权融资功能对企业创新的支持作用。在此基础上，他们进一步探讨了股权融资对企业创新发挥作用的机制。正如第二节所提到的，资本市场提供的竞争机制是激励企业创新的重要方式。他们考察发现，市场竞争程度提高能够强化股权融资对创新水平的提升效果，进一步验证了中国特色现代资本市场对企业创新的推动作用。除了创新强度以外，由于创新活动具有长期性和不确定性，创新投入的稳定对于企业提高创新产出也十分关键，剧烈波动的创新投入反而可能带来反效果。基于此，肖志星和王海（2015）实证检验了股权融资与企业创新稳定性之间的关系。通过构建无形资产增量这一指标来综合衡量企业研发创新和非研发创新的情况。利用2007—2013年A股上市公司数据,他们的研究结果表明,企业在发行股票期间对长远发展的考量使得股权融资往往会带来更稳定的创新投入水平,具体体现为波动更小、更为平滑的创新投入。

除了股权融资方式以外,债券融资也是资本市场融资的重要组成部分。江轩宇等(2021)采用2006—2017年沪深A股上市公司数据,考察了债券融资如何影响企业创新。他们指出,在企业负债总额一定的时候,债券融资能够提高企业创新水平。作用机制的分析结果显示,债券融资影响企业创新水平的作用机制主要是促进了债务结构优化,具体表现为债券融资成本的下降和债务期限的延长。他们的实证结果证实了理论预期,债券融资确实显著提高了企业的专利产出。而且,当企业借助于资本市场进行债券融资的时候,还会对企业银行融资产生溢出效应,降低银行贷款成本和延长银行贷款期限,进一步促进了企业创新产出的提高。同时,他们还发现,不同类型的债券对企业创新的影响存在一定的异质性。其中,短期融资券和中期票据由于融资便利性更高的特点,更加显著地带来了企业创新水平的提升。除了普通债券以外,自2002年以来,我国可转换债券(可转债)数量显著增加,可转债逐渐成为企业通过资本市场融资的重要工具。陈文哲等(2021)也关注到介于股票和债券两者之间的可转债与企业创新之间的关系。他们认为,可转债在一定程度上克服了债券还本付息的刚性约束,能够更好地匹配创新持续性和长期性的特点,而且,可转债转股的时候也实现了间接的股权融资,这也对企业创新有所助益。借助于2002—2015年可转债发行的公司样本,他们研究发现,发行可转债显著提升了企业创新水平,无论是创新数量还是创新质量都得到了明显的提高。除了以上对单一的融资方式与企业创新之间关联的探讨,吴翌琳和黄实磊(2021)从融资整体效率这一角度出发,基于2014—2018年A股上市公司数据,从企业内源融资、股权融资和债券融资这三个角度采用数据包络分析构造出了公司层面的融资效率指标,考察结果发现,融资效率与企业创新投资显著正相关。

随着我国资本市场的发展以及相关政策的支持,风险投资近年来呈现出井喷态势。在风险投资规模不断壮大的背景下,理论上能够更好匹配企业创新活动特性的风险投资在实践中能否切实地带来企业创新水平提升，成为学术界十分关心的一个研究话题。张学勇和张叶青(2016)对这一问题进行了探讨。基于 2003—2012 年 A 股非金融上市公司数据，他们研究发现，在企业 IPO 之前，风险投资的参与能够帮助企业提升创新能力，而且，这使得公司在 IPO 过程中也获得了更好的市场表现。陈思等(2017)则对这一问题进行了更进一步的讨论，实证检验了风险投资影响企业创新的具体作用机制。他们采用 2006—2011 年沪深两市首次公开上市的 A 股公司数据，构造了双重差分模型，结果发现，风险投资进入企业之后能够显著提高被投企业的创新产出，具体表现为更多的专利申请数量。进一步的，不同类型的风险投资对企业创新的影响具有明显的异质性，具有外资背景的风险投资和多家风险投资联合投资能够更加显著地提高被投企业的创新产出水平。而且，相较于投资期限更短的风险投资，更长的投资期限能够更好地发挥风险投资对企业创新的促进作用。他们对作用机制的检验结果发现，风险投资主要从两个渠道促进了企业创新产出。一方面，风险投资有助于被投企业引入更多和更高质量的研发人才，扩大和优化研发团队；另一方面，风险投资在长期投资活动中形成的行业经验和积累的行业资源能够为企业提供"增值"服务，有助于提高企业创新能力。

二、股权激励

中国特色现代资本市场不仅给企业提供了融资渠道，而且创造了股权激励这种全新的激励方式。现有文献对这种激励方式如何影响企业创新进行了探究。赵世芳等(2020)利用 2005—2015 年沪深非金融 A 股上市公司的面板数据，实证研究了股权激励与企业创新间的关系。他们研究发现，由于股权激励能够更好地协调管理层和股东之间的利益冲突，缓解公司代理问题，抑制了管理层短期动机，促使管理层考虑公司长远发展，因此适当地授予高管股权激励能够显著提高企业的创新水平，无论是研发投入还是专利产出都会上升。总体而言，他们的研究反映了高管股权激励的正向作用，有助于抑制公司管理层的短视倾向，激励高管更多地从事创新活动。在实践中，股权激励也并不是高管的特权，有相当比例的公司也会给员工提供股权激励。郝项超和梁琪

(2022)实证检验了非高管股权激励与企业创新间的关系。他们的研究揭示了与高管股权激励类似的结果,即员工股权激励也能够激励员工更好地参与和投入创新活动,继而推动企业创新水平的提高。但他们也指出,当员工股权激励覆盖面相对较窄的时候,非股权激励对象的员工所产生的不公平感也可能带来一定的负面后果。因此,他们认为应当进一步扩大员工股权激励的范围,使得更多员工能够共享公司创新产出所带来的收益,进而激励企业创新能力的提高。

三、技术并购

前文的研究主要关注的是企业内部创新能力,而企业创新产出的提高也可以通过外部获取的方式实现。其中,中国特色现代资本市场给企业提供了技术并购的选择,有助于实现创新资源的优化配置。具体而言,技术并购是指收购方通过并购的方式获得目标公司的专利技术,通过内部吸收整合来弥补已有的技术缺陷,获取和内化标的方知识库,达到快速提高公司研发能力的目的(Puranam et al.,2006;茅迪等,2019)。随着技术并购在中国资本市场中愈发频繁地发生,其也成为重要的研究话题。温成玉和刘志新(2011)通过分析2001—2008年我国高新技术上市公司为主并方的96起技术并购事件,实证考察发现技术并购对并购公司创新能力的影响在并购后的4年内具有一定的波动性特征,但总体影响仍旧为正向,即技术并购显著提升了企业创新绩效。张峥和聂思(2016)则将样本限定为制造业上市公司,对我国制造业上市公司1999—2013年的并购绩效进行了检验。他们发现,相较于非技术并购,技术并购显著提高了制造业上市公司的创新绩效。

四、资本市场开放

自党的十八大以来,在"建设开放型世界经济"理念的指导下,我国经济全球化程度有所加深,与此同时,中国特色现代资本市场对外开放程度也不断提高。尤其是2014年4月10日,李克强总理在博鳌论坛上指出,将着重推出新一轮高水平的对外开放,并积极创造条件,建立上海与香港股票市场交易互联互通机制。之后,沪港股票交易互联互通机制试点(沪港通)于2014年11月

17日正式开通,实现了我国内地资本市场与中国香港资本市场的互通互联(罗梭心和伍利娜,2018)。随着中国特色现代资本市场开放程度的提高,朱琳和伊志宏(2020)考察了沪港通所代表的资本市场开放与企业创新之间的关系。具体而言,他们利用2010—2016年A股上市公司数据,借助沪港通实施的准自然实验,采用双重差分模型考察了资本市场开发对企业创新的影响。他们研究发现,沪港通交易制度实施后,沪港通标的企业的创新水平显著提升,而且,沪港通实施后对国际投资者的引入和投资者结构的优化主要通过缓解管理层短期压力的方式而对公司创新产生积极作用,在沪港通实施之后管理层的短视行为得到了显著抑制。

第五节　中国资本市场促进企业创新的政策建议

本节我们就未来中国特色现代资本市场如何更好地促进企业创新进行探讨,提出相应政策建议。

第一,明确各板块定位,完善中国特色多层次资本市场体系,帮助更多符合条件的创新型企业上市。目前,我国已建立由沪深交易所主板、创业板、科创板和北京证券交易所"新三板"构成的中国特色多层次资本市场体系,辅助以相应的上市标准、监管规则和交易机制等,能够满足不同类型公司和投资者的投融资需求。随着中国特色多层次资本市场的建立,对不同板块之间定位的进一步明确和完善显得尤为重要。对于服务于创新型、创业型企业的科创板和创业板这两个板块而言,要坚守科创板"硬科技"定位,规范创业板服务成长型创新创业企业的定位,严格划分企业行业类型,把握企业经营特征,防止不满足条件的企业为了获取高估值而进行板块套利行为,这不利于社会资本的优化配置,也会妨碍真正意义上的科技创新企业获取相应的融资机会。证券监管部门和中介服务机构要增强对企业经营业务和行业属性的了解,引导企业选择适合自身的板块上市,从而推动企业的创新发展。此外,也要进一步明确北京证券交易所服务中小创新型企业的定位,在创业板和科创板这两个板块之外,给一些规模相对较小的创新型企业上市融资机会,从而实现对创新型企业全方位的支持。

第二，综合运用中国特色现代资本市场不同类型的监管方式来提高上市公司信息披露质量，降低上市公司融资成本，强化对公司创新活动的监督。首先，完善上市公司的信息披露，事前指定更加完善的信息披露规则，推动公司在定期报告及日常公告中披露更多与公司价值相关的创新活动信息，比如研发支出和专利产出等，从而减轻公司与外部投资者之间的信息不对称，在降低公司融资成本的同时，也有助于加强外部投资者对公司创新行为的监督，推动上市公司有效创新活动的开展。其次，加强对上市公司信息披露真实性的审核，避免出现上市公司虚假披露创新信息的行为。对于进行虚假信息披露的公司，应加大惩处力度，综合运用中国特色的监管方式，发挥行政监管的威慑作用和非处罚性监管的柔性治理效果，抑制上市公司披露不实信息的动机，推动上市公司高质量的信息披露。公司整体信息环境的改善，有助于上市公司被准确定价，推动资本配置效率提升，保证资金流到那些切实进行创新活动的公司，助力这些公司创新水平不断提高。

第三，充分利用中国特色现代资本市场所提供的股权激励方式，完善公司高管和员工激励机制，提升高管和员工积极进行创新活动的动力。高管是企业创新的决策者，监管机构应当积极引导上市公司建立和健全高管持股和高管股权激励制度，利用中国特色现代资本市场所提供的股权激励方式，使得公司高管利益与企业更为一致，缓解两者的代理冲突，同时，推动高管更加关注企业长远发展，而不只是关注企业短期业绩，从而切实开展有助于企业长期价值提升的创新活动。在员工层面，监管机构应当引导上市公司建立并不断完善员工持股计划，使得企业创新决策的执行者——员工，有更强的动力参与企业创新活动，在推动企业价值提升的同时也获得相应的收益。而且，也要重视科研人员持股机制的设计，通过给科研人员提供股权激励的方式，促进科研人员更加积极地从事科研活动，提高研发的创造力和活力，促进研发投入能够更有效地转化成研发产出，提高创新效率。此外，在实施公司高管和员工激励机制的过程中，监管部门也要注意防止出现借用股权激励名义的利益输送现象，确保公司股权激励能够切实起到对企业创新活动的促进作用。

第四，鼓励和支持风险资本入股创新型企业，建立中国特色的风险资本入股制度，规范和引导风险资本的投资和退出行为。与商业银行信贷不同，风险资本所具有的高风险特性与企业创新更为匹配，对创新试错的风险容忍度更高，而且，风险资本在筛选创新型企业中具有更强的专业优势，有助于资金更有效地配置到创新效率更高的企业中。因此，风险资本对企业创新具有重要的支撑作用。监管部门应进一步鼓励和支持风险资本入股创新型企业，扫清风险资本入股高科技、初创型企业的障碍，为风险资本提供通畅的退出渠道，活跃风险投资市场，从而更好地发挥风险资本对企业创新投入和产出的促进作用。与此同时，风险资本出于逐利动机会产生投机行为，可能阻碍企业将资金投入到真正有利于企业长远发展的创新活动中。为此，监管部门在鼓励风险资本入股的同时，也要充分考虑中国资本市场的特点，规范和引导风险资本对企业的投资和退出行为，推动风险资本树立和坚持长期投资理念，形成价值投资风格，从而促进风险投资行业的健康发展和上市公司创新活动的开展。

第五，推动建设中国特色现代资本市场适应企业创新需求的公司治理结构，形成合理的监督和制衡机制，约束管理层的短视行为，引导公司更多地进行创新投入。目前，我国的公司治理结构相对不够完善，如独立董事的作用没有得到充分发挥，许多企业监事会的职责并不明晰。因此，监管部门应进一步完善企业的独立董事制度，在对独立董事占比做出要求的同时，还要注重独立董事的质量，包括独立董事的专业性和独立性，抑制许多企业"任人唯亲"的独立董事选聘现象。同时，严格落实独立董事的责任，确保独立董事能够认真履行职责，督促管理层积极参与创新活动，提高公司价值。另外，积极改善独立董事薪酬制度，在加强责任的基础上完善独立董事的激励机制，确保独立董事有更强的动机参与公司治理。对于监事会制度，监管部门应进一步明晰企业监事会的职责范围，明确监事会在企业中的角色和定位，赋予监事会更多的权力来监督公司管理层，进而抑制管理层的短视行为，推动企业创新。

第六，完善中国特色现代资本市场并购重组制度，推动创新资源的优化配置，激发出创新资源整合后的规模效应和协同效应。监管部门应该建立以企业为主体和以市场为主导的并购重组制度，减少对企业并购重组行为的干预，放松对企业并购重组行为的过度管制，充分发挥资本市场自发的创新资源优化配置功能。相较于西方成熟资本市场而言，我国公司并购重组活动中介机构的作用和服务存在一定的缺陷，这会对企业外部创新资源的获取造成不利影响。因此,监管部门应该积极培育良好的市场中介机构,提高职业道德水平和专业服务水平,积极引导和鼓励中介机构充分参与企业并购活动全流程,包括从并购标的选择到并购价格的确定等各个环节,进而提升市场中介机构对企业获取外部创新资源的辅助作用。除此以外,企业在通过并购重组来获取外部创新资源的时候,可能会陷入短视主义的陷阱,缺乏长期规划,导致无法实现创新资源的有效配置。因此,监管部门在鼓励企业通过并购重组来获取创新资源的同时,也要引导企业建立长期战略视野,推动企业合理高效地通过资本市场来获取外部创新资源,发挥规模效应和协同效应,进而带动资本市场整体创新绩效的提高。

第七,优化中国特色现代资本市场的沪港通和深港通交易制度,提高资本市场开放水平,引入成熟的境外投资者,缓解管理层短期业绩压力,推动企业创新。企业创新是一个高度不确定性的行为,而且,创新投入在短期可能带来对业绩的不利影响。因此,对管理层而言,投资者对企业短期业绩下降的容忍程度很大程度上影响了他们进行创新活动的激励。相对成熟的境外投资者拥有更加规范和先进的投资理念,奉行价值投资的准则,更加关注企业的长远发展,对企业短期业绩的容忍度相对更高,更注重企业的创新行为。因此,监管部门应当进一步完善资本市场开放制度。首先,在进行资本市场开放的改革过程中,监管部门应当更好地甄别境外投资者类型,警惕一些投机资本的流入反而加剧了投资者短线投资倾向,这将不利于企业创新。监管部门要更加注重引入一些相对成熟和理性的境外投资者,从而改善资本市场的整体投资倾向,提升企业的创新行为。其次,监管机构应当进一步扩大沪港通和深港通交易制度的适用股票范围,推动公司投资者结构的优化,进而推动企业创新。对于那些创新不足的公司,证监会在推行这一制度的时候可以进行适当倾斜,充分发挥境外成熟投资者对这些企业创新的激励作用。

第十二章　中国特色现代资本市场促进绿色经济发展

摘　要： 本章探讨了中国特色现代资本市场如何促进我国绿色经济发展，助力碳达峰、碳中和目标的实现。首先，我们梳理和总结了国外资本市场促进绿色经济发展的相关政策，包括完善碳信息披露、促进低碳投资、碳减排指标的分配与控制等方面。在此基础上，本章分析了我国企业碳信息披露存在的问题和不足，并就未来如何改进企业碳信息披露提出建议。然后，本章对国内外资本市场 ESG 投资的现状进行了分析，并就今后如何培育我国资本市场 ESG 投资理念和推行具有我国特色的现代化 ESG 投资模式进行了研究。最后，关于绿色金融方面，本章考察了我国绿色信贷、绿色证券和碳期货市场的发展，并从加强市场引导、推动绿色金融立法、完善基础设施建设以及鼓励产品创新等方面提出政策建议。

2020 年 9 月 22 日，习近平总书记在第七十五届联合国大会上宣布"我国二氧化碳排放力争于 2030 年前达到峰值，努力争取 2060 年前实现碳中和"。这一目标的提出是基于统筹国际国内局势的战略考量，是基于科学论证的国家战略需求提出的。实现这一目标，对于我国经济高质量发展、建设美丽中国和构建人类命运共同体，具有非常重要的意义。本章就我国资本市场如何更好地服务碳达峰、碳中和国家战略和促进我国绿色经济发展进行了研究，并通过此探索一条建设具有中国特色现代资本市场的绿色路径。

控制二氧化碳排放的关键在于调整人类目前生产和使用能源的方式。工业、建筑业以及交通业是当前最主要的用能部门,这部分产业同时也在我国上市公司中占据着较大份额。作为企业融通资金的主要场所,资本市场在企业日常经营中起着举足轻重的作用,也是我国政府进行宏观经济调控的重要途径。因此,从资本市场的角度出发,通过公开政策或法律法规促进上市公司节能减排,既能在终端提升用能效率,实现直接的能源节约,又可起到导向性作用,推进低碳经济的落实,支持碳达峰、碳中和目标的实现。

为探究中国特色现代资本市场如何促进绿色经济发展,本章主要进行以下几个方面的研究:(1)梳理国外资本市场促进碳减排的政策经验;(2)探究如何加强上市公司碳信息披露;(3)讨论如何培育资本市场环境、社会和公司治理(ESG)投资理念;(4)探讨如何促进绿色金融的发展。

第一节　国外资本市场促进碳减排的政策梳理

从理论角度出发,利用资本市场推进碳减排可以有三类举措:(1)完善碳信息披露;(2)促进低碳(或 ESG)投资;(3)碳减排指标的分配与控制。这三类举措在逻辑上是相互关联、层层递进的。首先,碳减排需要以现有碳排放规模为基础,通过资本市场指导企业进行碳减排也需要了解不同类型企业的碳排放现状及其排放模式。因此,加强上市公司碳信息披露是调控企业碳排放的首要工作,信息披露的质量将直接影响后续政策或举措的有效性。其次,在既有碳排放信息的基础上,政府金融部门或证券监管机构可以出台投资指引政策,引导资本市场向低碳型企业或项目进行投资,支持绿色企业上市融资与再融资,为新能源的发现和现有能源使用效率的提升提供资金支持。最后,为了实现具体的碳达峰、碳中和目标,需要对减排总量进行拆解与分配,将减排指标合理有效地分配到各个企业身上,并指导其有效落实。目前,国际上较为常用的两类工具为碳交易与碳税,其中,碳交易利用了市场的价格发现机制,强调碳排放权的自主分配;碳税则是更直接的价格干预,可以通过相对价格引导碳排放主体的行为。

本节将从上述三类举措出发,梳理世界主要国家或地区所颁布的各项针对资本市场碳减排的法规或政策,总结其先进经验,为我国治理碳排放提供参考。

一、完善碳信息披露

碳减排需要以现有碳排放规模为基础,通过资本市场指导企业进行碳减排也需要了解不同类型企业的碳排放现状及其排放模式。因此,加强上市公司的碳信息披露是调控企业碳排放的首要工作,信息披露的质量将直接影响后续政策或举措的有效性。

欧盟在碳减排方面一直走在世界前列,其主要成员国法国、德国以及于2020年"脱欧"的英国均已在1990年左右实现了碳达峰;而部分北欧国家,如瑞典、丹麦和芬兰,则较早地实现了GDP增长与碳排放的脱钩。在2020年欧洲议会阶段性减排目标的指引下,欧盟各国同意将在2050年左右实现碳中和,部分国家还将该目标纳入了其法律体系。欧盟在2003年施行的《欧盟现代化指令》中就规定其成员国需要记录国内大型企业的碳排放数据,并向欧洲委员会汇报,同时由环境因素所导致的资产价值变动也需要企业及时进行披露。2009年,欧盟委员会和欧洲环境署公布实施了新的欧洲污染物排放和转移登记系统制度,其中细致规定了企业需要披露的环境信息内容,并对排放物进行了分类和编码,披露模式逐渐标准化。2011年,欧盟委员会提出应提升成员国范围内企业的环境、社会信息披露程度。2014年,欧盟发布了《欧盟非财务信息披露指令》,规定欧盟成员国应以法律义务的形式要求所有大型企业(员工人数超过500)就其对社会、环境的影响发布报告。欧盟还在2021年发布了《可持续金融披露条例》,进一步提升信息披露的透明度。至今欧盟已逐渐构建起了一个较为完善的企业环境信息披露体系,在保证规范性的同时,其成员国可根据自身实际情况制定具体法规。

美国对企业环境信息的关注更早,1934年的《证券法》就已经出现了环境负债等非财务信息披露的内容。1975年,财务会计准则委员会(FASB)发布了第五号《或有事项会计》,对环境负债的确认与计量做了进一步的规定。1980年,鉴于美国各地出现的有害污染物排放事件,美国国会通过了被称为"超级基金法案"的《综合环境反应补偿与责任法》,对危险物质泄露的处理、责任的归属等内容做了明确规定。虽然这一法案不涉及二氧化碳等温室气体的排放,但也极大地提升了社会民众以及企业对环境信息的关注度。在此之后,基于环境负债,美国证监会(SEC)、财务会计准则委员会(FASB)以及美国注册会计师协会(AICPA)分别对企业或有损失的会计处理(1993)、环境负债会计规范(1993)和环境修复负债(1996)发布了一系列政策;美国国会也进一步通过了《紧急计划和社区知情权法案》(1984)、《有毒物质排放清单》(1984)以及《超级基金修订和补充法案》(1986)等规定,要求企业上报和登记有害化学物质的排放情况,构建向全社会公开的污染物排放数据库。到了2007年,在全球环境问题日益凸显的情况下,美国最高法院将温室气体界定为空气污染物。2009年,美国政府公布了《温室气体强制报告制度》,要求特定企业向美国环保协会报告温室气体排放情况。而在2010年,在民间环保组织和政府部门的推动下,美国证监会对企业需要披露的环境信息进行了补充规定,发布了《关于气候变化信息披露的解释指南》,在企业定期报告中纳入了温室气体排放等相关内容。至此,二氧化碳等"慢性污染物"成为美国上市公司公开报告中的常设性项目。

二、促进低碳投资

在既有碳排放信息的基础上,政府金融部门或证券监管机构可以出台投资指引政策,引导资本市场向低碳型企业或项目进行投资、支持绿色企业上市融资与再融资,为新能源的发现和现有能源使用效率的提升提供资金支持。

在政策层面,欧盟的绿色投资和ESG投资指引做得较为完善。2010年,欧洲可持续发展投资论坛建议企业将ESG项目与管理者薪酬相联系,来提升企业对可持续性投资的关注。2014年的非财务披露指令则从披露角度刺激了企业在环境方面的投资。2018年3月,欧盟委员会发布了可持续金融融资计划,试图从融资角度支持气候治理,将ESG纳入公司决策以及明确投资者应负有的环境责任,之后还专门建立了技术专家组推进该计划的实施。2019年,欧盟委员会发布了《绿色新政》,其中声明欧盟每年将会额外提供2 600亿欧元支持绿色金融投资,计划针对金融机构出台可持续融资战略,提高金融机构对绿色债券的重视程度,提升其应对环境风险的能力。对于各成员国,欧盟则要求其进行税收改革,优先考虑政府投资中的绿色事项,从国家政策上推动绿色金融的发展。同年,欧盟还发布了《绿色债券标准》,该标准与次年发布的《可持续金融分类最终方案》共同为绿色投融资提供了整体性的原则与框架。

美国在1970年成立了环境金融咨询委员会,之后又逐步建立了各级环境金融中心,构建了一个从国家到地区的整体性环境金融服务体系。2009年,美国发布《美国能源与环境计划》和《复苏与再投资法案》,其中涉及近万亿美元的绿色投资计划,以支持新能源方面的发展,同时还从税收和补贴方面入手,刺激企业对绿色产品的制造和消费者对绿色产品的购买。除此之外,2008年金融危机之后,美国政府要求金融机构以及投资者在进行投资时需关注环境、社会和公司治理要素,并逐步推进证券的"绿色化"发展,从投资者角度建立绿色投资责任体系,倡导市场自发地对污染行为进行监督,督促企业担负起环境方面的社会责任。

日本环境省于2007年成立了环境融资贷款贴息部门,与金融机构合作推进绿色信贷工作。同年,日本财政部还指导推出了环境与能源对策基金,为小型企业更新环保设备提供支持。2011年,日本提出了《21世纪金融行动原则》,号召金融业向可持续发展模式转变,目前这一原则已被日本金融业普遍接受。而在2014年,为促进《21世纪金融行动原则》的推行,日本还建立了环境管理(EMS)证书与注册机制,来指导企业对绿色项目的执行。此外,日本环境协会于2013年设置了环保融资补助基金,若企业能够完成自身所声明的碳减排数额,则可以享受一定的利息补贴。

三、碳减排指标的分配与控制

为了控制碳排放,政府需要对减排总量进行拆解与分配,将减排指标合理有效地分配到各个企业,并指导其进行落实。目前,国际上较为常用的两类工具为碳交易与碳税。两者的区别在于,碳交易依托于科斯定理(Coase,1960),是在定量的条件下,利用市场机制自发地为碳排放权定价,并进行分配。碳税则固定了碳排放的成本,对碳排放的外部性征税,通过直接定价从整体上降低碳排放的规模。对于这两种工具的优劣,学术界在21世纪初进行了激烈的讨论,此后又提出了所谓"复合工具"的概念,即政府规定一个碳排放许可权的价格限额,在达到该限额之前,使用一般的市场化碳交易模式,而在价格超过这一限额时,企业可以以该最高价向政府购买额外的碳排放许可权,这种定价购买行为更贴近于碳税模式。然而,通过观察世界各国对这些工具的实际应用,容易发现很多国家采取了碳交易与碳税"双管齐下"的方式,或是根据自身国情选择相对更有效的工具。根据世界银行2020年的统计,目前全球范围内实行的61项碳定价政策中,有31项为碳交易,30项为碳税,两者之间并不存在绝对的优劣之分。

目前,世界上相对完善的碳交易体系是欧盟于2005年设立的排放贸易体系(EU-ETS)。在该体系中,由管理当局设定碳排放总量以及交易规则,参与的各企业可以选择根据分配量进行碳排放,或是在排放权与预期排放量存在差异时进行相互间的交易。为了保证碳交易能够真正起到协助碳减排的作用,EU-ETS体系中包含了有关初始配额、定价、抵消(可被交易的配额比例)、惩罚以及市场稳定储备等机制,并在实施过程中逐步进行修改和完善。在具体交易上,欧盟设置了欧洲能源交易所(EEX)和洲际交易所(ICE),并设置了包括现货、远期、期权等在内的多样化产品,供企业根据自身实际情况进行选用。借助EU-ETS交易体系,欧盟得以协助其成员国履行1997年《京都议定书》中所规定的发达国家减排责任。参考《京都议定书》中规定的减排时间区间与目标,欧盟体系的推行也是分步进行的,大致分为2005—2007年、2008—2012年、2013—2020年和2021—2030年四个阶段,在已实行的阶段中逐步扩大可覆盖的国家范围、补充温室气体定义(从仅二氧化碳到二氧化碳、氧化亚氮和全氟碳化合物)以及调整碳排放配额总量。截至2020年底,欧盟碳排放交易体系累计交易额达到2 010亿欧元,交易量占全球总量的90%左右,该体系成功构建了当前全球规模最大、成效最好的碳交易市场。

在碳税方面,芬兰是世界上首个征收碳税的国家,其于1990年推出了每吨二氧化碳1.6美元的碳税。在其之后,许多欧洲国家也相继开始征收碳税,但具体税率存在较大的差异。1991年挪威基于汽油开征碳税,初始价格为每吨40美元,之后又进行了细分,对石油焦、汽油或天然气分别实行17美元与56美元的税率。同年,瑞典规定初始碳税为每吨100美元,该定价较高主要是因为瑞典政府同时将能源税降低了50%。1993年,丹麦也开始征收能源方面的碳税,具体税率根据不同行业的具体情况以及治理重点分别设置,其中供热体系税率相对最高。与此同时,如果企业愿意加入提高能效的自愿协议,则可享受优惠税率。之后的2001年,英国也推出了碳税体系,根据能源品种分类进行征收,并将该部分税收用于社会保险税和碳基金投资等方面。与丹麦的模式类似,英国政府也推出了"气候变化协议"(CCA),若加入该项目并且达到碳减排标准,企业就可以免交一定比例的碳税。在地区层面,欧盟一直想在成员国之间推行统一的碳税,但却在内部受到了较为强烈的反对。各国担心碳税会降低其国内企业在国际市场上的竞争力,因而欧盟的这一设想最终并未得到实施。不过在这之后,也有很多欧洲国家自行设置了国内的碳税体系,除了上述北欧国家以及已经"脱欧"的英国,爱尔兰、法国以及葡萄牙也分别从2010年、2014年和2015年开始征收碳税。

第二节 加强上市公司碳信息披露

本节对我国上市公司碳信息披露的状况进行了分析,研究了上市公司碳信息披露存在的问题和不足,并就未来如何改进上市公司碳信息披露提出了建议。

一、碳信息披露的现状及其存在的问题

国内碳信息披露的发展很大程度上依赖于碳交易市场的构建。2011年,我国于北京、天津、上海、重庆、湖北、广东及深圳7个省市启动了碳排放权交易试点工作,开始探索建设国内碳交易体系的路径。在积累了一定的经验后,国家发改委于2017年发布了《全国碳排放权交易市场建设方案(电力行业)》,计划将试点模式进行推广,试图构建一个全国性的碳交易市场。在此之后,国家相关部门通力合作,进一步完善了该方案,生态环境部还出台了《碳排放权交易管理办法(试行)》等配套法规政策。最终在2021年7月16日,全国碳排放权交易市场正式启动上线交易,首批参与交易的为"产碳大户"电力行业,整体规模超过2 000家企业。碳交易的开展意味着碳排放权成为可被公开定价的稀缺资源。与市场上流通的其他资源类似,只有在主要的交易参与者能够获取有关碳排放权的充分信息时,碳排放权才能被有效定价。与此对应,在

《全国碳排放权交易市场建设方案(电力行业)》中,"制度建设"部分的第一条即"碳排放监测、报告与核查制度",要求完善企业的碳信息披露方式。

虽然随着碳交易市场的建设,我国公司的碳信息披露已逐步向规范化方向转变,但是我国公司目前的碳信息披露仍存在以下问题:

(一)披露不足且主观性过强

李正和向锐(2007)在讨论企业社会责任时,对我国各类企业社会责任信息披露状况进行了统计。在共计 17 个社会责任信息维度中,上市公司对环境及能源信息的披露量非常少,企业对环境的关注度远低于员工福利、产品质量等其他内容。而在 2008 年,我国施行了《环境信息公开办法(试行)》,在号召企业进行环境信息披露的同时,也对披露的内容和方式提供了规范标准。在该办法的推动下,企业对环境信息的披露有所改善。根据卢馨和李建明(2010)的研究,在其统计的制造业企业样本中,在 2008 年进行了环境信息披露的企业比例为 71%,高于 2007 年的 57%,但仍很少有企业进行环境信息的连续披露。陈华等(2013)从碳信息披露的内容界定和计量方法入手,对我国上市公司碳信息披露现状进行了分析。该研究发现,企业的碳信息披露仍以自愿模式进行,且披露结构散乱,口径不一。在具体披露内容上存在主观性过强、缺乏规范性的问题,且大部分企业仅通过间接方式披露碳排放水平,没有提供数据化的排放量信息。刘梅娟等(2021)针对电力行业的研究发现,在全球范围内被定义的碳信息披露项目共有 11 种,但我国电力行业企业平均仅披露了其中的 1~2 种。

(二)不同地区与行业间差异较大

在 2011 年碳交易试点开始之后,各试点地区政府部门就碳排放的测量、报告与核查问题出台了众多补充规定,这些规定更加针对性地对碳排放信息披露做了规范。然而,根据彭峰和闫立东(2015)的研究,由于试点时期碳交易由各试点地区分别管理,因此各地企业的碳披露模式和情况都有所不同。例如,在披露规范方面,湖北与重庆采取"报告"与"核查"的单轨制,即"报告"与"核查"的责任主体一致,而其他地区则采取主体不同的双轨制。再如,在交易对象上,重庆将所有六种温室气体纳入交易体系,而其他地区则仅关注二氧化碳一种气体。在行业层面,根据和讯网公布的"上市公司社会责任报告评分",

如果除去一些披露企业数较少的行业,采矿业、制造业、交通业以及能源供应行业的平均得分较高,而信息服务业、金融业以及房地产行业则得分较低,呈现出一种"多排放多披露,少排放少披露"的特征,即直观上环境污染物、温室气体排放较多的企业也更注重环境方面的信息披露。这种披露方式虽然与各个企业的披露需求相契合,但也降低了不同行业间的信息可比性。

(三)缺少信息披露评价体系

有效的信息披露应当基于合适的标准对企业碳排放情况进行评价,支持企业间的横向对比和企业内部的纵向对比,为市场提供有关企业相对碳排放量及其变动趋势信息。然而,目前我国还没有一个完善的碳信息披露评价体系。

二、有关碳信息披露的建议

我们从理论和实务两个角度提出完善我国碳信息披露的建议。具体而言,在理论层面,我们建议建立一个有效的碳信息披露整体框架;而在实务层面,我们则建议进一步推行碳信息的强制性披露。除此之外,我们还建议引进第三方监督手段,以及完善我国碳信息披露体系需考虑我国特殊的经济市场现状。

(一)建立碳信息披露整体框架

披露体系的建立需要有理论的支撑,在传统财务会计背后就有从会计目标到会计报告的完整概念框架(葛家澍和刘峰,2003)。碳信息披露与一般的会计信息披露在形式上类似,当前企业进行碳信息披露也主要依托于以会计信息为核心的企业定期报告;但与此同时,两者在更加细致的信息获取方式、数据计量手段等方面也存在差异。例如,碳信息并不需要会计的复式记账逻辑,也不能仅由货币化的数值来计量。因此,根据碳信息的独特性进行分析并建立企业碳信息披露概念框架具有一定的必要性,是建立全国统一的碳信息披露体系的基础与先决条件。依据财务会计相关理论,我们认为,可以从信息披露目标、信息质量要求、信息的确认与计量以及信息报告等方面进行概念框架的构建。

一是信息披露目标。目标具有统领整个框架的指引性作用,在这一部分需要明确碳信息的需求与供给模式。陈华等(2013)的研究基于决策有用性的逻辑分析了市场中碳信息的利益相关者构成及其信息需求,其中较为关键的两个利益相关者为政府和企业自身(企业管理者),这两者的信息需求逻辑具有一定的差异。在政府的视角中,从企业中获取碳排放信息是为了支持其完成国家宏观发展战略,当前最紧要的阶段性任务即碳达峰与碳中和,因此,政府需要的是较为精确的排放量信息,以及企业是否能达到事先规定的排放水平。然而,从企业管理者的角度来讲,碳信息需求远不止排放量那么简单,其更需要的是基于碳排放状况的企业风险信息。管理者既需要评估企业目前的碳排放水平,又要设置和规划未来减排的目标与方式,这些行为的内在逻辑是控制企业环境风险和提升企业价值。因此,企业管理者的视角更专注于市场层面,更关心信息披露的经济后果。在我国当前碳交易驱动碳披露的模式下,这两类利益相关者需求的不同带来了披露上的矛盾,即碳交易市场的有效运行依托于企业管理层的市场逻辑,而国家则是在宏观减排角度设置了该交易市场。在这种情况下,我们建议,在碳信息披露的目标上以市场参与者(企业与投资者)的需求为主,以支持这些参与者进行决策为主要的信息披露目标,而以政府等监管者的信息需求为辅,让其也可以从具体的披露项目中获取需要的排放量信息。这种披露目标的意义在于保证市场的有效运行,与此同时,碳信息的主要提供者即企业,如果主要依据其需求特征设置目标,也可以在一定程度上激励企业进行更完善的信息披露。

二是信息质量要求。在信息质量要求方面,崔也光等(2017)发现我国碳交易市场信息披露在可靠性、相关性、可比性和及时性上均存在不足,这些基于会计逻辑的质量要求也可以适用于碳信息披露,但可能还需要基于实际情况在优先度上做一些调整。例如,为了根据国家减排需要按时评估企业的碳排放状况,信息披露的及时性会在该体系中(相对在会计体系中)更加重要。

三是信息的确认与计量。在信息的确认与计量方面,需要依托一定的测量技术。与会计指标不同,碳排放量的计量需要依据化学或物理学的科学方法。在排放量较高的重工业中,可以通过计算原料含碳量、在生产工程中监控气体排放等方式进行测量;在不直接产生工业废气的行业中,可以根据产成品化学结构设置等效排放指标。在规定此类计量方法时应当参考专业环境专家或组织的意见,来确定如何划分每一家企业碳排放的责任范围(如在供应链上如何分配)以及什么时间、采取什么方法来计算碳排放量;而对于基于排放量的企业风险指标,则可使用较为一般的管理学方法。

四是信息报告。关于碳排放信息的披露,应当重点注意报告形式的规范性和时期性。作为信息披露的最终载体,统一的报告模式能够降低企业出具报告的成本,提升报告的可读性与可比性,为信息使用者提供更加有用的信息。而在时期性方面,企业碳排放周期与定期财务报告的周期可能会出现不一致的状况,因此,仅依托于定期报告进行碳信息披露并不是一个完全有效的方式,还应在此基础上探索单独的报告模式,来提供周期完整且易于预测的企业碳排放信息。

(二)推进碳信息的强制性披露

2016年,中国金融学会绿色金融专业委员会在北京举办了中国绿色金融论坛,发布了《关于在交易所建立强制性环境信息披露机制的建议》的报告。该报告指出,强制性披露是环境信息披露的大趋势,许多发达国家大多采取此种方式规范国内企业的环境信息披露,同时设置了一些配套的法规来惩处披露不足的企业或组织,委员会专家认为此种方式也是我国可以进行学习与借鉴。责任投资原则委员会(Principles for Responsible Investment)在2016年的一项跨国研究也发现,政府引导的强制ESG信息披露使公司的风险管理水平有所提高。

实际上,在学术界,强制性信息披露的重要性已被文献所证实。高西庆(1996)系统梳理了证券市场上进行强制性信息披露的理论依据,认为强制性信息披露是市场走向成熟的必要手段。王雄元和严艳(2003)则指出,强制性信息披露可以缩短信息供给和信息需求期望间的差距,并维持一个能兼顾公平与效率的理性水平,这可以从整体上提高市场的运行效率。在理论的指引下,国家相关部门和监管机构也颁布了一些推行环境信息强制性披露的政策。2008年,上海证券交易所与深圳证券交易所出台了强制性企业社会责任信息披露制度。洪敏等(2019)研究发现,该强制性规定提高了我国上市公司的资本配置效率,有效降低了市场上的信息不对称状况。2016年8月31日,中国人民银行、财政部等七部委联合印发了《关于构建绿色金融体系的指导意见》,

其中第十七条为:"逐步建立和完善上市公司和发债企业强制性环境信息披露制度。"2018年,中国证监会副主席方星海在中国金融学会绿色金融专业委员会年会上表示,证监会的目标是到2020年底前所有上市公司在信息披露时都强制性披露环境信息。2021年5月24日,生态环境部印发了《环境信息依法披露制度改革方案》,其中明确提到,"到2025年,环境信息强制性披露制度基本形成,企业依法按时、如实披露环境信息"。

上述政策体现了政府部门对环境信息强制性披露的关注,但是当涉及碳排放信息时,仍存在一些规定上的不足。首先,国家公开推行的是涵盖面较广的"环境信息披露",并非针对碳排放信息。虽然从原则上讲造成气候变化的碳排放信息可以被归类至环境信息大类之中,但是,相对而言环境信息更关注直接性的环境污染及环境破坏行为。中国证监会2017年发布的《公开发行证券的公司信息披露内容与格式准则第2号——年度报告的内容与格式》中要求进行环境信息披露的主要为"重点排污单位的公司或其重要子公司",要求披露的信息也以排污信息、防治污染手段以及突发性环境问题预案等为主,有关碳信息的部分实际上并未被明确规定。其次,目前国家规定的"强制性"仅为企业应当出具环境报告,而在报告的具体内容方面企业仍保有较大的自主权。姚圣和张志鹏(2021)研究发现,目前披露的企业环境报告中存在内容不规范、不详细、流于格式化以及缺乏定量信息等问题。因此,关于碳信息的强制性披露的推行还需要一些更细致的规定的支持。总体而言,碳信息披露的强制性转型是当前实务法规层面的重要工作,现有的企业社会责任和环境信息强制性披露规范可以为该转型提供经验,但在一些更细致的方面还需要进一步设计和完善。

(三)引进第三方监督

信息披露的有效性需要相应鉴证体系的支撑。为了保证企业会计信息披露的质量,需要会计师事务所进行第三方监督。碳信息披露方面也需要类似的鉴证手段。考虑到碳排放信息的专业性特征,传统的会计师并不能完全胜任此类监督工作,需要环境保护相关专家或组织的参与。根据2015年的一项统计,日本近70%的上市公司发布了环境报告。为了保证环境报告的质量,日本政府与商界共同建立了第三方认证机制,由环境、金融以及会计方面的专家对企业报告进行评估与监督,这一举措在一定程度上保证了日本环境报告的规范性和可信度。我国也可以进行借鉴,引进契合我国实际的第三方监督手段。

(四)充分考虑我国经济市场现状

虽然可以参考国外经验进行我国碳信息披露体系的建设,但在这一过程中还需结合我国实际进行调整。例如,作为落实国家政策的一种关键手段,国有企业可以起到碳信息披露试验和引导市场的作用。政府可以考虑先在国有企业内进行新披露体系的试点,之后根据试点经验进行调整和全面铺开。再如,目前我国正处于经济转型的关键时期,碳信息披露虽然重要,但在一些新兴行业和技术性创业型企业中却可能鲜有涉及。因此,也不能为了推进碳信息披露而过度提升所有类型企业的信息披露成本,分行业制定披露规范可能是一种可行的差异化手段。

第三节 培育资本市场 ESG 投资理念

ESG 指的是 Environment(环境)、Society(社会)和 Governance(治理),进行 ESG 投资即在基本的财务指标之外,参考企业或项目在上述社会责任方面的表现进行投资决策。学术界一般认为 ESG 起源于伦理、责任与投资(Michelson et al.,2004),并随着企业社会责任的概念逐步发展。1992 年,联合国环境规划署金融行动机构(UNEP FI)提出,希望金融机构能把环境、社会和公司治理(ESG)表现纳入决策过程中,首次明确定义了 ESG 概念。之后,以 ESG 为核心的投资模式迅速在全球范围内推广。近年来,ESG 投资规模增长很快,ESG 投资已经从一种另类投资行为转变为主流投资行为。本节对国内外资本市场 ESG 投资的现状进行了分析,并就未来如何培育我国资本市场 ESG 投资理念和推行具有我国特色的现代化 ESG 投资模式进行了探讨。

一、进行 ESG 投资的意义

从理论层面讲,我国在市场上推行 ESG 投资具有两个方面的作用:一是辅助宏观社会目标的实现,二是提升资本市场投资效率。

(一)辅助宏观社会目标的实现

在具有中国特色的社会制度下,资本市场不仅是市场经济发展的主阵地,也是政府进行宏观调控、落实发展战略的重要工具。ESG 及其上层的企业社会责任概念涵盖着企业经营与社会发展的相关性,这意味着社会发展需求将会直接影响 ESG 投资的方向。根据一些学者的研究,由于不同国家和地区的主要社会问题不同,全球各地对 ESG 具体内容的偏重存在差异(陈宁和孙飞,2019)。操群和许骞(2019)分析了国际上影响力较大的 ESG 指标体系,发现不同指标之间也存在较大的差异,各体系并不能在 ESG 具体内容上达成一致,但却与其主要覆盖企业的特征紧密相关。因此,我国 ESG 概念的发展也反映着国家阶段性政策的关注重点与特征。与此相对应的是,在资本市场上推行 ESG 投资也能支持这些政策的有效落实,比如市场中有关 ESG 中环境(E)的投资就可以促使企业关注自身的环境行为,主动优化经营方式,自发进行节能减排,以此来提升自身的环境表现并获取融资,这些行为又可以支持我国碳达峰和碳中和目标的实现。操群和许骞(2019)汇总了 2003—2018 年我国推出的有关 ESG 发展的政策制度,其中环境方面的政策占了较大比例,包括 2003 年环保总局发布的《关于企业环境信息公开的公告》、2012 年银监会推出的《绿色信贷指引》、银监会和国家发改委于 2015 年联合发布的《能效信贷指引》、2016 年七部委联合发布的《关于构建绿色金融体系的指导意见》以及中国基金业协会 2018 年推出的《绿色投资指引(试行)》等一系列政策文件。这些针对环境问题的金融政策可以提升投资者对 ESG 投资的关注度,推进资金向环境友好型企业或项目流转,以此来倒逼企业考虑自身的环境行为,最终达到推进全社会可持续发展的整体目标。

(二)提升资本市场投资效率

除了宏观层面的政策落实之外,企业提升 ESG 表现也可以对其经营产生正向影响。例如,Friede et al. (2015)研究发现企业 ESG 表现与企业财务绩效间存在正向关系。对企业来说,关注 ESG 意味着关注除股东之外的其他利益相关者的需求,执行 ESG 优良性项目在保障这些利益相关者需求的同时,也可以获取其对企业发展的支持。例如,已有研究发现 ESG 得分较高的企业能够吸引更为优秀的员工（Bhattacharya et al.，2008），这可以在一定程度上有助于企业的长期健康发展。与此同时，ESG 投资的核心理念即可持续性发展，具有 ESG 特征的企业项目本身就具备获取长期且稳定收益的潜力。实证层面的研究也发现，ESG 表现较好的企业能够节省生产资源，有效的节能减排意味着企业资源使用效率的提高（Russo and Fouts，1997）。除此之外，企业执行 ESG 项目也可向市场传递一种信号，证明企业正在有效履行自身的社会责任，这将提升投资者的信心，缓解信息不对称所带来的代理问题，降低投资者不信任所提升的融资成本。邱牧远和殷红（2019）研究发现，良好的 ESG 表现特别是环境和公司治理能力的良好表现有助于企业降低融资成本。周方召等（2020）考察指出，ESG 责任表现更好的公司具有平均更高的超额回报。综上所述，从企业经营的角度出发，企业有动机去执行 ESG 项目，ESG 表现较好的企业也普遍具有较高的市场价值（王景峰和田虹，2017）。中国证券投资基金业协会的研究报告也指出，投资者已经普遍相信 ESG 将会对股价造成长期影响。据其统计，53%和 47%的中国证券分析师认为，环境和社会因素会在同时期对公司股价产生影响。因此，推行 ESG 投资理念也是提升资本市场运行效率的一种手段，可以使资金流向具有长期收益特征的企业与项目，从而提升个别投资者与市场整体的投资收益率，推进市场经济的长期可持续发展。

二、目前市场上的 ESG 投资情况

在国际市场中，ESG 投资呈现出高速增长的势态。根据 2020 年 4 月中证指数有限公司发布的《ESG 投资：着眼长期的投资方式》研究报告，2012—2018 年，全球可持续发展投资规模增长率超过 130%，2018 年全年投资额为 30.7 万亿美元；而在具体的投资类别上，权益类投资占比 51%，固定收益类占比 36%（见图 12—1）。根据上海证券交易所资本市场研究所发布的《全球证券交易所发展报告（2021）》，世界各大交易所都在近期大力推进 ESG 相关业务，优化社会责任投资交易流程，为 ESG 项目的发展提供市场方面的支持。同时，世界不同地区的 ESG 投资发展情况也有所不同。欧洲的投资总规模最大且逐渐趋于稳定；美国 ESG 投资具有较高的增长率，处于高速上升期；日本

对ESG投资的关注则相对较晚,目前正处于初步发展阶段,具有较大的增长潜力。在ESG的投资主体上,以养老金项目为核心的机构投资者占比相对较高。根据2020年4月中证指数有限公司发布的《ESG投资:着眼长期的投资方式》研究报告,在大型养老金计划中ESG投资占比约为15%,且该比例还在逐年上升。与此同时,年轻一代的个人投资者也展现出对ESG投资的较大兴趣。根据中证指数有限公司研究报告,90%的"千禧一代"投资者具有对ESG投资的明显偏好(见图12—2),这意味着随着时间的推移,当这批年轻投资者逐渐成为市场投资主力时,全球ESG投资规模还会进一步上升。

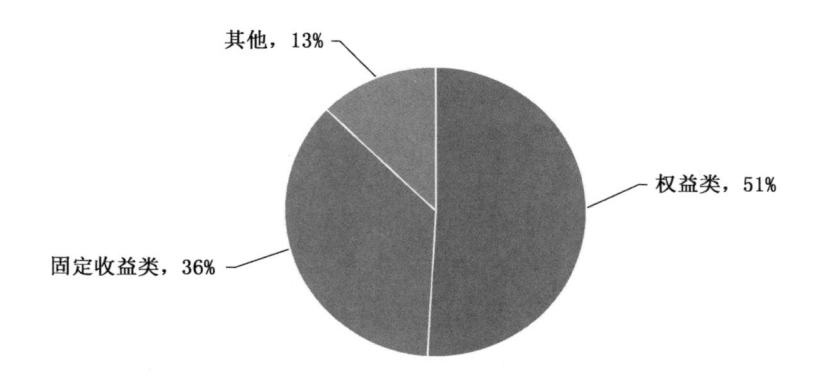

资料来源:中证指数有限公司研究报告。

图12—1 全球ESG投资类别占比

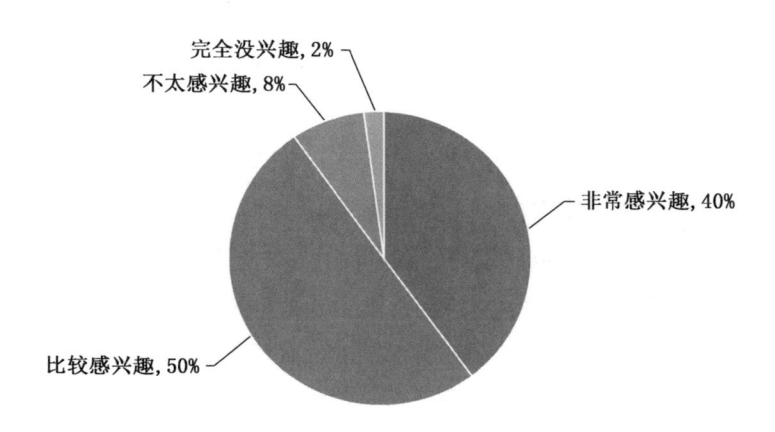

资料来源:中证指数有限公司研究报告。

图12—2 "千禧一代"对ESG投资的兴趣

在国内市场,依托于国家绿色发展战略以及碳达峰和碳中和的目标,ESG投资规模也表现出逐步上升的趋势,且主要关注点集中在与环境相关的绿色投资方面。

在政策指引上,2020年11月上海证券交易所发布《上海证券交易所公司债券发行上市审核规则适用指引第2号——特定品种公司债券》,2021年7月深圳证券交易所发布《公司债券创新品种业务指引第1号——绿色公司债券(2021年修订)》,两个交易所均对绿色债券的发行进行了细致的规定,严格规范其发行条件及用途要求。2021年6月,证监会发布了《公开发行证券的公司信息披露内容与格式准则第2号——年度报告的内容与格式(2021年修订)》,对企业的ESG信息披露做了进一步规范性要求。在本书较为关注的环境方面,国家环境保护总局于2006年起就开始试行"企业环境行为评价体系";2015年,上海证券交易所和中证指数有限公司联合发布了"上证180碳效率指数";中国环保部直属的环境新闻工作者协会则于2012年、2013年和2015年发布《中国上市公司环境责任信息评价报告》。这些官方或"半官方"性质的举措共同构建了一个以"披露-评价-投资"为核心的ESG投资规范体系。这一规范既为各企业与投资机构构建自身ESG评价体系提供了模板,也可以为国内投资者进行ESG投资提供较为有效的指引。

在投资者与投资机构参与度上,中国证券投资基金业协会于2019年7月开展了中国基金业ESG与绿色投资调查。调查结果显示,在股权基金投资机构方面,88%的机构对ESG投资有所关注,但是仅有11%的机构实际进行了ESG投资实践(见图12—3)。证券基金投资机构的结果与此类似,相应的指标分别为87%和16%(见图12—4)。这可能是因为ESG投资在我国刚刚兴起,投资机构还需要一定时间进行相关的调研和投资设计。不过在较高的关注度下,可以预期随着时间的推移,投资机构进行的ESG投资将会逐渐增加。

在具体投资项目上,中国证券投资基金业协会的统计显示,在股权投资方面,绝大多数机构推出的是基础的股权投资基金(96%),创业投资基金占比较少(4%)。这其中78%的项目涉及了ESG的全部三个维度或两个维度,22%的项目则只关注环境(E)维度(见图12—5)。而在证券投资方面,股票型基金占比56%,混合型基金占比31%,剩余部分包括ETF型基金和债券型基金。

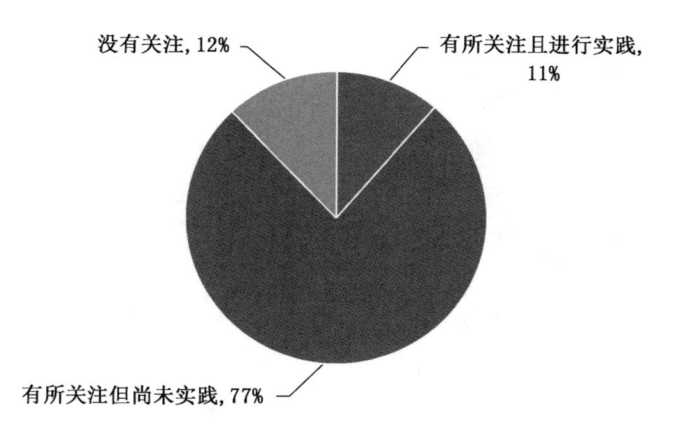

资料来源：中国证券投资基金业协会调查报告。

图12—3　股权基金投资机构关注和开展ESG实践情况

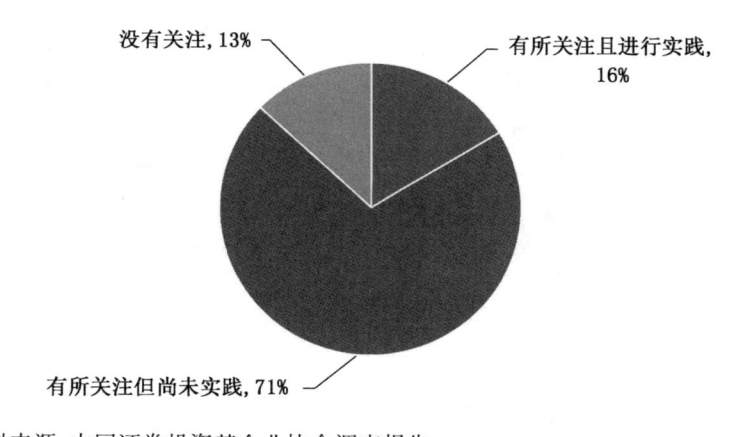

资料来源：中国证券投资基金业协会调查报告。

图12—4　证券基金投资机构关注和开展ESG实践情况

其中，63%的项目涉及多个ESG维度，24%仅涉及环境（E）维度，剩余部分则仅涉及社会（S）或公司治理（G）维度（见图12—6）。根据中证指数有限公司定期发布的ESG报告，截至2021年8月，中证指数有限公司累计发布ESG、社会责任、绿色主题等可持续发展相关指数77条，其中股票指数59条，债券指数17条，多资产指数1条，这些指数为国内ESG投资产品的设计提供了基础性的参照（见图12—7）。

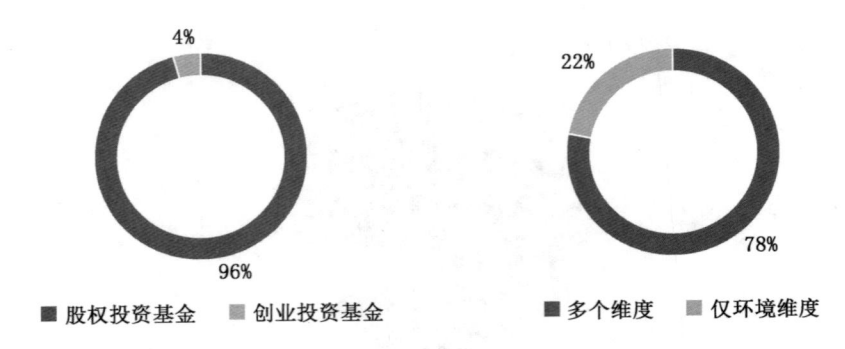

资料来源：中国证券投资基金业协会调查报告。

图 12—5　股权基金 ESG 投资类型

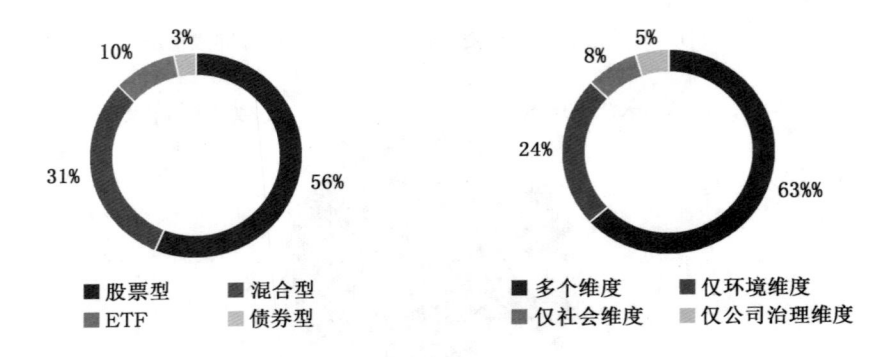

资料来源：中国证券投资基金业协会调查报告。

图 12—6　证券基金 ESG 投资类型

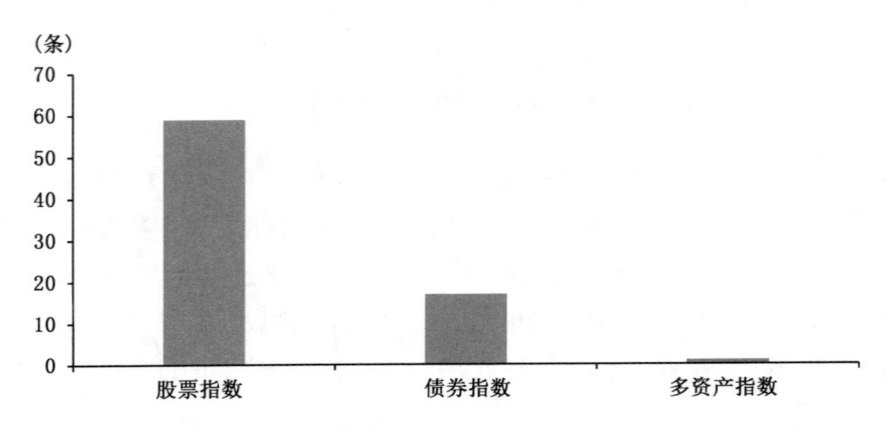

资料来源：中证指数有限公司研究报告。

图 12—7　中证发布 ESG 指数（累计）分类

三、推进 ESG 投资的路径

目前国际通用的 ESG 投资体系具有一个"披露-评价-投资"的逻辑,即若想在市场上推进 ESG 投资,首先需要完善企业或独立融资项目的 ESG 信息披露,使得市场参与者可以获取高质量的决策基础信息。之后,监管机构需要规范基于 ESG 信息的表现评估,即用科学的指标评价各融资主体的 ESG 表现,识别"好"与"坏"项目,来为具体投资提供指引。最后,监管部门还需要加强对投资者的教育。基于投资者视角,项目的 ESG 得分并不等同于项目的投资收益率,尤其对于缺乏经验的投资者,他们需要明确 ESG 指标与预期收益、风险之间的关系,之后才能将 ESG 项目纳入自身的投资组合。除此之外,结合目前经济大数据的发展趋势,使用一些新兴的技术手段也可以辅助提升市场中的 ESG 投资效率,推进资本市场的现代化发展。

(一)完善 ESG 信息披露

ESG 信息的披露需要一个规范的体系,且该体系不应受到评价指标的过多影响。指标评价是基于信息披露进行的,评价的意义是汇总和标准化信息。换句话说,评价受制于基础信息的特征。但与此同时,评价是一个企业或项目获取 ESG 融资的最终标准,尤其是在指标使用者难以理解指标计算方法或评级体系本身过于复杂时。在这样的逻辑下,企业可能会根据指标的计算方法来"管理"自身的信息披露行为。针对这种现象,解决思路也非常直观,隔离披露与评价两个体系,即信息披露应当先于且独立于评价体系进行规范,将关注点集中于要求企业科学且精确地披露信息,而非该信息会被如何使用。对此,一种较为直接的手段即采用强制性披露规范,对披露模式做出较为严格的规定,尽量减少企业在信息披露中进行"操纵"的机会。当然,这种手段也有限制企业披露特殊性信息、披露内容缺乏差异性等缺点,同时它也有较高的技术性要求,可能需要跨学科专家的合作。但考虑到当前我国 ESG 投资的发展仍处于"萌芽"期,较为规范性的披露模式有助于提升整个市场的稳定性,也值得在前期投入一定的资源进行体系建设。在市场较为成熟之后,可以再考虑使用较为灵活的披露模式。

(二)构建 ESG 评估体系

在评估体系上,我国应充分认识到国内外社会环境的不同。基于 ESG 投资与社会发展需求的相关性,不同国家应当根据自身发展需求来设计相应的评价指标。例如,在碳达峰与碳中和的目标要求下,我国目前应额外关注ESG的环境维度,因此,在提出的衡量指标中应对环境维度(E)附着较高的权重。中国证券投资基金业协会和国务院发展研究中心金融研究所合著的《中国上市公司ESG评价体系研究报告》指出,应建立"符合中国国情和市场特质"的核心ESG指标。除此之外,在具体设计指标时,可以参考目前国内一些机构评价ESG实践的经验。例如,工商银行推出的"ESG绿色评级与压力测试"、中证公司推出的各类ESG指数等,综合这些指标体系的计量模式和优点,来进行统一性的评估体系建设。不同于ESG信息披露体系,我们认为在评估体系方面,进行体系指引优于直接进行体系规定,即我们建议国家政府和市场监管部门能够提供一个整体性的评价框架,但不对企业或投资机构使用的具体评价体系做出过多的限定。这主要是因为ESG评价为信息的使用步骤,我们假定市场的主要参与者可以公平地获得较为有效的信息,而此时具体如何使用这些信息则与各投资主体的效用函数相关,在不同的风险回报偏好下,投资主体使用信息的方式也会各不相同。此时,如果将一个统一的评价体系强行套用至所有投资主体,反而会降低信息的使用效率和市场的有效性。但与此同时,完全缺乏规范和指引的评价体系也会导致投资标准的混乱,不利于市场的运行和管理。因此,在推进ESG发展的政策需求下,我们应当提供一个较为科学合理的ESG评价模板,建议但不强制投资者使用,以此提高市场评估ESG的效率,同时也能满足不同投资者的投资需求。

(三)加强投资者教育

在国内资本市场,ESG投资仍然是一种较为新兴的投资模式,虽然部分大型机构投资者可以参考国际经验来开展ESG实践,但对于中小投资者来说,其并不具备在短期内理解并进行ESG投资的能力,且在当前披露和评价体系尚未建设完成的情况下,投资者也很难识别ESG项目的优劣,这可能会导致中小投资者不敢投资ESG,或选择"错误的"ESG投资项目。此时,投资者教育就显得格外关键。具体来说,管理层可以依据先普及、再建议、最后规范的步骤推进ESG投资指引。首先,投资者需要理解ESG中Environment(环境)、Society(社会)和Governance(治理)的具体含义,明确ESG投资项目具有的价值,使投资者可以有效衡量 ESG 项目的风险与收益情况。在这之后,考虑到市场中 ESG 相关产品数量逐年上升,可以进行一些投资指引,推荐一些质量较高的 ESG 项目,并及时清理一些质量较低或者违背基本规范的项目,来保持市场对 ESG 投资的信心。最后,在 ESG 发展较为成熟并得到投资者普遍认可时,监管部门需要额外注重 ESG 项目的审查和监管工作,如设立专门的 ESG 项目监督机构,保证可流通 ESG 产品的质量,以防居心不良的融资方利用 ESG 热潮获取非法投资,以此来保证市场健康发展。值得一提的是,现有 ESG 项目的投资主体很多是大型养老金、退休金项目,因此,在高年龄段进行 ESG 的普及工作也是监管部门需要额外关注的。

(四)使用技术性辅助手段

在推进 ESG 投资的过程中,基于人工智能技术的大数据处理和机器学习手段可以起到一定的辅助性作用。一方面,大数据处理技术使得 ESG 投资项目的统筹管理成为可能。市场管理部门可以通过建立统一的 ESG 投资交易平台来观测市场上各类 ESG 投资项目的情况,调节整体的项目容量,避免投资机构"赶热点"、过度投资情况的出现。另一方面,考虑到 ESG 所包含的内容较多、维度较广,机器学习手段可以在一定程度上实现 ESG 项目评价的简便化和自动化。计算机可以根据先前评价经验自发地对新 ESG 项目的质量进行初步判断,排除一些质量明显较低的项目,这可以有效降低整个投资规范体系的复杂程度和人工工作量,并最终提升投资效率。在支持 ESG 投资发展的同时,这些技术手段也可以作为原有资本市场交易体系的有益补充,为资本市场的现代化发展提供新的动力。

第四节 促进绿色金融的发展

与 ESG 投资类似,绿色金融也是利用资本市场来实现经济和环境协调发展的一种工具。两者的差异在于,ESG 体系着眼于投资行为,绿色金融则更偏重融资活动。

一、绿色金融的概念

对"绿色金融"的定义,众多学者给出了不尽相同的答案。Salazar(1998)

认为,绿色金融是金融业为了实现经济与环境的平衡而进行的一种创新。Labatt(2002)从环境风险的角度出发,将绿色金融视为可以用来提高环境质量同时转移企业环境风险的金融工具。联合国环境规划署金融行动机构(UNEP FI)在2013年的一篇报告中指出,绿色金融涵盖了面向环境项目的投资行为以及与之相关的资本成本和运行成本等内容。易金平等(2014)认为,绿色金融是指金融机构和组织为促进人类社会可持续发展而进行的一系列金融活动。中国环保部环境与经济政策研究中心课题组(2015)将绿色金融定义为以促进经济、资源、环境协调发展为目的而进行的金融活动。在国务院发展研究中心"绿化中国金融体系"课题组于2016年出具的一份报告中,相关领域的专家就绿色金融中的"绿色"概念进行了较为深入的探讨,认为国际上有关"绿色金融"的定义可分为狭义与广义两种。其中,前者的重点在于评估环境状况,确定相关资产在多大程度上与环境或可持续发展相关;后者则着眼于整个金融体系,试图"确定金融系统在可持续性方面的整体目标,并提出测量其有效性的方法"。2016年8月,中国人民银行等七部委联合发布了《关于构建绿色金融体系的指导意见》,在该文件中绿色金融被定义为"为支持环境改善、应对气候变化和资源节约高效利用的经济活动,即对环保、节能、清洁能源、绿色交通、绿色建筑等领域的项目投融资、项目运营、风险管理等所提供的金融服务",这是迄今为止较为官方的一种表述。

考虑到当前学术界观点的不一致以及国家层面绿色金融体系的差异,我们仅以最宽泛的方式定义"绿色金融"概念,将其视为专门支持绿色企业与项目的一类金融活动,并将讨论重点放在具体的绿色金融实践模式上。

二、绿色信贷的发展

绿色信贷是相对简单的绿色金融模式,即以银行为主的金融机构在进行信贷时考虑贷款对象的环境表现,或是为环保行业及项目提供更具针对性、优惠力度更大的专门性贷款。1995年,中国人民银行发布了《关于贯彻信贷政策与加强环境保护工作有关问题的通知》;同年,国家环境保护局也颁布了与之相关的《关于运用信贷政策促进环境保护工作的通知》。这些政策被认为是我国绿色金融制度与绿色信贷发展的起点。自此之后,国内各大银行逐渐开始推出绿色信贷项目,而2004年国家发改委发布的《关于进一步加强产业政策和信贷政策协调配合控制信贷风险有关问题的通知》、2007年中国银监会发布的《关于防范和控制高耗能高污染行业贷款风险的通知》等文件则从整体角度出发,将"绿色"的概念推广到整个信贷体系中。2006年,中国人民银行与国家环境保护总局进行合作,将环境执法信息纳入银行征信系统。2009年,中国人民银行又与银监会、证监会等部门联合发布了《关于进一步做好金融服务支持重点产业调整振兴和抑制部分行业产能过剩的指导意见》,明确要求银行在进行贷款时要"区别对待"具有不同环境特征的企业,在促进落后生产能源淘汰的同时,大力支持新兴绿色可持续能源的发展。2012年,中国银监会推出了《绿色信贷指引》,这一指引对绿色信贷的概念、识别标准以及使用规范做了明确且细致的规定,被认为是国内首份专门针对绿色信贷的规范性文件,我国绿色信贷自此走上了发展的"快车道"。

三、绿色证券的发展

根据上海证券交易所的定义,绿色证券一般是指募集资金主要用于支持绿色产业项目的证券,包括绿色债券、绿色资产支持证券等绿色基础证券以及基于绿色基础证券的绿色指数与绿色基金产品等。其中,我们较为关注的是绿色债券这一较为一般性的绿色债务融资手段,具体又分为绿色债券发行和绿色债券评级两部分。

(一)绿色债券发行

国际上绿色债券实践可以追溯到2007年欧洲投资银行发行的气候债券,而世界上第一笔以人民币结算的绿色债券是国际金融公司(IFC)于2014年发行的。根据饶淑玲和陈迎(2019)的研究,我国市场上的绿色债券兴起于2016年左右,2015年及之前我国绿色债券规模近乎零。2015年,中国人民银行发布了《绿色金融债券公告》;2016年,国家发改委又印发了《绿色债券发行指引》。这些政策性文件为企业发行绿色债券提供了最基础的指引,也体现了国家推动绿色债券发展的决心。其中,《绿色债券发行指引》对"绿色债券"的概念做了详细的定义,"绿色债券是指募集资金主要用于支持节能减排技术改造、绿色城镇化、能源清洁高效利用、新能源开发利用、循环经济发展、水资源节约和非常规水资源开发利用、污染防治、生态农林业、节能环保产业、低碳产业、生态文明先行示范实验、低碳试点示范等绿色循环低碳发展项目的企业债券"。2016年1月,兴业银行和浦发银行先后公告获准发行不超过500亿元的绿色金融债,这被视为中国国内绿色债券市场的开端(巴曙松等,2018)。同年,上海证券交易所和深圳证券交易所先后发布了各自的绿色债券试点通知。在此之后,证监会发布了《中国证监会关于支持绿色债券发展的指导意见》和《绿色债券评估认证行为指引(暂行)》,对绿色债券的发行、执行和监督做了更细致的规定。2018年,中国人民银行发布《关于加强绿色金融债券存续期监督管理有关事宜的通知》,又从信息披露的角度规范了发行绿色债券主体的行为。根据国内绿色金融大数据平台(http://greene.drcnet.com.cn/web/)的统计,截至2021年末,国内绿色债券规模已达到万亿元水平,且涵盖多个地区与行业(见图12—8和图12—9)。与此同时,已有绿色债券在类型与期限方面也呈现多样化趋势(见图12—10和图12—11)。

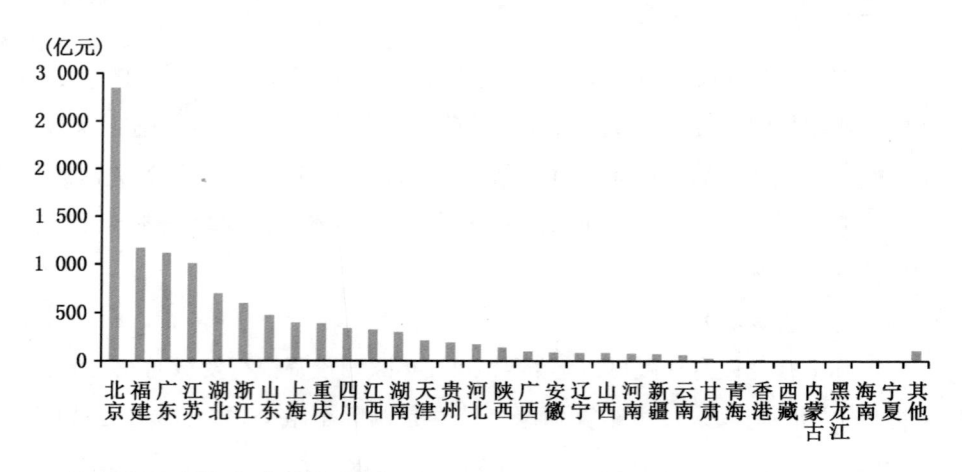

资料来源:绿色金融大数据平台(http://greene.drcnet.com.cn/web/)。

图12—8 按发行地区统计绿色债券发行规模

资料来源：绿色金融大数据平台（http://greene.drcnet.com.cn/web/）。

图 12－9　按行业分类统计绿色债券发行规模

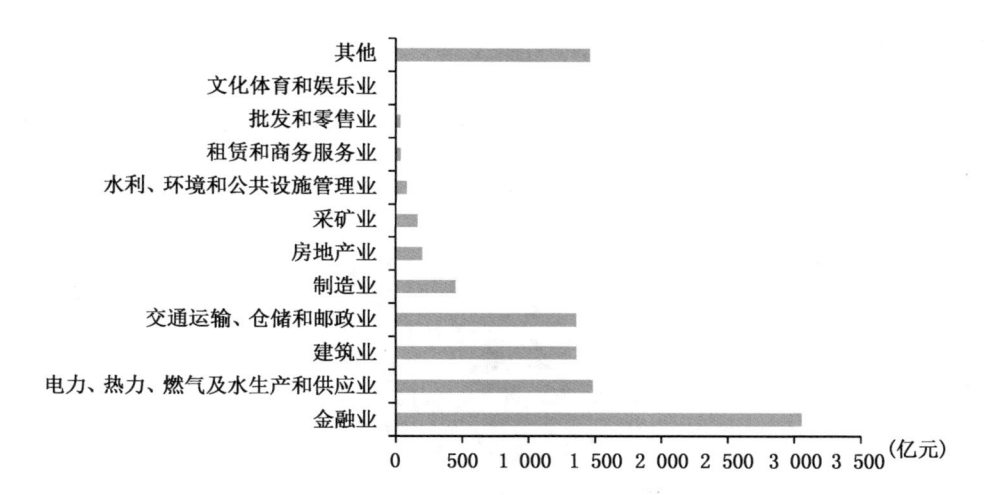

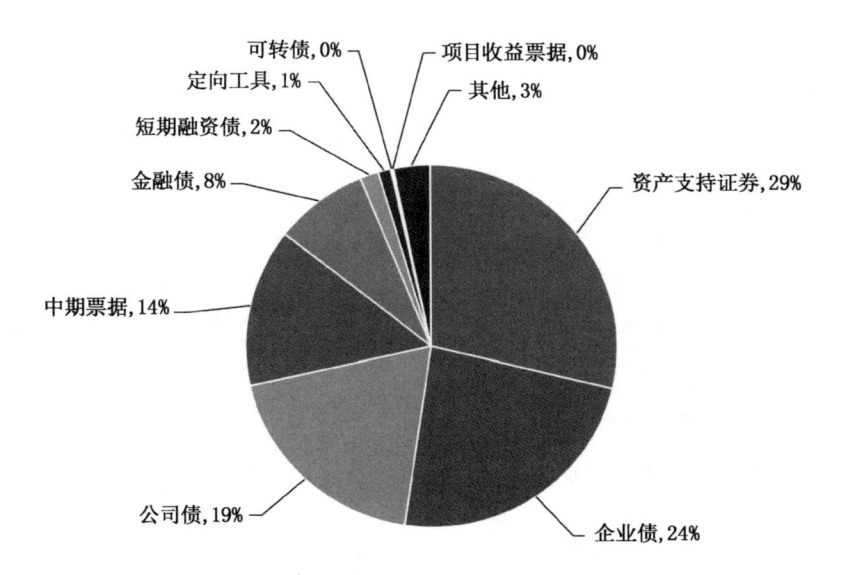

资料来源：绿色金融大数据平台（http://greene.drcnet.com.cn/web/）。

图 12－10　按债券类型统计绿色债券分布

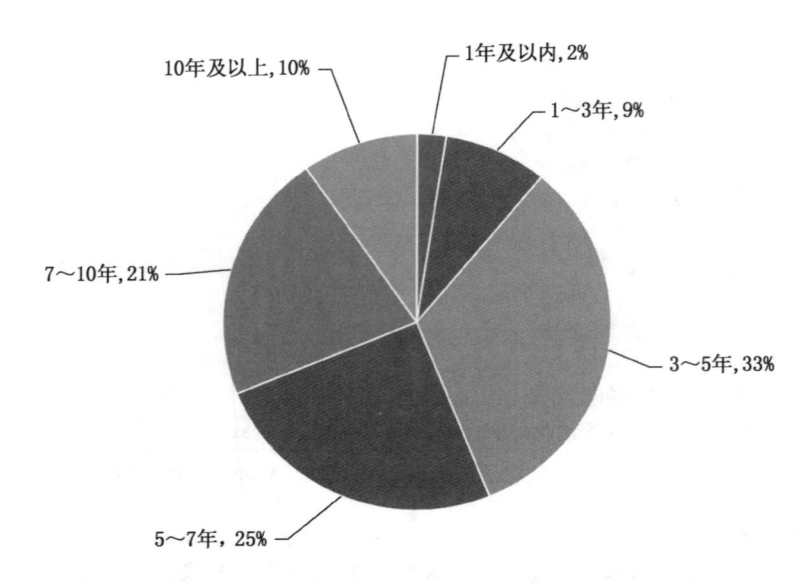

资料来源:绿色金融大数据平台(http://greene.drcnet.com.cn/web/)。

图 12—11 按债券期限统计绿色债券分布

(二)绿色债券评级

绿色债券评级是服务于绿色债券发行和流通的一种鉴证手段。在"绿色经济"概念被推出后,无论是企业还是金融机构都有动机从这一领域中获取利益,这有可能会导致一些不正当的"漂绿"现象,即提供虚假或低效的绿色项目来获取国家在绿色金融方面提供的优惠。因此,对绿色债券进行有效的监督和评价是保证绿色资本市场正常运行以及真正有效落实国家可持续发展政策的一个重要手段。对传统债券业务来讲,目前已经存在较为完善的评级体系来对债务的风险和收益情况进行判定,基于发行者的历史表现和合理预期来估计债券的未来价值及其波动情况。在绿色债券领域同样有必要建立与此类似的评级体系,但是需要额外注意一些细节。首先,不同于一般债券,对绿色债券进行的评价大致可以分为两个方面:一是对"绿色"性质的认定,二是评估信用等级(陈文虎和杨杰峰,2021)。其中,前者的关键在于识别该债务所对应的企业或项目是否真正以节能减排或可持续发展为目的,以防机会主义者进行"漂绿"行为;后者则与一般债券类似,其更关注债券发行后的情况,即发行人是否能够履行债务契约责任或发生违约的可能性有多高。在对绿色债券进行评级时,上述事前和事后的两种评价流程缺一不可。其次,在具体评级指标及权重上有必要进行规范和统一。目前的一些研究发现,虽然我国境内一些金融机构已经开始使用其自主研发的绿色债券评级体系,但各个体系之间存在着差异过大、结论不一致的现象(张一帆,2020)。这种评级差异会使得投资者难以有效判断相应债券的风险和收益,进而使得评级体系难以达到预期的效果。与此同时,也有研究发现,在目前使用的评级体系中存在着过多"定性"评价指标,而缺乏有效的基于财务或科学数据的"定量"指标,这种过于主观的评价方式也会降低评级的效率和精确程度。因此,政府或金融组织有必要对绿色债券的评级体系进行一定程度的规范,同时也要结合其他学科的相关知识,真正数值化、定量化地去进行质量和信用评价。最后,在评价模式上还需有选择地参考国外市场的已有经验。欧美一些国家已经出现了较为成熟的评级体系,在进行一般化等级评价的同时,还会根据各细分项目设计具有针对性的评价流程。例如,对于碳排放、净水以及垃圾处理等项目来说,其所涉及的领域和相对应的风险都有所不同,因而不能仅用相同的体系进行评价和鉴别,这种精细化的鉴证模式也是我国可以借鉴的。然而,还要强调的是,由于国内外环境及市场发展情况的不同,我国所关注的"绿色"细分项目以及市场上绿色债券的性质都与外国不同,因而还需有选择、有针对性地进行学习,不能盲目照搬,否则很有可能会产生"水土不服"的问题。

四、碳期货市场的发展

2016年,中国人民银行等七部委联合发布《关于构建绿色金融体系的指导意见》,除了一般的绿色信贷、绿色证券及绿色基金等内容外,还额外强调要"完善环境权益交易市场、丰富融资工具,探索研究碳排放权期货交易"。碳期货市场可以视为一种建立在现货市场上的交易补充机制,基于碳排放权的期货产品不仅可以满足市场参与者的交易需要,而且具有一定的价格发现作用。

我国碳交易市场的发展仍处于初步阶段,目前其所涵盖的企业也仅限于电力行业。在该市场中,碳排放权这一交易标的具有计量上的专业性和性质上的独特性,因此在交易者之间存在较强的信息不对称,这种信息差异很可能会导致排放权价格出现较大的波动,并在外部冲击之下呈现极不稳定的状态。

而期货交易模式能够在一定程度上缓解这种问题,基于未来需求的期货交易合约能够在市场价格中附加有关参与者预期的信息,即有关长期碳排放权供给、需求以及风险的预测。与此同时,在价格机制的自发调整下,碳期货市场的价格也可以反过来用于现货市场的估价与交易。在欧盟碳排放交易体系中,碳期货和碳期权就在稳定现货交易价格方面起着重要作用。

自全国碳交易市场开设以来,我国的碳排放权交易已经初具规模。根据2021年11月上海环境能源交易所官网公布的统计数据,截至2021年11月30日,全国碳市场碳排放配额(CEA)累计成交量4 323万吨,累计成交额18.47亿元,但迄今为止尚未开展有关碳期货的交易。2021年11月,广州期货交易所宣布将推动碳排放权期货产品的研发和上市,同期工业和信息化部等四部委也发布《关于加强产融合作推动工业绿色发展的指导意见》,鼓励金融机构开发气候友好型金融产品,并支持广州期货交易所建设碳期货市场。

五、促进绿色金融发展的建议

(一)加强市场引导,提升绿色金融发展效率

结合我国资本市场的发展特征,政府监管部门在绿色金融产业的发展中具有不可替代的作用。在绿色金融体系尚未建立完成的当下,市场监管部门制定的具体政策不仅具有规范市场行为的作用,还可以为企业及金融机构提供发展指引。监管部门应当在绿色产业发展的各个方面进行引导扶持。例如,通过政策手段帮助"合格"的社会资本进入,同时也规范"不合适"的社会资本退出,有目的、有重点地调控市场中绿色金融资源的配置,以达到提升市场整体效率的效果。

(二)推动绿色金融立法,构建绿色金融监管体系

监管部门在出台一些具体金融政策的同时,可以考虑从更上层的法律角度推进绿色金融的立法。例如,与相关部门合作,对基本的公司、证券相关法律进行"绿色化"调整,并在此基础上构建一个自上而下的监管体系。考虑到目前市场中存在一些企业或金融机构为了享受绿色金融福利而"漂绿"的行为,进行法律层面的约束,加大绿色金融执法力度,以及加强对违规行为的处罚,也是保证市场有效运行的重要手段。

（三）加快基础设施建设，提升绿色金融服务质量

虽然政府已经出台了一系列绿色金融方面的发展政策，但是在基础设施建设方面还存在不足，包括绿色金融的第三方评估机构、绿色债券发行中介以及绿色金融二级流通市场等。设立这些基础设施能够推动原有金融服务机构的绿色转型，有助于提升整个市场的服务质量，使得企业获取绿色融资及金融机构发行绿色金融产品更加方便、快捷。

（四）鼓励产品创新，推动绿色金融体系现代化建设

绿色金融产品的推出需要结合国家和市场的现状及发展方向。目前，绿色金融在我国刚刚兴起，具体的金融产品还仅限于绿色信贷和绿色债券。为了满足企业具体的融资需求以及投资者的不同风险偏好，政府监管部门应鼓励金融机构进行产品创新，参考市场需求进一步拓宽绿色金融的实施主体和服务范围，提供适用性强、多元化的绿色金融产品，供不同的市场参与者使用，这同时也是一种以创新驱动资本市场现代化发展的手段。

参考文献

[1]Ahmed W. M. A. The Impact of Foreign Equity Flows on Market Volatility during Politically Tranquil and Turbulent times: The Egyptian Experience[J]. *Research in International Business and Finance*, 2017, 40: 61—77.

[2]Batten J. A., Vo X. V. Foreign Ownership in Emerging Stock Markets[J]. *Journal of Multinational Financial Management*, 2015: 15—24.

[3]Boyson N. M., and Stulz C. Hedge Fund Contagion and Liquidity Shocks[J]. *Journal of Finance*, 2010, 65(5): 1789—1816.

[4]Chang, J. J., and Shin H. H. The SEC's Review of the Registration Statement and Stock Price Movements during the Seasoned Equity Issuance Process[J]. *Pacific-Basin Finance Journal*, 2004(12): 359—386.

[5]Charteris A. H., and Strydom B. Capital Market Openness and Volatility: an Investigation of Five Sub-Saharan Treasury Bill Rates[J]. *International Journal of Emerging Markets*, 2016(3): 438—459.

[6]Chen Z., Du J., Li D., and Ouyang R. Does Foreign Institutional Ownership Increase Return Volatility? Evidence from China[J]. *Journal of Banking & Finance*, 2013(37): 660—669.

[7]Drehmann M., and Nikolaou K. Funding Liquidity Risk: Definition and Measurement[J]. *Journal of Banking & Finance*, 2013, 37(7): 2173—2182.

[8]Fama E. F., and French K. R. New Lists: Fundamentals and Survival Rates[J]. *Journal of Financial Economics*, 2004(73): 229—269.

[9]Fang V W, Tian X, Tice S. Does Stock Liquidity Enhance or Impede Firm Innovation? [J]. *The Journal of Finance*, 2014, 69(5): 2085—2125.

[10]Han, L., Zheng Q., Li L., and Yin L. Do Foreign Institutional Investors Stabilize the Capital Market? [J]. *Economics Letters*, 2015, 136: 73—75.

[11]ICI. 2021 Investment Company Fact Book.

[12]Khan M. S. ,Scheule,H. ,and Wu,E. Funding Liquidity and Bank Risk Taking[J]. *Journal of Banking & Finance*,2016,82:203－216.

[13]Lukauskas A. ,and Minushkin S. Explaining Styles of Financial Market Opening in Chile,Mexico,South Korea,and Turkey[J]. *International Studies Quarterly*,2000,44(4):695－723.

[14]Manso G. Motivating Innovation[J]. *The Journal of Finance*,2011,66(5):1823－1860.

[15]Pedersen L. H. ,and Brunnermeier M. K. Market Liquidity and Funding Liquidity[J]. *The Review of Financial Studies*,2009,22(6):2201－2238.

[16]Porter M E. Capital Disadvantage:America's Failing Capital Investment System[J]. *Harvard Business Review*,1992,70(5):65－82.

[17]Shleifer A,Vishny R W. Large Shareholders and Corporate Control[J]. *Journal of Political Economy*,1986,94(3):461－488.

[18]SIFMA. 2021 Capital Markets Fact Book.

[19]Solow R M. Technical Change and the Aggregate Production Function[J]. *The Review of Economics and Statistics*,1957:312－320.

[20]艾伦·F. ,盖尔·D. . 比较金融系统[M]. 北京:中国人民大学出版社,2002.

[21]奥尔森·M. . 国家兴衰探源[M]. 北京:商务印书馆,1999.

[22]奥尔森·M. . 集体行动的逻辑[M]. 上海:上海三联书店、上海人民出版社,1995.

[23]步丹璐,张晨宇,王晓艳. 补助初衷与配置效率[J]. 会计研究,2019(7):68－74.

[24]操群,许骞. 金融"环境、社会和治理"(ESG)体系构建研究[J]. 金融监管研究,2019(4):95－111.

[25]曹祥迁. 美日两国股市泡沫研究[D]. 长春:吉林大学,2008.

[26]曹啸. 金融体系的内生演进与制度分析[M]. 北京:中国金融出版社,2006.

[27]柴瑞娟. 监管沙箱的域外经验及其启示[J]. 法学,2017(8):27－40.

[28]陈岗. 金融混业企业集团风险及监管研究[D]. 上海:复旦大学,2009.

[29]陈华,李杨,常少观. 美股直接上市:一种非IPO新型上市方式[J]. 中国发展观察,2020(23):75－78.

[30]陈华,王海燕,荆新. 中国企业碳信息披露:内容界定、计量方法和现状研究[J]. 会计研究,2013(12):18－24＋96.

[31]陈杰,徐伟.美国内幕交易监管的发展路径与演进逻辑[J].金融教学与研究,2010(6):44—48+77.

[32]陈洁.科创板注册制的实施机制与风险防范[J].法学,2019(1):148—161.

[33]陈洁.证券民事赔偿诉讼取消前置程序的司法应对——以虚假陈述民事赔偿为视角[J].证券市场导报,2021(5):63—70+78.

[34]程丹.监管强化"看门人"职责 多家中介机构吃罚单[N].证券时报,2021—09—15(A02).

[35]程茂军,徐聪.投资者导向信息披露制度的法理与逻辑[J].证券市场导报,2015(11):64—71+77.

[36]储宁炜.析美国20世纪90年代的股市泡沫[D].南京:南京师范大学,2012.

[37]代冰彬,岳衡.货币政策、流动性不足与个股暴跌风险[J].金融研究,2015(7):135—151.

[38]邓小平.解放思想,实事求是,团结一致向前看(1978年12月13日)[N].人民日报,1983—07—01.

[39]邓小平南方讲话(1992年春)[EB/OL].共产党员网.

[40]杜莉,郑立纯.我国绿色金融政策体系的效应评价——基于试点运行数据的分析[J].清华大学学报(哲学社会科学版),2019,34(1):173—182+199.

[41]杜莉芬.次贷危机的风险传导效应[J].金融经济,2009(24):33—35.

[42]方意,邵稚权,黄昌利.资本市场开放与跨境风险传染防控——基于沪港通的经验证据[J].国际金融研究,2021(9):65—75.

[43]冯梦雨,冯学荣,李小兵.英美金融监管的实践及其对我国的启示[J].金融经济,2012(8):62—64.

[44]冯文芳,申风平.区块链:对传统金融的颠覆[J].甘肃社会科学,2017(5):239—244.

[45]高西庆.证券市场强制性信息披露制度的理论根据[J].证券市场导报,1996(10):4—17.

[46]戈德史密斯(Goldsmith,R.W.).金融结构与金融发展[M].上海:上海三联书店、上海人民出版社,1969(中文版1994).

[47]戈德史密斯,R.W..金融结构与金融发展[M].上海:上海三联书店、上海人民出版社,1969(中文版1994).

[48]耿建新,唐洁珑.负债、环境负债与自然资源资产负债[J].审计研究,2016(6):3—12.

[49]龚浩成,金德环.上海证券市场十年[M].上海:上海财经大学出版社,2001.

[50]龚玉霞,滕秀仪,赛尔沃,贺小莉.绿色债券发展及其定价研究——基于二叉树模型分析[J].价格理论与实践,2018(7):79-82.

[51]贵丽娟,胡乃红,邓敏.金融开放会加大发展中国家的经济波动吗?——基于宏观金融风险的分析[J].国际金融研究,2015(10):43-54.

[52]郭峰等.中华人民共和国证券法制度精义与条文评注[M].北京:中国法制出版社,2020.

[53]郭宏杰.SPAC模式 不义之财还是金融创新[J].金融博览(财富),2021(9):86-88.

[54]国务院办公厅.关于进一步加强资本市场中小投资者合法权益保护工作的意见",国办发〔2013〕110号[EB/OL].百度百科网站.

[55]国务院发展研究中心"绿化中国金融体系"课题组,张承惠,谢孟哲,田辉,王刚.发展中国绿色金融的逻辑与框架[J].金融论坛,2016,21(2):17-28.

[56]哈维尔·弗雷克斯,让·夏尔·罗歇.微观银行学[M].成都:西南财经大学出版社,2000.

[57]哈耶克·F.作为一个发现过程的竞争,经济、科学与政治——哈耶克思想精粹[M].南京:江苏人民出版社,2000(英文版1968).

[58]海通证券.A股与美股对比:投资者结构及交易特征.

[59]韩鑫韬,杨鳗.日本对外开放资本市场的经验及启示[J].武汉金融,2019(5):53-56.

[60]何海锋,李晔.新证券法如何强化中介机构的"看门人"责任[J].银行家,2020(4):137-139.

[61]何茜.绿色金融的起源、发展和全球实践[J].西南大学学报(社会科学版),2021,47(1):83-94+226.

[62]赫而南多·德·索托.资本的秘密[M].南京:江苏人民出版社,2001.

[63]赫米斯(Hermes,N.)、伦辛克(Lensink,R.).金融发展与经济增长[C].北京:经济科学出版社,2001.

[64]胡飞飞.美国《1934年证券交易法》研究[D].合肥:安徽大学,2013.

[65]胡海峰,宋肖肖,窦斌.打造有韧性的中国资本市场[J].理论探索,2021(2):74-83.

[66]胡文涛.我国个人敏感信息界定之构想[J].中国法学,2018(5):235-254.

[67]胡耀邦.全面开创社会主义现代化建设的新局面,中共十二大报告,1982年9月1

日.

[68]扈文秀,施利敏,王庆林.我国开放式基金流动性风险的防范研究[J].国际金融研究,2006(3):62—67.

[69]黄成业.日本、东南亚国家与美国泡沫的比较研究[D].上海:复旦大学,2006.

[70]黄嘉怡.全面推行注册制背景下对退市新规的几点思考[J].全国流通经济,2021(19):160—162.

[71]黄杰.碳期货价格波动、相关性及启示研究——以欧盟碳期货市场为例[J].经济问题,2020(5):63—70.

[72]黄仁宇.资本主义与二十一世纪[M].上海:上海三联书店、上海人民出版社,1997.

[73]黄韬,乐清月.中国绿色债券市场规则体系的生成特点及其问题[J].证券市场导报,2018(11):41—49+58.

[74]黄毅.美国《1933年证券法》研究[D].北京:中国政法大学,2009.

[75]吉尔特·贝卡尔特,张晓燕,柯烁佳.中美股票市场定价差异及其原因[J].清华金融评论,2021(9):97—100.

[76]贾纬.证券市场侵权民事责任之完善[J].法律适用,2014(7):28—33.

[77]蒋大兴.隐退中的"权力型"证监会——注册制改革与证券监管权之重整[J].法学评论,2014,32(2):39—53.

[78]蒋健蓉,谢云霞,袁宇泽.引导中长期资金进入资本市场和机构投资者培育研究[J].清华金融评论,2020(1):37—41.

[79]金德环.2008中国金融发展报告[M].上海:上海财经大学出版社,2008.

[80]金德环.投资银行学(第三版)[M].上海:格致出版社,2018.

[81]金鹏伟.注册制下新三板市场生态变化与转板机制研究[J].新金融,2021(9):30—36.

[82]金希恩.全球ESG投资发展的经验及对中国的启示[J].现代管理科学,2018(9):15—18.

[83]金晓斌,高道德,石建民,刘红忠.中国封闭式基金折价问题实证研究[J].中国社会科学,2002(5):55—65+204.

[84]李伯涛.碳定价的政策工具选择争论:一个文献综述[J].经济评论,2012(2):153—160.

[85]李国光.最高人民法院关于审理证券市场虚假陈述案件司法解释的理解与适用[M].2版.北京:人民法院出版社,2015.

[86]李蒲贤.中国证券市场国际化研究[D].成都:四川大学,2007.

[87]李文莉.证券发行注册制改革:法理基础与实现路径[J].法商研究,2014,31(5):115-123.

[88]李越冬,严青.机构持股、终极产权与内部控制缺陷[J].会计研究,2017(5):83-89+97.

[89]李正,向锐.中国企业社会责任信息披露的内容界定、计量方法和现状研究[J].会计研究,2007(7):3-11+95.

[90]李正全,邢会强,张晓春,张河生,惠宇.多层次资本市场建设比较研究[J].金融服务法评论,2019,10(1):17-74.

[91]李正全,张河生,张晓春.发达国家多层次资本市场体系研究——以美国和日本为例[J].清华金融评论,2018(5):43-47.

[92]李正全.SPAC:制度创新还是资本泡沫[J].清华金融评论,2021(7):24-28.

[93]梁鹏,陈甬军.日本创业板市场发展动态与特色分析——以JASDAQ为例[J].证券市场导报,2011(05):6.

[94]梁上坤.机构投资者持股会影响公司费用粘性吗?[J].管理世界,2018,34(12):133-148.

[95]廖凡.美国证券内幕交易经典案例评介[D].中国社会科学院工作论文,2006.

[96]林曙,叶海春.福兮祸之所伏:发展中国家股票市场开放的增长效应再探究[J].金融研究,2014(11):142-158.

[97]刘峰.从信托义务理论到盗用信息理论:美国内幕交易监管经验与启示[J].社会科学研究,2012(3):21-25.

[98]刘凤元,邱铌.证券市场跨境监管研究——以EMMoU为视角[J].金融监管研究,2019(12):100-111.

[99]刘家松.日本碳税:历程、成效、经验及中国借鉴[J].财政研究,2014(12):99-104.

[100]刘世锦.读懂"十四五"[M].北京:中信出版集团股份有限公司,2021.

[101]刘新民.中国证券法精要:原理与案例[M].北京:北京大学出版社,2013.

[102]刘煜辉,熊鹏.资产流动性、投资者情绪与中国封闭式基金之谜[J].管理世界,2004(3):48-57.

[103]吕成龙.科创板时代中国证监会治理角色与模式的转变[J].财经法学,2019(4):113-125.

[104]马理,何云.证券业对外开放对金融风险的影响效应研究[J].现代经济探讨,

2021(1):51—65.

[105]缪因知.股票发行注册制下的行政权再定位[J].财经法学,2016(6):14—18.

[106]诺思(North,D.C.)、托马斯(Thowmas,R.P.).西方世界的兴起[M].北京:华夏出版社,1973(中文版 1999).

[107]诺斯·D..制度、制度变迁和经济绩效[M].上海:上海人民出版社、上海三联书店,1994.

[108]彭峰,闫立东.地方碳交易试点之"可测量、可报告、可核实制度"比较研究[J].中国地质大学学报(社会科学版),2015,15(4):26—35+138.

[109]彭雨晨.欺诈发行责令回购制度的法理误区与制度构建[J].证券法苑,2020,30(3):452—478.

[110]彭志.量化投资和高频交易:风险、挑战及监管[J].南方金融,2016(10):84—89.

[111]皮斯托(Pistor,K.)、许成钢.不完备法律——一种概念性分析框架及其在金融市场监管发展中的作用[M].//吴敬琏.比较 3.北京:中信出版社,2002.

[112]皮斯托(Pistor,K.)等.法律演进与移植效果——六个法律移植国家中公司法发展的经验[M].//吴敬琏.比较 2.北京:中信出版社,2002.

[113]祁晓颖,吴凝.新发展格局下资本市场高水平开放的风险与对策[J].银行家,2021(6):38—40.

[114]青木昌彦.比较制度分析[M].上海:上海远东出版社,2001.

[115]青木昌彦等.政府在东亚经济发展中的作用[M].北京:中国经济出版社,1998.

[116]任光宇.证券市场开放速度的影响和决定[J].统计研究,2015(32):39—48.

[117]任丽娜.中美金融经营监管体制比较研究[D].兰州:兰州大学,2007.

[118]任维彤.日本碳排放交易机制的发展综述[J].现代日本经济,2017,36(2):1—11.

[119]圣保罗(Saint-Paul,G.).需求拉动型金融发展.赫米斯(Hermes,N.)和伦辛克(Lensink,R.).金融发展与经济增长——发展中国家(地区)的理论和经验[C].北京:经济科学出版社,1996(中文本 2001).

[120]十二届三中全会关于经济体制改革的决定.[EB/OL].(1984—10—20),东方网.

[121]世界银行.世界发展报告:金融体系与发展[M].北京:中国财政经济出版社,1989.

[122]司盛媛.我国货币市场基金流动性赎回风险的实证分析[J].经济论坛,2006

(17):111-113.

[123]斯蒂芬·杰·古尔德.自达尔文以来——自然史沉思录[M].北京:北京三联书店,1997.

[124]斯蒂格勒·G.J..产业组织和政府管制[M].上海:上海三联书店、上海人民出版社,1996.

[125]宋凌峰,郭亚琳.德国地方性资本市场发展模式及借鉴[J].证券市场导报,2015(8):4-8+21.

[126]宋晓.域外管辖的体系构造:立法管辖与司法管辖之界分[J].法学研究,2021,43(3):171-191.

[127]宋玉臣,李洋.突发事件与资本市场系统性风险:制度解释与实证证据[J].上海经济研究,2021(4):100-113.

[128]苏冬蔚,连莉莉.绿色信贷是否影响重污染企业的投融资行为[J].金融研究,2018(12):123-137.

[129]苏辛,周勇.流动性、流动性风险与基金业绩——基于我国开放式基金的实证研究[J].中国管理科学,2015,23(7):1-9.

[130]孙冬,杨硕,赵雨萱,袁家海.ESG表现、财务状况与系统性风险相关性研究——以沪深A股电力上市公司为例[J].中国环境管理,2019,11(2):37-43.

[131]孙即,卢边静子.美国直接上市制度创新经验[J].中国金融,2021(4):81-82.

[132]孙秀振.欺诈发行责令回购股票制度:目标定位及现实构建[J].证券市场导报,2019(5):73-78.

[133]孙自愿,周翼强,章砚.竞争还是普惠——政府激励政策选择与企业创新迎合倾向政策约束[J].会计研究,2021(7):99-112.

[134]谭春枝,黄家馨,莫国莉.我国科创板市场可能存在的风险及防范[J].财会月刊,2019(5):143-149.

[135]唐应茂.股票发行注册制改革的内涵、本质和措施[J].财经法学,2016(5):12-19.

[136]童娇畅.中国网络券商的发展及前景研究[D].杭州:浙江大学,2017.

[137]王春雨,孙英隽.美国纳斯达克风险控制对我国科创板的启示[J].经济研究导刊,2019(17):152-154.

[138]王君卫."股东至上"的迷失世界[J].董事会,2018(4):24-25.

[139]王丽,李向科.美国资本市场分层状况及对我国建设多层次资本市场的启示[J].中国金融,2006(6):17-19.

[140]王小霞.资本市场仍须强基础和防风险[N].中国经济时报,2021-10-20(003).

[141]王晓津,康永博.美国多层次资本市场近年来发展特征及原因[D/OL].深圳证券交易所工作论文.http://news.10jqka.com.cn/20210418/c628662469.shtml,2021.

[142]王啸.美国"注册制"的四大难题与中国资本市场改革的思考[J].证券市场导报,2015(1):4-12.

[143]王雄元,严艳.强制性信息披露的适度问题[J].会计研究,2003(2):13-18+65.

[144]威廉姆森(Williamson,O. E.).资本主义经济制度——论企业签约与市场签约[M].北京:商务印书馆,1985.

[145]吴斌.SPAC"野蛮生长"终结:美国热潮降温,亚洲监管约束下更趋向传统IPO[N].21世纪经济报道,2021-9-29(3).

[146]西南财经大学发展研究院、环保部环境与经济政策研究中心课题组,李晓西,夏光,蔡宁.绿色金融与可持续发展[J].金融论坛,2015,20(10):30-40.

[147]习近平.摸着石头过河是符合中国国情的改革方法[R/OL].(2012-12-31),新华网.

[148]习近平.习近平在中国共产党第十九次全国代表大会上的报告[R/OL].(2017-10-18),中国政府网.

[149]夏东霞,范晓.科创板注册制背景下对中介机构"看门人"角色的再思考[J].财经法学,2019(3):131-147.

[150]项卫星,李宏瑾.当前各国金融监管体制安排及其变革:兼论金融监管体制安排的理论模式[J].世界经济,2004(9):68-76.

[151]肖凯.高频交易与操纵市场[J].交大法学,2016(2):18-27.

[152]肖立强,郭玲.我国股票发行制度的注册制改革研究——基于美国注册制视角的比较分析[J].北方金融,2016(2):37-43.

[153]肖扬清.功能性监管:我国金融监管模式的最佳选择[J].西安财经学院学报.2007(2):5-8.

[154]肖宇,黄辉.证券市场先行赔付:法理辨析与制度构建[J].法学,2019(8):160-172.

[155]谢贵春.证券市场稳定机制比较、趋势与中国对策[J].上海金融,2018(12):60-69.

[156]邢会强.证券法学[M].2版.北京:中国人民大学出版社,2020.

[157]邢会强.大数据交易背景下个人信息财产权的分配与实现机制[J].法学评论,

2019,37(6):98—110.

[158]邢会强.大数据时代个人金融信息的保护与利用[J].东方法学,2021(1):47—60.

[159]邢会强.证券期货市场高频交易的法律监管框架研究[J].中国法学,2016(5):156—177.

[160]徐庆彬.资本市场中金融风险管理问题及措施[J].现代商业,2022(8):112—114.

[161]徐文鸣,张玉美.新《证券法》、程序化交易和市场操纵规制[J].财经法学,2020(3):95—106.

[162]徐文鸣.注册制背景下债市虚假陈述司法裁判的金融逻辑——以五洋债代表人诉讼为例[J].证券市场导报,2021(5):71—79.

[163]许多奇.金融科技的"破坏性创新"本质与监管科技新思路[J].东方法学,2018(2):4—13.

[164]许荷东,卢一宣.美股SPAC上市、并购及并购后发展情况[J].清华金融评论,2021(7):29—32.

[165]许一凡.萨班斯法案的剖析与借鉴[D].厦门:厦门大学,2009.

[166]薛增家.金融监管模式的国际比较与借鉴[J].环渤海经济瞭望,2010(8):57—61.

[167]杨东.监管科技:金融科技的监管挑战与维度建构[J].中国社会科学,2018(5):69—91+205—206.

[168]杨墨涵,唐靖廷,王泽太,洪振宇.上市公司高质量发展的制度路径:注册制与退市制并举[J].经济师,2022(1):91—93.

[169]杨小凯.经济学原理[M].北京:中国社会科学出版社,1998.

[170]杨熠,李余晓璐,沈洪涛.绿色金融政策、公司治理与企业环境信息披露——以502家重污染行业上市公司为例[J].财贸研究,2011,22(5):131—139.

[171]杨玉凤.美国金融监管体制的重构及其启示[J].现代经济信息,2009(16):87+89.

[172]杨长进,田永,许鲜.实现碳达峰、碳中和的价税机制进路[J].价格理论与实践,2021(1):20—26+65.

[173]姚一凡.保荐人先行赔付制度的解读与反思[J].金融法苑,2018(1):62—72.

[174]叶建木,张丽娟.美国次贷危机风险传导机制研究[J].财会通讯,2009(32):151—152.

[175]叶子. MEMX 与 LTSE:美国证券市场的新进入者[J]. 清华金融评论,2021(10):46—49.

[176]詹科夫. S,波塔. R,洛佩斯. F,施莱弗. A. 新比较经济学的新视角[M].//吴敬琏. 比较 4. 北京:中信出版社,2002.

[177]詹雷,韩金石. 注册制下风险因素信息披露改善了吗?——基于首批 25 家科创板上市企业的分析[J]. 中国注册会计师,2021(7):39—45+3.

[178]张杰. 中国金融制度的结构与变迁[M]. 太原:山西经济出版社. 1998.

[179]张杰. 交易、风险与所有权——解释中国经济转轨路径及其绩效的一种新视角[J]. 管理世界,2003(5):5—20+28—153.

[180]张杰. 金融中介理论发展述评[J]. 中国社会科学,2001(6):74—84+206.

[181]张杰. 转轨经济中的金融中介及其演进:一个新的解释框架[J]. 管理世界,2001(5):90—100+215—216.

[182]张竞. 我国证券市场开放面临的潜在风险——基于深港通的视角[J]. 对外经贸实务,2017(3):55—58.

[183]张迈. 中国《证券法》的域外管辖标准及其适用条件[J]. 金融法苑,2020(4):40—58.

[184]张艳. 日本资本市场开放:动因、过程与经验教训[J]. 现代日本经济,2007(2):56—60.

[185]张莹,修媛媛,思莹. 金融开放真的导致宏观经济波动吗——基于跨国面板数据的实证研究[J]. 宏观经济研究,2019(6):16—29+94.

[186]张永亮. 金融监管科技之法制化路径[J]. 法商研究,2019,36(3):127—139.

[187]张子学. 虚假陈述案中民事司法与行政执法的协调衔接[J]. 证券市场导报,2019(4):68—78.

[188]赵诚. 美国多德-弗兰克法案解读[D]. 上海:复旦大学,2012.

[189]赵旭,吴冲锋. 开放式基金流动性赎回风险实证分析与评价[J]. 运筹与管理,2003(6):1—6.

[190]中共中央关于制定国民经济和社会发展第十四个五年规划和二零三五年远景目标的建议,中华人民共和国中央人民政府网站.

[191]中国财政科学研究院课题组,傅志华,程瑜,许文,施文泼,樊轶侠. 在积极推进碳交易的同时择机开征碳税[J]. 财政研究,2018(4):2—19.

[192]中国工商银行绿色金融课题组,张红力,周月秋,殷红,马素红,杨荇,邱牧远,张静文. ESG 绿色评级及绿色指数研究[J]. 金融论坛,2017,22(9):3—14.

[193]中国银保监会政策研究局课题组,洪卫.绿色金融理论与实践研究[J].金融监管研究,2021(3):1—15.

[194]中国证监会.中国资本市场三十年[M].北京:中国金融出版社,2021.

[195]周淳.证券发行虚假陈述:中介机构过错责任认定与反思[J].证券市场导报,2021(7):70—79.

[196]周方召,潘婉颖,付辉.上市公司ESG责任表现与机构投资者持股偏好——来自中国A股上市公司的经验证据[J].科学决策,2020(11):15—41.

[197]周怡.司法判例对内幕交易规制理论的影响分析[J].河北科技大学学报:社会科学版,2013年(01):66—70.

[198]周仲飞,李敬伟.金融科技背景下金融监管范式的转变[J].法学研究,2018,40(5):3—19.

[199]朱锦清.证券法学[M].4版.北京:北京大学出版社,2019.